电商的战国

李芏巍 ◎ 著

社会科学文献出版社

SOCIAL SCIENCES ACADEMIC PRESS (CHINA)

序

李芏巍

　　提笔写本"电商"的书，满脑子出现的仿佛都是中国电商们不断争战的故事，一如当年的战国时代，故用《电商的战国》作为书名，这也正符合当今媒体或大众评论电商的爱好或者是倾向。战国时代是中国古代重要的历史时期之一，这一时期混战不休，故被后世称之为"战国"。战国续百家争鸣的文化潮流，圈绕经济技术的新发展，各国相继图强而展开举国变法。战场争锋，涌现出了大量为后世传诵的典故。近10年来，中国电子商务市场高速增长，成为我国扩大消费的一个主要渠道，电子商务促进了相关产业的变革和发展。同时，电商们群雄角逐，争夺市场，放眼望去，市场一片"刀光剑影"，开始了一场强者愈强、弱者不灭的生死决斗的神话。在电商竞争的硝烟战火里，"乱世出英雄"，当旧秩序被打破，新秩序尚未建立起来的时候，就是群雄争霸之际，就像今天的"中国电商"。本书立意、构思奇特，采用穿越时代的章回小说形式，结合现实展开对具体事情的描述。在这里，在一种极富个性色彩的探索和描述中，以开阔的视野、丰富的内容表现电商们创业的历程，有波折、有遭遇、有思想、有体验、有认识，并通过展望未来提出发展的建议。这种表现不仅超凡脱俗，更具有尊重与刻画现实的意义，从而形成了本书的风格。有感而发拙笔作词《水调歌头·电商的战国》。

水调歌头·电商的战国

电商震华夏，弥漫竞硝烟。风云惊雷电闪，启迪江湖欢。

乱世闯荡好汉，似战国穿越关，剑侠情缘传。

漫布遍山野，神马金融战。旌鼓激 ，剑合璧，纵横挽。

八面威风，气吞山河技搏冠。

弓弩剑拨九州，淘宝商易天猫，王者争股权。

长矛挥无限，博弈统霸业。

前　　言

　　通过建立一个网上商业信息和机会的交流平台，电子商务市场充满生机地创新发展着。近 10 年来，中国电子商务市场高速稳定增长，电子商务交易额在消费总额中所占的比例从几乎为零起步，开始稳步增长到 2012 年突破 6%，成为我国扩大消费的一个主要渠道。电子商务促进了相关产业的变革和发展，扩大了社会就业。中国电子商务经历了翻天覆地的变化，一个全新的市场格局将中国电子商务产业推向了更高的台阶。放眼电商市场，电商的争霸战争在 14 亿人口的大国爆发，电商们不间断地变换战略，将行业战争不断推向白热化，引发全世界数十亿人的高度关注。于是，在电商竞争的硝烟战火中，电商群雄角逐，开始了一场强者愈强、弱者不灭的生死决斗的神话。

　　1999 年，马云立志为全球商人建立一个网上商业信息和机会的交流站点，和 17 位创业伙伴凑了 50 万元，在杭州创建了一家名叫"阿里巴巴"的网站。那时候人们听到"阿里巴巴"时，第一反应还是那个勇敢机智的阿拉伯青年和四十大盗。而这正是马云为网站起名的目的，让全球的人第一眼就记住这个名字：阿里巴巴，芝麻开门。从阿里巴巴、当当等网站的出现，到 2000 年年初互联网泡沫影响下多家电子商务网站的倒闭，再到 2003 年电子商务市场充满生机的创新发展，至今中国电子商务经历了翻天覆地的变化。从 B2B 稳住脚跟，到 B2C、C2C 逐渐壮大，电子商务逐步进入了中国老百姓的生活。电子商务从一个概念到今天变成推动中国经济发展、实现结构转型的重要力量，对传统商业产生了巨大的冲击。更为重要的意义在于，由于创业门槛低，更多的人通过电子商务参与到社会经济的链条中来，其中有大学生、有白领、有打工妹、有退休人员，也有农民。新活力还体现在新行业和新职业的诞生中。随着电子商务的发展壮大，第三方服务开始崛起，也催生出一批新的职业类型，如物流快递业、专业仓储服务商、财务管理类IT服务商、网店装修，等等。十多年间，成百上千个网络服装品牌崛起，最高年销售额超亿元。大批传统品牌和百货店试水触网，团购网站爆发式增长。如今，电子商务已经对国内整个商业格局产生了重大影响。

2012年11月11日的电商"双十一"活动，创造了中国互联网（到当时为止）最大规模的商业奇迹：淘宝系总销售额191亿元，其中天猫132亿元，淘宝59亿元，远超此前预期的100亿元目标，且超过2012年美国"网购星期一"15亿美元的水平。淘宝网当天迎来2.13亿独立访问用户，交易额同比增长267.3%，远高于2012年中秋、国庆黄金周期间全国百家大型零售企业零售额8.49%的同比增长。当天三家店铺尤为引人关注，销售额过亿元，分别为杰克琼斯旗舰店（男装）、骆驼服饰旗舰店（鞋）和全友家居旗舰店（家居）。这进一步说明传统企业全面电商化的时代即将到来，此类事件无疑能极大地刺激电商周边行业的参与积极性，促进相关服务业的进一步完善。2012年12月3日，阿里巴巴集团宣布，截至2011年11月30日，本年度集团旗下淘宝和天猫交易额突破10000亿元。其中三、四线及以下城市和地区消费增速超过60%，远高于一、二线城市不足40%的增长速度。据国家统计局发布的最新数据，截至2012年11月30日，社会消费品零售总额为186833亿元，淘宝和天猫10000亿元交易额占社会消费品零售总额的5.35%，该交易量甚至远超过同期北京、上海等一线城市的消费品零售总额。淘宝系10000亿元的交易额印证了中国网民的消费能力，体现出电子商务蕴涵的巨大增长潜力，未来随着更多传统品牌在平台上的熟练经营，交易额的增长潜力将不断释放。

历经十多年的发展，我国电子商务行业虽已进入大规模发展、应用和运营的阶段，但与欧、美、日、韩等发达国家的差距仍然很大，我国的电子商务还未形成稳定的行业生态链。随着国内电商竞争的升温，行业洗牌局面再所难免，互联网巨头纷纷对各自的产业链结构进行整合。

2013 年 1 月 10 日，阿里巴巴集团宣布，为了面对未来复杂的商业系统变化趋势，以及无线互联网带来的机会和挑战，同时让组织能够更加灵活地进行协同和创新，集团现有业务架构和组织将进行相应调整，成立 25 个事业部，具体事业部的业务发展将由各事业部总裁（总经理）负责。"这是阿里 13 年来最艰难的一次组织、文化变革！变革是痛苦的，但要是我们不变革，我们未来会连痛苦的机会都没有！"马云在随后的内部邮件中详细解读了阿里巴巴的新组织架构，并称变革不是一时的，而是时时的，"我们总在追求一种稳定，但在信息时代，变化才是最好的稳定。"本次组织变革的方向是把公司拆成"更多"小事业部运营，"给更多的阿里年轻领导者创新发展的机会，我们不仅仅需要看见相关业务的发展和他们团队、个人的成长，我们更希望看到他们各自的小事业部可以把我们的商业生态系统变得更加透明、开放、协同、分享，更加美好"。马云说，与其天天抱怨今天的商业环境，与其天天在现实社会里争议市场经济和计划经济的利弊，不如用互联网这个工具来参与变革和建设的行动。"因为我们坚信，在互联网的环境里，商业社会会更加透明、诚信和健康。在大数据的时代里，市场经济的思想和计划经济的手段将有可能完美地统一。建设性的破坏远远比破坏性建设来的有用，远远比抱怨和空谈来的更有价值。"

无独有偶，在 2013 年京东内部年会上，京东商城集团创始人兼 CEO 刘强东发表讲话称：2013 年京东将秉承"修养生息"的战略，所谓"修"，就是过去九年，我们平均的增长速度超过 200%，在如此高的发展速度下，内部不可避免地会产生一些系统性问题、流程性问题、根源性问题，我们的"修"就是要通过今年一年的努力，把过去十年积累的问题从系统上、流程上、根源上彻底解决，为第二个十年的增长打下一个坚实的基础。而这种解决是要一次性的、彻底的，不能为未来的发展留下任何瑕疵，是为"修"。所谓"养"，就是要对京东的战略型业务进行持续不断的投入，把它们"养大"。当然京东所有的业务都会围绕着电子商务这条主线，我们不会脱离这条主线，不会去做跟电商无关的事情。我们在这些战略型业务上可能会继续亏损，不是我们不能盈利，而是如果我们过早地追求盈利，丧失的将是对未来的投资，所以我们有理由、有资格、有能力持续地对这些业务进行战略性投资。所谓"生"，就是经过十几年的发展，我们也在思考还有哪些业务没有做，还有哪些领域没有进入，我们还要不断扩展。当然前提同样是所有的业务都会围绕着电子商务这条主线，我们要在整个电商价值链和供应链服务方面不断拓展。比如在数据领域、金融领域，我们要催生出大量新生业务。所有能够代表未来发展方向的电商业务，我们都要在2013年持续不断地建立起来。所谓"息"，就是在我们现有的业务模块中，有些可能是没有未来的业务，不管这些业务目前是赚钱、还是亏钱，只要是没有未来的业务，我们都要坚决地把它关掉，没有必要在这样的业务上耗费资源、精力以及时间。同时，刘强东也表明京东商城第二个十年的三大发展方向：自营电商、开放服务和数据金融。"第一个方向：以技术为驱动的自营电商业务，京东将依然坚持自主经营的电子商务业务，它在本质上将是技术驱动的供应链服务。第二个方向：以技术为驱动的开放服务业务。第三个方向：以技术为驱动的数据金融业务。"

2013年3月，苏宁电器易名苏宁云商，并宣称将投资220亿元发展物流项目。此举不论在电商界还是物流界均引起轩然大波。得物流者得天下，细数国内各大电商，阿里系、京东、当当等电商企业近几年纷纷赴汤蹈火，不惜重金砸向物流。在信用、支付等难题解决之后，物流成为电商成长的最大瓶颈。但最大的瓶颈也将是最大的竞争力所在。京东商城CEO刘强东曾说，物流是京东的生命线。由此看来，物流关乎电商企业的成败。

倾国电商的江湖激战正酣，各路英豪都在抢夺码头，打造自己的"王国"。而本书将拨开弥漫战场的硝烟，呈现我们身边伴随不时响起的爆炸声溅落的一团团火球，描述中国电商们的"战国"时代。本书用《电商的战国》作为书名，正符合当今媒体或大众评论电商的爱好或者倾向。大家都知道"战国"时代是中国古代重要的历史时期之一，"战国"时代是华夏历史上对抗最激烈且最持久的时代之一。这一时期混战不休，故被后世称之为"战国"。战国承接百家争鸣的文化潮流，围绕经济技术的新发展，各国相继图强而展开举国变法。战场争锋，涌现出了大量为后世传诵的典故，塑造了"一统江山"的"中国"雏形。在电商竞争的硝烟战火里，"乱世出英雄"，当旧秩序被打破、新秩序尚未建立起来的时候，就是群雄争霸之际，正如今天的

"中国电商"。中国电商已成"战国"之势，马云的淘宝"帝国"不仅建立了国人网上交易的规则，而且鲸吞了网上购物的七成交易额，为后来的电商"列强"们做了布道。刘强东的京东商城，李国庆、俞渝夫妇的当当网，已为"海归派"的卓越亚马逊，陈年的凡客诚品，于刚、刘峻岭的1号店，红孩子、梦芭莎、唯品会、乐淘网、好乐买……战火正燎原，谁是真英雄？本书讲述了电商们进入"战国"时代的始末，破解电商们的绝密战事。看谁能在电商的战国时代成为"强国"，而谁又能笑傲江湖，完成"江山一统"之大业……

目 录
CONTENTS

顾客

物流

网络

银行

第 一 部

缘起

厂商

实体店

供应链

● 1999 年：缘起之传 ●

　　黎明的曙光，在天色黑白交际的一瞬间，随即因白昼的来临而很快地消失了，但它，昭示着岁月变换在天地之间……

第一卷　追溯起源

中国电子商务市场充满生机的创新发展，经历了翻天覆地的变化。一个全新的市场格局，将中国电子商务产业推向了新的台阶。现代意义上的电子商务是在20世纪90年代中末期，其含义是指发生在因特网上的包含企业与企业、企业与消费者之间的商业交易，或者说是以因特网为手段对产品和服务进行宣传、购置和结算的经济活动，等等。

对于中国来说，电子商务起步大概是从1997年开始，到2004年中国的电子商务才真正发展起来，2008年以后快速增长。中国电子商务的发展历程只有十几个春秋，但其惊人的发展速度和旺盛的生命力使其未来发展潜力不可限量。事实上，电子商务并非是一种刚诞生的事物。早在20世纪70年代，电子数据交换（EDI）和电子资金传送（EFT）作为企业间电子商务应用的系统雏形已经出现。多年来，大量的银行、航空公司、连锁店及制造业单位已建立了供方和客户间的电子通信和处理关系。这种方式加快了供方处理速度，有助于实现最优化管理，使得操作更有效率，并提高了对客户服务的质量。但早期的解决方式都是建立在大量功能单一的专用软硬件设施的基础上，因此使用价格贵，仅大型企业才会利用。此外，早期网络技术的局限也限制了应用范围的扩大和水平的提高。

互联网（Internet）的出现为电子商务的发展奠定了基础，互联网是由一些使用公用语言互相通信的计算机连接而成的全球网络，即广域网、局域网及单机按照一定的通信协议组成的国际计算机网络。互联网是一种公用信息的载体，这种大众传媒比以往的任何一种通信媒体都要快。随着互联网的高速发展，电子商务的旺盛生命力日益显露。

全球互联网自20世纪90年代进入商用以来迅速拓展，已经成为当今世界推动经济发展和社会进步的重要信息基础设施。经过短短十几年的发展，互联网迅速渗透到经济与社会活动的各个领域，推动了全球信息化进程。全球互联网内容和服务市场发展活跃，由此带来了互联网服务产业的飞速发展。中国的互联网发展虽然起步比国际互联网发展晚，但是进入21世纪以来，同样快速发展。2013年1月15日，中国互联网络信息中心（CNNIC）在北京发布第31次《中国互联网络发展状况统计报告》（以下简称《报告》）。报告显示，截至2012年12月底，我国网民规模达到5.64亿，互联网普及率为42.1%，保持低速增长。与之相比，手机网络各项指标增长速度全面超越传统网络，手机在微博用户及电子商务应用方面也出现较快增长。《报告》显示，2012年全年共计新增网民5090万人。互联网普及率为42.1%，较2011年底提升3.8%。从数据来看，两项指标均延续了自2011年以来的增速趋缓之势。与此同时，我国手机网民数量快速增长。数据显示，2012年我国手机网民数量为4.2亿，年增长率达18.1%，远超网民整体增幅。此外，网民中使用手机上网的比例也继续提升，由69.3%上升至74.5%。《报告》显示，截至2012年12月，我国网络购物用户规模达到2.42亿，网络购物使用率提升至42.9%。与2011年相比，网购用户增长4807万人，增长率为24.8%。在网民增速逐步放缓的背景下，网络购物应用依然呈现快速的增长势头。团购领域数据显示，我国团购用户数为8327万，使用率提升2.2%达到14.8%，团购用户全年增长28.8%，继续保持相对较高的用户增长率。在网络营销受到重视、网民消费观念转变等因素的影响下，不少商家纷纷打破单一经营模式，在传统渠道外开拓网络渠道，以寻求销售的新增长点。传统商家对网络渠道的应用不断深入，传统渠道和网络渠道正在加速融合。网络经济快速发展的同时，手机端电子商务类应用也在迅速扩张。网民使用手机进行网络购物相比2011年增长了6.6%，用户量是2011年的2.36倍；此外，手机团购、手机在线支付、手机网上银行三类用户在手机网民中的比例均有所提升，这三类移动应用的用户规模增速均超过了80%。截至 2012 年 12 月底，受访使用计算机办公的比例为 91.3%，使用互联网的比例为 78.5%，固定宽带普及率为 71.0%，开展在线销售、在线采购的比例分别为 25.3% 和 26.5%，利用互联网开展营销推广活动的比例为 23.0%。2012 年中国互联网普及率为 42.1%，较 2011 年底提升 3.8 个百分点。这预示着，互联网在易转化人群和发达地区居民中的普及率已经达到较高水平，这些数字都是非常惊人的。

今天网络购物已经成为一种大众习惯的购物模式，只有你想不到，没有你买不到！除了在国内的各大电子商务网站消费，我们还可以在世界任何一个角落搜索我们需要的物品，世界是平的，互联网帮我们实现了"零距离"的购物体验。

第一回　雄心初起　生存测试

1997 年，国家主管部门研究决定由中国互联网络信息中心（CNNIC）牵头组织有关互联网单位共同开展互联网行业发展状况调查。当前，互联网已经成为影响我国经济社会发展、改变人民生活形态的关键行业。

在 20 世纪的最后一年，一个曾经轰动一时的互联网生存实验可谓开启了中国电子商务时代的里程碑事件。那时候讨论的还是互联网生存的问题。虽然事件的众多策划者和参与者都俱往矣，不过从此之后电子商务的风流人物逐一登场，连同此后岁月里那些意味深长的重大进展，仿佛开启一个属于他们试水创业的时代，不，更确切地说，开启了一个中国的电子商务时代。

1999 年 9 月由 10 多家媒体、梦想中文网联合主办、8848 网赞助的网络生存测试——"72 小时网络生存测试"惊爆整个社会，实验于 9 月 3 日开始，6 日结束。12 名参与者在独立的房间内，通过网络来满足他们的需求。72 小时网络生存测试是监测当时电子商务发展的一次活动，同时大大助推了电子商务网站的发展。

当时对外的宣传口径里面，人们忽视了一个网站的存在，那就是梦想家中文网。今天它已经近乎消失，但在当时，由中国台湾青年许乃威从台湾引到大陆来的所谓三地一体的网站很希望自己能一夜走红、迅速成名。许乃威是个大才子，他虽然是在台湾大学读物理，但却是个话剧爱好者，更有趣的是，梦想家的真正老板是陈文茜，也就是那个才华和身材都让李敖先生念念不忘的陈大才女。

有许乃威和陈文茜这样的人物做老板，梦想家的想法还真有些与众不同。而具体到72小时生存测试这个创意，则是梦想家网站副董事长顾成从上海《新民周刊》上看到的，那份杂志称，微软英国分公司在英国搞了一个网络生存测试，时间是100小时，结果几位测试者出来各有所得，有些测试者还因此写了书，只是由于微软实验室对此事不愿意声张，所以很少有人知道有这么回事儿。

顾成在上海滩阴云初起的下午兴冲冲来到公司副总马昕的办公室，马昕一听也兴奋起来，于是把市场部全体召集起来开始狂侃，越侃大家越觉得有戏：于是有了上述的想法。这事还真轰动，测试结束时，记者们蜂拥赶到北京保利大厦，主办者已经控制不了局势了，因为这事儿太热了——关键是中央电视台突然大规模介入，再加上10家媒体，特别是各地晚报的炒作，让这个活动飞上了天。

一年半以后，时任MY8848CEO的王峻涛在一次接受南方某报采访时这样说：开始听说有这个72小时生存测试，我们都没怎么在意。这些测试者无非就是我们每天打交道的成百上千的网上顾客中的几位，来了就接待。这么想着，到了测试开始的周末，还照样只留下几个值班的。正常情况下，周末是我们网上销售的低谷，销售量一般很少，几个人也就够了。不过，接下来的事情就有些不妙：整个周末，我们占公司全体员工不到1/10的值班员工不得不开始面对突然涌来的订货人潮，数量大约是平时周末的10倍！那个周日，一天就涌来了3000多个订单！

8848无疑是72小时生存测验的最大赢家。这里有个插曲，当时活动主办方找到8848的市场总监毛一丁要求赞助。毛一丁非常痛快，当即拍板赞助了参赛者每人1500元现金和1500元电子货币，这可是一笔不小的数字。头脑灵光的毛一丁意识到这里可能会有大动作，给了当时值守人员足够的暗示。

当时8848的值守人员得到的暗示是，这两天如果有购物的一定要满足，无论多远都要尽快送到。就这样，在其他网站不当回事的时候，8848 抢了先机。一位参赛者要的巧克力网上超市没有，毛一丁硬是派人从公司旁边的商场买了送上去。毛一丁不愧是中国 IT 界的市场天才，他总能在最适当的时候参加到炒作的行列中来。

其实，8848 这个名字与毛一丁也有关，这个名字很形象，也很有寓意，既然美国最大的电子商务网站叫 Amazon（亚马逊），那么，中国最好的电子商务网站为什么不用中国也是世界最高峰的高度来命名呢？于是有了 8848。毛一丁有珠峰情结，他之后数上珠峰，只是不知每次攀登珠峰时他是否会想起8848。

8848

古希腊哲人赫拉克利特说过，人不可能两次迈进同一条河流，而 8848 却似乎可以。

几年前，盛极一时的老 8848 就是被幕后资本强行拉入分拆和兼并的资本游戏，被胜利冲昏头脑的大股东安图运用资本的力量主导企业的发展，对他们来说，更重要的是上市圈钱。但因为牵扯的利益太多，诱惑太多，8848 的发展最终陷入极度迷茫中，在资本疯狂追逐最大利益的时候，企业却错过了发展的最佳时机，并从此一步步走向衰微。

从创立到衰落的 6 年中，8848 经历了最辉煌的巅峰时期，同样也经历了无数的是是非非。后来，所谓"王者归来"的新 8848 更是虚有其表，连核心业务也惹上纠纷，最后股东终于按捺不住……现在经常有人问王峻涛，如果当时不上市，如果当时不分拆，如果……但王说：假设没有意义，我懂得了一点：创业者要坚持、坚持、再坚持。张朝阳也说：做自己的，不要听华尔街的。

第二回　风起云涌　惊案启蒙

老榕如今仍然非常怀念过去的连邦岁月。他说，1999 年之前的连邦，真是一个充满理想和收获的集体。很奇妙地，一群个性不同、但是充满理想的人，不仅成为伙伴，而且成为一直的朋友。那时，他的福建连邦一直是连邦软件全国连锁组织的京外专卖店销售冠军，当时被称作"福州奇迹"，连邦的第二次专卖店经理会议就在福州举行，那可能是连邦每年一度的经理大会唯一一次在外地举行。他们琢磨出来的独特营销战法，后来被叫做"福州经验"，写进了连邦的连锁经营手册。

1998 年 10 月，连邦董事会的一些成员和高层管理人员在海南开会，突然邀请远在福州的王峻涛一起参加。当时，王峻涛虽然和连邦过从紧密，可既不是连邦高层，又和连邦总部没有任何资本关系。不过很喜欢连邦的他，毫不犹豫地从福州飞到了海口。他回忆说，"等我到达，我才发现，他们的正式会议已经结束了，我下了飞机直接就被拉到了海边，吃海鲜。接下来的几天，一直是以非正式的方式在聊天，我被问得最多的问题是，对连邦以后的发展战略怎么想。记得当时，我反复鼓吹，连邦应该上网了。我们谈了很多，关于网络，关于网上销售，关于建立在网络上的信息系统。"

离开海南前，当时的连邦董事长苏启强正式邀请王峻涛："你来北京吧，我们建立一个电子商务事业部，你来主持，有什么条件你提。"王俊涛也没犹豫说："好，没有别的条件，我要 4 个人，要把连邦的信息系统搬上网络，最重要的是，这个电子商务业务，要整合进整个连锁体系的核心。"苏启强大手一挥说："就这么办，你快点来吧。"

1999 年 1 月 4 日，王峻涛到达北京，只背了一件行李。当时他说，给我半年，我把这些平台架好，交给连邦总部，我就回去。可是他到今天都还没有能回去。其实当时，无论苏启强、吴铁还是不久后入主连邦的上市公司江苏综艺，都认为王峻涛是担当电子商务战略的最适合人选。几乎 2 年以前的 1997 年，王的网名"老榕"就已经是网上最火的 ID，他在那年的一个帖子甚至直接促进了当时的四通利方在线、现在的新浪转型成为新闻门户，这个充满传奇的过程，在新浪资深副总裁、总编辑陈彤最近的新书《新浪之道》里面有非常大篇幅的具体描绘。而此前一年，他在福州建立的站点也已经成为当时网上的热门站点之一，他不止通过它来处理福州连邦和福建各地分销商的业务，也为别人提供网络服务。远在重庆的《电脑报》网站的第一个 BBS 系统就是他们建立和维护的。1998 年，他还是"中国十大网民"的第一名。当然，他的经营管理能力也是没有人怀疑的，当时福建连邦的经营业绩和管理水平，几年来一直是整个连邦全国连锁组织的旗帜。当然，他那时的表达和沟通能力也已经很出名。不只写足球的帖子当时早已经是"全球最有影响的中文帖子"（陈彤：《新浪之道》），他写 IT 的文章，居然也已经连续两年获得当时《电脑报》的年度优秀文章大奖。

以下是摘自 2005 年《IT 时代周刊》采访王峻涛的实录，从一个侧面看到第一代电子商务平台的理想追求和没落。

《IT 时代周刊》问：当时你为什么要和连邦合作？以你当时的优势，完全有机会自己做下去。

王峻涛答：其实我做什么都喜欢尽量地合作，个人力量是很有限的。1994年开始与连邦合作卖软件就是个例子。合作带来共享的资源，更多的机会，更重要的是，带来人脉和互相脑力激荡的伙伴。当时，我特别看中连邦的有三点：第一，当时连邦在 IT 产品流通渠道的压倒性的优势资源。1999 年 5 月 18日，8848 网站发布的时候，我的演讲的题目是《中国电子商务的三座大山与我们的对策》。当时我说，中国开展电子商务有三座大山：支付、配送和信用。这个说法一直到今天还在被大量引用。可是当时连邦已经在接近 300 个城市有了连锁专卖店，这些终端可以同时为 8848 的电子商务服务，提供当地的配送、收款服务。同时，连邦当时在消费者心中已经是一个很美誉的品牌。用好这个连锁组织，就是我对付三座大山的主要对策，后来的事实证明很成功；这是天时。第二，连邦当时有比较完善的供应链，尤其在软件、IT 产品和电脑图书方面。当时它有巨大的仓储和比较完备的进销存信息系统，困扰其他B2C 站点起步的库存、采购、物流问题，在这里根本不是问题。而且，当时的网民只有 200 万左右，其中大部分是电脑玩家或者业内人士，我们在 8848 上销售连邦经营的产品，天然地易被接受。这是地利。第三，经过多年的合作，我们连邦已经像一个全国大家庭，互相之间已经可以像兄弟一样谈事情，这对我也是非常重要的一个吸引。这是人和。

现在回头看，另外还有一个因素是王峻涛当时没想到的：连邦在 1999 年初，就是他进入连邦担任副总裁、电子商务事业部总经理的时候，连邦的控股权卖给了一家上海上市公司：江苏综艺（代码：600770）。8848 正式的发布会是 5 月 18 日召开的，巧的是，5 月 19 日，中国股市就出现了著名的"5·19网络股行情"。由于有江苏综艺的资本关系，8848 一下子成为中国股票市场最引公众注目的明星。王峻涛现在回头评论说：好事全一起来了，当时的运气真是邪门得好，走路都可能被运气砸到。

《IT 时代周刊》问：有人说 8848 是迎合 1999~2000 年的网络泡沫而诞生的，你怎么看？

王峻涛答：前面的事情都说明，正好相反：8848 是一不留神撞上网络泡沫的。中国股票市场的 5·19 行情，可是发生在 8848 经过 5 个多月半公开试运营、正式发布后的第二天。这实在是太巧了。你不会假定我会给不可捉摸的中国股市算卦、掐着点来的吧？我真有那本事，早没巴菲特什么事了！事实上，8848 的诞生，最重要的是上面说的那些天时、地利、人和的因素，以及我们和自己的传统业务紧密融合的最初目标。由于这么突出的地面优势，加上我们对网络产业和电子商务比较早的感觉和紧迫感，8848 才会在大家还对网络、电子商务多少有点莫名其妙的时候诞生。1999 年 8 月，我们连邦的电子商务事业部拆分出来成为 8848 公司的时候，财务给我的结算报告说，电子商务事业部事实上是赢利的。后来碰上了网络泡沫，那真不是故意的，很多是巧合。

《IT 时代周刊》问：很多人说 8848 是您的孩子，后来被别人抢走了，你怎么看。

王峻涛答：这个说法不贴切。8848 本来就是别人的孩子，我不过是它的启蒙老师。我自觉我对他的启蒙教育还是很成功的，回头看，那可能也是 8848 历史上不见得最风光、却最让人值得骄傲的一个阶段。当然，孩子长大成人走向社会之后会变成什么样，我这个启蒙老师能管的就有限了。

王峻涛不仅是 8848 的启蒙老师，现在看来，也是中国电子商务和网络产业的一个启蒙老师。1999 年 8 月，8848 独立成为珠穆朗玛电子商务网络服务有限公司，就是后来广为人知的"老 8848 公司"。连邦公司占 80%（当时已经控股连邦的江苏综艺因此间接地也控股了老 8848 公司），王峻涛个人占 20%，注册资金 120 万元人民币。8848 从此"长大成人"，独立走向社会。可是，好运气似乎被前期用完了，它从此慢慢陷入了徘徊期。

第三回　顾盼自雄　艰难起步

有这样坚实的基础，这样良好的业绩和知名度，再加上 1999 年下半年开始席卷中国的网络投资热潮，独立出来的老 8848 公司立即陷入风险投资的疯狂包围之中。

王峻涛回忆说，当时，我们只有 16 个人，100 多万的注册资金，和当时 8848 已经名扬天下的状态，看起来挺不般配的，不过那时我们心里是真踏实，觉得事业在我们的掌握之中。不过，事情发展得很快。公司很快进来了第一笔风险投资 200 万美元，第一大股东转眼就变成了海外的风险投资。2 个月后，1999 年 10 月，我们有了新的 CEO，来自微软的谭智，以及来自华尔街的 CFO。又过了 2 个月，1999 年底，我们居然有了接近 200 名员工，有了自己独立的庞大的仓库，得到了数千万美元的投资，甚至有了 50 多位说不同语言的股东。

有了资金有了人，王峻涛开始猛抓 B2C 业务。到了 2000 年初，他们一个月的销售额已经突破千万大关，销售的商品也扩大到 16 大类、数万种。上网人数比 2000 年增长了几十倍后的 2005 年，AMAZON 在收购 JOYO 的时候披露，JOYO 2004 年的实际销售额也就 1.8 亿元人民币左右，从这就知道，当时 8848 的销售能力是多么惊人。最重要的是，当时 8848 在网上销售中的份额，用"绝对垄断"来形容是一点不为过的。当时轰动全国的"72 小时生存试验"，8848 的购物袋连续几天出现在 CCTV2 的黄金时间，8848 从此作为"唯一真的可以通过在线支付买到东西"的网站名闻全国。创新公司 1999 年在中国第一家推出 MP3 随身听 RIO。8848 按照地面渠道的平等条件申请代理成功，半年后，创新公司宣布，8848 是它的所有 RIO 代理商中的销售冠军，销售额超过第二名一倍！这可能也是中国历史上第一次有商品在完全平等的条件下，网上销售超过了网下。王峻涛最近对我说，虽然这个事情当时被淹没在关于 8848 排山倒海般的报道之中，我却对它记忆最深刻。它弯腰拿出一个看起来很普通的背包说：你看，这就是当时的奖品，我十分珍惜，用了 5 年。

《IT 时代周刊》问：请再举几个例子说明 8848 在当时 B2C 市场的地位，只能再说三个，说你觉得最有成就感的三个。

王峻涛答：好的。第一个，招商银行曾经公开宣布，2000 年度，8848 一家的 B2C 网上支付数额就超过了他们银行所有 B2C 网上支付流水的 51%，其余 1000 多家商户分享 49%；第二个，2000 年底的 CNNIC 调查，结果接近 70% 的人说他们上网买东西首选 8848，第二名连 30% 都不到；第三，是有一次我突然看到美国《商业周刊》对我们的报道，我事先都不知道他们在中国做过调查。记得报道说，中国的 B2C 市场的一半以上被一个成立不到 1 年的公司——8848 公司牢牢占据，别人正在艰苦地互相争夺第二名的位置。一般国际标准是，超过 25% 的市场份额就是垄断，可是，当时我看到的 8848 的数字，都是 50% 以上、几倍于对手……这样的状态甚至一直持续到 8848 拆分以后……

《IT 时代周刊》问：那就是你支持拆分并跟着 B2C 业务走的原因吧？

王峻涛答：对。当时有一万条理由说 amazon 会死的，所以 B2C 业务行不通了，NASDAQ 不再欢迎 B2C，内部争论非常激烈。开始大股东的提议是，应该"转向"，就是丢掉 B2C 业务。我当然反对，每一次我都坚持反复问 2 个非常简单的问题：第一，我们丢掉一个占市场份额超过 50% 的市场，进入一个今天的市场份额还是零的市场，谁能预测一下，多久能赢利？第二，谁能给我们一个预测，如果我们的 B2C 业务保持与中国的网民数量等基本环境参数同步成长，还需要多久可以赢利？

《IT 时代周刊》问：你的问题很好啊。结果是什么？

王峻涛答：当时 8848 有很专业的财务分析团队，CFO 毛区健丽是非常职业的华尔街人。当时她们的模型告诉我：对第二个问题的回答，最保守的估计，到 2010 年可以赢利，最乐观的估计是 2005 年，就是今年。可是，现在已经是 2005 年了，现在的实际数据，比如一亿的网民、超过 60% 的人经常浏览电子商务网站、超过 17% 的人上网购物、在线支付成为比例第一的支付方式，等等，比那时最乐观的估计还要好很多。至于第一个问题，没有解答。是啊，谁能知道，做一件你从来没尝试过的事情，需要多久可以成功？

第四回　百变异形　风雨迷踪

《IT时代周刊》问：这些回答看起来很有力啊，他们不接受吗？

王峻涛答：当然接受了，不然甚至连拆分都不可能。不夸张地说，如果不折腾什么新事情的话，当时8848手里的现金，可以支持运营好几十年。可是，我们现在就想上市，你说怎么办？

　　王峻涛当然没法办。资本市场经常和产业本身没什么大关系。6年后的今天，甚至张朝阳都觉悟了一样的道理，最近他反复说：做自己的，不听华尔街的。可是，当时到NASDAQ去上市，是可以不用赢利的。AMAZON上市后6年才开始赢利。当时在美国上市的中国门户，不仅没有赢利，而且亏损累累。可是，要那样上市的话，概念最重要。当时实际控制8848的风险投资商们，可没有王峻涛、张朝阳这样的产业抱负和耐心。别说2010年，他们连2005年都不想等了。他们的唯一期待是立即上市。可是，在2000年下半年，NASDAQ网络泡沫破灭。当时在NASDAQ还有点风头的，是COMMERCE ONE、ARIBA这样的电子商务方案商。当然，6年之后回头看，这2个公司现在也早已不知所踪。可是，8848的一部分投资人当时还是决定，不惜代价也要造出一个这样的概念，赶紧上市了结。

王峻涛不仅不同意，而且甚至不惜公开表示反对。2000年底，8848在人民大会堂举行盛大的发布会，宣布推出他们的MARKET PLACE交易系统，全面转向B2B方案服务。王峻涛公然缺席了那次发布会。

王峻涛说：我觉得作为企业的创业者、经营者，涉及公司的发展战略，你可以不说话，可是不可以说假话。

通过不断的沟通、妥协，大家都接受了让8848"兵分二路、分头突围"的方案。巧的是，王峻涛在这个时候遇见了一位有意收购8848的B2C业务的国内投资人。他们此前正好收购了一家国内 A 股的 ST 公司，正寻找有价值的业务注入。双方一拍即合，很快达成了协议，他们协议用 884.8 万美金的现金收购 8848 的 B2C 业务（不包括 8848. com 域名，也只有 8848 商标的授权使用许可，没有所有权），注入时代珠峰公司（即 MY8848 公司）。同时，他们又投入了 1000 万人民币现金在 MY8848 公司占 75.01%，老 8848 公司占 24.99%。

老 8848 当时的 CFO 毛女士，后来在接受其他媒体采访的时候提到，老 8848 的投资人在王峻涛的坚持、说服下，也不愿意完全放弃 B2C 业务，所以在 MY8848 公司里面占据了可能的最大股份。作为一个外商独资企业，避免在 MY8848 占据超过 25% 的股份，是由于当时对中外合资企业介入零售业务有比较高的政策门槛。

与此同时，老 8848 开始全面转向。短短一年时间，他们尝试了 B2B、电子商务解决方案、系统集成等业务，都不成功。最后，共同的大股东做主，把它合并到了电商数据公司。当时电商数据公司看来有很充实的系统集成业务，但缺乏影响力；而 8848 具有很高的品牌影响力，却根本没有可以带来实际收入的核心业务。

遗憾的是，由于资本层面的矛盾激化，这两条路都遭遇了巨大的困难。

MY8848 的 2 个股东不久就开始纷争，甚至闹上了仲裁委。当时，同是 8848 和 MY8848 董事长的王峻涛夹在当中，左右为难，所以干脆同时辞去了这两个职务。

《IT 时代周刊》问：你现在回头看，当时 MY8848 事件的真相究竟是什么？

王峻涛答：现在看起来事情很清楚了，主要是股东层面的矛盾公开后，MY8848 的管理层没有足够的经验和准备，造成了短时间的管理真空，引起供货商和一部分顾客的恐慌。不过，欠款事件很快就在 MY8848 调整管理层后了结。当时，所谓的欠款数目并不太大，据我所知，后来都很快得到了妥善的处理。事件的本质其实就是常见的商业纠纷，而且很快得到了解决，如果发生在别的公司，可能会因为很常见，根本成不了新闻。可能由于当时 MY8848 是个大家注目的企业，所以被放大成了一个大事件。另外我想借这个机会澄清一下，据我所知，无论是 8848 还是 MY8848 公司，都从来没有被查封、关闭或者破产。MY8848 到现在还在正常运营，上网一查就能知道。

8848 经历了很不愉快的合并过程。开始也是大规模地裁员，然后是合并方的管理层介入接管，最后是合并双方都经历了长达一年的摩擦，最后同归沉寂。8848 的团队悉数离散。CEO 谭智辗转加入了 TOM，COO 鲁众后来去了 AMD，CTO 易爱民回到了亚信，其他员工也慢慢散去。张研，当时是 8848 开发部门的员工，被裁员后一直没有固定的单位；刘梅生当时是后来下马的 marketplace 项目的售前工程师，被裁员后也一直没有固定单位，有人看到他经常和张研一起出没在一些项目投标的场合。然而，被王峻涛带出去的队伍，却在很长时间里一直共事——虽然在不同的公司名号下。直到王峻涛创立 6688，他的创始团队中，仍然有他 1999 年的 8848 同事。

此前，8848 的董事们关于上市的争执也终于无果。当时，8848 的上市万事俱备，甚至连 NASDAQ 的代码都拿到了，已是随时可以上市的状态。可是，据后来的报道，在最关键的时刻，投资人互相就发行价格、发行时间等达不成一致。这一搁置，再加上后来兵分的二路都不顺利，就彻底黄了。NASDAQ 规定，申请了上市而没有上，6 个月后，所有的事情都要从头来过。显然，当时的 8848 已经没有了那个机会。

-------------------------- ■ 老新闻链接 ■ --------------------------

（原 MY8848 总裁）冯晋表示由于缺乏管理经验，加上资金周转困难，拖欠货款的时间长，导致了供货商们的集体追讨。而更令这 200 多家供货商们气愤的是，在催讨货款的时候，竟然遭到"临时增派的保安人员的阻挠"，于是供货商们一气之下将时代珠峰的无理做法反映至北京市海淀工商局，也就出现了后来的"查封事件"。

"的确，目前大众包括一些同行和合作者在内，对时代珠峰还款持怀疑态度的居多，"时代珠峰现任高层开诚布公。副总裁沈涌涛表示，目前公司的首要任务是清偿所有债务和缓解目前不利的舆论氛围。至于清偿货款的资金来源，他透露所有货款是由董事会出面筹措的……

——《市场报》，2001 年 12 月 8 日

今天，8848 公司与电商数据（中国）有限公司在中国大饭店举办新闻发布会，宣布 8848 与电商数据（中国）有限公司正式合并，合并后的新公司将使用 8848 的品牌，进一步为企业及行业客户提供商务电子化解决方案及服务。8848 与电商数据（中国）有限公司合并后，根据合并协议，全新的 8848 公司将整合双方的行业资源，加大行业中的推广力度，使新公司的整个业务架构更为深化和规模化，为行业企业提供更多、更为全面的解决方案和服务。合并后……原电商网的徐威将做总裁。

合并双方没有透露财务细节。但合并仅以股权折算的方式进行。……业内人士认为此次合并双方在业务上重复性比较大，均是行业解决方案提供商，合并后原来的竞争对手成为一家人共同面对市场，增加了公司的实力，同时也解决了经营成本。不过该人士还指出，8848 和电商数据在业务上也有互补性，前者侧重于电子商务解决方案，后者长于 ERP 系统的构建。

——《中国计算机报》，2001 年 9 月 18 日

（8848 拆分后）接替王峻涛的谭智在原 8848 中尝试做 B2B、E-Marketplace 以及诸如网上分销、解决方案等与电子商务相关的各类业务，但结果都不尽如人意。2001 年 9 月中旬，8848 宣布与电商网合并，令人意外地放弃了 B2B 业务，转向系统集成和电子政务。在新公司中，原 8848 的股东占八成，电商的原股东占二成，而唯一同时握有两家公司股份的只有 IDG。合并后，谭智成为新公司的 CEO，原电商网的徐威担任总裁。但时隔不久，谭智离开了 8848，同时离开的还有绝大多数市场部人员。记者则从其他渠道获悉，其相关业务也进入收缩阶段。一位知情者私下告诉记者："IDG 在种子期（高科技公司的培育阶段）以后进入，自己不播种。但别人的孩子不心疼，所以关键时候来个大撒把也说不定。" IDG 曾经拯救了很多

网站，但它却不幸成为很多创业者指责的对象。一些人分析说，IDG 风险
投资的特点是：直接干预经营；到时间（无论股价高低或公司经营如何）
一定设法退出；投资从来不超过 500 万美元；经常同时投资激烈竞争的两
家公司。一位互联网人士评价说："8848 如果始终坚持电子商务就好了。
这个品牌曾很有价值，可现在它在做什么谁都搞不清楚了。"

——《经济观察报》2002 年 8 月 12 日

在（2004 年 5 月）23 日下午的科博会论坛上，面对 8848 新老两代掌门
人，IDG 合伙人李建光出人意料地坦承，当年 8848 在有机会上市的情况下，
因为 IDG 本身的决策失误，而耽搁了这一大好时机。一向低调的风险投资人
IDG 的合伙人李建光，在下午的"网络沉浮"主题论坛上回顾说，当年有三
件令其痛心的事情，一是在搜狐股票 1 块多钱时卖了；二是 QQ 在 4 千多万美
金时卖了；第三则是在 8848 有机会上市时，"当时由于我们决策的失误，耽误
了市场机会"。李建光说：现在我不得不承认很多错误是我们犯的，也许那些
企业家是对的。

第五回　威风凛凛　王者归来

2004 年扯着"王者归来"大旗出现的所谓"新 8848"，王峻涛总是半鄙
夷半严肃地说："这是一个莫名其妙的公司，是一个和 8848 的历史没有任何关
联的公司，当然也是一个和我一点关系都没有的公司，我不想回答关于它的任
何问题，因为我根本就没怎么注意过它。"

好在，新 8848 的 CEO 吕春维是个出奇爱说话的人。此外，与新 8848 有
关的人都很活跃。有些活跃在前台，有些活跃在网上，找他们谈谈并不难。东
鳞西爪的，我们也把这个最近弄得媒介晕头转向的故事，拼出了个大概。

故事要从吕春维说起。大家知道这个人，是从新 8848 号称"王者归来"
开始的。有意思的是，很少有人知道他此前的经历。他公开的简历语焉不详，
而且有多个版本。据新 8848 的员工说，他经常宣称自己曾是微软西雅图总部

的"高级项目经理"。某个著名的门户站点在邀请他做访问的时候,照例登出了他的简历。有人注意到,这个简历有罕见的"双胞胎"。开始登出的简历说:"吕春维先生于 1996 年外派到美国西雅图,曾经在美国微软公司 BackOffice Small Business Server Team 和 Windows Millennium PC Health Team 供职。并在此期间,联合创办了面向海外华人的网上购物网站 ChinaMalls. com。"可是不久,同样的简历,上列文字却变成了:"吕春维先生曾经在美国微软公司供职。在美国期间,曾联合创办了面向海外华人的网上购物网站 ChinaMalls. com"。这确是一件挺奇怪的事情。

经过了解,他的来历大概是这样的。此人毕业于吉林工业大学,毕业后进入了长春的一家进出口代理公司,不久被这家进出口公司外派到了美国做业务。在美国期间,他兼职做了几天微软产品的测试之类的 PART-TIME 工作,还业余做了一个叫 ChinaMalls. com 的网站,据他自己说后来"卖给了纽约的上市公司",当然从来也没说是哪个上市公司。我们经过查证发现,现在,别说这个网站了,就连 ChinaMalls. com 这个域名本身也没有归属,正在一个倒卖域名的公司网站上拍卖。从网上搜索的历史快照可以看出,它最后能截取到的页面是 1998 年,看起来确实就像个个人站点,其页面几乎一年没有任何变化。也就是说,一个在纽约美国主板上市的公司,在收购它之后,不仅从来不维护,而且后来干脆任由它的域名过期——这听起来实在不合逻辑、十分可疑。在他的简历中,还提到另外一个来历不明的站点,OurChina. net。用同样的方法可以查到,这个站点现在"网页无法显示",最后一次的历史页面出现在几年前,居然是一个聊天室。总之,他在美国的经历中,一个任职、两个网站,均经不起太多的推敲。反正,只有被一个进出口公司外派到了美国 2 年多这一点,看来是没有疑问的。

回国以后,吕先生的简历就更是语焉不详了,就连一个像样的"任职"公司也找不到了。关于这一段,吕先生的简历同样有 2 个版本,出现在上列同一个地方。第一个版本是:"随后,吕春维先生又创办了电子商务企业 OurChina. Net, Inc. 并回到国内发展;推出了面向商户的 eStore 系统和面向企业的 B2B 平台。OurChina. Net 在中国互联网行业最低潮的阶段,矢志不渝、坚持发展,通过激烈的竞争中标上市公司亚泰集团电子商务系统,并参与、建设了中国电子口岸、中国—加拿大政府合作项目建设部建筑节能网、金盾工程成都市公安局治安管理信息系统等大型项目。"这么多辉煌的业绩，却没有一个正经的企业去认账，只有一个处于聊天室的 OurChina. net 在操作，实在很奇怪。所以，估计遭遇了一些类似的疑问，不久后，简历修改成了这样："随后，吕春维先生又创办了电子商务企业 OurChina. Net，Inc. 并回到国内发展；推出了面向商户的 eStore 系统和面向企业的 B2B 平台。"那些辉煌的业绩都不见了，就只有"推出了面向商户的 eStore 系统和面向企业的 B2B 平台"。

第六回　风云游侠　艰难岁月

据了解，事实是，吕先生回国以后，并没有固定的工作，开始了在系统集成领域打零工的艰难岁月。只要那里有什么项目投标，他就依托不同的公司参与。投到了，就以"挂靠"的方式做几天，赚一点开发或者维护费收入。根据网上查找，至少他说的"亚泰项目"，可能就是依托长春一家叫"一萌"的小公司运作的。这个公司是一个学生创业的技术公司，注册资金只有 10 万元，而且看来运营得不大成功，创业者曾经发表过文章，提到亚泰项目"亏损"的事实。总之，看来吕先生这些零敲碎打的收入并不富裕，所以有同事说他回国混了多年，没房没车。在这个时间里，他碰见了同样已经失业的张研和刘梅生，据说也是他的同乡兼中学同学，经常一起合作出门"打标"。

王峻涛离开西单以后，吕春维他们找上了一心想在商业系统推广信息系统解决方案的西单电子商务部总经理林亚。王峻涛曾经说过，当年他和西单合作，有一个很重要的原因，就是西单的信息化基础比较好。林亚女士曾经供职的西单计算中心开发出了当时在北京商业系统十分领先的信息管理系统。当时，吕、张、刘正计划向一个有商业背景的项目"打标"，就故伎重演，想和西单电子商务公司合作。这个项目后来没了消息，可是，他们不知怎么得到了林亚的信任，在王峻涛离开西单大约 2 个月后，吕成为那里的副总裁。当然，他们还是没给急切需要业绩的西单电子商务公司带来任何收益，所以，几个月后，他们又离开了西单电子商务公司。不过，这次他们带走了王峻涛为西单电子商务公司开发的 ESHOP 系统和在线支付平台，改名叫 ESTORE 系统和 EPAYMENT 系统。记者不止一次听到当时的西单电子商务公司员工说，在他们离开、进入新 8848 的时候，林亚公开在公司内多次说：一定要告吕春维。不过，无论如何，在碰上了长春一萌、西单电子商务公司之后，接下来他们带着这些东西，终于碰上了 IDG。

当时，IDG 正着急找一个说得过去的项目，填补他们手里的 8848 空壳。此前不久，对 IDG 的 8848 运作彻底失去信心的其他股东和创业者们，刚刚和他彻底分道扬镳。老 8848 的账上还有不少钱，股东们按照股份瓜分了它们，之后各奔前程，IDG 也分到了大约 300 万美元——比它第一次对 8848 的天使投资，还多赚了 100 万美元。就在这个时刻，吕通过在当当网的一个熟人认识了李国庆，为当时缺乏搜索技术的当当做了一个简单的搜索——要说简单也确实够简单的，这个搜索，是采用了"开源"技术，就是一些业余爱好者在网络上公开了源代码的技术。李国庆无意把这些说给了他的股东 IDG。说者无意，听者有心，IDG 立即约见了吕春维……

依据吕后来在某门户网站的访谈，他"花了一个晚上"写成了商业计划书，然后在嘉里中心——IDG 所在地的咖啡厅见了 IDG 的人。然后，仅花了三个月的"开发"，"王者"就归来了。匆忙"归来"的新 8848 把大量资源投入了炒作。不过，和他们匆忙推出的平台一样，炒作也是漏洞百出，以至于一位有名的 IT 评论家说，新 8848 是一个自己吹大的气球，一根头发就可以把它戳破。

这样的例子不胜枚举。比如，新 8848 归来的时候，吕春维通过记者说，IDG 注入新的资金；几天后又正式改口说，用原来老 8848 剩余的资金就够了，IDG 没有新加投资。那么这个"剩余资金"是多少？新 8848 透过媒介说过上万万到数千万不等的数，吕春维甚至在一次访问中说过一个具体数：注册资金是 2900 多万美元。事实是，经过我们向北京工商部门的查核，新 8848 公司，即北京珠穆朗玛网络技术有限公司，2004 年 2 月（即他们宣布"王者归来"之后）最后一次变更的注册资金仅为 860 万元人民币，公司股东仅 4 名，都是自然人，分别是：李建光（IDG 合伙人）83.26%，吕春维 8.79%，张研 6.28%，刘梅生 1.67%。再如，吕春维在 2004 年中曾经公开对媒体说，新

8848已经收支平衡；近一年后又对记者说，过去是每月砸一个宝马换一个奥迪，也就是说：亏大了。

可无论如何，综合以上信息，我们已经可以勾勒出一个大致的脉络：

2003年年底到2004年初，老8848的股东们经过漫长的等待和扯皮，终于达成了一致：陆续退出。老8848账上尚余的2000万美元左右，陆续按照各人的股权比例分割取走。IDG作为老8848的股东，可以取走大约300万美金左右，同时实际控制了已经成为真空的8848无形资产，比如域名和商标。没有实际业务支持，这些无形资产就是废物，所以，他们找到了吕春维"团队"，再次打算利用当时流行的"概念"（这次不是B2C也不是B2B了，是搜索＋电子商务），打包脱手。很可惜，新8848这次的所谓业务，根本没有根基，除了炒作，完全没有任何有价值的收益，一年多的折腾，不仅没有让它成为有价值的投资对象，反而成为一个负面的典型，其他投资人唯恐避之不及。

寻求脱手和新的投资无望，自己赢利更没了指望，怎么办？IDG故伎重演。

《IT时代周刊》问：你怎么看速达兼并新8848？

王峻涛：请原谅，我不发表意见。事实是，我根本就没认真看。速达是个值得尊敬的公司，我仍然拥有的福建连邦，还一直是速达的好伙伴。不过，我觉得，这个事情，和老8848曾经的兼并有很多相似，希望他们不会重蹈覆辙。

见证了8848风雨沉浮的王峻涛，总是点得很准。几年前，老8848几乎演绎过一样的故事：大规模裁员（最后甚至裁掉了当时的CEO谭智），经历了非常白热化的内部纷争，最后由大股东IDG做主强行并入了同样也是IDG投资的电商公司。巧的是，当时的电商公司，也以ERP为核心优势，他们兼并的理由也是"用户重合，优势互补"。唯一的不同是，这一次的速达，是一家香港的上市公司，兼并以后，理论上IDG终于有机会"修成正果"——可以通过股票市场随时退出了，不过，速达目前的股票价格只能折合20美分，而且交易很不活跃，三个月的日均成交量只有可怜的2万多股。在笔者截稿的最后一个交易日5月25日，虽然大陆媒介到处炒作关于速达收购新8848的话题，速达的投资者却毫不买账：这一天，它的成交量是：0股。就是说，无人问津。不过，无论如何，他们在 8848 上的投资已经全部收回，现在，卖一毛就赚了一毛。

附带说一点，根据速达 2004 年的财报，他们拥有的现金只有 2100 万人民币左右，流通股不过 400 多万股，流通市值不到 100 万美元（按照 5 月 25 日的收盘价计算）。不知道吕春维先生前几天说的兼并将涉及的 1000 万以上美金从哪里找出处？反正，按照这个现实的财务数据计算，速达即使把所有的现金都投入，也只够 1000 万美金的零头。用股票置换并且把置换后的股票投入流通，那么至少要增发 10 倍以上，这听起来似乎：基本上很难。至于说改到 NASDAQ 上市，以 2004 年第四季度速达的利润 700 多万人民币计算（那已经是他们上市以来最好的表现），全年不过 300 多万美元，距离 NASDAQ 现在习惯接纳年利润 600 万美金以上的公司的底线，似乎还差很大的一截，且不说收购 8848 后要增加的成本，以及从香港 H 股变成 NASDAQ 上市公司，那些政策、法律和操作上的重重壁垒。

第七回　风雨之后　启迪江湖

研究 8848 的历史，我们惊喜地发现，真正的"王者归来"，发生在他们创始人的身上，虽然他们归来的时候，都不再假 8848 之名。

苏启强。中国 IT 界的传奇创业人物。和王文京一起创立用友的是他。创立连邦全国连锁组织的是他。在连邦内力主设立电子商务事业部、延请王峻涛出山，并担任 8848 公司第一任董事长（王峻涛担任第一任 CEO）的，也是他。他在新 8848 "归来"的几乎同时，创办了中商网，业务模式和新 8848 几乎一样，毫不避讳和新 8848 的正面竞争。他延请的 CEO 是雷赤峰，此前是王峻涛的搭档，MY8848 的执行总裁。中商网最近势头不错，最近的消息是建设了多个城市的运营中心。

王峻涛。了解中国电子商务的历程的人都熟悉的人物。人们不只熟悉他的事业，也熟悉他的思想。当当网李国庆最近对记者说，现在事实证明，王峻涛关于电子商务的思想被历史证明了是正确的，他关于 AMAZON 和 B2C

的那些论断，当时无论看起来多么特别，现在看起来，都很正确。有网友在他的 BLOG 留言说，王峻涛时代的 8848 不只是一个企业，它和王峻涛大量的言论一起，简直成为中国电子商务历史上的"五四运动"，启迪了整整一代人。现在，中国大学的电子商务专业教科书、考试题目中，仍然有大量的王峻涛言论和当时 8848 的故事和案例。

《IT 时代周刊》问：你的 6688 和 8848 有什么关系吗？

王峻涛答：从资本上说，当然没什么关系。不过，我认为，我们的团队在 8848、MY8848 和后来 IGO5 的经历，现在回头看，都是在为我们的 6688 事业做准备。8848 年代让我们坚定了这样的信念：电子商务不只是一个理想，也是一个可以贡献毕生的伟大事业。8848 时代也让我们了解了在中国做网上销售事业必须了解的一切细节。MY8848 时代的经历，让我们知道了怎么去面对事业发展过程中可能经历的波折。IGO5 时代，让我们了解了中国的传统企业怎么能够最好地接受电子商务。你可以看到，6688 现在成功地为数万家"西单商场"这样的传统企业提供了全托管的电子商务服务，为数万家想拥有"8848"的中国企业提供了最简单、便宜的路线图。从 8848 开始，我们经历了艰难的长征，6688 现在是我们的陕北根据地，我们从来没有像现在这样觉得，如此接近我们一直坚持的理想。

研究 8848 历史，我们还发现，8848 的企业文化鲜明地分成了两个阶段：王峻涛主导的 8848 阶段，和他离开后的"后 8848 阶段"。我们发现，这两段文化，有截然不同的特点。王峻涛时代的 8848 文化，有浓厚的理想主义色彩和特别务实的作风。后 8848 文化，是典型的没有灵魂、没有事业动机、充满投机和赌博心态的文化。一个典型的例子是，在新 8848 分崩离析的时候，1999～2000 年加入王峻涛时代的 8848 老人的表现，和后来加入的新 8848 人的表现，完全不同。后者在网上开始了互相讨伐甚至人身攻击，甚至有人说将在简历中抹去在新 8848 的经历；而那些"老人"们，却自然地流露出对 8848 品牌由衷的爱惜、对自己在 8848 创业阶段经历的骄傲，虽然他们经历了一样的痛苦。

珠穆朗玛峰的高度即将改写，"8848"这个数字，作为世界最高峰的高度，可能也即将失去意义。不过，在我们为它惋惜、感叹、甚至愤怒的时候，我们还是发现，8848 在它崛起的时代，曾经代表了一种精神，一种我们应该在中国的创业者中提倡的精神：坚持，踏实地坚持。从这个意义上说，后 8848 时代出现的各种 8848，其实最多只能算 8848 系的"远亲"。8848 理想的未来，最大的可能，还是在那些坚持着的创业者身上。

曾经的电子商务旗舰 8848，这个在中国电子商务史上创造出无数个第一的公司在风雨中崩离。这个例子告诉我们从 8848 到电商崛起对于互联网说，细分行业轮回了。

■ 新闻链接 ■

2005 年北京第八届科博会，评选出 2005 中国十大创业领袖。王峻涛获得唯一的"特别奖"。以下是颁奖实录：

有一个人他已经 40 岁了，他每一次创业都得到大家的注目，而前面的每一次创业的结果都让旁观者为他惋惜，只有他自己依然乐呵呵地一次又一次重新开始。有人说他屡败屡战，可是他的好朋友马云说得好，人家还在战，现在论什么成败？

他曾经说，最喜欢的话是：人可以被消灭，不可以被打败。这就是他这个"老人"和网络之海的关系，他究竟是谁？让我们请出央视著名主持人鲁健先生为我们开奖，有请。

鲁健：听说我今天要颁发的是特别执著奖。各个时代、各个国家，成功的人都有一个特点，就是执著。正因为你的这份执著，才能获得成功。荣获特别奖的是：北京 6688 电子商务公司董事长王峻涛先生。

陈伟鸿：在今天这个时代，居然有人像你这样如此执著，有什么感想？

王峻涛：15 年前我们开始创业的时候，有个术语描述我们这类人叫"下海"。进入大海之后才发现，一个船长驾驭船只在海上前进的时候，不仅有乘风破浪的豪迈时刻，也有碰到惊涛骇浪的困难时分。在那个时刻，一个好船长也许需要无数种优良的素质，可有一个素质是所有船长的共性，那就是执著、坚持、乐观、然后继续前进，谢谢！

作为中国互联网行业当之无愧的创业先驱，祝福王峻涛先生在他的创业道路上越走越顺。每个时代都有它的开拓者，老榕无疑是电子商务的开拓者之一，尽管8848曲终人散，但他留下的宝贵经验和思想引导和照耀着后来者继续前行。中国的文化从来都倡导成王败寇，但正视每个时代，真正的英雄未必最后都是成功者，我们也为中国电子商务时代的开拓人王峻涛先生的"激情岁月"鼓掌致敬。

第二卷　当当——从书本传来的声音

第八回　剑侠情缘　侠侣红颜

当当网上书店成立于 1999 年 11 月。确切地说，该公司从 1997 年就开始从事收集和销售中国可供书数据库工作。当当网上书店号称全球最大的中文网上书店，它由美国 IDG 集团、卢森堡剑桥集团、日本软银（Softbank）和中国科文公司共同投资，面向全世界中文读者提供 80 多万种中文图书及超过一万种的音像商品。当当网上书店的使命是以世界上最全的中文图书使所有中文读者能获得启迪、得到教育、享受娱乐。2000 年 10 月，当当网上书店荣获"最佳购物网"的称号。2001 年 7 月，当当网上书店的日访问量超过 50 万，成为国内最繁忙的图书、音像网上店。当当网上书店给自己的定位是：要成为消费者心目中"更多选择，更低价格"的网上书店。

谈起当当的发展史，也许称得上是当代的"才子佳人"传奇。女主角俞渝，当当书店创始人之一，现任当当联合总裁，深谙西方资本运营之道；男主角李国庆，另一位创始人，另一位联合总裁，也是俞渝的先生，则有 9 年的图书业运作经验。现在已经很难说到底是当当是他们的爱情的结晶，还是爱情是当当的结晶。

现在，当当网的销售额与西单图书大厦不相上下。而且更令人吃惊的是，当当网每年保持着 80% 的增长速度，而传统书店却至多以 5% 的年增长率增长。当当飞速发展，短短的几年时间，就被缔造为全球最大中文网上图书音像城，占大陆图书市场图书品种的 9%。

作为北京大学学生会副主席，李国庆从北大社会学系毕业进入当时最热门的政府机关——国务院发展研究中心。这里号称是中国发展政策的"智囊团"。在国务院发展研究中心，李国庆找到了成就感——他的调查报告有部分引用给了国务院领导，这让他很自豪。可是，后来机构重组，李国庆被分到农业部农村政策研究室，那里的机关工作环境让他很不适应。几年的工作经验，李国庆感觉到，政策研究不就是研究利益全体吗？根本不是做学问。人微言轻，要想通过政策研究达到参政距离太远，做智囊研究改变社会太慢。于是，他选择了离开。

李国庆曾经帮别人卖过书，知道这是个本小利大的买卖。于是，他就打起书的主意。但是，出书同样需要资金。坐了许多年机关，李国庆并没有攒下多少钱。最后，还是父母拿出 6000 元的积蓄交给了他。当时，李国庆租了一个地下室，就想着拉着几个同事、朋友一块干。可是，原先信誓旦旦支持他创业的同事、朋友，到这个时候都打了退堂鼓。后来，还是李国庆的姐姐心里不落忍，勉强过来帮着弟弟打理事务。这样，李国庆雇了几个退休编辑和印刷工人，公司就这么开张了。

李国庆做的第一笔图书买卖，是一套 9 本的励志书。当时，他真是充满信心，一气儿就印刷了 10 万册。可是，代理商来了，看完书只勉强答应带走了 1 万册。那 9 万册全砸在了李国庆手里，各种费用合计使他一下子背上了 100 万元的债。许多人都觉得，李国庆这下子完了。但是，李国庆不服输。他仔细分析了一下市场，全国那么多人，难道就找不到 9 万个读者？李国庆又拿出当初在北京大学搞学生活动的劲儿，搞了个"读书征文"活动，联系了杂志社做活动承办人，邀请了社会名人做评委。一年半时间，砸在手里的 9 万册书，几乎全部销售了出去。这次的"学费"没白交，李国庆把国内图书行业摸了个一清二楚。

1993 年，李国庆联合北京大学、中国社会科学院、农业部等创办北京科文经贸总公司，他任总经理、总裁。每年几百万元的利润，对于李国庆来说应该小有所成了。但是，一个朋友对他说："别看你这公司每年有几百万的利润，其实还不如美国人一年的工资。"李国庆气不过，就去了美国，看看人家是怎么做的企业。

到了美国，李国庆才真正感觉到自己的公司是多么弱小。因为以美国人的算法，按利润和增长速度给自己的公司估值，算下来确实很不值钱。而且，对于他的身份，美国人也有一个特定的叫法——小业主，意思是创业企业家，经营规模虽小，但却是公司的创办人和拥有者。李国庆当时的心情就是，倒不如给美国的大公司当中国的首席代表好了。借着来美国的机会，李国庆开始接触一些投资商。

在纽约的一个朋友聚会上，李国庆通过别人的引见认识了俞渝。当时，俞渝在纽约创办 TRIPOI 国际公司，专门做金融咨询顾问业务。她给李国庆讲如何吸引企业投资方面的问题，一共讲了五点，李国庆像学生一样还用纸、笔记了下来。现在，这些记录他还留着。其中，俞渝告诫他，"钱不是最重要的，主要的是控制权。"于是，李国庆向俞渝发出邀请，顾问一下自己的公司。于是，俞渝飞回到北京。不久，两个30多岁"欣赏彼此的才干、也很成熟、在爱情方面做过许多单元练习"的人结婚了。从相遇到结婚，他们只用了三个月的时间。

李国庆从美国不仅带回来一个新娘，而且还带回来一个网上书店的"亚马逊"模式。李国庆立刻感悟到网上书店的奥妙，最值钱的就是出版社和读者的直接联系，而亚马逊通过网络实现了这种联系。利用手里已有的出版界资源，李国庆首先想到创办一家中国的"亚马逊"。于是，李国庆和俞渝创办了当当网上书店。李国庆说，之所以选择互联网，是因为互联网太特殊了。他办了八年的传统企业，办过出租车公司、广告公司、音像公司，但是没有一个行业的订单增长速度像当当这样快，年增长达 200%～300%，传统企业也就是 5%～10%。

第九回　江湖异动　初露锋芒

1999 年，当当网诞生，由美国 IDG 集团、卢森堡剑桥集团、日本软银和中国科文经贸公司共同投资，李国庆和俞渝任联合总裁，象征着他们爱情结晶的当当就这样诞生了。"当当是我们的孩子！"至今李国庆仍这样说。在当当的成长历程中，李国庆费尽了心血，对"他"倾注了全部的爱。有句话说得好，"投资就是投人"，吸引投资者的不是当当的商业模式，而是李国庆与俞渝这对最好的搭档，是他们的管理团队。企业创业之初，一切都存在于变数当中，都是模糊的。任何事情都要创始人自己决策，无法强调秩序，李国庆对此深有感触。

褴褛中的当当历经艰辛，可是，李国庆凭着创业的激情和永不言败的士气，还是挺了下来。随着互联网泡沫的消失，很多人对互联网产生了怀疑，许多在泡沫经济情况下诞生的互联网公司很快销声匿迹了，它们重回传统阵营求生存，少数幸存下来的公司也出现了动摇，不少公司采取了"落地"行动。可是，当当却毅然地支撑了下来，因为当当绝不仅仅寻求泡沫一时闪现的美丽，而相信互联网必将为当当的发展提供永久耀眼的光环。有人说当当太虚拟了，可李国庆却坚持这份虚拟，继续与传统服务抗争。当当年增长率达到 200%～300% 的时候，而传统企业增长率仍然在5%～10% 徘徊。当当的市场份额不断攀升，从 1999 年到 2003 年四年间，平均每年销售额增长两三倍左右。被称作中国亚马逊的当当，这四年的财务报表比亚马逊公司还要好看。虽然 2001 年、2002 年当当网是亏损的，但 2003 年实现了完整意义上的收支平衡。对于一个没有产生利润的创业型企业来说，预测利润可以按照销售额估值，这也是当当很重视提高销售额的原因。

由于当当网在中国 B2C 市场的成功，北京时间 2010 年 12 月 9 日凌晨，当当网（NYSE：DANG）正式在美国纽约交易所上市，开盘价为 24.5 美元，较 16 美元发行价大涨 53%。当当网股票交易代码为"DANG"，本次上市共发行 1700 万股 ADS，融资总额为 2.72 亿美元，主承销商为瑞士信贷和摩根士丹利。当当网招股书披露，当当网 2007 年营业收入为 4.47 亿元，2009 年营业收入 14.58 亿元，年复合增长率为 80.6%。2010 年前 9 个月的总营业收入达到 15.71 亿元，比 2009 年前 9 个月的 10.1 亿元增长 55.6%。数据显示，2007 年当当网亏损 7050 万元，2008 年亏损 8180 万元，2009 年净利润为 1690 万元，2010 年前 9 个月净利润为 1600 万元。当当网在招股书中披露，公司计划将募集的资金用于扩张和促进运营。与此同时，李国庆以当当网发行价出售手中部分股票。按照当当网提交给美国证交会的文件，李国庆在上市当天以当当网发行价每股 16 美元出售 650 万股普通股，约合 130 万股 ADS，套现 2080 万美元。俞渝本次没有套现。俞渝对此解释称，作为公司创始人，上市时候小比例套现非常正常。相关文件显示，当当网 IPO 共发售 1700 万股 ADS，其中公开发行 1320 万股 ADS，原有股东减持 380 万股 ADS。而李国庆套现的，就是这 380 万股 ADS 中的一部分，另外一部分来自 LCHG 亚洲合伙人公司。减持后，李国庆持股 32.37%，俞渝持股 4.72%，李国庆、俞渝夫妇持股总计 37.09%。李国庆在上市当天接受采访时表示，上市以后对当当带来的最大好处就是钱。通过这笔钱，当当在服务上领先；而在低价的保证上，随时应对一切价格战，"我们对一切价格战的竞争者都会采取报复性的还击"。

第十回　优势凸显　胜券在握

到底是什么创造了当当网的成功呢？

当当网上书店与当时国内的网上书店同行相比，具有以下的特点：

（1）商品种类较多。当当网上书店经营 20 万种以上的图书（占中国大陆可供书总量的 90%）、上万种的 CD/VCD/DVD 音像商品以及众多的游戏、软件、上网卡等商品，它是当时国内经营商品种类最多的网上零售店。

（2）购物较方便。当当网上书店采用较先进的商品分类法，设置智能查询、并有直观的网络导航和简洁的购物流程，甚至还可以为初次购物者进行购物演示，这使消费者有了一个较为轻松、愉悦的购物环境，在一定程度上提高了成交量。

（3）配送系统较完善。当当网上书店在诸如北京、上海、广州、深圳、福州、杭州等 12 个大中型城市开通上门送货服务，并可采取货到付款、现金交易的支付方式，较好地体现了"以顾客为中心"的原则，从而能够更好地满足顾客的需求。

（4）促销措施多样。包括设立团购业务，对一次性购物1万元以上或订购同一品种图书100册以上的顾客按团购方式实行优惠措施；所有图书均采取折扣策略，并标明原价、售价及优惠率等，让人一目了然；设特卖场，有针对性地将部分图书按2~6折进行特卖，提高销售量；对购书满30元者免运费，购音像满30元者返回5元，等等。

（5）注重社会关系与交流，扩大影响。当当网上书店设"媒体看当当""我要评论"等互动性较强的栏目，通过与媒体的合作、与用户的交流来达到扩大影响的目的。如当当联合总裁俞渝女士就曾亲自到新浪网与广大读者沟通交流。另外，被称为"中国最美丽的城市电影，最新锐的探索电影"的《那时花开》也选择当当网上书店为其网上首发商。

面对外界讨教当当的成功之道，俞渝表示真正做低价是当当网成功的关键。互联网平台吸引用户最重要的原因就在于透明性和低价格。所有互联网零售商在同一竞争环境下吸引消费者，消费者在购物之前势必要进行价格比较。网上购物的便捷性决定了顾客比较价格的方便性，鼠标一点比坐跑车还快。比较价格的结果是什么呢？谁最便宜谁就卖得最好，卖得好就薄利多销，资金周转就快，资金充足进货量就大，折扣就低，规模效益就好，形成了良性循环，又成为构成低价的基础。借助电子商务的魔力和强大的资本支持，当当一直以来坚持推行低价赢得市场。当当网在经历成长烦恼的同时，也赢得了风险投资的青睐，超过亿元的巨资投入使得当当网自始至终以低价形象面世，这也是当当快速步入良性循环的重要原因。

李国庆认为，除了商业模型的独特优势之外，管理上的综合控制也非常重要。在管理上，成本控制、合理的费用结构也是当当制胜的法宝。费用在传统企业是个可变函数，但是到了互联网公司就是常数。比如，销售额虽然与广告费用有关，每增长一千万的广告费，确实就能带来销售收入的增加，但并不一定同比增长。上海携程网有四五百人接电话，加上设备和人工，每个服务座位每月大概花费8000~12000元，这些费用虽然跟销售额同比增长，可利润率却是恒定的。那么，要提高利润率，必须要减小费用支出。在李国庆看来，当当在管理上与传统企业相比费用支出要节省许多。对于一个以接受邮购和电话订购为主的传统远程书店，如果每天的订单量与当当相同，则需要 60 人输入订单信息，而当当因为网上订购，只需要 1 人审核订单即可。相比传统远程书店的 40 人接咨询电话，而当当不过需要 12 人而已。很明显，当当的客户服务节省了许多费用。在市场营销上节省费用。当当的网上追踪销售，成本很低，与客户的沟通采用电子邮件方式即可。相比之下，传统邮购公司通过邮寄的方式加强与目标客户之间的联系，如果一年寄四次，从印制到邮寄的费用就是 1800 万元左右。虽然当当的销售额在成倍增长，但是 1000 平方米的办公面积却没有增加。甚至办公人数还呈现减少的趋势，只有库房增加了打包的人数。同时，当当还进行了有效的技术投资。当当访问量日均达 30 多万人次的时候，技术投入费用只占销售额的 2.5%～4.5%。而且当当像其他传统企业一样，有信心进一步将技术开发费用与销售额的百分比控制在 2.5%。电子商务发展到今天，市场足够大，为数不多的几家竞争对手之间的较量没有什么投机可言，只能打硬仗。谁的管理运作水平更高、费用更低，谁的资金实力就更强。俗话说得好，商场如战场，李国庆商海里劳苦奔波，在事业上走向辉煌的同时，也赢得了许多金钱之外的东西。有人说俞渝是"海龟"，说李国庆是"土鳖"。"海龟"有"海龟"的资金优势，而土鳖则有关系驾驭优势；"海龟"和"土鳖"结合，就有了强大的创业优势和社会资源。李国庆风趣地说，我更愿意人家说我是"土鳖"，我更赞同"土鳖"为主，"海龟"跟"土鳖"相配。也许，他与俞渝的完美结合就基于这样的理解。

第十一回　收购激战　股权争王

控股之争

　　2003 年，当当经历了几年"烧钱"阶段之后，开始"收钱进账"，销售规模一举突破 8000 万元人民币，全国各地，甚至美国、巴西等国家和地区都有当当的读者。但也就在这一年，李国庆和股东之间的矛盾无法阻挡地出现了。

2003 年 6 月，李国庆和俞渝共同为了管理团队而争取股东奖励创业股份，提出将当当增值部分拿出一半给管理团队作为奖励，结果遭到股东们的强烈反对，理由是要价太高。"在股东观念中，我们依然是高级打工者，但是我不这么认为。"谈到融资的话题时李国庆很是激动。"企业不是由资本创造的，而是创业企业家！"李国庆在追逐理想的道路上牢牢抓住主动权，为控股而争，坚持创业者一定要拥有控股权，而不应该任人"宰割"。一直视王志东为创业榜样的李国庆坦称，自己的确是在吸取王的经验教训，避免步王的后尘。在51% 股权的控股之争当中，李国庆甚至抱着决然的态度准备变现走人，离当当而去；甚至想起另起炉灶，创办当当的姊妹篇"叮叮"来与当当抗争。但是，这一切徒然，丝毫不能改变股东们坚决反对奖励创业股份的态度，依然漠然处之。就在李国庆困惑之时，事情出现了转机。俞渝凭着多年在华尔街练就的谈判技巧，加上卢森堡剑桥、软银、IDG 急于套现也运用各种关系推动谈判合作，当当很快获得了老虎基金的投资青睐。2003 年最后一天，美国老虎基金向他们伸出了援助之手，给了他们向理想跨越的机会。老虎基金 1100 万美元的投资喜讯和管理层获得 51% 的股权承诺宣告了李国庆等人在这场资本对决中的胜利。2004 年 2 月 25 日，老虎基金许诺的 1100 万美元全部抵达当当账户，老股东获得部分变现，让出部分股权，李国庆和他的管理团队最终获得 51% 的绝对股权。成功融资后的李国庆谈到进一步发展策略时说："扩张，扩张，不断扩张。"的确如此，当当在网站系统建设上开始大规模投入，同时筹划建立物流中心，尽快实现落地。一系列行动继续延续着中国亚马逊的传说。利益划分永远是以资本为基础的，永远是商家争论的核心。李国庆谈到，"资本结构是一个非常敏感的话题，每当我和股东们谈融资的时候就打架，因为开始没说清楚，到底是资本创造财富，还是创业企业家创造财富。"后来当当又有融资问题，李国庆跟股东摊牌说，"当当如果上市，我起码像张朝阳一样能占到 25%，如果不行，三年合同期满我可以辞职。"

收购之战

中国电子商务业界风起云涌，资本收购之战此起彼伏。国际网络巨头亚马逊（Amazon）公司提出的收购当当网谈判已经在 2004 年 7 月底终止，号称国内最大中文书刊音像城的当当网拒绝了亚马逊提出的 1.5 亿美元收购要求。2004 年 8 月 19 日，亚马逊公司宣布，已签署最终协议，以 7500 万美元收购中国的卓越有限公司。亚马逊此举意欲何为？可以说，无论当当还是卓越，都是亚马逊进入中国书刊零售业的桥梁。目前国内的合资企业中，只有当当网等三家拿到了新闻出版总署特批的书刊零售许可权。亚马逊无法吞下当当网，退而将卓越揽入怀中，也是实现其登陆中国战略不得已的选择。由于尚未取得书刊业零售准入资格，亚马逊此次只收购了卓越在海外注册的技术公司，亚马逊还有很长的路要走。

李国庆冷静地分析道，老虎基金在中国投资电子商务网站，也是对冲基金的玩法。同时投资当当和卓越，如果两败俱伤，但市场起来了，它还可以扔钱搞另一家网站；如果两败没伤，它是大赢家；如果一家没了，另一家当然更赚钱，它也是赢家。那么，为何当当拒绝被收购呢？李国庆的回答极为干脆：当当坚持自主发展，有信心在三年五载做大、做强、做精，过早地成为大公司的中国分公司对当当的长远发展不利。当当网先前的拒绝收购，事实上也产生了哄抬价格的效应，亚马逊给卓越的估值在 4000 万 ~ 7000 万美元，对卓越而言已经不低了。

收购之初，李国庆并不看好被收购后卓越的前景，因为亚马逊和卓越在商业模式上存在着差异，实现业务转型和管理磨合需要一个过渡过程。一般说来，大公司进入中国，往往会水土不服，而且，中文出版物市场有别于全球其他国家，亚马逊来了能否很快适应并不乐观。像联想与 AOL、方正与雅虎等合资，并不成功；反倒是以新浪、携程为代表的一些本土公司因为熟悉和了解中国市场而发展得很顺利。亚马逊进入中国市场，如何适应中国市场，如何与当当网血拼，这个浑水也并不好趟。卓越被收购了，当当并没有停滞不前。当当网正以日均数万的点击率扩张，当当在上海和广州建立的仓库也很快投入了运营。面对收购之战，李国庆这样说："虽然有人想买我们的绝对控股权，让我们老股东变现走人，但是，在当当网年销售额达到 10 亿元以前，我们仍然希望自己掌控。"从李国庆毅然的决心可以看出，他仍然坚持独立走路，当当也依然坚持走自己独有的发展之路。

当当宝之败

2005 年正是中国电子商务 C2C 大发展的时候，淘宝和易趣激战正酣。当当网携 B2C 市场成功之势杀入 C2C 市场。根据易观国际报告显示，截至 2005 年第三季度，国内 C2C 市场在短短 9 个月时间内比 2004 年几乎翻了一番，C2C 市场被持续看好。这一数据从另一个角度说明了当当网为何决定进军 C2C 市场。当当网联合总裁曾对媒体表示，当当网所拥有的商流是进军 C2C 的优势之一。李国庆则表示，当当网的"网上商城"目标现在已经基本实现，进入 C2C 市场则是顺理成章的事情，就好比是在商城里增开一个自由交易的市场。这在技术上对于当当网来说并不复杂，可是普通消费者将能因此享受更多的实惠，广大网商则会获得更多的交易机会。面对国内 C2C 市场的竞争比较激烈的情况，当当进入后，有信心和实力用更优质的服务解决方案来解决困扰网商们的结算、物流等问题。当当网的目标就是成为中国电子商务领域的"大卖场"，成为中国 B2C 和 C2C 领域的第一名。当当网希望当当宝正式推出后，在系统稳定性和丰富的系统功能上能够给广大喜爱网上购物的网民和网商与众不同的体验。当当宝的负责人当时表示，在当当宝的平台设计过程中，得到了许多成熟网商的大力支持，并预计依靠当当网的强大品牌影响力和流量，将有超过 5 万名商家会在第一周内注册当当宝，登陆商品将会超过 200 万件，当当宝将会成为国内三大网上个人交易平台之一。

当当宝是 2006 年当当网战略的重点之一，与百货战略以及原有的图书音像业务并列成为当当网 2006 年的三驾马车。2006 年 1 月 8 日当当宝上线以后，卖家注册人数增长较快。根据从当当网获得的数据，短短四天内注册用户就达到了 5000 家。遗憾的是，在用户快速增长的同时，从用户那里得到的投诉也不断增多，系统和服务器的压力也越来越大。当当宝上出现许多违规商品、四道贩子；以及部分商家定价过高，不符合当当网的低价策略。根据消息人士透露，当当网 C2C 部门收到了许多来自用户的投诉，称当当宝从颜色、系统稳定性、上传产品以及支付上都存在诸多问题。同时据业内人士分析，当当宝网站的构架很不人性化，较多复制美国的 C2C 网站，比较适合美国用户的习惯，然而对于国内用户来说，则存在不小的问题。当当网让人期待已久的 C2C 平台——当当宝上线不过短短的四天，已经因为用户的投诉而暂停卖家注册。

易观国际认为当当网对 C2C 市场复杂性认识不足是当当宝失败的重要原因。C2C 与 B2C 相比，其复杂在于：不仅是自己做生意，而且是帮助上百万卖家和上千万买家做生意。开展 C2C 业务，支付、物流系统就不但要给自己内部用，还要开放给数量巨大的卖家，运营的复杂程度提高很多。C2C 还要建立至关重要但 B2C 并不涉及的信用环节。这都对厂商的运营能力提出了挑战。此外，C2C 厂商要同时面对卖家和买家，这二者的需求差异很大，需要完全不同的营销手段。对复杂性认识的不足，表现在当当宝上线暴露的问题，包括网站的信息组织不理想，用户体验有差距；营销方面工作不够有力，用户认知度不够，等等。此外，当当对信用环节可能遇到的问题准备不足，这成为当当宝暂停的重要直接原因。而当当的物流和支付体系虽然已经比较健全，但仍不能满足服务好数量巨大的买家和卖家（尤其是后者）的需求。

第十二回　资本困境　平台忧患

财报的压力

据当当网 2011 年财报，2010 年当当网图书及音像制品、百货产品、其他营业收入（开放平台、广告等）分别占总营业收入的 81.7%、17.2%、1.1%；2011 年分别占比 67.9%、30.2%、19%。可见，2011 年当当网在日用百货品类、开放平台的急速扩张。而 2009 ~ 2011 年，当当网成本占总营业收入比重分别为 77.5%、77.8%、86.2%。当当网主要支出是商品采购成本、物流费用、市场费用和行政管理费用，其中前两项为最大开支。"2011 年，当当网成本大增，原因是加大了对百货产品的投入。"美股资深分析师李妍认为。"B2C 通过自营进行新品类扩张时，采购成本、广告成本、初期运营成本都会高出不少，需经过以年为计的周期才能逐步赢利。"

当当网财报显示，由于成本增速过快，2010 年当当网净利润为 3080 万元，2011 年净亏损 2.28 亿元，2012 年第三季度亏损 9950 万元，加上前两个季度分别亏损 7337 万元、1.298 亿元，在 9 个月时间亏损达到 3 亿元。这样的财务数据让资本市场失望，并调低对其的"买入"评级。当当上市后，资本市场会对增长与利润有要求。当当网没有那么强的资金实力持续几年维持高增长、高亏损的运营。而一直亏损的财务状况让其增发融资相当不划算。

当当怎么了？从一个重量级选手成为如今的纯围观者，当当错失了哪些机会？

一切始于"万恶"的价格战。

当当上市伊始，京东和亚马逊中国就不断在图书领域发起针对当当的价格战。"我第一年做图书的时候是平均 7.4 折，第二年是平均 6.9 折，结果现在平均 6.5 折了。无论我怎么改进包装材料、怎么差异化，但是价格战无法回避，这就是零售业。"李国庆略显无奈。价格战带来的负面效果显而易见。当当网财报显示，2010 年第三季度以来，当当网的毛利率从 25% 一路下滑至 2011 年第四季度的 10%。2012 年以来，其毛利率也是徘徊在 15% 以下。曾经赢利的当当则再次陷入了巨亏的"泥潭"。当当网 2012 年第二季度净亏约 1.2 亿元（约合 1920 万美元），同比扩大 330%，环比扩大 21.5%。尽管当当网在图书领域的市场份额目前是第一，但大有被亚马逊中国赶超的危险，有些图书商给亚马逊的供货量已经超过当当。2012 年 4 月，京东商城对外宣称其图书频道单月销售额突破一亿。而这距离该频道上线不过一年半的时间。这着实让李国庆陷入了两难的境地：不参加价格战有可能被踢出局，而参加的话则面临持续亏损的压力。

为了提升毛利、拓展营业收入渠道，当当网也开始向百货化方向拓展，并推行开放平台战略。2012 年以来，当当确立了"走出去、请进来"战略，与国美电器、酒仙网、QQ 网购、优购等达成战略合作。但这些努力似乎收效甚微。当当网财务资料显示，2007 ~ 2010 年，当当百货收入依次为 0.37、0.67、1.53、3.92 亿人民币，分别占总收入 8.26%、8.72%、10.49%、17.18%。

而同样以"卖书"起家的亚马逊中国在 2010 年的百货占据了一半的营业收入。当当网的这些尝试效果并不明显。此外，业务扩展给物流、仓储造成的成本都会很大，因此反而可能带来财务负担。

李国庆认为，当当亏损的主要原因是毛利率下降，同时百货的费用提升从而达不到赢利点。不幸的是，当当的亏损有可能还会持续，其财报数据显示，当当运营成本的增长速度远高于营业收入增长，亏损仍将继续。亏损似乎让李国庆失去了耐心。有多家图书供货商对《时代周报》反映，收到当当网关于应对恶性促销价格战的通知。该通知称，为应对某网站挑起的低于成本的促销价格战，被迫发起反击，各个供货商必须承担部分促销费用。据了解，为了惩戒少数不参加其促销活动的供应商，目前，已有四家出版机构的图书被当当宣布下架。

开放平台的忧患

快速的品类扩张在削弱当当网原有实力。当当网能在低客单价的图书类别占整体营业收入 80% ~90% 时实现赢利，表明它在图书品类上的运营能力、物流掌控能力不可小视。但后来进入的日用百货、服鞋等品类，由于没琢磨透，使边际成本没有递减，亦未摊薄总体成本。这实际上是电商扩张的边界问题。规模经济的基础是边际成本递减，而一旦边际成本不变，就到了扩张边界。如果 B2C 品类自营，基于供应链特点，扩张有边界。而如果选择开放平台、不代发货，对供应链要求会低一些，扩张边界会宽泛。在每个品类，肯定存在选择入库或不入库的商家，平台商应来者不拒。这意味着，拥有开放平台的电商都需要拥有各个品类的供应链管理。但当当没有对其拥有的品类了如指掌，开放平台的扩张也有边界。当当网可以去邀请商家入驻，不过由于当当以图书起家，图书用户多属价格敏感型。当当网的服装客单价在 100 ~150 元，这一区间多是淘品牌、传统品牌的 3 折至 5 折价格区间。这意味着，传统供货商在当当上的新款卖不出量，只是一个甩尾货的地方。

第十三回　卖书亮剑　当当优品

开卖电子书

虽然卖书是强项，但是 2011 年在卖书方面，当当的风头被京东和苏宁易购抢去了。现在轮到当当出手了，它决定开始卖电子书。2011 年 12 月 21 日，当当电子书付费下载业务上线，它号称与全国一半的出版社合作，有5万种图书。而且当当还声称会在2012年上半年推出自己的电子阅读器。理论上讲，对于几年来没什么实质进展的中国付费电子书市场来说，绝对是个大事件，值得期待。

首先，当当的国内对手们都不太指望得上。汉王电子书的市场份额虽高，但硬件出身的它在搭建电子书销售平台上没什么作为；盛大最有通吃上下游的潜质，其电子阅读器Bambook的份额仅次于汉王，旗下又有起点中文网这样的内容网站，但其内容资源和用户消费习惯主要集中在网络文学领域；而亚马逊（微博）由于Kindle未进入中国市场，也就无所作为。而当当在图书行业干了12年，形象与图书销售密不可分，与出版社有着深厚的关系，也被认为是最有希望学习亚马逊、整合起中国付费电子书市场的公司。

但是当当目前并未能说服各出版公司把王牌作品的电子版拿来出售。以磨铁为例，当当光是跟它谈版权就谈了三四个月，最终它交给了当当一百来本，仅占其总电子版权数的不到10%，而且其中最大牌的是李开复的《微博改变一切》，其他的则少有耳闻。出版社担心电子书冲击纸质书，甚至以销售纸质书起家的当当也未必真的下定了革命的决心，其公关部称，"我们跟出版社是一根线上的蚂蚱，你很难说谁担心得更少一点"。对当当来说，这是个艰难的任务。当当并非像亚马逊那样，是"Kindle + 仅Kindle可阅电子书"的绑定式做法，而且它目前也未推出电子书硬件，其电子版下载后可在多平台阅读，比如汉王。不过，虽然它的电子书旁都有iPad的图标，但除非你的iPad是越狱了的，否则当时下载的当当电子书并不能直接阅读。此外，Kindle的用户们也可以洗洗睡了，当当电子书不能在Kindle上阅读。当当对此解释称，之所以不支持Kindle，是因为"Kindle没进入中国"，而iPad的问题是，从2011年初就开始筹备做电子书的苹果公司，直到现在还"未能通过审核"。此外，来自用户的一个抱怨是，当当电子书的用户体验颇差。从寻找PC阅读权限的复杂程度、界面、翻页感受、字体等来说，当当的设计都让人"暴怒"。而且，当当也并未像亚马逊和苹果那样，有免费的过了版权保护期的电子书供人下载。

要做自己的电子阅读器，当当恐怕也很难有太大作为。亚马逊的Kindle之所以广受欢迎，除了低价外，漂亮好用也是重要原因。为研发Kindle的亚马逊下属公司 Lab126 工作的人员有 1000 多人，核心人物很多来自 Palm、苹果和摩托罗拉。其中有 20 个高级软件工程师和 4 个工业设计师。而当当没有硬件开发的历史，当当基本没有硬件开发人员。要做硬件，最大的可能是找人贴牌代工。而一旦 Kindle 进入中国，论硬件性能当当应该不是亚马逊的对手。与 Kindle 的唯一相似之处，应该就只有低价了。李国庆称，当当将推出 299 元和 499 元两个价位的阅读器。但是，当当的电子阅读器将兼容其他电子书，这并不完全能保证促进其电子书的销售，如果当当不能保证自己在电子书下载市场上的老大位置，其硬件销售就是为他人作嫁衣了。

好在市场上还没有谁比当当更有优势。当当方面表示，上线 3 小时，其电子书下载量就超过了 1 万本，而等到电子阅读器上线，电子书的销量会上升到 6 位数。虽然京东在当当电子书上线后随即表示，自己将跟出版社三七分成，而非像当当那样四六分成。当当用户纯度最高，最有购书习惯，当当电子书尚有突破的希望。

开创自有品牌 "当当优品"

2012 年 5 月 28 日，当当网确定了服装自有品牌名称为"当当优品"。当当优品将注意力集中在商品品质，在价格方面尽量偏向中低定位，这也意味着当当将正式推出自有品牌服装，并可能与凡客产生直接竞争。当当优品定位在"互联网优质生活品牌"，将会涉及家居、家纺、服装等品类。当当优品的售价方面，整体都低于市场价半折左右，例如，200T 纯棉斜纹单人床单，当当优品价格为 89 元，商场价为 120~300 元。当当优品采用直接从代工厂进货的模式，商品出了工厂门直接进入当当网库房。当当网所选择的代工厂也都是为"九牧王""金利来"等中高端品牌代工的业内知名大厂，如埃迪蒙托、孚日、飞狮、青岛雪达、汕头金公子、广州华麟等。

当当网自有品牌事业部总经理江强表示，当当推自有品牌的重要原因是为了提升毛利。这也是当当推自有品牌选择服装及家纺产品领域的重要原因。江强称，服装类款式方面没有雷同性，并且比较柔软可折叠，可以避免物流配送问题。江强本人在当当已三年多时间，此前负责当当网采购，近年开始负责整个自有品牌的项目，更早之前曾在沃尔玛工作过 7 年，并曾在一家香港服装企业负责过 4 年的服装厂生产。江强认为，当当网有一千多万的顾客在购物，有 60%～70% 是买书，素质比较高，收入不错。如果要买高品质的品牌商品，去商场买货太贵，需要给顾客开发这种高品质但价格容易被接受的产品，所以价格优惠、质量上乘是开发当当优品的出发点。

当当涉足自有品牌领域与凡客接近，使外界难免认为当当会与凡客产生竞争，也会引发参加当当开放平台的商家反弹。对此，江强说，当当拥有上千万的用户，很多品牌愿意来跟当当合作，本身在当当开放平台上的几个品牌就存在竞争关系，在这种情况下，当当采取的策略是差异化竞争。当当优品讲经典、休闲、时尚的细节，强调高品质和高性价比，以当当品牌的名字给顾客信心。自有品牌在线下销售渠道发展非常好，如 Tesco 乐购、沃尔玛、家乐福等都有非常成功的自有品牌。Tesco 乐购的自有品牌占整体业务 20%。沃尔玛、家乐福自有品牌销售占据 5%～10%。江强认为，当当完全可以拷贝这种模式，对于当当来说，自有品牌是对原有业务的补充。当当与凡客差异化竞争，推自有品牌不影响其他电商在当当投放广告。与凡客相比，当当优品最大的优势就是可以利用老用户进行推广，而不必像凡客那样拿出 20% 的资金用于营销推广。

当当网高级总监郭鹤表示，沃尔玛会卖可乐和饮料，他们也会推出自己的品牌，当当也可以卖九牧王的 T 恤，同等品质可能代工厂是一个工厂，只是 Logo 不一样，但价格就是其他品牌的四分之一，因为当当不需要走地面的商场的模式，没有进店费，没有租金，没有运费，可以把成本转化成价格竞争力，让消费者便宜买到同样的商品，这才是当当的自信所在。郭鹤指出，当当优品肯定会与凡客产生竞争，但两者并非直接竞争，凡客用户群更多是大学生，对服装品质要求不那么高，今天买了一件穿一个季节，明年就不穿了，对于当当优品来说，绝对不想让用户穿一个季节就不穿，大家对人群定位并不完全相同。

据悉，截至 2011 年 12 月，中国网购用户规模达 2.03 亿。如此庞大的消费人群大部分都掌握在国内几大电商巨头手中。对于服装这个数千亿规模的网购市场，当当认为电商应该是近水楼台先得月。但服装市场上，真正的电商自有品牌却寥寥可数。当当优品 2012 年的目标是成为除凡客外的服装自有品牌第二，争取三年规模做到当当的 20%。

请进来，走出去

2012 年上半年，当当在 3C、服装、鞋类、酒类、食品等百货品类引店入店的力度明显大于往年，国美电器、酒仙网、奥特莱斯、淘鞋网、乐淘等垂直电商纷纷入驻当当网，使当当网的货品品类快速丰富。并且，与往年更侧重开放平台给淘品牌等小卖家不同，2012 年当当更倾向于开放平台给大型商户和垂直 B2C。针对"引店入店"的开放平台模式，李国庆表示："引入第三方商家有助于快速做大规模。不过，我们不会像天猫那样邀请那么多商家，这样就失控了。我们会选择我们选中的商家，当当只做中端和中高端的定位，不会通吃，卖法也会不同。"

2012 年 3 月底，当当网宣布与国美电器联手，上线新电器城，国美电器协同其全品类商品入驻，而当当网方面将为国美提供专属频道页面，以店中店的方式进行合作。4 月初，当当网已引进中国台湾东森购物，用户登录就可以买到中国台湾的化妆品、保健品等日用百货。4 月 19 日，当当网宣布将酒类频道交给酒仙网独家运营，李国庆踌躇满志，"开放平台是当当网的战略方向。"引入垂直品类，将给"规模扩张带来动力"。"以后当当网上卖的酒都由酒仙网提供"。酒仙网 CEO 郝鸿峰告诉记者，当当网会将技术接口开放给酒仙网，用户在当当购买后，数据将直接传输到酒仙网，由酒仙网负责发货、配送和售后管理。此外，双方将在酒类商品价格、库存、促销活动等保持高度一致。此后，李国庆更是亲自带队去泉州，以完成 2012 年当当开放平台重点发展品类"鞋服"的 50 亿销售目标。

当当网不仅想请进来，还想走出去。当当网不再局限于"当当"，而是开始摆脱域名的限制，联手更多的同行"走出去"的策略在急速推进中。2012 年 6 月，当当网已获得腾讯电商的部分类目特许，独家运营腾讯电商旗下 QQ 网购的图书、母婴业务。李国庆表态称："让当当网无处不在，既方便广大顾客，又减少广告费用投入，确保参加一切价格战的本钱！就这么透明的生意逻辑。"在腾讯电商分拆后宣布投入 5 亿元营销资源展开三天大促销后，当当网成为了首位被"企鹅"囊括的合作伙伴。消息传出当天，当当网股价大涨10%，创四个星期以来的最高收盘价。运营模式上，腾讯电商和当当网将组成专门的图书音像联合团队，一起负责图书音像类目在电商平台的商品组织、用户购物线索、商品结构优化及商品运营工作，母婴频道也将采用一样的模式。双方此次合作不涉及任何资本层面，在当当网进入腾讯电商后，未来用户在QQ网购平台达成的订单，在发货包装上将会同时印上QQ网购以及当当网的标志。2012年10月30日，当当网与天猫联合宣布，即日起当当正式入驻天猫，当当网此次是将80万种图书品类和30多万种百货品类，同时入驻天猫，已经进入货品上传、店铺装修等试运营阶段，当当网站内站外商品售价将实现同步。此外，当当网800城市货到付款、150个城市次日达，支持当面退换货等特殊服务也将会在天猫旗舰店得以支持。消费者已可通过天猫搜索"当当网官方旗舰店"进入相关店铺。当当网的自营百货类目也将以"当当网精品百货店"名义在天猫开出另一家旗舰店。11月是电商传统的促销旺季，包括天猫"双十一购物狂欢节"及当当店庆月等都会初现购物井喷，当当选择此时在天猫开店可吸引消费者人气。当当也将举行为期30天店庆月活动，正好横跨双十一购物狂欢节，双方会在主打商品及促销力度上展开具体合作。

当当要以旗舰店的形式入驻阿里天猫商城。这不禁让业界多欷歔不已，曾经当当的地位和淘宝几乎是"平起平坐"，当当还于2010年12月8日登陆纽交所，成为国内平台电商第一股。而京东和凡客等"后生"到现在还在为融资和登陆资本市场"努力着"。当当本身拥有很高的流量和忠诚的用户群，为何还要入驻QQ网购和天猫平台？其实入驻天猫也是当当的无奈之举。30年河东，30年河西。目前的国内电商行业早已是阿里系、京东系和苏宁系的天下，而当当则沦为"看客"，一浪接一浪的电商价格战蚕食的不仅是当当的市场份额，而且还有用户和人气，更将当当带进了无止境亏损的"深渊"。

当当面临市场竞争和资本的双重夹击。亚马逊中国和京东商城不断在当当核心的图书领域"割肉"，而当当自身的扩张战略并未取得预期效果，其毛利和流量都开始大幅下降，这也导致当当股价一路猛跌不止。据艾瑞咨询数据显示，2012年第二季度，当当网在B2C市场中占有1.3%的市场份额，位居行业第八位，与2012年第一季度相比市场份额下降0.5个百分点，排名也下滑了3位。获取流量和营销成本都在增长，垂直电商独立性越来越弱化，融入天猫、京东等综合性平台是大势所趋。当当似乎正在远离电商行业竞争的舞台中心，成为一个边缘者。李国庆对当当入驻天猫解释说，"腾讯、天猫流量很大，就像好的地产商一样，只要是能带来人流量的好地产当当都会入驻，我们要达到'当当无所不在'的效果，打造超级购物中心。这样不但增加更多销售渠道，节省市场营销费用，还对销售有促进。"他同时表示，当当入驻的其他平台，会在价格、服务、促销上与当当保持一致，避免出现左右互搏的情况。

李国庆透露，当当网的下一步战略非常清晰：2013 年成为百亿元规模的百货综合类电子商务网站，并实现规模赢利，长期目标是千亿元的电子商务帝国。

■ 当当网大事记

1999 年 11 月，网站进入运营。

2000 年 2 月，当当网首次获得风险投资。

2000 年 11 月，当当网周年店庆大酬宾，在网民中引起巨大反响。

2001 年 6 月，当当网开通网上音像店。

2001 年 7 月，当当网日访问量超过 50 万（Unique Visitor），成为最繁忙的图书、音像店。

2003 年 4 月，在"非典"肆虐之时，当当网坚持高速运转，满足读者对精神食粮的需求，被文化部等四家政府部门首推为"网上购物"优秀网站。

2003 年 6 月，当当网、新浪网、SOHO、网通等公司举办"中国精神"活动，呼唤开放乐观的民族精神，引起轰动的社会反响。

2004 年 2 月，当当网获得第二轮风险投资，著名风险投资机构老虎基金投资当当 1100 万美元。

2004 年 3 月，当当网开通期刊频道。

2004 年 4 月，当当网开通时尚百货专卖店。

2004 年 7 月，当当网经过慎重考虑，放弃亚马逊并购请求，坚持自主发展的道路。

2005 年 5 月，当当网将送货上门，货到付款的服务，并承诺免费上门收取退换货的服务扩展到全国 66 个城市，使中国电子商务的服务水平迈上新的台阶。

2006 年 5 月，北京市委书记刘淇、市长王岐山一行莅临当当网进行创意文化产业考察。

2006 年 6 月，当当网将送货上门，货到付款的服务，并承诺免费上门收取退换货的服务在全国突破 180 个城市。

2006 年 7 月，当当网获得第三轮风险投资，著名风险投资机构 DCM、华登国际和 Alto Global 联合投资当当网 2700 万美元。

2006 年 7 月，当当网与中国银联建立起全面战略合作伙伴关系，并联合推出"线上消费、线下刷卡"创新固网支付服务。

2006 年 9 月，当当网推出电话支付业务。

2006 年 10 月 25 日，当当网个性化商品推荐功能正式上线。

2007 年 1 月 8 日，当当网和北京新华中启信息技术有限公司签署当当网 ERP 项目一期工程，ERP 项目总投资 500 万元。

2007 年 3 月，当当网推出商品评论和商品问答功能。

2007 年 4 月，当当网与包括飞利浦、欧莱雅、卡西欧、耐克、乐高等 300 多个知名品牌达成合作，这些知名品牌的产品共同进驻当当网。

2007 年 5 月，占地面积达 4 万平方米的新物流中心在北京投入运营。

2007 年 8 月，当当网新的 ERP 系统上线，同时推出新的购物车和结算功能。

2007 年 10 月，当当网买断李宇春 2007 年新专辑《我的》版权，直接进入唱片出版发行领域，开辟网络销售 + 地面发行全新唱片销售模式。

2008 年 6 月，当当网开始实施新的会员积分计划。

2008 年 7 月，当当网针对北京、上海、广州、深圳四地进行物流大提速。

2008 年 10 月，当当网新首页上线，改版后的页面突出了综合购物商城的网站形象。

2008 年 11 月，推出招商模式，加速品类扩展。

2008 年 12 月，当当网读书频道上线。

2009 年 4 月，当当网与中国出版工作者协会、中关村科技园区雍和园管理委员会联合主办中国第三届网民读书节。

2009 年 5 月，当当网成都物流中心启用。

2009 年 9 月，手机当当网全面升级，并推出革命性的手机购买功能，在国内 B2C 电子商务领域，此举尚属首例

2009 年 9 月，当当网个性化推荐 2.0 重装上阵。

2009 年 10 月，当当网武汉物流中心启用，全国库房总面积达到 12 万平方米，成为国内电子商务公司中库房面积最大、物流配送网络最广泛和最发达的公司。

2009 年 10 月，当当网在北京地区为联营商城商户开通了 COD（送货上门、货到付款）服务，今后将逐步为全国其他地区的联营商户提供此项服务。

2009 年 11 月，提供货到付款的城市超过 800 个，成为服务范围最广泛的网上商城。

2009 年 12 月，当当网论坛上线。

2010 年 5 月，20000 平方米的郑州出版物 DC 启用。

2010 年 8 月，成都百货 DC 投入使用。

2010 年 11 月，郑州百货 DC 启用。

2010 年 11 月，武汉百货 DC 开始筹建。

2010 年，8 万平方米的无锡物流中心开始组建。启用后将取代上海 DC 的位置。

2010 年 12 月，当当网在美国纽约证券交易所成功上市，成为中国第一家完全基于线上业务、在美国上市的 B2C 网上商城。

2011 年 11 月 1 日，台湾知名艺人"Hold 住姐"代言当当网。

2012 年 4 月，当当网推出自有家居品牌"当当优品"，一同亮相的还包括自有品牌童装"DangDangBaby"。

■ 当当网所获荣誉

1999 年 12 月，当当网联合总裁俞渝被《光明日报》等十一家媒体评选为"1999 中国互联网新闻人物"。

2000 年 7 月，当当网联合总裁李国庆当选中国书刊发行协会非国有委员会主任。

2000 年 10 月，当当网荣获"最佳购物网"称号。

2001 年 2 月，当当网联合总裁俞渝获得中电通信杯 2000 年中国 IT 十大风云人物提名。

2003 年 4 月，当当网联合总裁俞渝获得"英才杂志"评选的"年度财智女性"称号。

2004 年 4 月，当当网荣获"2004 年度最具成长性的中小企业"称号。

2004 年 4 月，当当网荣登"中国最具未来领导力的科技企业"排行榜。

2005 年 1 月，当当网联合总裁李国庆当选中国书刊发行行业协会副会长。

2005 年 5 月，当当网联合总裁俞渝女士应邀参加全球财富论坛，并做主题发言。

2005 年 12 月，当当网荣获"中国互联网产业调查'B2C 网上购物'第一名、中国互联网产业品牌 50 强"称号。

2006 年 4 月，当当网联合总裁俞渝女士获得"2006 艾瑞新经济年会荣誉演讲人"称号。

2006 年 9 月，当当网联合总裁俞渝女士应邀出席"亚太卓越女性领导者大会 2006"并作题为"与多元化共眠"主题演讲。当当网历年获得机械工业、中信、中国青年等著名出版社最佳经销商荣誉称号。

过去 5 年当中，当当网得到人民日报、光明日报、中国青年报、各地都市报纸等国内媒体上千次报道，在顾客的赞誉和建议中，当当网不断改善服务。

过去 5 年中，当当网被纽约时报、经济学家杂志、CNN，BBC、路透社、美联社等媒体大量报道，借助国际主流媒体提升当当网和中国企业的国际影响力。当当联合总裁俞渝是"达沃思世界经济论坛"数年演讲嘉宾，并应邀在 2005 年的全球 CEO 论坛中演讲"网络时代中国企业家的创新精神"。

第三卷　芝麻开门——阿里巴巴崛起

第十四回　乱世英雄　神马传说

马云，1964 年的娃娃，出生于杭州西子湖畔的一个普通家庭。

1982 年，18 岁的马云第一次高考失败弃学谋生，先后当过秘书、做过搬运工，后来给杂志社蹬三轮送书。一次偶然的机会马云在帮浙江舞蹈家协会主席抄文件的时候接触到路遥的代表作《人生》，这本书迅速改变了马云的思想，马云从书中体悟到"人生的道路虽然漫长，但关键处却往往只有几步"，遂下定决心，参加二次高考。

1983 年，19 岁的马云第二次高考依然失利，总分离录取线差 140 分，但受《排球女将》永不言败的精神激励，准备参加第三次高考，因为家人反对只得白天上班，晚上念夜校，但决心永不放弃。

1984 年，20 岁的马云第三次高考艰难过关。他的成绩是专科分数，离本科线还差 5 分，后因马云同专业招生不满，马云被调配到外语本科专业，捡了个便宜，跌跌撞撞、摇摇晃晃地进入杭州师范学院本科。

1988 年，24 岁的马云大学毕业后进入杭州电子科技大学当英语老师。

1988 ~ 1995 年，在杭州电子科技大学任教期间，业余时间在杭州一家夜校兼职教英语，同时帮助别人从事英语翻译。1995 年辞去大学教师工作。

1994 年，而立之年的马云开始创业，创立杭州第一家专业翻译社——海博翻译社。

1995 年，"杭州英语最棒"的 31 岁的马云受浙江省交通厅委托到美国催讨一笔债务。结果是钱没要到一分，却发现了一个"宝库"——在西雅图，对计算机一窍不通的马云第一次上了互联网。刚刚学会上网，他竟然就想到了为他的翻译社做网上广告，上午 10 点他把广告发送上网，中午 12 点前他就收到了 6 个 Email，分别来自美国、德国和日本，说这是他们看到的有关中国的第一个网页。马云当时就意识到互联网是一座金矿。开始设想回国建立一个公司，专门做互联网。马云萌生了这样一个想法，把国内的企业资料收集起来放到网上向全世界发布，他立即决定和西雅图的朋友合作，一个全球首创的 B2B 电子商务模式，就这样开始有了创意，并起名中国黄页（Chinapage）。回国当晚，马云约了 24 个做外贸的朋友——也是他在夜校名义上的学生，给他们介绍，结果 23 人反对，只有一个人说可以试试。马云想了一个晚上，第二天早上还是决定干，哪怕 24 人都反对，他也要干。"其实最大的决心并不是我对互联网有很大的信心，而是我觉得做一件事，经历就是成功，你去闯一闯，不行你还可以调头，但是如果你不做，就像你晚上想想千条路，早上起来走原路，一样的道理"。马云提起当初，赞赏的是自己的勇气而不是眼光。

1995 年 4 月，31 岁的马云投入 7000 元，又联合妹妹、妹夫、父母等亲戚凑了两万元，创建了"海博网络"，"海博网络"从此成为中国最早的互联网公司之一，产品就是"中国黄页"。

1996 年，32 岁的马云艰难地推广自己的中国黄页，在很多没有互联网的城市，马云一律被称为"骗子"，但马云仍然像疯子一样不屈不挠，他天天都这样提醒自己："互联网是影响人类未来生活 30 年的 3000 米长跑，你必须跑得像兔子一样快，又要像乌龟一样耐跑。"然后出门跟人侃互联网，说服客户。业务就这样艰难地开展了起来。1996 年营业额不可思议地做到了 700 万元！也就是这一年，互联网渐渐普及了。

1996 年 3 月因为杭州电信的实力悬殊的竞争，最后马云不得已和杭州电信合作，马云的中国黄页资产折成 60 万元，占 30% 股份，杭州电信投入 140 万人民币，占 70% 股份。后因经营观念不同，马云和杭州电信分道扬镳，放弃了自己的中国黄页，并将自己拥有的 21% 的中国黄页股份，全数送给了一起创业的员工。

这是 1997 年，这是马云创业生涯第一次的失败，这年马云 33 岁。1997 年，马云离开中国黄页后，受外经贸部邀请，加盟外经贸部新成立的公司中国国际电子商务中心（EDI），由马云组建、管理，马云占 30% 股份，参与开发了外经贸部的官方站点以及后来的网上中国商品交易市场。在这个过程中，马云的 B2B 思路渐渐成熟——"用电子商务为中小企业服务"。连网站的域名他都想好了——阿里巴巴。互联网像一个无穷的宝藏，等待人们前去发掘，就像阿里巴巴用咒语打开的那个山洞。

1999 年，35 岁的马云受够了在政府企业做事条条框框的束缚、磕绊与畏首畏尾，不甘心受制于人的马云推辞了新浪和雅虎的邀请决心南归杭州创业，团队成员全部放弃其他机会决心跟随。

1999 年 1 月 15 日，马云和他的团队悄然南归。

1999 年 2 月，在杭州湖畔家园马云的家中召开第一次全体会议，18 位创业成员或坐或站，神情肃穆地围绕着慷慨激昂的马云，马云快速而疯狂地发表激情洋溢的演讲"黑暗中一起摸索，一起喊，我喊叫着往前冲的时候，你们都不会慌了。你们拿着大刀，一直往前冲，十几个人往前冲，有什么好慌的？"在这次"起事"的会议上，马云和伙伴共筹了 50 万元本钱。并按照惯例进行了全程录像，马云坚信这将有极大的历史价值。在这次会议上马云说："我们要办的是一家电子商务公司，我们的目标有三个：第一，我们要建立一家生存 102 年的公司；第二，我们要建立一家为中国中小企业服务的电子商务公司；第三，我们要建立世界上最大的电子商务公司，要进入全球网站排名前十位。"从这天开始，马云开始铁下心来做电子商务。尽管只有 50 万创业资金，但马云首先花了 1 万美元从一个加拿大人手里购买了阿里巴巴的域名，并细心注册了 alimama. com 和 alibaby. com。他们没有租写字楼，就在马云家里办公，最多的时候一个房间里坐了 35 个人。他们每天 16～18 个小时野兽一般在马云家里疯狂工作，日夜不停地设计网页，讨论网页和构思，困了就席地而卧。马云不断地鼓动员工，"发令枪一响，你可不能有时间去看对手是怎么跑的，你只有一路狂奔"，又告诫员工"最大的失败是放弃，最大的敌人是自己，最大的对手是时间"。阿里巴巴就这样孕育、诞生在马云家中。1999 年 3 月阿里巴巴正式推出，直至逐渐为媒体、风险投资者关注，并在拒绝了 38 家不符合自己要求的投资商之后，于 1999 年 8 月家接受了以高盛基金为主的 500 万美元投资、于 2000 年第一季度接受了软银 2000 万美元的投入，从而由横空出世、锋芒初露，到气贯长虹、势不可当，直至成为全球最大网上贸易市场、全球电子商务第一品牌，并逐步发展壮大为阿里巴巴集团，成就了阿里巴巴帝国。

第十五回 B2B 航母 登陆港市

2007 年 11 月 6 日，互联网史上一个值得纪念的重要日子。当天，备受投资者期待的全球最大 B2B 公司阿里巴巴（股份代号：1688）在中国香港联交所正式挂牌上市，正式登上全球资本市场的舞台。随着这家 B2B 航母登陆中国香港资本市场，此前一直受外界争论的"B2B 能不能成为一种商务模式"也有了结果——在上市首日，阿里巴巴以 30 港元、较发行价涨 122% 的惊人表现创下多项纪录，并一跃成为中国互联网首个市值超过 200 亿美元的公司，缔造了中国互联网科技股神话。

于是，全球资本开始为这家公司而疯狂。11 月 6 日港交所开盘前一小时，中国香港股票市场弥漫着一层恐慌杀跌气氛。在此前两个交易日，港股接连遭受重创，11 月 5 日，香港恒指更在"港股直通车"缓行消息影响下暴跌 1526 点，以点数计，创下恒指有史以来最大单日跌幅。市场预测，6 日港股仍将延续跌势。也是在同一天，全球最大的 B2B 网站阿里巴巴在中国香港联交所瞩目挂牌上市。尽管备受全球资本市场看好，但港股连日的暴跌多少让关注阿里巴巴的人捏一把汗。然而，就像阿拉伯世界里描述阿里巴巴智斗四十大盗的童话故事一样，现实中的阿里巴巴同样在整体大跌的中国香港主板市场上演了神话故事。11 月 6 日 10 时，港交所开盘，阿里巴巴以 30 港币、较发行价 13.5 港元涨 122% 的高价拉开上市序幕。小幅震荡企稳后，一路单边上冲。最后以 39.5 港元收盘，较发行价涨了 192.59%，成为中国香港上市公司上市首日涨幅最高的"新股王",创下香港7年以来的科技网络股神话。当日,阿里巴巴交易笔数达到14万4000多宗,输入交易系统的买卖盘为24.7万宗,两项数据都打破工商银行上年10月创造的纪录。按收盘价估算,阿里巴巴市值约280亿美元,超过百度、腾讯成为中国市值最大的互联网公司。当时股价在400美元的百度,市值约为140亿美元,腾讯约为150亿美元。而新浪、搜狐、网易、盛大、携程的市值分别为31、23、28、28、38亿美元,阿里巴巴市值是三大门户和盛大、携程市值之和。而正是阿里巴巴的出色表现为"连日阴雨"的中国香港股市带来一丝"提振"的阳光。在阿里巴巴的带动下,6日恒生指数一扫前两个交易日暴跌的阴霾,以1.71%的涨幅完成了全天从谷底反弹945点的惊天大逆转。阿里巴巴的神奇表现也许是很多人所无法预料的。但是,在从IPO时投资者的狂热追捧,到融资额创刷新中国互联网记录,阿里巴巴的上市神话,似乎早已注定。10月23日,阿里巴巴开始公开招股,一夜香江纸贵。阿里巴巴创下中国香港股市有史以来冻结资金数额的最高纪录,公开发售获超额认购258倍,冻结资金达4500亿港元。当时阿里巴巴新股申购一手的中签率只有约6%,创历史新低,约需申购20手才可能稳获1手。而场外交易的暗盘价高达25.5元至28元,较13.5元的招股价升逾两倍。而258倍的超额认购,触发了阿里巴巴的回拨机制,公开发售的比例由原有的15%调高至25%,股数由1.29亿增加至2.15亿。

2000年,科技网络股TOM集团前身招股时万人空巷,掀起一阵热潮,但随着互联网泡沫爆破,科技网络股在中国香港股市开始进入低迷期。七年后,阿里巴巴的出现改写了历史。与此同时,在此次全球发售过程中,阿里巴巴共发行了8.59亿股,占已发行50.5亿总股数的17%。按每股13.5港元计算,共计融资116亿港元(约15亿美元)。加上当天1.13亿股超额配股权获全部行使,融资额将达131亿港元(约16.95亿美元),接近Google的纪录。2003年8月,Google上市融资19亿美元,成为全球最大规模的互联网公司上市事件。而中国互联网公司新的融资纪录,则是由腾讯2004年15.5亿港元创造的。阿里巴巴的上市,一跃成为全球互联网业第二大规模融资。在此次路演过程中,许多投资者表示,错过了Google不想再错过阿里巴巴。面对阿里巴巴IPO时资本市场的狂热反应,当时就有分析师预测,更重业绩较少炒作概念的中国香港股市将使阿里巴巴迅速走向第一科技股的高位，并对资本市场产生直接而强烈的影响。

上市首日即打破多项纪录，究竟在阿里巴巴背后，有什么力量推动其创造"中国神话"？"阿里巴巴代表中国中小企业经济，投资者买阿里巴巴就等于买中国中小企业经济，阿里巴巴上市受追捧理所当然。"阿里巴巴集团董事局主席马云言简意赅回答了业界关注的命题。在马云看来，投资者买的是阿里巴巴的未来，今天投资者看好阿里巴巴的股票，就是看好阿里巴巴的前景。作为全球第一的 B2B 网上电子商务品牌，2004 年阿里巴巴占据了全球电子商务市场39% 的份额，2005 年达到 56%，而到 2006 年已经占据全球电子商务市场 68%的份额。阿里巴巴 2006 年有 1540 万注册用户，2007 年同期已经达到 3460 万注册用户，增长率达到 59.2%，其中付费用户的增长率达到了 39.4%。"虽然阿里巴巴已经占有了中国整个电子商务领域近 80% 的市场份额，但并不意味着阿里巴巴的发展已经遇到了瓶颈。相反，中国电子商务领域有很大的市场潜力，阿里巴巴现在的付费客户只占中国中小企业数量的百分之几。"按照马云及其管理团队的设想，在未来 5 年，阿里巴巴将发展的战略方向定位在了从Meet at Alibaba 到 Work at Alibaba。"现在阿里巴巴已经完成了 Meet at Alibaba，解决了中小企业生存的问题。下一步阿里巴巴要做的就是 Work at Alibaba，解决两个链条：供应链和生态链，供应链是贸易为起点，解决商机到整个商业的完成；生态链就是会引入更多的中小企业服务型的供应商，来帮助实现在阿里巴巴平台上的目标"。

除市场发展空间巨大外，阿里巴巴高效率的运营模式也是投资者看好的重要原因。根据阿里巴巴招股说明书透露，阿里巴巴是一家毛利率高达 80% 以上，平均年收入增长率可以达 95% 的企业。2005 年收入达 7.4 亿元，比去年同期增长 105%，毛利达 6.1 亿元，比去年同期增长 106%，税前利润约 1 亿元，比去年同期增长 260%；2006 年收入达 13.6 亿元，比去年同期增长 85%，毛利达 11.3 亿元，比去年同期增长 84%，税前利润 2.9 亿元，比去年同期增长 180%。2007 阿里巴巴全年预计净利润为 6.22 亿元，按未经审核的有形资产净值 26.6 亿港元计算，全年的报酬率达 23%。相比之下，2006 年，腾讯的毛利率为 71%、新浪的毛利率 63%，而百度的毛利率约为 70%～80%。同时据年报相关数据计算，2006 年国内互联网企业（包括百度、腾讯、新浪、网易、盛大、搜狐、携程）平均年收入增长率约为 53%。"上市只是阿里巴巴在漫长的发展历程中的一个里程碑，从管理团队角度来看，我们还处在创业阶段。"尽管成功上市，但上市显然不是马云电子商务帝国梦想的终点。"很多互联网企业诞生的第一天就是为了上市，导致其价值观以及战略体系中忽视了长远的规划，而阿里巴巴的价值观里似乎并没有上市的概念。"马云说，做大做强比上市更重要。"外界看我们，是阿里巴巴网站，是淘宝，但只有我们自己知道，我们的核心竞争力是我们的价值观。"马云在 2007 年年会上这么阐述阿里巴巴不断发展壮大的支撑力。马云指出，未来五年中国一定会成为世界上最大的互联网国家，阿里巴巴要在 3 年内成为全球互联网 5 强，10 年内成为互联网 3 强。"这是我的梦想，更是阿里巴巴的梦想。"

　　11 月 12 日，亚洲著名的风险投资机构软银中国 CEO 薛村禾接受采访时首次透露了当年软银坚定选择马云和阿里巴巴的一些内幕。据了解，11 月 6 日阿里巴巴集团旗下的阿里巴巴网络有限公司成功在香港主板上市，成为中国首个市值近 200 亿美元的互联网公司。据公开资料显示，目前软银持有阿里巴巴集团 29.3% 的股份。对于阿里巴巴上市首日就成为中国首个市值近 200 亿美元的互联网公司，软银中国 CEO 薛村禾表示："资本市场是很聪明的，他们已经把阿里巴巴未来的增长考虑进去了。实际上阿里巴巴现在大概有 2500 万用户，到现在为止，付费用户才 100 万，现在很多服务的收费也是最基本的收费，阿里巴巴一直在讲，很多东西都还没有出来。第一，付费用户现在不到1%，我觉得三五年里面，有 15%、20% 变成付费用户这是可以想象出来的。第二个，现在提供的是最基本的服务，随着发展，它可以有不同的服务出来，它的收益还可以增加。如果收费用户数增长算 15 倍，而新业务收益增长算 20 倍的话，那阿里巴巴巴的收益增长就是 300 倍。"软银中国合伙人华平则补充道："另外别忘了阿里巴巴想打造的是一个世界型的企业，一个电子商务平台。电子商务其实从整体发展角度来讲，在中国实际上它占整个国民经济不到5%，但是我们看 10 年、20 年，电子商务肯定是整个国民经济很重要的一部分，可能会占到 10%，甚至是 30% 的份额。"在提及马云时，薛村禾评价称，马云是性格非常饱满的人，非常有远见，如果今天不是一个世界级的领袖人物的话，他也一定可以成为一个英雄。第二，他这个人是战略家也是战术家，而且他执行力也很强。

第十六回　捍价值观　刮骨疗毒

2011 年 2 月 21 日，阿里巴巴 B2B 公司宣布，为维护客户第一的价值观，捍卫诚信原则，2010 年该公司有约 0.8％ 即 1107 名"中国供应商"因涉嫌欺诈被终止服务，该公司 CEO、COO 为此引咎辞职。阿里巴巴表示，公司决不能变成一家仅以赚钱为目的的机器，违背公司价值观的行为丝毫不能容忍。这是该公司董事会主动发起的"客户资质独立调查行动"的阶段性结果。阿里巴巴集团董事局主席马云表示，"诚信，是阿里巴巴最珍视的价值观基础，这包括我们员工的诚信以及我们为小企业客户提供一个诚信和安全的网上交易平台。我们希望释放一个强烈信息，就是任何有损我们文化和价值观的行为均不可接受"。在同日一并发出的马云致员工的公开信中，他要求所有阿里人对不诚信行为采取零容忍态度。他说，"客户第一的价值观意味着我们宁愿没有增长，也决不能做损害客户利益的事，更不用提公然的欺骗"。

阿里巴巴 B2B 公司信息显示，从 2009 年开始，贯穿 2010 年全年，该公司国际交易市场上有关欺诈的投诉时有发生。虽然从 2010 年第三季度开始，B2B 公司已经开始关闭涉嫌账号并采取措施以图解决问题，但上述投诉仍未绝迹。B2B 公司董事会委托专门的调查小组，对上述事件进行了独立调查，查实 2009、2010 年两年间分别有 1219 家（占比 1.1％）和 1107 家（占比 0.8％）的"中国供应商"客户涉嫌欺诈。上述账户已经被全部关闭，并已提交司法机关参与调查。在调查环节中，有迹象表明 B2B 公司直销团队的一些员工，为了追求高业绩、高收入，故意或者疏忽而导致一些涉嫌欺诈的公司加入阿里巴巴平台。先后有近百名销售人员被认为负有直接责任，这些人员将按照公司制度接受包括开除在内的多项处理。针对 B2B 高层管理团队在上述事件中的尽职情况，B2B 公司董事会称，虽然管理层从 2010 年第三季度开始关闭涉案中国供应商的账户，并采取行动以图解决问题，而新的诈骗账户也明显下降，但董事会认为，这种组织性的问题需要本公司继续强化价值观才能得以解决。与此同时，B2B 公司对外宣布，该公司 CEO 兼总裁卫哲和 COO 李旭晖因上述原因引咎辞职。淘宝网 CEO 陆兆禧接替卫哲，兼任 B2B 公司 CEO 职务。原B2B 公司人事资深副总裁邓康明引咎辞去集团 CPO 职务，降级另用。支付宝 CEO 彭蕾将兼任阿里巴巴集团 CPO 职务。

马云的公开信提到，这一个月来他很愤怒，也很痛苦，"对于这样触犯公司价值观底线的行为，任何的容忍姑息都是对更多诚信客户、更多诚信阿里人的犯罪！我们必须采取措施捍卫阿里巴巴价值观！所有直接或间接参与的同事都将为此承担责任，B2B 管理层更将承担主要责任！"马云要求 B2B 团队必须进行深刻检讨，要拥有"面对现实，勇于担当和刮骨疗伤的勇气"。"正是基于对客户第一的使命感，和阿里人为了组织健康的责任感，我才提出辞职申请"，卫哲为上述事件进行了公开道歉，"这四五年里，我刻骨铭心地体会到以客户第一为首要的阿里巴巴的价值观是公司存在的立命之本！尽管我们是一家上市公司，但我们不能被业绩所绑架，放弃做正确的事！阿里巴巴公司存在第一天就不在乎业绩多少，业绩是结果，不是目标！我学习到作为阿里人要勇敢地面对并承担自己的责任"。

"对于有才干的人离开公司，我感到非常痛心。卫哲和李旭晖愿意承担责任是非常值得钦佩的行为，我衷心感谢他们过去对本公司付出的不懈努力"，马云说，"这是我们成长中的痛苦，是我们发展中必须付出的代价，很痛！但我们别无选择"。在中国，大多数企业具有封闭和自我循环的特征，而马云则树立了另外一个公司标杆——阿里巴巴完全主动地公开"成长的痛楚"，坚决彻底地"刮骨疗毒"，其对价值观和诚信追求的魄力和勇气让业界震撼。在马云看来，公开，透明，诚信是阿里巴巴价值观的体现，勇气和担当是每一个阿里人的基因，阿里人有勇气面对成长的纠结，也敢于将自我修复的过程公之于众。他希望这次事件也能为中国其他的公司提供一些借鉴——遇到类似事件时，应该怎么应对。在阿里巴巴内部，存在这样的广泛共识——价值观不是贴在墙上的，它体现在成长的每一个环节中。有问题就处理问题，没有什么需要掩饰。主动发现，主动处理，主动公开，不犹豫，不回避，这才是应有的姿态。

马云说："这个世界需要的是一家来自于社会、服务于社会、对未来社会敢于承担责任的公司。这个世界需要的是一种文化、一种精神、一种信念。因为只有这些才能让我们在艰苦的创业中走得更远，走得更好，走得更舒坦"。阿里巴巴方面进一步表示，该公司还将继续行动，查找任何政策上、结构上、程序上和系统上的不足之处，以防止同类事件的再次发生。阿里巴巴的行为显示出，其作为一家以创造新商业文明为己任的公司，诚信是对社会和企业负责的原则底线，没有任何业务或个人可以漠视这个基本的价值观，不管这个人是什么样的层级。陆兆禧会接手卫哲此前的工作。根据之前 B2B 公布的公司战略，该公司仍将在"为中国中小企业提供全面服务"的既定战略下，提升相关业务在全球的竞争力，为客户和股东提供持续的优质回报。B2B 公司公告说，上述不诚信事件未对该公司相关财务期间构成任何重大财务影响。

第十七回　不是银行　胜似银行

从 2010 年 4 月阿里巴巴拿到小额信贷牌照到 2012 年 6 月底，阿里巴巴信用金融部门已经为超过 12.9 万家小微企业提供贷款，贷款总额超过 260 亿元，阿里金融已经实现单日利息超过 100 万元。年利息所得数亿元，不亚于一家小型城市商业银行。中国的传统银行业出现了一位离经叛道的挑战者。它是一家能做到果断与合作多年的大型银行分道扬镳的公司，也被称为最靠谱的"小贷工厂"，已被视为传统银行的劲敌——不是银行，胜似银行。阿里小贷的发展速度已经远远超过了在小贷领域寻求突破的大多数银行。

阿里金融只是一个统称概念，而非实体公司。具有营业执照的法人单位是浙江阿里小贷和重庆阿里小贷两家小贷公司。但具体业务都是由阿里金融的员工执行，并没有放具体的运营人员在两家小贷公司里面。阿里巴巴进军金融业仅五年时间，已拥有了可比央行征信系统的数据库、比银行更快的资金流动性及相当于一家小型银行的利息收入。这直接影响到了它的从合营到自营的转变。小微企业在阿里巴巴和淘宝累积的信用不能获得银行的认可，仍需要担保、抵押或联保，能够通过银行审核门槛的很少。随着 2010 年 6 月两家小贷公司的成立，阿里巴巴正式停止了与建行和工行的合作，走上了金融自营的道路。

2007年5月16日，阿里巴巴联手建行推出"e贷通"，阿里巴巴会员可凭借在其网站上的交易信用纪录向建行申请贷款。从2007年6月起，阿里巴巴也与工行开始合作，为阿里巴巴和淘宝会员提供贷款服务。同年10月，与工行联合推出"易融通"，和"e贷通"类似。根据阿里巴巴的数据，2007～2010年，共帮助小企业获得了128亿元贷款。

然而，蜜月期后是嫌隙。据接近阿里金融的人士透露，当时通过阿里巴巴向建行和工行贷款的小微企业，绝大多数都遭到了拒批。关于这段从蜜月到分手的历史，银行方面有不同的解释。建行人士表示，他们和阿里巴巴真正断绝合作的原因是，阿里巴巴将支付宝备付金存管行改为了工行。另一种解释是，阿里巴巴在合作后期希望收取贷款资金2%作为费用，这让合作银行十分不满。

2010年6月8日，阿里巴巴联合复星集团、银泰集团、万向集团成立浙江阿里巴巴小额贷款股份有限公司，注册资本6亿元，法定代表人为马云。2011年6月21日，阿里巴巴再次联合复星集团、银泰集团、万向集团成立重庆市阿里巴巴小额贷款股份有限公司，注册资本10亿元，法定代表人同为马云。浙江阿里小贷公司和重庆阿里小贷公司的监管单位为当地金融办。目前阿里金融已拥有200余名员工，分为阿里贷款、淘宝贷款、风险控制、数据运营、技术等多个部门。其中负责阿里贷款和淘宝贷款的前台人员各几十人，具体贷款业务由两家小贷公司交叉办理。阿里金融目前共两大板块，为阿里贷款和淘宝（含天猫）贷款。会员通过这两个平台可申请获得订单贷款、信用贷款两项服务，通常在100万元以内。阿里贷款为阿里巴巴会员企业提供阿里信用贷款，满足会员企业在生产经营过程中产生的流动资金需求，分为"循环贷"和"固定贷"两种。"循环贷"指获贷额度作为备用金，不取用、不收利息，可随借随还。固定贷指获贷额度在获贷后一次性发放。目前阿里信用贷款仅面向江浙沪卖家、收费和普通会员。淘宝贷款面向淘宝和天猫卖家，分为订单贷款和信用贷款两类，均面向全国卖家，额度在100万元以内。淘宝订单贷款是基于卖家店铺已发货、买家未确认的实物交易订单金额给出授信额度，到期系统自动还款。淘宝信用贷款是基于店铺综合经营情况给予授信，不受当天订单量限制，无须抵押担保，授信额度可多次支用，随借随还。此外，天猫的高端商户还可通过线下审核获得最高 1000 万元的贷款。

银监会、央行在 2008 年下发的《关于小额贷款公司试点的指导意见》中明确规定，小额贷款公司的主要资金来源为股东缴纳的资本金、捐赠资金，以及来自不超过两个银行业金融机构的融入资金。在法律、法规规定的范围内，小额贷款公司从银行业金融机构获得融入资金的余额，不得超过资本净额的 50%。目前阿里旗下两家小贷公司注册资本金总和为 16 亿元，按照小贷公司融资杠杆率只有 0.5 倍的浙江、重庆两地监管规定，阿里金融两家小贷公司可供放贷的资金最多为 24 亿元。2012 年 6 月底，阿里金融贷款总额已超过 260 亿元。按照淘宝信用贷款 0.06% 的日息计算，假设 24 亿元全部贷出，阿里金融每日利息所得为 144 万元，年利息所得为 5.3 亿元。银行坏账率即使很高，只要有新增存款，压力就不会很大，还可正常运转。而对小贷公司，如果坏账率很高，相当于股东的钱被稀释了，压力就很大。所以，外界对阿里金融不看好，就是因为坏账率太敏感，本身不能吸纳资金。因此小贷公司风险控制必须把握好。阿里金融其不良贷款率只有 1%，拥有几十人的风险控制团队，订单贷款相对便捷，根据数据库中的资料审核 1 秒钟申请、3 分钟放贷。信用贷款则非常严格，除了审核数据库中关于该卖家的信用资料，还需要和卖家视频沟通，填写问卷，甚至提交个人银行流水、水电费等票据证明，从而决定授信额度。目前对于逾期欠账的客户，通常采取电话催款、上门催款、放黑名单等方式。

按照阿里巴巴私有化前的年报数据，其 2012 年 3 月底共拥有 7978.7 万名注册用户，其中付费会员 75.39 万名。据内部人士介绍，淘宝现在拥有 1.45 亿名会员，其中卖家有 600 万名。通过阿里巴巴、淘宝、天猫、支付宝等一系列平台，阿里金融可以获得卖家会员的商品交易量、真实性、商铺活跃度、用户满意度、库存、现金流，甚至水电缴纳等信用数据，相当于拥有了自己的征信系统。阿里金融目前最主要的工作就是深度挖掘数据库。要把各平台所有商家的信息贯通起来，获得非常复杂和庞大的征信资料，目前阿里金融只挖掘到了冰山一角。数据库是阿里金融最核心的价值，未来阿里金融也希望把数据化运营的小微企业贷款演变为方法论。阿里金融的征信系统比央行的征信系统更具有说服力。阿里金融如果获得成功，就让央行看到一个例子，即如果征信系统做得好，就可以极大地改善小微企业贷款难的问题。

2012 年以来，阿里巴巴联手山东省国际信托有限公司推出"山东信托·阿里星集合信托计划"，6 月和 9 月共推出两期，为阿里巴巴会员商家提供贷款，然后阿里小贷将其信贷资产打包，山东信托利用集合信托资金购买信贷资产的收益权。其中第一期共募集信托资金 2.4 亿元，第二期共募集资金 1.2 亿元。阿里巴巴资产负债并不十分理想，自有资金不足。因此，阿里巴巴也是通过发行信托产品，在合法渠道中寻求资金储备，解决资金困境。小贷公司并没有从信托公司融资，只是把贷款业务的收益权转让给了信托公司，等于提前收回了贷款，类似于债权转让，这是信托公司的业务创新，合法合规。尽管吸储职能对阿里金融的未来很重要，但来自阿里金融的信息显示，它并不急于争取。阿里金融不急于获得银行牌照，原因有三：阿里金融的优势在于拥有其会员的深度信息，目前也只服务于会员。但一旦成为银行，面向所有人群，这个数据挖掘的优势就不复存在；通常实体行业运营波动性就比较大，IT 行业风险尤其大，假如一个银行和 IT 公司互相依附，如何确保存款的安全性是一个问题；如果获得银行牌照，就意味着要接受和银行相同的监管，要遵循现有的银行业法规，阿里金融的网络优势将不复存在。按阿里金融现行的贷款审查制度，会员贷款无须抵押担保，也无须面谈。按照银监会的规定，银行要建立并严格执行贷款面谈制度，从而有效鉴别个人客户身份和信用，防范个人贷款风险。那么，一旦阿里金融受到银监会监管，其现行的网络运作模式就将不复存在。

第十八回　平台数据　金融战略

早在 2008 年，马云就曾经放言："如果银行不改变，我们将改变银行。"作为中国最大的服务型平台电商，掌握着融合客户信用的交易数据，阿里巴巴现在当然可以底气十足地叫板银行，并推行"平台、数据、金融"的战略。然而，银行在服务中小微客户方面也已经走出一条新路。阿里巴巴在接下来与银行的中小微客户金融服务的较量中，具有什么优势，会否令银行"颤抖"？又面临什么难题，如何选择金融模式？对商业银行来说，如果能在资金成本、信用成本、作业成本三个方面占据优势，就极可能成为一家非常优秀的银行，资金成本优势使银行比较容易取得高净息差，后两者则分别能带来低的不良率以及低的成本收入比，这些都是衡量银行的重要指标。阿里巴巴由于掌握了交易中的"信息流、资金流"，甚至包括合作伙伴的"物流"，再加上以网络平台批量处理的方式，如果开展借贷业务，至少拥有信用成本低、作业成本低两方面的优势。如果能够获得银行牌照，类似"支付宝"沉淀的资金也很可能构成其资金成本低的优势，如此一来，在与商业银行的竞争中将具有很大的优势。然而，阿里巴巴申请银行牌照并未获批，即便要并购一家银行，也要解决巨额资金来源以及监管层面的审批等问题。在当前国内金融分业经营的大背景下，互联网企业突破防火墙进入银行业仍需时日。

虽然产融结合并非新鲜事，但对于关乎储户切身利益的银行业，即便在金融开放程度很高的美国，也并非轻易放开。如零售巨头沃尔玛的银行牌照申请也屡次遭拒，未能如愿。通用电气（GE）旗下的金融旗舰 GECapital 也是非银行金融机构。但中国近年鼓励发展小额贷款公司，所以阿里巴巴也成立了小额贷款公司。如上所述，电商平台的信用成本优势及作业成本优势，使得阿里巴巴在开展借贷业务方面极具竞争力，小金额、大批量、高利率（年利率约18%）、低风险（不良率低于1%）、短期限滚动放贷，看上去很美。然而，按照银监会的规定，小额贷款公司的主要资金来源为资本金、捐赠资金，来自外部融资的资金不得超过资本净额的50%，这意味着，1.5倍杠杆下，即便成本为零，净利差达到18%，小额贷款公司的净资产收益率也不会超过27%。考虑到资产负债并非所有时候都完全匹配，再加上各类运营成本、融入资金成本，经营好的小贷公司的净资产收益率一般也只在10%左右，阿里小贷具有优势，但估计净资产收益率最高也只能达到15%，与当前银行业净资产收益率普遍在20%以上相比，还有不少差距，与成熟互联网企业如腾讯、百度等动辄40%以上的净资产收益率相比，更是相差甚远，并非是一个很赚钱的生意。

阿里巴巴近年虽然已经赢利，而潜力还未展现出来，净资产收益率不到10%，因此，净资产收益率为15%的小贷业务暂时还很划算。但在未来，如果小贷业务的监管要求没有变化，很可能将浪费阿里巴巴的资本，如此，小额贷款公司的形式很可能只是权宜之计。那么，阿里巴巴的金融帝国梦想，是否非得依靠银行牌照不可？如果一直没有拿到银行牌照呢？就算拿到了牌照，"阿里银行"是否又是最优路径？如果一直没有拿到银行牌照，GE 金融模式或许是小贷公司的升级版本。GE 金融利用通用电气（GE）的高信用评级，获取低成本资金，成就了 GE 金融的核心竞争力。

未来，阿里金融既可以利用已有的资产端的信用成本、作业成本优势，又可以利用母公司的高信用级别取得负债端低成本资金的优势，资产和负债这两端的优势，似乎比 GE 金融的竞争力还要强大。在阿里巴巴电商平台主业足够强大，赢利能力充分发挥出来以后，利用高信用级别，获得尽量多的低成本外部融资应属易事，虽然还要取决于未来监管层面对阿里小贷外部融资比例的松绑，不过毕竟比获得银行牌照要容易，甚至会成为监管层面对阿里金融没能获得银行牌照的安抚，因为这只在资产端与银行形成部分竞争，而没有负债端的正面冲突。但阿里巴巴很可能会执意于获得银行牌照。其实阿里巴巴自营银行也有其局限性。对于阿里小贷现在开展的"短、频、快"的周转类资金服务来说，阿里巴巴的优势最大，但对周期再长、资金再大的小微企业用于再扩张的信用融资服务来说，除了信用数据，还需线下的信用评估体系，阿里巴巴的优势将减弱。再加上阿里巴巴的优势在于提供基于网络交易的金融服务，银行已经有基于客户账户的全方位金融服务经验，阿里巴巴的交叉销售效果未必如银行显著，边际成本也不一定比银行低，如果阿里巴巴要涉足基于网络交易之外的金融服务，与银行相比并无优势。

全球第一家纯网络银行美国安全第一网络银行（SFNB），在经过数年的发展之后，也被加拿大皇家银行收归旗下，投入商业银行传统渠道的怀抱。重资本的银行业借贷业务的资本回报似乎很难超过轻资产的成熟互联网企业，高杠杆金融业的风险也远大于低杠杆的互联网行业。可以想象，阿里巴巴即便要开银行，也是一家基于网络、基于交易的银行，它会成为一家专业银行，在特定的领域强势生长，但它不太可能单方面"改变银行"，在传统商业银行已经全面开展网络金融服务、小微企业贷款服务的背景下，两者更多的可能是互相影响、互相改变。阿里巴巴"改变银行"的程度取决于自身的平台服务做到有多大，覆盖交易双方的面有多广，从这个角度看，阿里巴巴反而应该更加专注于"平台"主业，提高"平台"主业的净资产收益率，而不是急于进入净资产收益率低于成熟互联网企业的银行业。互联网企业表面看是轻资产行业，但代价却是早期多年亏损或微利所付出的"沉没成本"，若在赢利能力提升净资产收益率走高的情况下，又过早陷入一个重资本行业，则阿里巴巴的战线会拉得特别长。银行业有风险资本的要求，在资本充足率要求不断提高的背景下，过去几十年银行业的转型重点反而是轻利差业务、重中间业务，以摆脱资本充足率的约束，并降低业务风险。此中典型如美国运通，一家拥有全球高端合作商户网络的信用卡、旅行支票公司，除剥离本身占比不大的商业银行业务外，在信用卡业务方面，不同于其他信用卡公司注重透支额度延期还款赚取的利息收入，美国运通更加注重开拓广泛的合作商户网络并收取商户返点佣金，而透支额度的利息收入，甚至通过与银行发行联名卡的方式，让渡给银行，既不占用自身的资本金，同时也将坏账风险撇清，规模扩张不必依赖于资本金并避免了类似大银行"大而不能倒"的风险。转型还提高了美国运通的净资产收益率，对信贷系统性风险更加不敏感（如美国富国银行即使是次贷危机的受益者，净资产收益率也未恢复高点并不及运通的一半），并提升了公司在资本市场上的估值。

阿里巴巴是否应该像美国运通那样，与银行合作，各自做专业领域内的事情？事实上，阿里巴巴最初的方案恰恰是和银行合作，但为何又与银行不欢而散？归根结底，这与阿里巴巴"平台"服务主业的规模、覆盖面、赢利能力有关，也与阿里巴巴服务企业的不同层次的融资需求，以及银行对不同层次的融资作业成本有关。阿里巴巴现在虽然是国内最大的服务型平台电商，但线下交易毕竟还是主流，线上交易的规模、覆盖面还没有形成撼动银行的优势，而银行现在逐步形成一套针对小微企业的授信体系，这在国外也被证明是可行的，如富国银行就依靠银行自身的 IT 系统建设，形成了成熟可行的针对小微企业的授信体系，国内银行这些年的小微企业贷款发展迅猛。也就是说，银行虽有远虑，但无近忧，所以银行面对阿里巴巴的过高收费要求而暂停或放缓合作，也未必没有道理。再者，现在阿里小贷占比较高的"短、频、快"周转类贷款，对银行来说作业成本会比较高，的确应该由阿里巴巴依托自身的网络平台进行批量化处理。而对于阿里巴巴来说，即便当前小贷业务净资产收益率只有15％，也高于公司现在的整体赢利能力，放弃银行合作、自身开拓也不失为短期良策。实际上，如果阿里巴巴的自身赢利能力足够强，也不会如此急切通过金融服务来增厚利润，而应该是通过金融服务来提升对客户的服务水平（高达18％的利率很难说是为了服务好客户），通过扶持客户来壮大自身。例如，沃尔玛虽然也在申请银行牌照，但其主要的目的是通过自身经营、节约成本并用于给客户返利，从而将主业做得更强大，所以即便其银行牌照申请未获批准，通过与银行合作发行联名卡，将联名卡交易支付给银行的佣金削减一半，将节省下的佣金通过客户消费积分的方式返还给客户，从而支持自身零售业务规模更加壮大。所以，阿里巴巴的远虑不仅包括小贷政策会否调整、银行牌照能否获得、银行业务是否划算，而且在于如何把"平台"规模做到足够大、覆盖面足够广、赢利能力足够强。而且如果服务企业的融资需求足够多，挤占的银行贷款份额足够大，银行业重资本的特性也将使其自营银行业务无法满足所有客户的需求，而此时，合作银行也只能付出服务费，以谋求与阿里巴巴合作放贷了。

全球最大的物流快递企业 UPS 的金融模式，即是自营与合作共存的模式，而提供金融服务的终极目的，也是为了吸引更多物流服务客户。UPS 于 1998 年成立子公司 UPS Capital，并于 2001 年并购了美国第一国际银行，为难以在银行体系得到融资的客户提供包括存货融资、应收账款融资等短期资金融资服务，但仍然与银行合作，提供信用保险、信用担保等信用风险控制服务，并将利差收益让渡给银行。在中国，UPS 也与招商银行、平安银行合作开展供应链金融服务。可以说，UPS 开展金融增值服务，利用的是自身风险控制节约的成本，反哺于客户，从而吸引更大的客户群，自营银行解决了传统银行不能提供的部分服务，但鉴于银行业的资本回报未必有平台服务企业高，风险资本的内生速度未必赶得上平台客户融资需求所需，合作银行则从更大范围内且更节约资本地协助 UPS 做大物流快递主业。2011 年，UPS 的净资产收益率达到了50％左右，这是重资本的银行所不能达到的。

对阿里巴巴来说，小贷业务未来的确可能存在转型为银行业务的可能，其未来的银行部门可以继续做好传统银行难以对接的周转类金融服务，也可以通过类似现在"征信系统"的服务模式，成为一家征信数据服务商，或者小微企业信用评级商，这些中介业务带来的是不同于利差收入的无风险收益。银行利用自身的授信体系，不仅可以给小微企业做期限更长、金额更大、边际作业成本也较低的信用贷款，还可以据此打通小微企业的上下游，将小微企业贷款的服务范围做得更宽，银行降低了信用成本，阿里巴巴服务的小微企业生态系统也将因此变得更强大。实际上，阿里巴巴于 2010 年年底收购的专注于小微企业外贸服务的深圳市一达通企业服务公司，由于外贸服务的专业性使得业务自身有利可图，在金融服务方面完全是采取与银行合作的方式。全球物流巨头 UPS 也没有令资本实力雄厚的银行"颤抖"，但无论是物流业还是互联网都在改变着银行，甚至相互改变。自营与合作共存的模式，似乎是终极的出路。正如婴儿能够本能地触摸 iPad 电子屏幕一样，阿里巴巴最初与银行合作，也是商业本能的考虑，只不过，合理的事情可能发生在不合理的时间，正如乔布斯的产品曾经过早诞生但最终为人们所接受一样，互联网平台与银行的合作共赢，也有理由在将来成为互联网金融的最佳生态。

第十九回　集中火力　灵活迎战

2012 年 5 月 21 日，阿里巴巴集团和美国雅虎同步发布声明，宣布双方就股权一事达成最终协议。协议显示，阿里巴巴集团将分阶段回购雅虎持有的公司股份。第一阶段将回购大约 50% 雅虎持有的阿里股份，相当于阿里巴巴当前股份的 20%。此外，如果阿里巴巴集团 IPO，有权在 IPO 时，以 IPO 价格回购雅虎剩余股份的 50%。余下 10% 的股票，待到阿里巴巴集团上市禁售期之后，雅虎可以选择出售。此次交易的重点是，美国雅虎和日本软银在阿里巴巴集团的股东权益中，所持有的股份投票权总和将降至 50% 以下。"管理权"（主要是以马云为首的创始人）与"控制权"分离一直是阿里巴巴为外界诟病所在。对于阿里管理层来说，控制权很重要，此协议解决了"为谁干、干好了给谁"的问题。

雅巴结缘于 2005 年 7 月。这一交易完成后，双方各得其所，马云用雅虎的 10 亿美元养大了淘宝、支付宝，淘宝再分拆为天猫、一淘，成为中国"电商王者"；对雅虎来说，当年的 10 亿美元，已经变成了目前的 140 亿美元。若以最低估值计算，雅虎在完全出售 20% 阿里巴巴集团股权后，将获得约 71 亿美元的收入，其中包括 63 亿美元现金和阿里巴巴集团增发的价值 8 亿美元的优先股。此次协议为雅虎分步兑现其在阿里巴巴剩余的投资订立了框架。首先，未来阿里巴巴集团上市时，有权以首次公开招股价回购雅虎所持剩余股权的 50%，或允许雅虎在 IPO 时出售这部分股权。其次，在 IPO 禁售期后，雅虎将获得余下股份的登记权，并有权在其认为适当的时机处置所持的剩余股份。双方还同意修改现有技术和知识产权许可协议，调整后，阿里巴巴集团将向雅虎一次性支付 5.5 亿美元现金作为知识产权及技术授权费用，但这一义务将在四年后或阿里巴巴上市两者孰早的时间点终止。作为修改后的技术版权协议，阿里巴巴集团也同意将部分专利授予雅虎在中国以外的地区使用。双方协议还规定，一旦 IPO，阿里巴巴就有权购买更多雅虎的股权。与此前的"双现金充裕剥离"（Double Cash-rich Split-off）相比，这是一项"简单的交易"。双现金充裕剥离需要涉及三家公司，阿里巴巴集团、雅虎美国公司、一家新公司（由阿里巴巴成立或收购），如果是成立，则阿里巴巴向新公司注入资金与资产；如果是收购，要么保留该公司现金或资产，或者阿里巴巴向新公司注入资金或资产，最后则是雅虎公司获得新公司股权。这一方案的好处是可以"合理避税"。雅巴谈判数年，经历了颇多变化，但最终雅虎股东选择"落袋为安"。

作为交易的一部分，雅虎将放弃向阿里巴巴集团董事会派遣第二名董事的权利，同时也放弃一系列对阿里巴巴集团战略和经营决策相关的否决权。阿里巴巴公司董事会将维持 2：1：1（阿里巴巴集团、雅虎、软银）的比例。此举意味着阿里巴巴团队将强化对阿里巴巴集团的控制权。雅虎管理层的动荡给了阿里巴巴机会：从塞梅尔、杨致远、巴茨、莫斯，再到短命的因学历风波辞职的汤普逊，直至今天的代理 CEO 莱文索恩，雅虎股东已经对雅虎重构管理层"十分失望"。股东对雅虎另一失望则是"创新"，面对谷歌、FaceBook 的崛起，雅虎应对失措，在产品为驱动的互联网行业看不到未来。这使得雅虎股东"无心恋战"：管理层不断变换，谁可为战？对于管理层的变化，阿里巴巴管理层也对其"十分厌烦"：每一次的人员更迭，或许都意味着再一次地推倒重来。为保证谈判的连续性，雅虎方面的谈判代表为其 CFO 蒂姆·莫斯（Tim Morse）和首席法律顾问迈克·卡拉汉（Michael Callahan），而阿里巴巴则派出了 CFO 蔡崇信。正是这一"稳定的谈判团队"，使得谈判连续，达成后来的结果。此一协议使雅、巴各取所需，对于雅虎来说，当初投资 10 亿美元，目前变成 140 亿美元，套现 71 亿美元，是真正的"落袋为安"；对于阿里巴巴创始人来说，使治权与股权平衡，有利于阿里巴巴集中精力发展业务。

回购股份只是马云集团资本运作的一部分，马云的完胜使阿里巴巴获得了三个解放：一是解放了未来，过去阿里巴巴的战略，特别是投资未来的战略受股东影响；二是解放了火力，京东、凡客等迅速崛起，阿里巴巴可以把所有火力聚焦于行业竞争；三是解放了马云，马云过去将主要精力集中于资本问题，现在马云会把精力集中于业务问题。在回购股份的同时，阿里巴巴集团同时运作私有化 B2B 上市公司。2012 年 6 月 6 日，阿里巴巴集团宣布旗下 B2B 上市公司阿里巴巴网络有限公司（01688. HK，下称阿里 B2B 公司）将于 6 月 8 日正式停止交易，6 月 20 日正式退出香港联交所。阿里巴巴集团在 2012 年 2 月 21 日正式宣布阿里 B2B 公司私有化计划，拟以每股 13.5 港元的价格，收购阿里 B2B 公司余下 27.03% 的股权，完成私有化后阿里 B2B 公司将从港交所摘牌。回购价格较 2 月 9 日停牌前的最后 60 个交易日的平均收盘价格溢价 60.4%，将耗资 190 亿港元左右。

阿里 B2B 公司私有化是过去数年间，港股市场上成功私有化的最大个案，同时也是溢价幅度最高的一宗。13.5 港元/股的回购价格恰与 2007 年 11 月 IPO 招股价格一致。阿里 B2B 公司于 2007 年 11 月 6 日在港交所挂牌上市，融资 116 亿港元，创下中国互联网公司融资规模之最。首个交易日以每股 30 港元开盘，较发行价 13.5 港元上涨 122%，最终报收于 39.50 港元/股，公司市值跃升至令人咋舌的 260 亿美元。一个月后，股价上摸到 41.80 港元的历史最高点后便一跌不可收拾，阿里 B2B 公司股价一直低迷不振，在破发线上下徘徊。对于 B2B 板块下市的用意，阿里巴巴集团董事局主席马云表示：对于阿里巴巴而言，可免于承受拥有上市子公司所面临的压力；而对于股东，则提供一次具有吸引力的变现机会，从而"不必较长时间等待公司完成转型"。私有化 B2B 业务将使阿里巴巴的战略调整更加主动灵活。若阿里巴巴集团今后整体上市，凭借阿里巴巴平台在整个电子商务产业链上的地位，将可获得理想的估值。

第二十回　七剑合璧　威震江湖

马云和他的阿里巴巴集团经历了 B2B 公司退市、回购雅虎20％股权等诸多大事，这个中国电子商务的探路者试图通过一系列的变革来稳定发展势头。但是当2012年7月，马云终于可以宣布"七剑合璧"（六个子公司变成七大业务群）、"One Company"（一个大集团公司）战略初步达成之时，另一场新的变革却又不得不开始进行。阿里巴巴正在进行一场以重塑公司生态系统为核心诉求的大变革，它很可能先是分拆成约30家公司，然后再整合为三家上市公司。这场由马云一手发动的变革不仅将改变中国互联网行业的格局，还深入影响从制造业到服务业的多个传统行业的未来。马云在北京接受电视采访时曾透露，未来阿里巴巴将分拆成30家公司。2012年12月3日，阿里巴巴集团首席战略官曾鸣在杭州接受《财经》记者采访时表示，阿里巴巴未来会形成几十个业务单元。分拆，将成为阿里巴巴下一步变革的重点。阿里巴巴未来的分拆将遵循以下原则和次序：大淘宝平台将首先被分拆，多个成熟的垂直业务和具备战略意义的业务将从现有架构中剥离，单独成为业务单元或子公司，如淘宝旅游、无线业务部；紧接着是金融方面，也将择机分拆出两家到三家子公司；在数据平台方面，目前暂时仍以阿里云、淘宝商业智能部为主，未来会有更细致的拆分与调整。这一分拆次序吻合马云2012年9月提出的"平台、金融、数据"梯次战略。提出这一战略时，阿里的 One Company 战略达成还不到三个月。当时，马云在阿里巴巴集团财务部年会上感叹："我们好不容易把这个公司变成'One company'体系，后来发现 Company 这个字是错的。"曾鸣曾说："互联网正在实实在在地改变传统商业、改变社会运作的模式，全面提升整个社会的商业效率。"

13年的电子商务历史，令阿里巴巴成为这一改变的引领者，但过去的成功已经过去，时代又变了。电子商务的平台游戏即将结束，新经济时代的大幕正式开启，在这个新时代，移动互联网、云计算和大数据这三个领域的技术创新结合起来，将创造出崭新的商业形态乃至社会形态。新时代的游戏规则并不确定，但因循守旧一定是错的。"记住我为什么变革，因为明年后年是阿里的黄金时期，我们绝不能在公司失落的时候再去变革。"马云想清楚了，他将重构阿里巴巴，这其中不仅包括组织架构上的分拆重组，还包括重建公司的生态系统。变革的起点定于2013年1月1日。2013年1月10日，阿里巴巴集团宣布，为了面对未来复杂的商业系统生态化趋势，以及无线互联网带来的机会和挑战，同时让组织能够更加灵活地进行协同和创新，集团现有业务架构和组织将进行相应调整，成立25个事业部，具体事业部的业务发展将由各事业部总裁（总经理）负责。"这是阿里13年来最艰难的一次组织、文化变革！变革是痛苦的，但要是我们不变革，我们未来会连痛苦的机会都没有！"马云在随后的内部邮件中详细解读了阿里巴巴的新组织架构，并称变革不是一时的，而是时时的，"我们总在追求一种稳定，但在信息时代，变化才是最好的稳定。"本次组织变革的方向是把公司拆成"更多"小事业部运营，"给更多的阿里年轻领导者创新发展的机会，我们不仅需要看见相关业务的发展和他们团队、个人的成长，而且我们更希望看到他们各自的小事业部可以把我们的商业生态系统变得更加透明、开放、协同、分享，更加美好"。马云说，与其天天抱怨今天的商业环境，与其天天在现实社会里争议市场经济和计划经济的利弊，不如用互联网这个工具来参与变革和建设的行动。"因为我们坚信，在互联网的环境里，商业社会会更加透明、诚信和健康。在大数据的时代里，市场经济的思想和计划经济的手段将有可能完美统一。建设性的破坏远远比破坏性建设来的有用，远远比抱怨和空谈来的更有价值。"

1999年创立的阿里巴巴发展到2011年，总收入已达28亿美元。这一财年，阿里的净利润同比增长7倍，利润率超过40%，旗下两大购物网站淘宝和天猫的平均利润率都超过了50%。2012年，集团预期收入将达到400亿元人民币，增长逾2倍。如果能继续保持这样的高速增长，阿里巴巴有望在2014年成为中国体量最大、收入最高的互联网公司。截至2012年11月30日，阿里巴巴旗下淘宝和天猫当年的交易总额达到1万亿元，占了全国社会消费品零售总额的近 5%，相当于 eBay 和亚马逊当年交易额的总和，相当于 2011 年全国 GDP 的 2%。此前结束的"双十一大促销"中，淘宝和天猫一天即完成了 191 亿元的交易额。阿里巴巴正在成为继沃尔玛之后的第二大独立零售体，它是靠电子商务赢得这一地位的。在电子商务方面，天猫总裁张勇如此对比："沃尔玛每天的访问人数达到 2800 万人，交易额为 80 亿元人民币。我们的网站一共进入了 2.13 亿的人流。"但是，马云并未出现在淘宝、天猫突破万亿元交易额的新闻发布会上，对他来说，这并不是一次高潮，而是一个时代的结束。曾鸣几年前曾指出，工业时代的特点是集中化、机械化、标准化、流水线、大规模，企业内部的管理方式、生产方式、上下游合作方式都是垂直线性的特点。以互联网为代表的新经济模式则反其道而行之，更强调网状协同、生态化、个性化、弹性、去中心化。在过往的历史中，新经济已经改造了传统工业经济，但并没有动摇旧经济模式。淘宝和天猫的 1 万亿则是一个标志，说明新经济已经大到足以驱动传统企业进行技术和营销改革的程度了。阿里巴巴首席风险官邵晓锋说："互联网和电子商务经过十几年的发展，今天终于从量变到质变，新的经济模式即将来临。"而新时代的来临，意味着工业时代的企业组织架构和运营机制，会成为企业前进的绊脚石，对互联网公司尤其如此。遗憾的是，阿里巴巴既有的组织架构仍然是金字塔式的公司科层制。目前阿里巴巴集团分为淘宝、一淘、天猫、聚划算、阿里国际业务、阿里小企业业务和阿里云七大事业群，以及支付宝、阿里金融两家独立子公司。七大事业群在阿里集团内部被称为"七剑"，其中淘宝为 C2C 网购平台、天猫为 B2C 平台、一淘为开放式购物搜索和消费者返利平台、聚划算面向团购领域、阿里国际业务负责中小企业的海外发展、阿里小企业业务负责国内中小企业的电子商务服务、阿里云负责云计算。这一"人、财、物"向集团集中的组织架构，现在看来，显然违背了新经济时代的去中心化特点。与此相反，竞争对手却正在适应新经济时代的分布式协同需求。

腾讯 2012 年 5 月完成了新一轮组织架构重组，将现有业务重新划分成企业发展事业群（CDG）、互动娱乐事业群（IEG）、移动互联网事业群（MIG）、网络媒体事业群（OMG）、社交网络事业群（SNG），整合原有的研发和运营平台，成立新的技术工程事业群（TEG），并成立腾讯电商控股公司（ECC）

专注运营电子商务业务。从结构上来看，腾讯和阿里都在用事业群的方式完成组织架构布局，但是腾讯的业务群与业务群之间，已经找不到线性的关系，它们没有中心，各自均可独立形成新的生态系统。在这样的去中心化的架构中，腾讯的微信才得以脱颖而出。目前微信已经实现从线下到线上的移动互联网环境，从而形成特定的商业模式：二维码＋账号体系＋LBS（基于位置的服务）＋支付＋关系链。这一商业模式的形成便是腾讯各事业群对其匹配资源的结果，最终微信将通过支付、电子商务、虚拟货币等获利。曾鸣曾有过这样的担心："在移动领域，移动跟 SNS（社交网站）的结合，孵化出一个足够大的生态系统，我觉得是有可能的，那是我最担心的。"微信正在成长为曾鸣所说的移动生态系统。而从阿里巴巴现有的组织架构中，是看不到移动业务的。此外，阿里巴巴的业务分散在各个事业群内部，还未形成合力。这意味着，阿里巴巴的新对手将是腾讯。腾讯公司（00700.HK）目前市值为 4674.45 亿港元（阿里巴巴估值为 350 亿美元），2011 年总收入为 45.225 亿美元（阿里巴巴为 28 亿美元），2012 年三季度腾讯总收入为人民币 115.656 亿元，同比增长 54.3%。与阿里巴巴的旧对手京东、凡客相比，腾讯是一家成熟而庞大的公司，而且腾讯微信已经抢占了移动的入口。

对阿里巴巴来说，更为可怕的是，腾讯还只是可见的对手，在不可预知的新经济时代，还有很多看不见的对手。这些对手会是谁？曾鸣说，那些能将自己做扎实的垂直平台的电商，比如沃尔玛的 1 号店，未来都将是阿里巴巴的对手。因为到目前为止，超万亿元交易额的阿里巴巴，依然不能囊括所有垂直领域。这些垂直平台还包括专注于 C2B 供应链整合、个性化定制的企业，比如为上百万小企业提供供应链整合服务的利丰公司、中国数码化家具设计和家具定制的家居品牌——尚品宅配，等等。可以预期的是，此类企业的运营模式完全匹配新经济时代的特点，必将获得快速发展。曾鸣认为，未来对阿里巴巴来说，最大的挑战就是 C2B 企业。有一种假设：作为一个超万亿元交易额的企业，阿里巴巴如果可以像过去囊括 B2C、B2B、C2C 那样，将 C2B 企业也涵盖在自己的生态系统中，似乎就可以解决所有问题了。但阿里巴巴现有的生态系统，是否有这样的衍生和包容能力？淘宝和天猫的交易总额正在快速增长，但是卖家数量却到了一个缓慢增长的阶段。固有的生态系统如果无法长出新的物种，对阿里来说就是致命的。阿里之所以一直以倍数级膨胀增长，是因为其搭建的是一个生态系统：以电子商务为纽带，资金流、信息流、物流在此之上繁衍生长。阿里生态系统面临一个大问题：贫富差距越来越大。淘宝从 2007 年开始每个月都在做基尼系数，结果发现每年都比前一年更高。大卖家越来越大，小卖家死了一批又一批。淘宝生态呈现金字塔结构，最顶端是营业额5000 万元到 1 亿元的超大卖家，大量的小卖家聚集在金字塔低端，这将导致资源被大卖家垄断。淘宝近两三年情况开始失控——流量越来越稀缺、越来越贵，只有超大型卖家买得起。据了解，淘宝首页的展示广告，导入一次浏览的价钱是 0.16 元。在这样的生态体系内，超大卖家目前并不开心，因为和过去相比，流量变得越来越贵，而且增长缓慢。目前淘宝外部依靠淘宝联盟输入流量，内部用搜索竞价和目录排名来分配流量，这种单一的外部流量入口与单一的内部分配机制，导致集团外部供血能力不足。部分超级大卖家，即"淘品牌"已经开始选择"出淘"。现阶段淘品牌的天花板在 10 亿元左右。淘品牌需要更多的流量，而不只是更便宜的流量。这就是为什么大量淘品牌会选择在其他渠道——甚至最昂贵的线下渠道——开设独立网站或店铺。在大小卖家均有怨言的情况下，阿里巴巴是否可以通过调整系统设置的方法来平衡一下？去年 10 月淘宝商城做了尝试，发布新的招商规则。第二天便遭到了卖家有组织地恶意攻击：先是干扰大卖家的正常经营秩序，此后又转而攻击支付宝，最终演变成淘宝"伤"城事件。阿里生态系统就像这个国家的缩影，国家面临什么问题，阿里就会面临什么问题，牵一发而动全身。

从组织架构到生态系统能力，阿里巴巴都面临着必须调整的压力。2007年开始，马云便试图将阿里巴巴集团打造成一个生态系统，但阿里的组织架构并未围绕这一目标而调整。直到 2012 年 9 月，马云在"网商大会"上抛出"平台、金融、数据"战略，才给变革划定了方向，迈出了调整公司组织架构的第一步。所谓"平台、金融、数据"，就是阿里巴巴接下来的三个发展阶段：第一阶段，3 年内以"七剑"业务为主；第二阶段，5 年~8 年内以阿里金融为主；第三阶段，8 年~12 年内以数据平台为主。过去，"七剑"的业务平台是以完成 CBBS 的线性产业链匹配为中心的，即一个消费者（C）进入淘宝之后，将有商家（B）去满足他的需求，为满足他的需求，商家可以去上游的 B2B 市场寻找资源，最后达成对消费者的服务（S）。马云提出，"七剑"的业务平台向后退一步，从直接面对消费者变成支持网商面对消费者。曾鸣进一步总结：阿里巴巴不再是电子商务平台，而是电子商务协同平台，自己退为"提供服务"的平台。其最终的目的是，在为商家提供服务的同时积累数据，藏在业务平台之后的数据平台，将在数据的积累过程中实现第二阶段的金融业务，同时数据平台自身得到升级，并计划于 10 年～12 年后代替业务平台走到幕前，那时阿里巴巴将成为一家数据交换平台。这是一个环环相扣的战略。要想获得足够庞大的数据，阿里巴巴拥有的业务越丰富越好，"七剑"显然已不能满足需求。从物理学上来说，分子数越多，相互碰撞获得的"熵"（能量）势必越大。生态系统的原理同此。这也就是生态系统的魅力，它获得的是熵而不是个体的力量。从这个原理出发，分拆"七剑"成为必然。从理论上来讲，分拆的业务单元越多，越有利于生态系统的自生长。这也就是马云和曾鸣在阿里内部不断强调"要把平台做薄""垂直业务做宽"的原因。只有这样，才能长出越来越多的垂直业务，然后再进行分拆。在天猫、一淘分拆出来之后，聚划算很快也分拆出来，业绩增长同样可观。在 2012 年团购业务十分不利的前提下，聚划算上半年依然实现了同比 171% 的增长。这促使马云选择以彻底分拆的方式去重建阿里组织架构。马云称之为"小而美"。他表示，阿里巴巴集团将拆分成约 30 家公司，每家公司都要把自己做成一个生态系统。马云的逻辑是：首先，在"七剑"业务平台上，每长出一个新的、独立之后能改变所在行业的垂直业务，便尽快分拆。按照这个标准，接下来独立的将会是淘宝旅游、淘宝无线等。比如淘宝旅游，只有十几个员工，但可以提供全国最低的机票、酒店价格，又有淘宝巨大流量和生态系统的支持，有打败携程的可能。同样，淘宝电器 2012 年初至今销售额超 200 亿元，虽然低于京东 2011 年宣布的 300 亿元营业收入，但增长更快；淘宝商超同样发展迅速，有望在 2013 年超越 1 号店。

除了垂直领域外，阿里巴巴还会做战略布局上的分拆调整，代表则是无线业务部的分拆。马云对无线、数据的重视达到不可思议的程度，他提出让"无线打败淘宝"（指移动端流量超过 PC 端），内部只要跟无线有关的项目一律放行。而本次将无线独立，也是希望能够更好地掌握移动互联网带来的新兴流量。类似的例子还有，阿里巴巴可能会成立专门负责电商导购、商品百科业务的部门或分公司，与现有的购物搜索（一淘）共同成为阿里巴巴电商体系的"基础设施"。这些将和分拆而出的淘宝旅游、无线一起环绕在"平台"系统的周围，形成卫星群。对于集团最有价值的资产支付宝，2011年已拆出旗下集分宝。集分宝目前为独立公司，未来支付宝还可能会继续再拆出1~2家公司。另有阿里小额贷款业务，2009年从B2B拆分后纳入阿里巴巴集团，并为此成立了"阿里巴巴金融"事业部，以作为战略项目独立运作。目前该事业部旗下拥有两家小额贷款公司，已实现单日利息收入100万元。阿里金融被马云定位为"支撑整个未来"的业务，发展潜力很大，未来也可能被分拆出来，和支付宝共同构成阿里金融圈。唯一还没有明确分拆计划的是数据业务。目前在淘宝、支付宝构架下各有两个数据部，负责数据的收集和分析，同时，阿里云事业群负责数据基础设施的开发。

围绕"平台、金融、数据"的战略步骤，阿里巴巴集团的分拆计划也将分梯次进行。马云所说的30家公司不会在一年内完成，2013年可能先拆成十几家公司，后续还会继续分拆，最终形成30家公司的理想运营模式。分拆后，将继续实行总裁加董事长的层级管理架构。马云、曾鸣、彭蕾、陆兆禧等几位高管将分别以董事长身份各自分管2~3家公司。用曾鸣的话来说，未来阿里巴巴的组织架构和内部公司间的协作将像互联网一样，网状、并发、实时协同。但是，如果没有好的生态机制，就不可能长出新的物种，也就是用于分拆的垂直业务。在一个生态系统内，"蝴蝶效应"时常发生，如何让生态系统内的每一个个体都具备抗干扰能力？马云最近似乎幡然醒悟，他在阿里巴巴集团组织部年会上反思：这两年阿里的决策体系有点像政府，通过自己的促销手段和一些政策调节整个市场，这跟政府拍脑袋出政策没什么区别。阿里要回归到市场机制、市场体系中去，要发挥企业家的精神，发挥660万卖家的精神。阿里自己则建好公民社区——制定规则、做好监管，只在必要时出手弥补市场缺陷。所谓市场机制，就是自然的优胜劣汰。这就需要改变过去对店铺的等级和销量排名为排序的搜索机制和流量竞价机制，而以商品本身排序，跟店铺质量和口碑、跟商品的评价指数挂靠。同时，以用户个性化需求为核心，弱化目录和搜索，把整个淘宝平台变成超大的用户导购系统。最终，马太效应通过市场区隔完成，而不是任何流量都被大客户垄断。未来的生态结构要调整为两头大卖家、中间小卖家，大力扶植"腰部卖家"，从金字塔变成"扁平化"的淘宝。这也是马云一直强调的"小而美"和"双百万"计划，即在内部培养出100万个营业额为100万元的卖家。当然，这还只是阿里巴巴内部机制的调整。曾鸣的希望是："未来三四年，通过一个SNS机制完成淘宝大部分的商品与浏览的互动。也许未来淘宝总流量的三分之一是类目，三分之一是搜索，三分之一是SNS社区化的互动。"在阿里生态系统，SNS体系成为市场机制得以顺利实施的基础。因为没有足够流量就谈不上市场的公平与否。但是，阿里巴巴在SNS上是失败的。从最开始的"雅虎关系"到2011年推出的"湖畔"和"来往"社交客户端，无一不销声匿迹。

目前，阿里的外网入口依然被360、腾讯、微博、蘑菇街、美丽说等网站所占据，阿里从别的地方拿不到更好的流量，只能花钱去买。现在一淘到处在找人合作，接管各流量来源的电商频道。大淘宝的流量来源是个大难题。对于SNS，马云也很着急，并一直强调"SNS还得办"。但怎么办，马云自己也没想清楚。目前主要靠内部自发形成SNS体系。有两种途径，一种是通过收购获取SNS产品。2012年8月，阿里资本4000万美元投资社交应用陌陌，这款应用被认为是国内最有可能与腾讯微信竞争的移动聊天、交友平台。11月，有消息称阿里巴巴将入股新浪微博公司。另一种方式就是开放内部有SNS属性的频道给外部团队运营，淘女郎就是一个成功案例。2012年以来，陈志刚和他的秀豆网团队一直在杭州阿里巴巴总部为淘宝的淘女郎频道改版而加班工作。淘女郎是淘宝上诸多为服装鞋帽拍摄广告图片的模特的统称。在淘宝，经过认证的淘女郎有4万多人。过去的淘女郎频道是一个中介平台，有需求的商家可以在平台上搜索并联系适合的模特。半年以前，这个定位发生了改变。淘宝最应该SNS化的就是淘女郎，因为淘女郎对应的是精准人群，更能引导消费。未来将构建一个SNS平台，帮助这些女孩在全网（如微博、人人网、微信等）做网模真人秀的展示，让她们火起来，并最终把来自各个网站的点击导回淘宝成交。在新浪微博上，粉丝1万人以上甚至10万人的淘女郎数量很多。2012年上半年推出"一键分享"功能，淘女郎可以把商品同步分享到花瓣网、爱丽网、新浪和腾讯微博，现在淘女郎的访问流量已经达到了每天80万，其中很大部分都是通过外链回流的。这样，淘女郎就能在未来成为阿里巴巴的 SNS 入口之一，为其输送流量。阿里巴巴正在多处布局这样的流量入口，比如"淘创意"频道。以获取新流量、增强 SNS 属性为目的的与阿里巴巴深度合作的外部团队远不止秀豆网一家，这些团队大都从频道改版介入，进而提升平台功能及向全网拓展。SNS 一旦形成体系，不仅可以带来外部流量，而且可以带来更充分的数据交互，从而更精准地确认商家的信用，实现优胜劣汰。

信用机制，是马云目前比较倡导的一种市场机制。中小卖家一旦具备一定信用，就可从阿里金融那里获得小额贷款。这也算是阿里生态系统对中小卖家的一种补贴。如同一个国家、一个社会，阿里巴巴可利用金融、SNS、搜索等多种手段调节市场，以达到生态系统的平衡。这一切赖以存在的基础和土壤是数据。现在阿里巴巴的数据是割裂的，只有淘宝、天猫、一淘彼此数据共享，支付宝和其他子公司都无法共享。之所以如此，是为了保证数据安全，未来这些数据将被打通。打通之后，数据分析所得到的结果将更加精准，市场机制和信用机制也将更好地发挥作用。如果这一切都能顺利实施，阿里巴巴就通过分拆获得了适应新经济时代的分布式组织架构，又通过市场机制的重建达到了生态系统的平衡。这将使阿里巴巴成为可以孵化多种业务的生态系统，包括 B2B、B2C、C2C、C2B 等。它的膨胀只是时间问题。

马云的目标是交易额 10 万亿元，这是 2009 年马云在内部会议上提出的未来十年的战略目标，他同时希望在阿里生态系统内成长出 1000 万小企业、1 亿个就业机会、10 亿消费者。曾鸣曾认为这个目标"有点虚"，但现在他感觉"蛮有机会"。在 2012 年 9 月 5 日的集团组织部年会上，马云首次透露分三个波次上市的构想。第一波将以天猫、聚划算、淘宝平台上的部分赢利业务、一淘以及阿里巴巴 B2B 业务、中小企业业务、国际业务等为核心；第二波上市以阿里金融（小额信贷）、支付宝等金额业务为主；第三波以阿里云为核心的各类数据业务为主。此轮分拆路径与上市路径密不可分，分拆将把符合三个波次上市标准的公司分别剥离，以便于管理及配置不同资源。2012 年二季度，阿里集团启动了内部最大规模的调岗，资深总监及以上 22 人大轮岗，阿里巴巴体系内的多位资深员工已经调往阿里金融、支付宝等第二波体系，这被内部看作是从"今天"调往"明天"。分拆最直接的目的就是借机将雅虎、淘宝集市等利润低且无法上市的业务剥离，然后通过上市集资来归还 B2B 退市、回购雅虎股份时向投资方及银行募集的 120 多亿美元。淘宝大平台整体上市可能性不大，该平台将作为生态系统的基础平台（母体）存在，负担物流、制造、供应链等赢利不佳的重资产业务。目前淘宝大平台的收入超过八成来自直通车业务（搜索边栏广告），而这部分收入完全归一淘控制。这相当于把淘宝平台的造血能力输出给了一淘，由一淘完成上市的任务。

马云说，"在 10 ~ 15 年以内，这三波冲击将会形成三家比较大的公司，这三家公司是三个梦想，我们 IPO 不是三家电子商务公司上市，而是三个巨大的梦想，这些梦想承担着无数的梦想。"关于上市地点，阿里集团较为倾向国内 A 股。如果阿里巴巴重组成功，并顺利上市，市值将极大提升。阿里巴巴 2012 年 9 月回购 76 亿美元雅虎股份后，有机构换算出当时阿里有 350 亿美元的估值。以阿里巴巴的增长速度，其在 2015 年上市时市值将可能超过腾讯。对腾讯、百度等中国互联网巨头而言，阿里巴巴的存在意义并非只是市值的挑战。可以想象，分拆后的阿里巴巴将在 SNS、无线、搜索、线下支付和新流量入口控制方面重拳出击，对腾讯等公司形成较大压力。而对中国其他电商企业，阿里巴巴的分拆将让它们的竞争变得更加直接，淘宝从平台变为"平台 + 多垂直"，对于垂直电商公司来说，尤其是个坏消息。如果以超越同业竞争的角度来看，阿里巴巴本轮变革更大的意义在于颠覆传统商业与供应链。事实上，对大量无法主宰自己命运的传统零售上下游企业来说，一个残酷的选择已经摆在它们面前：接受阿里巴巴们的 C2B 改造，或者被其颠覆。马云说，"双十一"是一场电商对阵传统经济的战争，但那不是战争的开始，而是结束。可以佐证的是，淘宝从 2008 年的销售额 1000 亿元到现在 1 万亿元，体量增长 10 倍，而国美、苏宁还是停留在 2008 年的千亿元阶段，后两者今年前三季度业绩继续下滑超过三成。70 家零售上市公司中，约八成公司三季度业绩环比下降。

过去五年是电商平台之战，阿里巴巴打败了 eBay 中国、京东等，已无对手；第二步是与传统零售之战，马云在"双十一"那天宣告新经济胜利；第三步，阿里巴巴将开始从 B2C（以产定销）转入 C2B（以销定产）之战，即把工业经济时代大规模、流水线、标准化、低成本、高存货的运作模式，转而到个性化需求、多品种、小批量、快速反应、平台化协作，实现商业价值链的再造。这意味着颠覆传统的商业模式，改变商业规则，改变消费者与商户之间的关系。曾鸣说，这是"看得到的未来"。因为大数据时代使得 C2B 成为可能。随着云商业逻辑的生长、演化、扩散，大量全新的商业物种将在这次剧烈的生态涨落中得以创生。那些成功驾驭新商业逻辑的物种，则有机会和阿里巴巴一起成为云时代的主宰者。2012 年 9 月 27 日，海尔在天猫发起 C2B 定制液晶电视，48 小时售出 1 万台定制液晶电视。对 C2B 而言，这显然是个不错的开始。阿里巴巴的 C2B 时代刚刚开始，对行业的影响也刚刚开始。在 2012 年 12 月 12 日的央视年度经济人物颁奖晚会上，马云应下了万达集团董事长王健林的一个赌局：2020 年，如果电商在中国零售市场占 50%，王给马一个亿，如果没到，马给王一个亿。"现在零售行业恨我，但是连还击力气都没有，因为我不会给你还击的机会。当你想到要还击，Too late。"马云说。

■ 阿里巴巴集团大事记

1999 年

6 月，马云带领下的 18 位创始人在杭州的公寓中正式成立了阿里巴巴集团。

10 月，阿里巴巴获得以富达投资为首的第一笔风投 500 万美元，到 2000 年获得来自软银、高盛和富达投资等机构融资共 2500 万美金。

2000 年

9 月，第一届西湖论剑在杭州召开。

10 月，阿里巴巴推出"中国供应商"服务，为中国中小企业提供外贸电子商务服务。

2001 年

阿里巴巴确立"让天下没有难做的生意"的使命。

阿里巴巴确立以"独孤九剑"为核心的价值观体系。

8 月，阿里巴巴为国际卖家推出"International Trust Pass"（ITP）会员服务商服务，为中国中小企业提供外贸电子商务服务。

2002 年

3 月，阿里巴巴推出"诚信通"服务，为中国中小企业提供内贸电子商务服务。

阿里巴巴 B2B 公司开始赢利。

2003 年

5 月，阿里巴巴员工在非典隔离期间众志成城，坚持为客户服务。

淘宝网（www.taobao.com）诞生，20 天后，淘宝网迎来第 10000 名注册用户。

10 月，淘宝网推出"支付宝"服务，完善网上交易的支付平台阿里巴巴实现每天收入 100 万元。

2004 年

1 月，淘宝网宣布 2003 年总成交额突破 3400 万元，日均 PV300 万，商品数达到 80 万件，注册会员超 23 万人。

6 月，淘宝网推出"淘宝旺旺"即时通信工具；中国首届网商大会诞生中国十大网商，预示着互联网已从"网友网民"时代走向"网商"时代。

9 月，阿里学院诞生。

12 月，支付宝从淘宝剥离，支付宝（www.alipay.com）正式独立运营。

阿里巴巴核心价值观从"独孤九剑"到"六脉神剑"。

阿里巴巴实现每天赢利 100 万元。

2005 年

2 月，网络交易支付工具"支付宝"升级，推出"全额赔付"制度。

5 月，淘宝网商品数突破 700 万件，超越日本雅虎，成为亚洲最大的网络购物平台。

8 月，阿里巴巴集团与雅虎美国建立战略合作伙伴关系，并购雅虎中国。中国雅虎（www.yahoo.com.cn）开创性地将全球领先的互联网技术与中国本地运营相结合，并一直致力于以创新、人性、全面的网络应用，为亿万中文用户带来最大价值的生活体验，成为中国互联网的"生活引擎"。

2006 年

4 月，中国网络发展研究中心报告显示，以成交金额衡量，淘宝在整个中国 17 亿美元的在线拍卖领域获得了 72% 的市场份额。

5月，淘宝网正式推出淘宝商城，开创全新的B2C（企业对个人）业务。

10月，阿里巴巴集团正式战略投资口碑网。

成立阿里巴巴集团，实行子公司化管理；同期，阿里巴巴（中国）网络技术有限公司（B2B）成立。

2007年

1月，阿里巴巴集团在上海宣布阿里软件成立，进入企业商务软件领域。

5月，由中国互联网协会和阿里巴巴集团联合主办的首届中国网络工程师侠客行大会暨中国互联网技术精英论坛在杭州举行。

10月，阿里巴巴中国基地在杭州奠基。

11月，阿里巴巴网络有限公司在香港联交所主板挂牌上市；网络广告平台阿里妈妈诞生。

2008年

5月，阿里巴巴与软银成立合资公司，共拓日本市场。

汶川地震捐款平台上线，共筹得网友捐款超过2000万元。

6月，中国雅虎与口碑网合并，新公司被命名为雅虎口碑公司。新组建的雅虎口碑公司将发展基于本地和全网搜索的生活服务的电子商务、社区和通信业务。

9月，阿里巴巴集团宣布，启动"大淘宝战略"第一步——旗下淘宝网和阿里妈妈合并发展，共同打造全球最大电子商务生态体；支付宝宣布截至当年8月底，公司注册用户突破1亿，日交易量达到4.5亿元，日交易笔数200万笔；淘宝网单月交易额突破百亿大关，这意味着以淘宝网为代表的网络零售正成为国内零售贸易的主流形式；阿里巴巴集团研发院成立。

10月，阿里巴巴集团宣布，投资50亿元打造"大淘宝"

2009年

1月，淘宝网对外宣布2008年交易额达999.6亿元，同比增长131%，已成为亚洲最大网上零售商圈。

3月，阿里软件全面进入管理软件市场，将投入十亿元巨资，向中小企业推广管理软件，并承诺未来三年免费。

5月，首届网货交易会在广州举行。

6月，淘宝开放平台（Taobao Open Platform，简称 TOP）Beta 发布，"大淘宝战略"又有了实质性的进展。

7月，阿里软件与阿里巴巴集团研发院合并。

8月，阿里软件的业务管理软件分部注入阿里巴巴 B2B 公司；作为"大淘宝"战略的一部分，口碑网注入淘宝，使淘宝成为一站式电子商务服务提供商，为更多的电子商务用户提供服务。

9月，阿里巴巴集团庆祝创立十周年，同时成立阿里云计算。

2010 年

3月，阿里巴巴集团宣布成立大淘宝战略执行委员会，其成员来自淘宝、支付宝、阿里云计算和中国雅虎的高管，以确保"大淘宝"战略的成功执行。

5月，阿里巴巴集团宣布，从 2010 年起将年度收入的 0.3% 拨作环保基金，以促进全社会对环境问题的认识。

11月，淘宝商城启动独立域名 Tmall. com

------ ■ 八方说词 ■ ------

忘记马云，只争第二

——福布斯中文网

淘宝系网站（包括天猫和淘宝）果真在 11 月 11 日一天就卖出了 191 亿元？就算有些水分吧，但真假还重要吗？

对于那些仍然抱着在中国网购领域称王称霸的野心家和梦想家而言，不得不面对的一个残酷现实是：淘宝系已经一家独大，马云已经成为中国网购业不可挑战的霸主（实际上自从 2005 年前后开始，他就一直稳稳坐在那里）、所有网购创业者不得不考虑的行业基本生存环境之一。理由如下：

（1）网购行业增长已从高速增长转入较快增长期，超车变得更难。今年全年中国网购（包括 C2C 和 B2C）交易额将突破万亿元大关，占社会消费品零售总额的比重介于 5.5% ~6%，如果继续保持目前的增长速度，这一比例最快在 2014 年就可望超过 10%，即达到目前美国等网购比较发达的国家的水平。同时，网购行业的整体增长率从前些年的70%~100%回落到50%以下。

（2）用户习惯一旦形成，将很难改变。中国网购用户已经超过两亿，渗透率接近40%，而淘宝网注册用户数超过4亿，月独立访问用户超过1亿，支付宝注册用户数5.5亿，这些数据表明淘宝在网购用户中拥有非常高的渗透率，其他网购提供者没有一家拥有这样的渗透率，这将使淘宝在通过口碑传播影响尚未购物的互联网用户方面享有巨大优势。

（3）供应商、物流等配套服务商、营销资源等有限，规模优势一旦形成，很难找到替代者。根据艾瑞的数据，第三季度淘宝系占C2C交易额的94.5%，占B2C交易额的54.6%，合计占整个网购交易额的80%，这让它不但拥有最全的产品选择，还使任何一家物流服务商都无法与其砍价，有众多类似美丽说这样的流量经营者或中小网站向其导入流量，并成为其生态的一部分。

（4）淘宝系几乎在涉及网购的每一个关键环节都有雄厚的优势，或打算建立这样的优势，这让它建立起强大的价值链优势，可以通过价值链之间的比例分配灵活竞争，这个价值链的关键节点包括支付环节的支付宝（5.5亿名注册用户）、淘宝系列网站的网购交易服务（通过广告或交易佣金）、建设中的一淘（购物流量入口）和云架构服务。

（5）尽管移动互联网和本地生活服务对其构成潜在挑战，但这两个领域的挑战者仍然无法找到合适的方法消解其在网购生态系统上的优势。移动购物仍然离不开产品、配送等实物环节，而本地生活服务目前更擅长的是虚拟服务的交易，该业务对淘宝系的难度，要小于淘宝的实物优势对虚拟服务网购交易商的难度。

（6）尽管淘宝占B2C交易额的比重已经从C2C时代的超过90%下降到50%的水平，而且B2C的增长（超过100%）仍然远高于C2C，但C2C可以为B2C提供潜在的用户和生态资源，增加用户对淘宝系的忠诚度，而随着主要的独立B2C网站规模不断增加，它们也可能不得不降低其供应商的门槛，更多地依赖社会资源提供服务，这将对用户体验的质量形成冲击，而目前对淘宝C2C的一个普遍质疑，便是其无法很好控制其用户体验。

（7）一旦淘宝成为一个购物的入口，就没有什么阻碍它成为一个生活服务的入口，而该领域的空间显然远比一般性的网购要大得多，比如公共服务的交易领域。

所以，忘了成为下一个马云的雄心壮志吧，只争第二。

-------------------------- ▪ **档案存底一** ▪ --------------------------

关于电子商务的思考

——阿里巴巴集团总参谋长曾鸣

在瑞士信贷中国投资年会的演讲

各位朋友中午好，很高兴有这样的机会跟大家分享我们对于中国电子商务未来发展的一些想法，也非常感谢瑞信的邀请，给我这样的机会。

我想先简单地讲五个观点，然后有更多讨论。首先阿里巴巴从1999年创业到今天，13年下来，我们既兴奋、又担心，兴奋在哪些？因为电子商务在中国刚刚开始，未来太让人兴奋，它有太多的成长，太多的空间。担心在哪儿，也是因为我们走了13年，这个行业才刚刚开始，有太多创新的压力，这个行业还有新模式、新公司、新团队，不断地涌现出来。对阿里巴巴来说，这样持续的压力是我们实际上每天都在认真思考，非常辛苦地去应对的巨大挑战。

为什么说中国的电子商务刚刚开始？我想讲两个重要的观点。

第一，电子商务不仅仅是Online Sales，不仅仅是网络零售，现在大部分人讲的电子商务就是开一个网站卖东西，这个是极大地低估了电子商务未来的这样一个发展空间，互联网作为一场技术革命，它首先改变的是广告这个市场，Google在Search到Pay for Performance（p4p）这样的商业模式，根本上改变了广告的传统商业模式，广告从原来比较倾向于Branding的这样一个Value Proposition，转向了一个可以去Measuse的精准营销平台，所以Google在过去这么多年的成长，很大得益于广告这个商业中最基础的一个环节，逐步从线下Migrate到线上，然后从线上的Banner的广告，再Migrate到Pay for Performance的这样一种精准营销的平台。

那个可以说是商务电子化的第一步，那么商务电子化的第二步其实是零售平台网络化，从最早的 eBay、亚马逊到今天的淘宝，其实我们做的是一个巨大无比的网络零售平台，淘宝从 2003 年创业到 2008 年第一次全年销售额达到 1000 亿元，到今年，在不到五年的时间内，应该可以达到一万亿元左右的交易规模，这是一个非常大的量，我们 2008 年达到 1000 亿元的时候，当时国美、苏宁、百联都比我们大，他们是 1040 亿到 1080 亿元，但是今天我们到一万亿的时候，他们的规模还是停留在千亿级的规模，这是第二步。

但是电子商务未来到底是什么，大家都知道，过去两三年制约电子商务发展最大的瓶颈其实是物流，从大家感受最深刻的就是两次，一个是前年淘宝做的"双十一"促销，我们叫做网络光棍节，去年我们"双十一"促销当天达到了 53 亿人民币的销售额，有 1.2 亿中国人当天访问了淘宝网，这大概是中国香港一天的零售总额。

当时出现最大的问题是整个中国物流系统全部崩溃，因为现在中国一天大概淘宝产生近 800 万个包裹，占了中国在路上跑的包裹量的 60%，而那一次促销当天产生的是 2000 万个包裹，这个东西是要靠人、靠车去送的，这不是电子化的东西，不是你一想它就过了。过去两年制约电子商务最大的瓶颈是物流，而中国的物流行业由于有淘宝电子商务的推动，已经在以每年 30%、40% 的速度成长，这个已经是极高的速度在成长了，但是电子商务在以 100% 的速度增长，所以包括大家体会到的春运高峰，本来是传统零售最旺的一个销售季节，但是大部分淘宝店在那个时间都已经回家关门了，为什么？是因为物流公司都停止送货了，物流公司被春运的铁路压力、公路的压力以及他们雇佣大量的民工回家，所以整个物流提前二十多天就关门歇业。电子商务在过去两年的春节，大家能感受得非常明显，当你最想买东西的时候，网络零售是跟不上的，这是因为快递瘫痪了。

我们下一步要做的其实是建立一个基于互联网的这种全社会的物流信息共享平台，推动电子商务再往前走一步，物流之后是什么？电子商务的下一步是什么？是供应链的实时协同平台，换句话说只有当电子商务从网络零售走到了供应链实时协同的时候，价值链的每一个环节才在互联网上真正实现，它不再是线上线下割裂的一个个孤岛。比如说现在网络零售在线上实现了，但是物流大部分是在线下的，供应链更不用讲了，我举个具体例子，在淘宝上现在卖得好的那些领先服装淘宝大卖家，他们完全有能力一个星期就给消费者上新品，而传统线下的服装品牌，可能大部分还在做一个季度一次新品发布，能做到一个月一次新品发布，已经是非常好的企业了。而淘宝卖家由于他们掌握了互联网营销手段，由于他们掌握消费者的真实数据，他们可以快速上新品，但是他们不能够快速扩张的最主要原因是传统供应链不能支持他们的反应，不能支持他们的要求，中国虽然是号称制造业大国，但是这些淘宝卖家找不到好的供应商可以满足他们多品种、小批量、快速反应的生产能力，大部分的制造厂家愿意去给国外订单做一个十万单、五十万单，但是他不可能给一个淘宝卖家做一个订单，一款五千单甚至五百单，他们没有这样的柔性化生产能力。

同样原材料采购的任何一个环节也没有办法满足这样一个互联网新兴模式，传统供应链基本上是照 28 天左右的速度周转，而互联网的要求是 7 天甚至未来会更快，所以只有当互联网继续推动到整个价值链的各个环节，信息都能在网络、不同的 Player 之间实时协同分享的时候，那个时候电子商务才真正发挥出它的威力，它是一种全链条的价值再造过程，是一个价值创新的过程，而不是仅仅把销售这个环节搬到互联网，这个环节本身的价值创造是不大的。

那么这自然带来了我的第三个观点，未来的商业模式到底什么，如果电子商务朝这个方向走的话？我个人觉得 B2C 只是一个过渡型的商业模式，未来真正的商业模式是 C2B（Customer To Business），B2C 标准模式是传统工业经济时代大规模、流水线、标准化、低成本的这种运作模式，存货是它的天然模式当中绕不过去的一个致命点，未来随着互联网的发展，特别是 SNS 化的网络，当中国的互联网人群快速上升到五亿甚至七亿的时候，特别是大家越来越网络化，每一个消费者的声音越来越强，消费者群体的力量越来越大的时候，未来的价值链第一推动力会来自于消费者，而不是厂家，所以在这个意义上它是 Consumer Driving，而不是 Manufacture Driving，这是一个根本的商业模式的变化。

那么当你真正由消费者驱动的时候，未来的商业模式，"定制"会是主流，首先会走向大规模定制，最后走向个性化定制，而定制的模式，它的要求是个性化需求、多品种、小批量、快速反应、平台化协作，这个是我们能看得到的未来。所以电子商务必然要求的是模式的根本变化，是一种全新的商业价值链再造，如果大家把电子商务看得过于传统，只是用技术的手段把零售环节做得比以前效率更高一点，那么大家很难看到电子商务的未来，因为电子商务和互联网的投资本身是巨大的，如果我们不能用这个投资创造足够多的新价值的话，这些投资是收不回来的。

最后一点想跟大家分享，电子商务在美国可能只是传统经济的一个补充，但是在中国，电子商务决定是一场革命，它的空间比美国多得多，当淘宝达到一万亿元的时候，其实我们的销售总额已经超过了 eBay 加上亚马逊，不仅仅是这个，大家可以想想看，美国的现代零售业其实是非常发达的，沃尔玛大概将近六十年前是从一个三万人的小镇逐步把它的服务扩张出去，最后才进入纽约的中心地带，沃尔玛这样一种覆盖模式，其实已经把美国的零售做得非常高效率，大家可以想想看，其实 20 世纪 80 年代沃尔玛就在用全球卫星的体系，在做它的整个物流管理、供应链管理，在这个基础之上，电子商务要再创造新的额外的价值，其实不是那么容易，因为原来的模式、效率已经足够高了。

但是在中国，现代零售其实是一块空白，虽然过去的十几、二十年连锁零售，包括所谓的 Category Killer，类似苏宁、国美这样的发展模式也非常快，但是毕竟也只覆盖到中国的二、三线城市，主要以二线城市为主，在绝大部分的中国地区。现代零售离他们还是很遥远的一件事情，大家想想看，你去一个县级城市，去百货公司，今天能买到什么，但是同样一个人，他在淘宝上能买到什么。在中国最边远的一个农村，通过淘宝你能买到跟上海、北京、杭州完全一样的商品，完全一样的价格，传统零售到了边远农村，可能已经是五级分销体系，但在淘宝直接可以买到跟全中国任何一个地方的消费者同样的选择，他唯一可能额外的付出是快递的物流费用会高一点，等的时间不是两天，而是七天或者更长一点，但是这是有跟没有的差别。

比如说青川，大家都知道当时汶川地震的一个重灾区，阿里集团我们支持灾区重建的时候，我们没有去捐钱，我们是在当地设了淘宝服务点和淘宝培训的小团队，经过这几年下来，青川在淘宝上的销售额，就是各种各样的卖家今年应该已经过千万了，从最早卖蜂蜜再到卖木耳、土鸡蛋，更重要的是淘宝在青川购买的商品已经超过了两个亿，以购买力平价来算的话，可能相当于他们的工资翻一倍都不止，同样 2000 块钱，现在能买到的东西，远远大于没有淘宝、没有电子商务的情况下他们能买到的价值。在淘宝这个平台上，我们能看到三四线城市的增长是几倍于一二线城市的增长，未来两年三年左右，在淘宝上中国三四线城市的销售应该就超过了在一二线城市的销售，而且我们能看到三五年之内，在淘宝平台上承载三万多亿的成交总额，那个时候我们将超过沃尔玛的全球零售额，沃尔玛用六十年走的时间，我们大概用十二三年的时间可以走完，这不是因为我们有多了不起，而是因为中国给了我们这个机会，我们可以用最先进的技术手段，去 Leap Frog 中国零售的多个发展阶段。

所以要理解阿里巴巴的集团，要理解中国电子商务的未来，还要回到一个更大的图，我们到底处于一个什么样的时代？因为电子商务，本质上是用互联网的技术手段去提升商业效率，而我们经过六十年的努力，真正在从工业时代走向信息时代，从 20 世纪 40 年代人类的第一台电脑到 50 年代的主机，70 年代的 PC，80 年代的 Mini－Computer，90 年代的 PC 跟 Internet，到今天的 Mobile Internet，到大家最近听得都可能有点耳朵生茧的云计算，云计算本质是什么？云计算是这一轮六十年的 IT 技术的积累，最后把 IT 技术变成通用服务，变成公用事业的一次技术尝试和努力。云计算对于我们未来的价值就像 1900 年电网对于工业时代的价值，大家一想到工业时代就会想到福特，想到卓别林演的那个流水线，1913 年的福特流水线是全球第一条用电驱动的流水线。1893 年爱迪生在曼哈顿的市中心，建了第一个电场跟电网，覆盖一平方公里左右的商业与居民用电，到 1913 年，不到二十年的时间，美国用电量的 50% 是通过电网远程输送，而不是早期每一个工厂要用电的话，自己都要买设备、买煤、自己发电，从私有发电到公用电网，Public Utility 的模式，是电力时代一个根本性的飞跃，也是工业时代发展的一个基础，Clock Computy（音）从经济学的意义上，更准确的一个提法其实应该叫做 Utility Computy，将来的计算能力将无处不在，随时可用，极为方便、极为低廉，我们已经看到这个趋势正在变成现实。

当云计算成为互联网时代、成为数据时代真正的基础设施的时候，无数创新的可能会进一步出现，电子商务只是这个过程中间最直接的一个体现，所以当你从这个角度去看的话，你不会受限于今天有多少 B2C 在烧钱，中国的电子商务到底有没有未来，中国的电子商务有太好的未来，因为那是历史大趋势，只是看我们能做得多好，我们的创新能有多大的努力。

在阿里巴巴集团，我们讲得最多的是感恩和敬畏，因为我们感恩这个时代给了我们这个机会，我们非常敬畏这样一个历史大变革的过程当中，谁能够跑到最后，不知道，我们在尽自己最大的努力，谢谢大家。

■ 档案存底二 ■

新时期阿里巴巴的三大战略

——阿里巴巴集团董事局主席马云

在 2012 年网商大会上的演讲

谢谢大家的信任，很多人跑了很远的路来到杭州参加网商大会，我也挺惭愧，因为本来想今年就不参加网商大会的讲话了，因为我觉得前十年靠讲，后十年靠干，但没想到干得越多，麻烦越多，在过去的一年，发生了很多事儿，这些事情让我对很多问题有了新的看法、新的认识，所以最后我说我还是得来交流。

我只是比大家早创业的一个电商人，一个很普通的企业人，很多都是我的看法、我的想法，未必是对的，但是每一个人的理解不一样，每个人的看法不一样，我来分享一下我的看法。

这几年确实对我也好，我的同事也好，我们获得了非常多的不该属于我们的荣誉，说淘宝发展得很好，阿里巴巴发展得很好，马云做这个事情很正确，那个事情很不错，其实这些荣誉不属于我们，属于这个时代，属于在座各位，是你们的努力使得电子商务发展得那么快，当然我们也得到了很多不该属于我们的指责，这就是生活，你既然干了，你就得承受这一切。

我自己觉得我们每个人都要有自知之明，我自己想了很久，为什么不来讲，因为我觉得三十岁的人要为别人承担责任，为了别人承担责任，你必须任何事勤勤恳恳、努努力力去干，什么事情都去干、去挑战、去做。四十岁的时候，你必须明白什么是最强的，你自己做得最强最好的，如果你做到最强最好以后，你才知道我能够最强最好地为别人服务。到了五十岁的时候，你要明白你的希望是在于未来，花更多的时间去发现、寻找、培养年轻人。到六十岁的时候，你一定要记得，哪些地方你没去过，哪些饭馆没坐过，你得去坐坐。每个人都要明白，有时候都为了别人的目的，是为了自己，因为你前面三十岁的努力、四十岁的努力、五十岁的努力，是可以让你到六十岁的时候，可以安心地说，我终于可以为自己干点事儿。

其实我是这么看自己，我觉得年龄大了，公司里有的时候，讨论的时候，我的脑袋跟不上我很多同事的节奏，很多东西，淘宝的规则，在座的人我敢保证，你们要比我们淘宝的很多员工更懂得淘宝的游戏规则，淘宝的很多员工，要比我更懂得淘宝的游戏规则，当然这是个好事情。所以时代在变，网商必须要变，网商大会也必须要变，昨天晚上我来参加网商大会，我对我的同事说，我特别不满意颁奖典礼，我从来没那么不满意过，是我参加过以来最差的一次颁奖典礼，不是仪式差、不是表演差，因为我看到那么多网商，走了那么多路，准备那么长时间，参与我们，但是我们的颁奖设施那么简单，很多人非常努力拿到了十大网商，他凭什么。

因为我记得前天我们在最后确定、评委确定谁是网商的时候，我们下午讨论了三个小时，最后确定为什么是他，而不是他，因为每一个网商都代表着一种信号，代表着未来的趋势，假设我们只能说某某某被评为网商，大家鼓掌、上来领个奖就过去了，那我们所有的心血都会白费。为什么有这个现象，原因很简单，因为我们做得太顺利了，九年来太顺利，就会让我们认为理所当然就应该这么办，所以我觉得如果你做得不顺利，你应该考虑是不是要改变，但是如果你做得非常顺利的时候，你必须要改。所以我想明年的网商大会，我们必须要有新的创新，创新也许不够好，但是我们必须走新的路，九年了，世界变了，中国变了，经济变了，网商变了，我们如果网商大会不变，那么我们还在走老路，我们一定会很后悔。

我记得 2003 年第一次开始有思考做网商大会的时候，2003 年整个淘宝的交易不到一亿元，今年淘宝网的交易会过一万亿元，变化一万倍，网商从一个概念到今天变成落地，到今天变成中国主要的一个商帮力量，在改变着、影响着中国，大家知道一万亿是什么概念，所有的年轻人，这一万亿意味着中国排名第十七个省的 GDP，全中国超过万亿 GDP 的、人民币 GDP 的省只有十八个，去年陕西省的整个 GDP 就一万亿元。

所以我想在座每个人，别看我们小，但我们可以创造奇迹，应该为大家鼓个掌。

我们不改变，不以新的方式方法看待这个世界，不去知道我们在做一些什么，我们会做一些什么，那我相信，我们也像任何一个商业组织一样、任何一个商业的代表一样，就变成一群乌合之众，假如我们不去考虑刚才讨论的知识产权的问题，我也坚信这一点，网商将会成为真正的知识产权的捍卫者、品牌的捍卫者，我下面在听，为什么中国有那么多知识产权的侵权案例，那么多品牌受到伤害，原因是什么，我们没有品牌和知识产权的既得利益者。前三十年我们在模仿、抄袭、山寨为主，不是我们都那样，我们拥有这些知识产权的既得利益者的群体太小，而西方这个群体非常之大，懂得保护好自己。我相信今天在座的，很多的品牌，我们正在建设，保护好自己的品牌，将成为网商的趋势，所以三十年以后，在座的每个人，你们也会像很多知识产权的拥有者一样，去捍卫自己，这是时代变了，有时候时间到了，很多事情自然会发生。

我们是互联网一代，我相信中国经济要不要变革，一定在变革，在慢慢变革，但是在座的各位，当你们网商成为中国经济的主导力量的时候，我们的经济一定会更加有秩序，我深信不疑。

世界确实在发生很多的变化，而且经济越来越糟糕，大家知道我们说现在由于金融危机、欧洲各种麻烦、中国各种麻烦，世界越来越复杂，按照总理的说法，世界经济现在正在进行深刻的、复杂的变化，而且有人说现在是世界经济最复杂的时候。我认为没有最复杂，只有更复杂；没有最困难，只有更困难。2008 年金融危机出来以后，我们大家想办法说明年会好，我告诉大家一个很坏的消息，世界经济只会越来越坏，我们学会适应这个，谁先适应了，谁就有机会，我们不可能恢复到像昨天一样的辉煌。我记得前一段时间，我跟一些企业家在交流，大家都很担心、很担忧，有的人考虑要移民，有的觉得经济不行，大家在问政府十八大以后，有什么样的政策可以让我们的经济好起来。听听经济学家对于未来经济怎么看，我觉得特别悲哀，我说春江水暖鸭先知，假如企业家要去听经济学家，这些企业家一半已经死掉了。

　　为什么？中国真正优秀的经济学家没有多少，我的看法，经济学家首先是个数学家，他对数学的模式很有兴趣，第二他对昨天的所有东西，昨天所有的数据，拿出来以后，总结一个商业模式很有兴趣，企业家是对于未来有兴趣，经济学家对昨天有兴趣，所以你让一个对昨天有兴趣的人去判断未来，这是悲哀。我跟大家讲，有人说淘宝一淘的数据不准确，我告诉大家，我们可能不全面，但是我们一定正确。你想象中数据是人工采集的，假如数据用计算机采集，其实你要变都比较难，我们生活在昨天看今天的问题是不能解决这些问题的。所以我跟那些企业人说，我告诉大家一个坏消息，经济会越来越糟糕，但是告诉大家一个好消息，十年以后成功的企业一定比今天多，有钱的人一定比今天多。但是不是你，你要想明白，假如你去听经济学家，你一定，你要听消费者，听的是市场，因为市场才能决定未来。从这些方面来看，我特别为在座的网商感到骄傲，你们第一天起，凭的是自己的爱好、兴趣，对于未来的相信和信念，所以今天为什么说经济问题越来越大，我看了一下，改革开放的前十年，中国经济起来靠民营经济，靠政策，后十年靠外企，最近十年靠国企，在座去看看，今天的民企怎么样了，都打得满地找牙，找不到方向感。

　　外企你能依靠吗，奥巴马前天的演讲听了没有，美国要恢复制造业，创造更多的就业机会，让美国公司、让西方公司不是去创造其他国家的创业就业机会，而是给美国提供创业就业机会，欧洲和美国的所有的金融危机，使得外企在中国再度起来、持久发展的可能性已经不太可能。大家觉得假设我们的国企再扩大一倍，你们在座的人会怎么感觉，所以我们今天要思考这些问题，三大主力有了问题。最重要的是我们还发现了问题，这个社会出现了互相不信任，企业之间也不信任，大家都不透明。

　　中国必须恢复到市场经济，而市场经济的主导力量是人，是企业家精神，今天淘宝和阿里，我们看到最大的力量是在淘宝上面660万卖家，看到阿里巴巴的几千万买家和卖家，这些才是真正的企业家精神，只有发挥这些人的企业家精神，充分发挥他们的创造力，这个市场经济才真正起来，我们再也不能期待着政策，我们再也不能期待着资本，而是期待着自己去创新，去努力。

　　反正淘宝、阿里一年的经验告诉我，真不容易！这世界谁都不容易，所有人的挑战远远超出大家的想象！今天的企业家容易吗？不容易！今天的地产商容易吗？跟那时候的富农也差不了多少！今天的老百姓容易吗？也不容易！今天的国企容易吗？不容易！民企容易吗？不容易！外企容易吗？也不容易！这个世界谁都不容易！这个世界是一个信任危机的时代，谁都不相信谁，这也是一个价值、诚信底线遭到挑战的时代，谁都开始想办法，能骗一把就骗一把，能捞一票就捞一票，能做一点就做一点。这个世界上出现所有的指责，在微博上面，我相信对人类的欣赏、对善良的欣赏远远少于对别人的指责，我们都学会了指责别人，都学会了抱怨。这是个最坏的时代，这没办法，假的、荒诞的，越编造得厉害的东西，传得越快，所以这是一个不好的时代。但我也相信，这是一个最好的时代，在这个时代里面，我看见了网商的力量，看见80后、90后的力量，人与人之间都没见过面，光我们这个市场，就可以卖出一万亿元，每天凭信用成交一千五百万笔，这是这个时代拥有的信任的力量，以前没有的。我看到另外信任的力量，70%的网商愿意无偿退回所有不好的产品，这也是信任的力量。我看到很多人在抱怨，但我更看到淘宝的网商们，阿里中国的网商们，最辛苦、最努力地解决问题。

互联网中，我们网商很少讨论政治问题，很少讨论经济政策的问题，我们都讨论自己的问题，网商辛不辛苦？辛苦，谁不辛苦？不干活的人也很辛苦，但是带着希望的辛苦那是快乐的，是幸福的；带着希望的汗水是香的。每到晚上，不论多晚，网商们听见旺旺叮当的声音，你会马上起来，没人逼你，那是幸运的，那是幸福的。网商懂得，我们谁都不愿意改变这个世界，谁都没有办法改变这个世界，我们改变自己。我们很难完善这个社会，我们觉得完善自己的家庭，我们还是做得到的，每天多努力一点，卖一点好货，每个人多积累一点信用，我们的家庭就会发生变化，自己就会发生变化，这个就是我看到的希望和信心。

我看到网商巨大的创造力，我们造不了神七、神八、神九，我们网商也许还买不起奔驰，但我看到有两个小伙子居然在网上，淘宝上买了很多零件，做出了一个蓝宝基尼，这就是创新的力量。人人都在说怎么扩大中国市场内需，说三、四线城市没机会，我们看到三、四线城市的增长是120%，很多人说西北方面的人不够浪漫，因为数据告诉我们，非常浪漫，大家知道，全中国给女朋友买比基尼游泳衣最多的省份是哪个身份？是新疆，因为给她的是希望。说有一天，我们将会去海边上。这个世界给你自己希望和别人希望的时候，是一种很幸福的事情，不管你有多累。所以网商今天最辛苦！我是浙商，我知道浙商是最辛苦、最努力的一帮。二十年前、三十年前走遍大江南北，只要有人的地方都有我们浙商；今天晚上上班最晚，早上起得最早、最辛苦的人，最辛苦的商帮是我们这些年轻的网商群体，别人在忙着抱怨，我们在忙着完善自己，别人在想办法欺骗别人，我们在想办法建立诚信，别人人与人之间不信任，我们选择相信，我们最经典的字就是"亲"。

"亲"，繁体字的"亲"，是亲，还有见，只有天天见的人才会亲，不见是不可能亲的，网商抱团，网商跟消费者交流，每天晚上叮叮当当地交流，这就是亲的来源，所以我们觉得要坚持下去。因为我们很辛苦，但是我们很幸福，所有的人辛苦了，你总会有回报的。我也坚信一点，未来国家与国家之间的竞争，不是你有多少人，我有多少人，你有多少土地，我有多少土地，未来国家与国家之间的竞争，是你有多少网民，我有多少网民，你有多少网民的素质，素质如何，应用能力如何，我的网民素质、应用能力是多少，以后国家与国家之间的竞争，不是企业有多少的竞争，而是网商有多少的竞争。我更相信，未来企业家之间的竞争，再也不是谁先掌握政策，谁先有货币，谁有更多的资本，或者是谁有一个叫李刚的父亲，未来企业家之间的竞争，不是文凭的竞争，未来企业家之间的竞争，是信用的竞争，谁信用越好，谁越会成功。

未来企业家的竞争，也不是北大、清华之间的竞争。在座这儿有多少北大、清华毕业的，有多少是像我这样的，优秀的、伟大的杭州师范大学毕业的？中国的经济是靠我们这些杭师大的人支撑起来的。中国不可能，今天还做不到精英管理。成千上万受过初等、高等教育的人，在影响这个世界，我们将会真正创造无数的就业，今天美国的问题，三年以后将成为中国的问题，今天美国解决就业的问题，中国三年以后同样会碰到就业的问题，解决就业已经不能再期待国企，再也不能期待外企，而是期待真正的中小企业为代表的，掌握互联网技术思想的网商群体。所以我很自信，也很乐观，今天讲这个话，跟九年前讲这个话相比，信心更足，九年前我们说我们将开创一个网商的时代，今天我们可以这么讲，我们正在步入一个真正伟大的网商的时代，从一万亿，我们正向十万亿挺进，我们是这个新经济时代的第一批移民，在这个土壤上面，诚信、开放、透明、分享成为我们信奉的价值体系，因为只有这样，网商才能成为中国真正进步的积极力量。所以期待着大家，我们共同努力，我们不是躲在宿舍里面每天对着电脑打小猫，有一天，我们的世界会因为我们而精彩、而骄傲，所以期待着大家共同的努力，一万亿只是刚刚开始。

对于阿里来讲，我想在座每个人很想知道阿里巴巴未来的发展将会怎么样，首先阿里巴巴不是一家伟大的公司，也从来没想过做一家伟大的公司，我们说我们向往伟大，但是我们离伟大这个字太遥远。我们仅仅是一家电子商务公司，但是我们今天已经觉得我们不是从事电子商务了，当然离开电子商务，我们什么都不是，我们希望的是，我们在做的是我们承载了无数人的希望。在这个平台上面，我们发现跟大家一起，我们可以影响中国经济，可以影响世界经济。在这个平台上面，我们看到无数的网商、自己和家庭的希望和信心，我们坚信这一点。20世纪，一个企业你抓住一次机会，你有可能成功；抓住两三次机会，你有可能非常成功；但是这个世纪，你要想成为一个真正持久成功的公司，你必须去解决社会的问题。中国社会的问题在经济上面的问题，就是就业的问题；而就业的问题就是中小企业的问题；而中小企业的问题，我们必须用技术和思想去武装他们；网商将代表着新兴的、真正的力量。

我们特别荣幸，尽管我们做的很多东西并不完善、并不好，但我们乐此不疲。换句话说，我们好这口，因为好这口，我们才会持久地做下去，有人说阿里巴巴马云你有那么多名言，又经常站在道德的高标准上去要求别人，谁都不愿意站在道德标准上，谁也不想当教父，我觉得当教子还是挺好。我们知道自己身上的责任和压力，我们更感恩的是所有的人对我的信任，做得不够完善，但是我相信我们会有机会。

未来几年，我们会专注电子商务的几个重要的趋势。第一，小就是美，Small is beautiful，这次大会，我们看到小就是美。几年前我去一趟日本，一个很小的店，门口挂了一个牌说本店成立147年。我就很好奇，我跑进去一看，一个卖糕点的小店，老太太说我们这店开了147年了，就是夫妻俩、一个孩子，日本天皇也买过我们的糕点，特别洋溢着幸福的笑容。我相信企业要想做得好比做得大更为幸福。中国文化里面讲，宁为鸡头、不愿凤尾。中国的文化、东方的文化，做小企业更有味道。未来的企业，小就是美，小和好更关键，更加灵活。所以为了小而美，阿里基本决定，我们在公司内部做了决定，我们将全面推出双百万战略，何为双百万战略，我们将全力培养一百万家年营业额过一百万的网店。有人说我想做十个亿，很好，我们支持你，为你鼓掌，但是我们的重头戏是帮助一百万家，因为我们相信一个年营业额一百万的小店，他有可能会请上两个到三个人，这样我们就又多能解决三四个人的就业机会。但是我们觉得企业做超级大，是一个变态，是不正常，做一般大是一个正常体系，就像人长得比姚明还高，本来就不正常，长得我这样的身材，也偏低一点，一般一米七几正常，所以中国的企业，这种规模下是最有味道、最好的，只要你持久长，小企业因为你幸福，因为你好这口，你就会有不断的创新。第二，将大力促进我们原先在消费流通领域，我们将会从消费流通领域里面进入生产制造，然后再进入第三步生活方式的改变。我们将从 B2C 全面挺进 C2B，必须进行柔性化定制，真正为消费者解决问题，真正的个性化制造，这将会是未来三年到五年，不管我们做与不做，社会的必然趋势。第三，我们必须建立起消费者和制造业的和谐的关系，我特别反对价格战，价格战不仅伤害了商家，也伤害了消费者，所以不赚钱的企业，在未来是很难生存的，我们希望大家保护好消费者权益的情况下，能够真正做到商家有钱赚，商家没钱赚，他是不可能持续发展的，我们今后要拼的是信用，今后要拼的是特色，今后要拼的是服务，而再也不能拼价格，拼价格是上世纪的玩法，我们不能再用这个办法去玩。

根据这些趋势，阿里巴巴集团我们将会分成三块主要的业务，第一块业务是平台战略，我们内部称为七家公司，为七剑下天山，阿里巴巴的国外、阿里巴巴的国内、一淘、淘宝、天猫、聚划算、云计算，我们称为内部的七剑，建立平台经济，为所有的小企业去建立一个机会的平台。

我们将自己转型，明年 1 月 1 日开始，整个阿里集团将自己转型，我们将有自己直接面对消费者变成支持网商面对消费者，我们很难直接面对几亿消费者，因为我们相信在座的网商，你们不亚于我们，你们对消费者、对客户的热爱绝不亚于们，你们对于客户的了解超越了我们，我们不应该制定很多的政策，相反我们应该给你们工具，帮助网商成长，让网商们更懂得用最好的工具、服务去服务好消费者。这是我们明年开始进行巨大的改革。这个改革也会招来很多的痛苦，但是我相信没有一个网商不希望拥有自己的客户，没有一个网商不希望知道客户对自己的体验到底好还是坏，如何持久地拥有这些客户，我们觉得一个国家的经济，应该让给企业家群体去做，我们觉得淘宝网商未来的经济，是应该留给在座的网商们去决定，而不是我们去做决定，所以拜托大家，我们一起努力。我们第二步，是如何让那些诚信的网商富起来，邓小平说让部分人先富起来，我们希望是让诚信的网商富起来。阿里巴巴真是希望让信用等于财富。几年前也是在网商大会上，我们说我们呼吁银行全力支持中小企业。但是银行有自己的难处。谁没有难处，所有人都有自己的难处。它们的模式很难让它们真正地去服务好网商、服务好中小企业，所以阿里准备在这里全面挺进，不是因为我们想挣更多的钱，而是我们觉得在这个时代，我们需要用互联网的思想和互联网的技术去支撑整个社会未来金融体系的重建。在这个金融体系里面，我们不需要抵押，我们需要信用；我们不需要关系，我们需要信用；我们不需要你挣多少钱，我们需要你踏踏实实地为客户服务。两年的试验告诉我们，我们近几百名员工，完成了给十五万家企业贷款，平均每家企业贷到的款是 4.7 万人民币，这只是刚刚开始，我们将会用最好的技术，评价信用，让在座以及无数网商群体们评价信用，因为你们是中国的希望和未来，对未来的希望，我们做出的只有努力和帮助，当然帮助大家也是帮助我们，我们不希望亏本，我们也不会亏本，不赚钱是不道德的。阿里巴巴组织部会议上，我们讲得很清楚，我们赚钱是为了做更多更好的事情，今天我们都跨过了赚钱来证明自己的时代，在座每个人，你们还在这个时代，我理解，赚钱没有错，没有羞耻感，不赚钱，经营企业不赚钱，那应该有羞耻感，你应该去做公益比较好，当然做公益也要有商业的手法，我一直坚信公益的心态、商业的手法，赚钱，你必须要有公益的心态，要有公益的心态，你必须商业的手法，只有这样配合，你才走得久、走得长。所以我们第二个阶段，就是金融，第三个阶段，数据。我在公司内部为阿里巴巴十年以后的梦想感到兴奋，感到骄傲，我们中国人下海，做生意称之为下海，下海其实不容易，几十年以前，很多渔村的人拿了一票破船就下海，根本不知道会不会有暴雨，根本不知道哪儿有鱼群，所以我们看到沿海有很多寡妇村，很多人下海同样十个下海九个死，如何能够帮助下海的人、创业的人更好，我们觉得数据将改变，我们希望大量的数据为国家作出一个气象预报台。一次汶川地震死了八万多人，举国为此悲痛，一次金融危机，一次金融地震，上千万的家庭受到影响，我们只能为此惋惜，自然地震很难预测，预测了也未必告诉你，经济地震是可以被预测的，大量的数据可以告诉我们，世界经济在发生什么，中国经济在发生什么，假设我们也有一个气象预报台，给国家宏观、给当地政府宏观、给主要机构宏观以指导，我相信会给很多出海的人带来可靠。假如我们为数据，为每个小企业装上一个 GPS，为每个船上装上一个雷达，我相信你出海的时候，你更有把握，死亡率会大大降低，数据将会影响世界。我们不是想占有这些数据，数据假如说不是用来分享，数据就是一堆数字，一点意义都没有。为了我们自己，也为了我们下一代的商人，我们必须去思考这些问题，并且从今天开始去努力。不要害怕你失去什么，你要害怕的是你给了别人的东西是假的，或者没有给别人东西，所以这是我们未来要发展的三个阶段，平台、金融和数据。

最后我想代表阿里巴巴集团向所有网商致歉，我是真心话，我们做得真的不够好。去年商城事件，去年一系列的事情，我们有我们的理由，他们有他们的说法，但是阿里很多地方确实可以做得更好，歉意在于我们缺乏这样的经验。几年前也是网商大会上，我说阿里巴巴今天缺的不是工程师，不是服务人员，不是产品经理，我们缺经济学家、心理学家、社会学家、人类学家，我们没有经验做政策，我们平均年龄只有 27 岁，很多年轻人制定的任何政策，影响到上亿人。现在每一天淘宝的单独日访问量过一亿，相当于五个上海的人口，我们说注册用户达到六亿，有 1% 的人不满意，我们就有六百万人不满意；六百万人中，有 1% 人不满意，我们每天就有六万个非常疯狂的不满意的人。不是说我不想，而是确实缺乏经验，邓小平在三十年前讲过，摸着石头过河，我们今天网商这个河下面，连石头都没有，不是给大家说马云今天来找借口，没有借口，这些问题都会解决，但是解决的不是我，不是我们，而是淘宝人，是我们所有的人，我相信能够解决它，我也特别感谢所有网商对于阿里集团的谅解、信任和支持。

每次跟客户交流的时候，我都无比感动：看到这些感动，让我们对未来充满信心；看到这些网商群体，我觉得阿里人即使受再多的冤枉委屈也应该扛过去。所有冤枉委屈都会用时间来证明，今天被那么多人抱怨，也是一种幸福。当然我们希望网商能够把更多的善意、建设性的意见，能够跟我们沟通，我们一定去完善它。

最后我想说的是请大家保重身体，因为确实很辛苦，我们在最困难的时刻，在做前人没有做过的努力，我们被父母不理解，被社会不理解，被我们最信任的人不理解，但是我们在坚持着，再坚持五年、十年，网商的经济体会从今天的一万亿冲向十万亿，到那一天，我们不仅改变了自己，我们影响了这个时代，今后的比赛，是网商们的比赛，不管你信不信，你隔壁那个人他已经在开始行动了，他比你更努力，更懂得积累信用。所以保重身体，在身体好的情况下，再努力一把，谢谢大家。

第四卷　2000 年：亚马逊卓越

第二十一回　破阵缘起　闯关初创

1998 年 8 月，金山软件公司得到联想集团注资 900 万美元，成为中国通用软件业第一大公司。此时，互联网热潮刚刚在国内兴起，金山软件也打算投资开设一个 IT 网站，期望在互联网大潮中有一个立足之地。时任金山软件总经理的雷军联系了知名的个人网站 paulgao. com. cn 站长高春辉，计划打造一个专业的下载网站。1999 年 2 月，卓越网开始上线试运行，当时仅有 5 名员工，属于金山软件公司下属的一个事业部。卓越网当时的发展目标是"做最大最好的中文下载网站"。卓越网用了半年时间就在 CNNIC 的网站排名上排到 33 位，成为知名的中文软件下载网站。1999 年 8 月，卓越网推出自己的离线软件服务系列光盘《卓越软件空间》，随后又推出《卓越软件空间 II》以及《卓越软件空间 2000》。

1999 年的中国大陆互联网发展还不健全，作为一个提供 IT 资讯和下载服务的网站很难得到实际收益。卓越网每月维持运营的费用达到 20 万人民币，而基本上没有任何收入，全部依赖金山软件的投资。卓越网随后开始改组，转型为 B2C 电子商务网站，定位为"网上精品店"。2000 年 1 月，卓越网从金山软件公司中分拆出来，金山软件为第一大股东，联想集团所属联想投资为第二大股东，由雷军任董事长、高春辉任总经理。随后卓越网开始尝试增加网上商店。2000 年 4 月，高春辉宣布因理念不同辞去总经理职务，离开卓越网。卓越网遂全面停止原有的软件下载服务，随后又停止了 IT 资讯内容。

2000 年 5 月，改版后的卓越网正式推出，更新了网站的标志，同时使用"超越平凡生活"的口号。网站此时主营是图书和音像制品，宣称"不做全，只做精"。2000 年 12 月开设了上海分公司，加强对华东地区的服务。2001 年 10 月，成立"用户精品俱乐部"，提供线下邮购服务。2002 年 3 月，成立卓越快递公司，改进物流服务。自 2001 年 9 月起，卓越网宣布网站赢利已经与运营费用相当，达到收支平衡。此阶段卓越网与另一网上书店当当网一起成为中国大陆最大的两家网上书店。

2002 年，联想集团自己运营的网站 FM365.com 因定位不明确且无赢利点，在当时中国互联网大潮退却的泡沫中濒于消失。此时联想集团期望从其控股的金山软件手中得到前途看好的卓越网。经过一系列的运作，联想成为卓越网的最大股东。2002 年 8 月 16 日，王树彤辞去卓越网总裁职位，十天后，联想控股有限公司企划部主任林水星接任卓越网总裁。2003 年 4 月，运营 3 年后的卓越网宣布开始赢利。同月，成立卓越网广州分公司，扩大其在华南地区的影响。9 月，德盛老虎基金下属的老虎科技注资 5200 万元，成为卓越网第三大股东。此后，卓越网开始涉足各种日用品的网上零售。

第二十二回　战事变焦　收购坦然

2004 年 8 月 19 日，亚马逊公司 Amazon.com（NASDAQ：AMZN）宣布它已签署最终协议收购注册于英属维尔京群岛的卓越有限公司。卓越创始人、董事长及最大股东金山控股有限公司负责人雷军表示："这次并购是对卓越网四年多来取得的成绩的认可。我相信亚马逊在全世界的电子商务经验和卓越网创业团队的结合将使中国电子商务和在线客户体验更上一层楼。"卓越网将成为亚马逊的第七个全球站点。亚马逊通过卓越网进入中国将使它有机会为中国的 8 千多万互联网用户提供服务。亚马逊创始人，首席执行官贝索斯表示："我们非常高兴能够通过卓越网进入中国市场。卓越网在相当短的时间内已发展成为中国图书音像制品网上零售的领先者。我们非常高兴能参与中国这一全球最具活力的市场。"卓越网股东之一，联想投资有限公司董事长柳传志表示："我们非常高兴亚马逊这样的世界级企业意识到卓越网在中国市场上的价值和潜力。我们期待卓越网在加入亚马逊家族后能够取得更大成功。"这次交易价值约为 7500 万美元，涉及约 7200 万美元现金以及员工期权。

2007 年 6 月，卓越网发布公告，正式更名为"卓越亚马逊"，在卓越网的 Logo 底下已经加上了"Amazon. cn"标识（见图 1 - 1），卓越网将同步启动并且面向客户推出零元免费送货活动及"我的卓越网"等服务。

图 1 - 1　亚马逊收购卓越后的 Logo

资料来源：新榜网。

2011 年 10 月，亚马逊正式宣布将其在中国的子公司"卓越亚马逊"改名为"亚马逊中国"，并宣布启动短域名"Z. CN"。

第二十三回　运时欠佳　磨炼硬功

从 2004 年至今，亚马逊在中国已经慢跑了八年之久。不久前，亚马逊宣布在中国推出 Kindle 电子书店，而其借牌出版是否合规招致新闻出版总署的调查。在这之前，亚马逊一直奉行低调策略，它不太做广告，在中国电商如火如荼的价格战打起来的时候，它好像视而不见。中国亚马逊本身不发起价格战，因为通常它的价格都是最低的，其他发起价格战的电商其实都是最贵的。因为它本身品牌都是价格最低的，就像沃尔玛不用宣传自己是价格最低，它也是低价的代表。不过，亚马逊即便低价也没能得到市场宠幸。几轮价格大战之后，市场老大一路从当当换到京东，在电商领域，京东、天猫风头最劲时，亚马逊低调地排在后面。只能说亚马逊不是一个有野心的企业，不追求规模，它最大的缺陷是，不是用创业家的精神去做事，像京东之类的有极其强烈的目标要做到前两名，它不具备这样的野心，如果增长 70% ~ 80%，它本身就很满足了。

亚马逊最为人称道的是其先进的技术系统，2009 年卓越亚马逊更是实现了与美国亚马逊所有后台 IT 系统的对接。亚马逊的系统很强大。库存周转、物流发货等都是物流强大所带来的好处，订单满足客户的程度要比京东和苏宁强很多，这些都是由技术而引起的客户体验和规模效应的体现。前亚马逊总裁王汉华挂在嘴边的总是"最全选品，最优价格，最佳用户体验"三个说辞。在电商酣战之时，亚马逊一直在埋头做"用户体验"。亚马逊技术和后台先进很多，用户体验较好，拥有良好的口碑效应。依赖先进技术能快速且有效解决问题，但同时过度依赖则缺乏灵活性。此前媒体报道过，亚马逊在对接第三方卖家上简单而僵硬。在现行的供应商和商业模式不成熟的情况下，亚马逊没有比机器更好的方式去解决问题。商品好坏由供应商决定，过于依赖技术，供应商怕冒风险，因为惩罚得严厉，供应商不能保证提供更有竞争力的方式，这也是亚马逊落后于竞争对手的原因。

背靠美国亚马逊，不缺钱、不缺技术、不缺运营，2004 年就开始在中国市场耕耘，按理说早就是中国第一了。放在全球，亚马逊基本都是所在国家的电商第一名，唯独在中国市场，只是位居三四名。更重要的是，后起的对手如京东、苏宁无论是在规模还是增长率上都远远地把亚马逊甩在后面。2010 年京东商城的销售额是 102 亿元，2011 年销售额接近 300 亿元，京东连续 7 年保持 200% 的增长。更可怕的是淘宝系，2012 年"双十一"促销下，其促销的支付宝总销售额 191 亿，同比增长 260%，其中天猫为 132 亿元，淘宝为 59 亿元。可以比较的是，2010 年的交易额为 30 亿元，2011 年亚马逊中国的交易额为 60 亿元，目前位列中国 B2C 市场第三的位置。原亚马逊中国音乐影视产品总监虞文震表示，亚马逊对现在的地位不满，但缺乏真正的了解，目前就是用力的角度不对，太相信其他站点成功的经验，认识不到中国的特殊性，也就是说只盯着一些事倍功半的事情。亚马逊缺的是对中国市场的理解，缺的是雄心和斗志。这样一种没有"野心"的发展换来的是亚马逊的稳定性和可控性。亚马逊没有掉队，2005 年刚收购的时候，当当是最大的，后来是红孩子，之后是京东，第一名变了三次，亚马逊一直在第二、第三名。电商可能在用价格战来争取更多的用户，重点是烧钱之后能不能把客户留住，变成他们的长期价值。当当已经出局了，五年之内可能倒闭。

亚马逊前高管曾这样表述过亚马逊的中国定位，亚马逊在中国是长跑策略，先跟跑，最后冲刺。不做第一，但不能在前三强之外。现在论成败的确为时过早，毕竟电商生命力依然旺盛。亚马逊是个像弹簧一样的对手，你看不到它会出局，并且亚马逊中国也是亚马逊全球的一部分。在目前的市场环境下，比拼耐力和爆发力都很重要，这两者有机结合得好的公司才有远景。跟对手比起来，亚马逊从来不缺耐力，它给自己的定位就是长跑者，但这个"长跑者"从目前来看还没有表现出应有的爆发力。

■亚马逊卓越大事记

2006 年

2006 年第 2 届消费者最喜爱的网站 100 强第 100 名。

2006 年 B2C 网站最佳用户体验。

2006 年中国电子商务诚信建设贡献奖。

2006 年中国电子商务诚信单位。

2006 年大学生最满意的诚信雇主。

2007 年

国内首家获得 ISO27001 信息安全管理体系国际认证"A 等级"评价。

2007 年第 3 届消费者最喜爱的网站 1000 强。

2007 年 B2C 产业"杰出贡献奖"。

2007 中国创意产业年度大奖和最佳参与奖。

2008 年

2008 北京市电子商务诚信十佳企业。

王汉华荣获"电子商务十年百人"称号。

"商业网站百强"。

2007～2008 中国最佳客户服务奖。

2008 年度最佳网上书店。

"十大出版业网站"。

2009 年

2 月——美国《财富》杂志 2009 年全球企业 500 强排行榜排名第 1485 位。

英国金融时报最新一期"全球企业 1000 强"榜排名第 1126 位。

BRANDZ2009 年全球最具价值品牌千强排行榜排名第 1026 位。

Interbrand2009 年度全球最佳品牌千强排行榜排名第 1043 位。

《商业周刊》2009 年全球最佳企业 40 强排名第 1017 位。

《商业周刊》2009 年全球百强 IT 公司连续三年名列榜首。

2009～2010 年"中国网购全行业评选"榜首和最佳配送服务奖（中国电子商务研究中心）。

2009～2010 年中国电子商务市场年度成功企业（赛迪顾问）。

10 月——卓越亚马逊再次推出免运费活动，凡是期间去卓越亚马逊购物者，均免去运费。

12 月 23 日，卓越亚马逊大量图书统一标价 25 元出售，随后发表声明称系统错误并大量删除订单，网友称之为"卓越25元门"。

2010 年

1 月 23 日，卓越亚马逊将市场价 599 元的 PQI 品牌 320G 移动硬盘促销标价 118 元。大量网友下单后，卓越亚马逊再次称标价错误并大量删除订单。网友称之为"卓越硬盘门"。

2010 年中国最佳客户服务奖。

2010 中国最受消费者信赖的网上百货商城奖。

2010 年最佳电子商务奖。

2010 年度中国最佳网络卖场。

2010 最具人气网络商城。

2010 中国创新公司创新榜单。

2011 年

2010～2011 年度中国最佳电子商务网站奖。

2011 最具商业价值的百货购物平台。

2011 电子商务示范企业称号。

2011 电子商务最佳服务奖。

2011 最活跃跨国公司经理人奖。

2012 年

2012 "中国消费者最信赖的网络消费网站"（DCCI 互联网数据中心）。

2012 易观 En Commerce Award 最佳电子商务运营之星（易观国际）。

2012 年 4 月 25 日：拒绝盗版来亚马逊"正"好：亚马逊中国携众明星共迎世界版权日。

第五卷 2001年：新蛋——中国的"金蛋"

第二十四回　中国新蛋　潜能玄幻

美国新蛋网于2001年成立，总部位于美国南加州的洛杉矶。新蛋网是美国领先的电脑、消费电子、通信产品的网上超市，为超过1600万的注册用户提供了产品与专业服务。"新蛋Newegg"象征着新生和孕育无限潜能，蕴涵着创始人通过电子商务实现零售业变革的美好愿景。美国新蛋网销售商品种类高达55000种，是全美规模最大IT数码类产品网上零售商，也是全美客户满意度第一的网上零售商，新蛋网自成立的第一天起即赢利，2011年实现25亿美元的年销售额。美国新蛋网平均每天有超过5.5万个订单，100%的核准订单会在24小时内寄出。线上可供选择的商品超过5500000个SKUs，超过1600万注册用户和约150万的日均访问流量。新蛋集团全球有2800多位员工，其中在北美约有1000名职员，亚洲地区的雇员人数超过1700人，主要分布在中国大陆和台湾地区。2008年，新蛋加拿大分站落成并投入运营，2009年，新蛋网B2B平台上线。据悉，新蛋集团在墨西哥、马来西亚和全球其他地区的分站也在紧密筹备中。

中国新蛋网是依托著名的美国新蛋网而创立的新一代专业电子商务消费服务网站，利用强大的全球化集约采购优势、丰富的电子商务管理服务经验和最先进的互联网技术为消费者提供最新最好的电脑配件、数码产品和时尚用品。在美国，英特尔 CPU 的零售，有一半是新蛋卖出的。由于新蛋与全球各大知名的 IT 数码厂商都建立了非常牢固的全球战略合作关系，因此，顾客在新蛋网上不但能找到最新、最全的产品，而且更能够分享新蛋全球采购带来的绝对低价优势。通常情况下，相同的商品，新蛋网上的价格会比线下商场低 10%～20%，甚至更低。而与其他一些网络购物不同的是，新蛋网上的商品没有水货、假货、翻修货冒充正品的情况，所售商品不论客户要不要发票，新蛋均一律开出正规的商品销售发票，顾客可享受厂家与新蛋网的双重质保。在美国，新蛋投入了大量资金进行售后服务体验的改进。以售后服务电话为例，新蛋要求客服人员必须在 6 秒钟内接听起来。而消费者在新蛋购物后，一年之内可以享受无条件的保修或者退换货。如果不满意，即使是最普通的消费者也可以直接给 CEO 办公室发邮件进行投诉。

在外界看来，有着美国血统的新蛋网在中国市场一直因其稳健、理性的发展思路备受争议。保守、水土不服……向来看重销售规模的中国电商，对新蛋网这个行业"异类"并不看好。然而，就是在一片质疑中，新蛋网走过了 11 年，并缔造了一个庞大的电商帝国：全球领先的 IT 系统/运维逻辑和成熟的营运体系，遍布国内主流城市的奥硕物流体系，在 IT、3C 数码家电领域长久保持的领先优势，每年超过 50% 以上的销售增长，新蛋网发展的脚步仍在继续。虽然跟同业所声称的成长幅度相比，新蛋的销售目标确实"保守"，但经营企业是要以赢利为目标，这才是务实的、负责的，也只有这样才能让企业走得更好更远。在新蛋网看来，目前中国的电子商务还处在发展起步阶段，面临着市场不够规范、配套设施和服务不健全、政策法规不完善和行政监管缺失等问题。尤其电商集体血拼或多或少"惯坏"了消费者，使整体电商行业处于劣势，百分之百甚至几百的销售目标听上去很动听，这背后却是巨额的亏损和越来越大的风险。在对国内外电商市场、竞争对手的情况以及新蛋现状进行了全面细致地了解后，新蛋网认为，要想在当前电商市场突围，首先要做好"自己"，才能有资格笑到最后。

第二十五回　湖中舞枪　气吞山河

新蛋针对中国市场的布局几乎与美国同步，2001年在中国成都、西安以及上海设立了分公司，那时的京东创始人刘强东还在中关村租柜台卖刻录机。当2004年刘强东成立京东商城进而全面拥抱电子商务时，新蛋在美国销售额已达10亿美元，新蛋中国也凭借6000万元人民币的年销售额在国内市场独占鳌头，是京东商城当时线上销售额的6倍。但新蛋中国的真正发力还是在2007～2009年期间。

新蛋当时在中国B2C市场的风生水起有目共睹；而新蛋也在美国市场完成了一轮"亚马逊速度"的扩张，当时新蛋对其市场战略进行了调整，在其新的"全球攻略"中，中国市场也从"大后方"变成了"主力战场"。其2009年向美国证券交易委员会递交的IPO申请材料显示：2009年，新蛋在美国市场的销售额约为22.9亿美元，净利润为2489万美元。但从2010年至今，新蛋中国逐渐被快速跑马圈地的京东和库巴抢占了市场，截至2009年年底，京东的销售额已经突破40亿元，市场占有率已达41%。而新蛋中国的销售额则仅为前者的四分之一，这时新蛋中国的发展很快被外界质疑为"止步不前"。"我们从一个赢利的公司进入不赢利是有原因的。"新蛋中国的市场总监孟繁波说。

尽管新蛋中国2011年仍然保持3C类电商第二的位置，但其近年来频繁的高层变动以及与最大对手京东商城迅猛增长形成的强烈反差，外界的质疑和猜测一直不断。易观智库的数据显示，截至2011年6月，新蛋中国在中国B2C网络购物市场上只占约2%的份额，而京东商城则以18.1%遥居第二，新蛋中国2010年的13亿人民币营业收入也远落后于京东商城的102亿人民币。"为什么不统计一下谁亏得最多，谁赚的钱最多，大家只在看市场份额，但没人去看亏损。"新蛋商城COO池勇信直言，目前赔钱的公司，是做得越多，赔得越多，只要后面的资金不能持续提供，风险很大。

钟浩2005年被美国总部派去培训，直到去年才被派回中国，目前主要任职新蛋软件（中国）CTO，他最深刻的感触是中国电商发展太快，两年相当于美国 10 年的发展。而在用户体验上，美国是慢慢成长起来，包括用户的使用习惯和配送货习惯，美国直到现在才开始出现"一天送达"这种较为快速的用户体验的方式，且建立在额外支付 10～20 美元的前提下。而中国的电子商务，2009 年就出现了当天送达、一日两送的情况。钟浩称，美国新蛋在全美所提供的三天之内送达服务，在美国已是最佳的服务，且美国新蛋以此标准为骄傲，但钟浩回国一看，三天内送达会被用户骂死，甚至会流失一大部分用户。国内电商过于快速的发展，也使得新蛋不进则退。按照总部的策略，先做好 3C 产品，再经营其他，但目前国内的局面已容不下更多商讨的余地。尽管目前新蛋商城也开始经营百货类产品，包括母婴、汽车配件等，但其规模并不大，池勇信称，新蛋目前还是把数码品类的基本根基做扎实，打好根基。

池勇信甚至过于遵守集团的旨意和股东利益，这也使得新蛋中国成为中国电商企业的另类。当中国电商都在跑马圈地的时候，新蛋却一直强调基本功，包括品牌的经营、用户选择的理由和信任度，其在产品的选择、价格、服务上所坚守的内功固然重要，但与竞争对手相比，新蛋多少显得很保守。经历了新蛋总部对新蛋中国管理过紧或过松的时期，池勇信坦言以前管得太紧，有很多事情都要汇报到美国，效率很低；而管得太松，基本上就等于彻底不管。之前新蛋中国的经营、财务、战略大方向多由美国新蛋掌管，美国新蛋的高层却很少光顾中国市场。新蛋中国员工称，曾经时任美国新蛋首席执行官的 Tally Liu 一年最多来中国两次，季度报告等都是通过电话完成。但目前总部对新蛋的重视情况却全然不同，总部领导人来中国的次数平均每月一次。池勇信坦承，目前新蛋集团对新蛋中国的管控相比之前已经好很多。目前美国总部对于新蛋中国的管控，主要是通过在中国建立的董事会。而在此之前，由于整个体系未能建立起来，主要是创始人张法俊（Fred Chang）亲自管控，包括在 2007 年、2008 年时，全球 CEO 兼管中国的历史都给新蛋中国在某种程度上造成了战略性的失误。"从过去到现在，我们交了一些学费，也学到一些经验，在中国要真正本地化，就得由中国这边做决策，符合这边市场的一些规律和反应速度。"池勇信说。

在中国经营数十载的新蛋中国缘何陷入不温不火的尴尬境地？这是整个电

子商务界都值得思考的问题。首先是新蛋集团对于新蛋中国的严格管控，且多数重大决策都会依据在美国的经验去执行。新蛋不会选择京东那种激进的方式扩大市场份额，主要还是美国新蛋曾经的教训。从技术角度看，目前中国发展最快的电商公司大概有 1000 多名技术人员维护一个系统，新蛋中国只有 100 多个人在维护这套系统。这跟用户量级没有关系，因为功能和前后台的系统都相同。为何做同样的事情，双方会在人员配备上有如此大的差距？美国新蛋最早经历了这样的教训，且经过多次的重构和维护，在这种情况下，人员的配备是严重失衡的，但为了维护系统的稳定，没有其他选择。早在 2005 年，美国新蛋就出现了高速增长，由于网站增长太快，系统根本无法支撑，于是，美国新蛋花了近一年的时间做了整个技术的改造，才有了现在稳健的系统，为此在 2008 年时才开始把整个美国新蛋网的所有系统迁移到中国，现在新蛋中国基本是在稳健的系统上面慢慢地往前建、往上面搭。

目前，新蛋的策略仍然是把用户体验放在首位，这与美国新蛋并无不同。美国新蛋注重长期培育忠实用户，且要求新蛋中国也必须要往这个方向走，但在中国目前的市场环境中，培育忠实用户显然很难。目前大多数中国的电商用户还是徘徊于价格和运费等利益间，所以这也意味着是一次长跑。美国的用户特点是，如果他是你的用户，哪怕亚马逊价格比新蛋便宜再多，他都不会动摇，因为他习惯于信赖你的信息和服务。而中国的不同在于，好的用户体验是用钱砸出来的，但一旦褪去资本的光环，问题就会出现，包括前段时间取消的全场免运费，这些本身来说是不利于提升用户满意度的。"一开始应该让用户习惯于消费才是正确的逻辑。"池勇信称，在美国是肯定收运费的，且运费在美国是赚钱的，美国是依靠流程、降低成本逐渐减少运费，慢慢让用户享受到越来越便利的体验，中国则恰恰相反，主要靠资本把用户体验火速拉高，最后却让用户失落感越来越强。但"入乡随俗"是新蛋中国必须要经历的一步。最初，从美国新蛋派到中国的高管非常不适应，他们甚至很不理解中国市场，把道德的标准拉得太高，任何东西都是非常规范地替用户着想。很多标准都严格按照美国市场的一套逻辑执行，而没有考虑到的是在中国目前整个市场体系还未完全培育起来，这在一定程度上也造成了发展的停滞。另一方面，美国新蛋所固有的一套公司文化逐渐深入整个新蛋集团。从创始人到股东，再到公司员工深信的一个商业的铁律就是信誉、商誉。整个公司在这两个问题上的态度非常坚持，甚至把这种文化理念称作公司的"魂"。这也使得新蛋中国的战略和其他电商公司俨然是相反的打法。短期内迅速占领市场不是目的，总部希望把公司建成一个百年老店，绝非今年迅速的扩张，到明年就开始裁员，然后再减市场份额，或者从中国撤出，这不是新蛋想要的。新蛋中国所做出的每一项决策都异常谨慎，包括扩充品类到投入市场，之前都经过非常科学、严格的测算之后才会正式做，这也是新蛋和其他公司的不同之处。而目前最为重要的课题是物流。相对于美国较为成熟的物流体系，中国的物流建设还有很长的一段路要走。物流配送和运费的政策恰好非常重要，它涉及客人买的意愿。从公司内部运营的角度看则是成本，需要做一个很经济的测算。在适度考虑运费的前提下，用户付费的观念必须要建立起来。而中国目前的市场情况则恰好相反，会逐渐从免费转向收费发展的一个不正常路径。而新蛋中国始终严格按照美国的逻辑，必须实施一定的收费，尽管在某段时期的"免运费大战"中，新蛋也曾做过一定的妥协。但收费的标准已经严格建立在池勇信精细化的管控之中，目前，在新蛋的商品会根据不同地区依旧会实施一定的运费政策。

目前中国的市场是混乱的，也是不公平的竞争环境，真的需要一开始就引进这么多的资本打市场吗？新蛋高层更多的考虑是要想真正地把市场培育起来。整个战略决策、运营方式、砸钱的方式不同，新蛋集团去砸钱也可以，但最后并不是新蛋想要的模式。总部希望采取比较稳健的方式前进，这是比较健康和正常的。而这种逐渐有序前进的模式主要依据美国新蛋曾经的历史教训，它让新蛋的高层们提早预测到，越高速发展，到后面越力不从心。而新蛋最骄傲的内容显然是技术，可以说放眼全世界技术这块美国新蛋网都是最强的。新蛋中国在这个问题上并不想刻意谦虚，在技术领域，在美国排名前20的电商公司，自行开发系统的只有两家，一家是亚马逊，一家则是美国新蛋。而新蛋搬到中国也是建立这套稳健的体系，这从某种意义上也决定了新蛋未来在中国的发展与其他电商相比，显得很格格不入。

第二十六回　风暴弩弓　剑指九州

　　成立于2001年的新蛋网，由于前期将重心放在美国市场，错失了成为中国3C类电子商务老大的机会，眼睁睁地看着晚几年成立的"小老弟"京东商城的发展势如破竹，成为今天的行业"大哥"。然而，近两年，新蛋网在中国的突然发力让同行意识到，此前的低调潜行或许是为了避免出现两头作战、应接不暇的局面，而随着新蛋网在美国市场越来越难以撼动的稳定地位，他们已经开始向京东商城的地位发起挑战。

　　新蛋之前确实低调，准确地说这仅仅是企业风格上的一些表现。新蛋实力毋庸置疑，也有能力把更优惠、更优质的产品提供给用户。

　　从2008年开始，新蛋全球执行副总裁李士骥频繁造访中国，"每年来七八次，基本占去一半时间"，李士骥称，如今自己每次来中国甚至都会有"一种回家的感觉"。作为新蛋的"二把手"，李士骥频繁来华，缘于新蛋在2008年年初对外公布了其"发力中国"的新战略，李士骥本人，则是新蛋总部负责针对中国市场投入和进展的"总督导"。二把手亲自督战中国市场，理由也是显而易见的。过去的几年时间里，B2C以一种极富爆发力的方式登上了中国商业和网民消费的舞台中央。不仅"一夜之间"蹿红了诸如凡客诚品、红孩子、京东商城之类的新兴公司，而且从创投、互联网到传统生产、零售商那里，B2C也都是时下可以听得到的最热闹的议题之一。即便是电子商务灵魂级人物的杰夫·贝索斯，也在亚马逊2009年4月发布的致全体股东的信中，把中国市场与云计算和包括Kindle在内的数字媒体并列，确定为亚马逊未来三大重点投入方向。自2008年开始，中国B2C市场的风生水起有目共睹；而新蛋也在美国市场完成了一轮"亚马逊速度"的扩张，根据其2009年中向美国证券交易委员会递交的IPO申请材料显示，2009年，新蛋在美国市场的销售额约为22.9亿美元，净利润为2489万美元。

　　在新蛋全球高层的眼里，"发力中国"无论内部还是外部的时机已然成熟。因此，从 2008 年起，新蛋对其市场战略进行了调整，在其新的"全球攻略"中，中国市场也从"大后方"摇身变成了"主力战场"。"就是反过来让美国支持中国，我们现在主要的市场除了北美便是中国，中国也是我们在未来几年准备大力投资推进的市场。"李士骥称。

2010 年 7 月伊始，新蛋就开始了一系列的促销让利活动。"橙色风暴，新蛋强降风"这种天气预报形式的降价促销自 2010 年 6 月 4 日 10 时开始后，很快就得到了众多用户的关注。此次活动主题新颖，优惠让利幅度很大。所售商品均为旺销产品，价格更是众多商城中的最低价，做好产品，提供贴心服务，不把积压货、劣质货当促销品提供给用户，这是重信誉、惜品牌的商城所要遵循的基本准则。2012 年 5 月，中国新蛋网宣布了让利 3 亿元的年中大促计划，给原本火热的 B2C 电商促销再添一枚"重磅炸弹"。2012 年以来，B2C 价格战持续升温，盛夏未到却已骄阳似火，新蛋网成为继天猫、苏宁易购和京东之后，又一家加入 B2C 促销火拼的大型电商。2012 年 5 月 15 日至 5 月 22 日，新蛋网举办年中大促活动，共计推出 10 个大类的数千件单品参与秒杀和限时抢购，活动首日的单日销售额突破 1.2 亿元，订单量也较往常翻了近 10 倍，首日整体销售超过 1.5 亿元。2012 年 6 月 28 日，伴随新蛋网的不断发力，国内电商大战变得愈演愈烈。新蛋网对外宣布 6 月 27 日 9：00 ~ 6 月 29 日 9：00 将会率先举行主题为"拼价拼福利、火拼 48 小时"促销活动，促销让利金额将会超过 1 亿元人民币。2012 年 9 月 18 日，正在全国各地相继发起了轰轰烈烈的抗日游行，自发抵制日货的同时，新蛋网宣布开启名为"你买，我捐款，国货当自强"大型商品推荐活动，凡是购买活动页面商品的用户，每凭一个有效出库订单，新蛋网就将相应捐出 1 元人民币，最终捐款将会通过壹基金来帮助云南彝良的灾后重建工作。

作为国际知名的电商巨头，新蛋网不以绝对的低价闻名，但是其在美国却拥有众多簇拥，究其原因除了本身资源优势强大、商品全部正品且服务优良以外，诚信经营 11 载才是新蛋网长久不衰的立命之本。新蛋集团在中国的发展显然不是局限于新蛋商城，还包括新蛋软件和奥硕物流长期与国际市场的接轨。这三大板块各自独立运作、相互配合，是新蛋集团一开始就打好的算盘。除了外包传统品牌商的电子商务物流，奥硕物流还承接一部分供应商的货运，目前承接了包括中石化和阿斯利康等商家，主要为其提供国内的仓储跟物流服务。根据新蛋总部的规划，奥硕物流会回来照应整个新蛋中国的业务运行。新蛋软件（中国）公司，将来也会把先进的技术提供给需要的客户，目前新蛋软件正在帮中石化、北京银泰、峨眉山旅游公司做网站。所以在新蛋，整个运营 B2C、开放平台、软件服务与物流仓储都做了全方位的对外开放。这将是整个集团在中国最大的战略布局。

最初把奥硕独立出来，新蛋总部的考虑是能保证整个物流产业的快速发展，整个奥硕物流并非仅仅只为新蛋商城服务，新蛋中国未来会考虑协助国内的厂商做跨国的物流服务。目前在美国新蛋网已经开通了此项业务，其主要目的在于协助亚洲的厂商，直接把这些商品拿到美国的主流市场去卖。目前中国还未正式开通，一旦开通之后，即可帮助很多中国的商家直接销售物品到美国，但这无疑会涉及跨国物流和支付的问题。

新蛋中国早已经确立的三个一级平行公司部署——新蛋技术公司是除了新蛋网和奥硕物流之外的第三个一级公司。凭借技术优势，新蛋网在订单处理系统和速度、网页的访问速度等方面均领先于其他同类企业。根据 Alexa 上的排名，新蛋网、京东商城和世纪电器网的访问速度分别是 2485Ms（即每秒传输 2485 兆）、2754Ms 和 4762Ms。独立的新蛋技术公司将许多美国的成功经验复制到中国。"比如，我们有个独创的客户关系管理系统，可以针对顾客的购买行为进行分析，如客户在我们网站的访问时间，访问了多少页面，在什么页面跳出去的，等等。根据这些分析，我们会知道，一个顾客可能会在购买电脑或打印机多久后需要 USB 外接设备或墨盒，我们可以主动进行有针对性的促销。"

按照总部的战略规划，一旦中国的市场趋于平稳，总部的技术人员会第一时间被输送到中国，基于新蛋集团目前在世界趋于前沿的技术，从技术的角度来看，新蛋的技术远远领先于国内其他公司，这是不可否认的。目前在美国大力所做的数据挖掘的内容，同样在中国已经开始进行。例如，当用户进入电子商城后，通过用户所浏览的商品情况，会通过一套数据挖掘的东西快速有效地判断出用户所喜爱的商品，而那些无关商品则不会出现在页面上。事实上，这类数据挖掘目前在国内主要是通过一些笨重的搜索才能做到。对于美国已经成功使用的手机版新蛋网和产品的 3D 演示等技术，不久的未来也将应用于中国市场。新蛋技术公司凭借自己的经验，不仅为新蛋网的前台网站、后台处理、客户评价等流程提供一系列电子商务技术，更将自己的运营经验拿出去为其他的电子商务公司提供解决方案，甚至是其他互联网有关的软件外包服务。

新蛋集团对中国市场的布局明显未局限在新蛋商城中，他们希望打造的一个平台是把新蛋商城、新蛋软件及奥硕物流连接成一个通往世界的路径，而新蛋集团在中国真正的发力，正在悄然到来。

■ 新蛋中国大事记

2001 年，新蛋进入中国市场，成立太文信息技术有限公司、上海新蛋电子商务有限公司。

2003 年 5 月，启动业界知名的新蛋 MTS（管理培训生）项目，并在中国大陆和台湾地区开始招聘。

2004、2005 年，新蛋 NESC 上海、成都公司先后成立。

2006 年，新蛋电子商务公司月度销售额首次突破 1000 万人民币。

2007 年，新蛋奥硕在中国区的业务正式开始并在全国建立多个分仓和配送中心。

2008 年，实现物流全国覆盖。

2010 年，新蛋上海嘉定自建物流中心开始运营，形成以嘉定为核心覆盖全国的物流格局。

2011 年 7 月，新蛋网再次荣获商务部"电子商务示范企业"称号。

2011 年 9 月，新蛋网与支付宝在京举办新闻发布会，宣布与支付宝建立全面战略合作伙伴关系。

2011 年 10 月，新蛋网入驻天猫（原淘宝商城）开设旗舰店。

2011 年 11 月 16 日，新蛋（中国）举办规模盛大的"2011 跨界电子商务论坛和新蛋（中国）十周年庆典"。

2012 年 2 月，中国新蛋网开放平台"名品汇"上线。

2012 年 4 月，中国新蛋网举办"橙色星期五"大型全网促销活动。

2012 年 5 月，新蛋中国区任命执行副总裁周昭武兼任新蛋网总裁。

■ 新蛋中国荣誉

中华人民共和国商务部电子商务示范企业

上海电子商务示范企业

最具投资价值电子商务网站

艾瑞评选"Top10B2C 在线零售商"

CPW500 最具成长性企业

2009 年，上海商业创新奖

2009 年，上海市优秀团队

2009 年，第 2 届 B2C 电子商务风云榜最受欢迎 B2C 商家、最佳数码家电商城、年度最佳物流奖

2009～2010 年，最佳 3C 家电类网络购物平台奖

2010 年，上海购物节最佳人气奖

2010 年，中国最具影响力电子商务 B2C 网站

2011～2012 年，互联网年度最佳服务电商企业

2012 优秀电商物流服务商

顾客

物流

网络

银行

第@部

风云

厂商

实体店

供应链

● 2003 ~ 2007 年：风云变幻 ●

　　历史上无数不同年代、不同身份的人物，为我们演绎出了一场场宏大的历史战争场面。然而在电商这里真正能够叱咤风云的人物却只是那么几个典型代表。他们在这个时代以天马行空的想象力，上演着惊心动魄的情节曲折离奇的成长故事。

第六卷　2003年：淘宝一统江湖

有道是："数风流人物，还看今朝"。

第二十七回　模仿超越　剑气追宗

2004年年初 eBay 易趣以 290 亿美元市值成为互联网企业领头羊的时候，几乎所有人都对 C2C 的发展抱以厚望。这之后，虽然 eBay 易趣 2004 年每股收益率与华尔街的预期相比略有差距，导致 eBay 易趣股价在一天内下跌了 19%。但事实上，eBay 易趣的每股收益只比证券分析师的预测低了 1 美分。且与 2003 年相比，eBay 易趣 2004 年的年收入增长了 51%，净收入增长了 76%。也就是说，并不是 eBay 易趣不够好，只是人们希望它更好而已。据统计，中国电子商务在那几年的增长速度为 40%，来自艾瑞市场咨询的报告显示，2004 年中国网上拍卖市场规模实现了 217.8% 的增长，全年成交金额从 2003 年的 10.7 亿元增至 34 亿元。虽然当时中国的 C2C 行业与 eBay 易趣赢利的状况还相距甚远，但高回报却一直在刺激着他们敏锐的神经。在 2003 年之前，这一市场上除了易趣，几乎没有什么其他的竞争对手。但是淘宝的出现还是一个巨大的变化。2004 年，即淘宝网诞生的第二年，在竞争对手的不断封锁下，淘宝网获得突破性增长。从历史发展的角度看，eBay 易趣比淘宝的资历要老得多。曾几何时，易趣几乎就是中国 C2C 的代名词，这使人们不得不相信，易趣从时间的积淀中得到的东西远非资本可以换得。作为新生事物的淘宝网出奇制胜——没和 eBay 易趣争抢既有的存量市场，而是收割疯狂生长的增量市场。仅仅通过 1 年时间，这家"倒过来看世界"的互联网公司，就成了中国网络购物市场的领军企业。淘宝的出现更是让易趣被塑造成了"店大欺客"的形象，弊病、漏洞、不足、傲慢都被一一捅出，使之疲于修正补救。因此，除了免费之外，淘宝也因为强势参与竞争，改善了国内 C2C 市场环境而得到了众多人的肯定，犹如电信领域的中国联通对峙中国移动之现状。观察者将之定义为，"本土智慧与美国思维交锋，极其耐人寻味"。事实并非如此简单。几乎没有人意识到，位于浙江的淘宝网和位于上海的 eBay 易趣之间，至少有一点脉络完全不同——淘宝网选择的业务拓展中心是江浙一带，这里中小企业密集，产品的成本压力和销售压力巨大——而电子商务这种新生事物恰到好处地满足了它们的需求。

淘宝初期首页如图 2 - 1 所示。

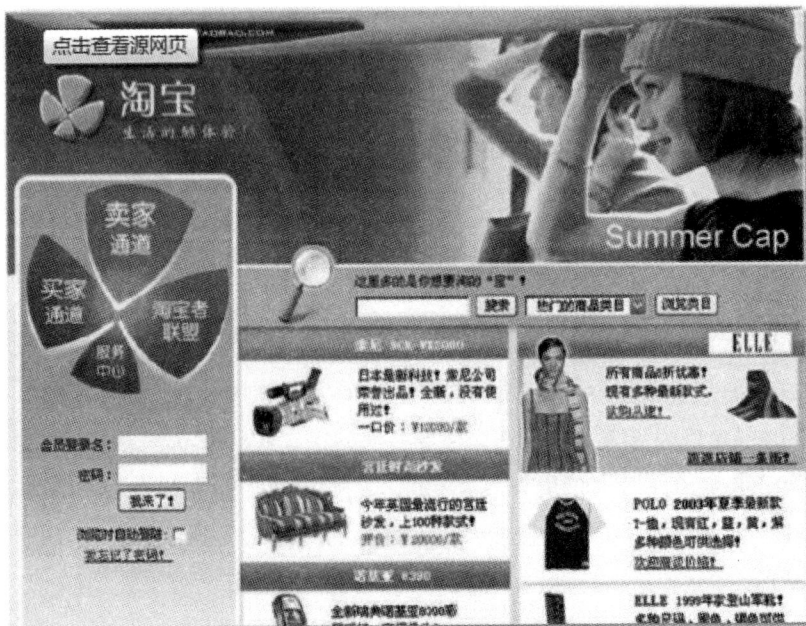

图 2 - 1　淘宝初期首页页面示意

资料来源：淘宝网。

五年之后，有业界人士定义说，位于浙江这个中国私营经济最蓬勃的地域，是淘宝网最具竞争力的宏观优势之一，这使得淘宝网更有机会介入中国中小产业集群的产业升级重建过程，而淘宝网的商业基因也借此进入了旺盛的产业需求，使之具有别的企业不能具备的竞争优势。这是一个宏大的产业定位。只不过迄今为止，依然没有人能够明确地分析出，这种创业地点的选择对淘宝网起到了什么作用。与阿里巴巴"墙内开花墙外香"的成名历程不同，淘宝网在国内的人气飙升极快。2004 年前，互联网实验室电子商务网站 CISI 人气榜上，还没有淘宝网的位置；但从 2004 年 2 月开始，淘宝网以每月 768.00%的速度上升到仅次于 eBay 易趣的第二位；在推出 1 年后，淘宝网排名已经超过 eBay 易趣，位居第一。来自艾瑞市场咨询的报告显示，2004 年中国网上拍卖市场规模实现了 217.8%的增长，全年成交金额从 2003 年的 10.7 亿元增至 2004 年的 34 亿元。也就是在这个时候，中国的中小产业集群最终成为这个国家的实体经济中最重要的构成部分之一，它最终对淘宝网的发展起到了决定性作用。搭上中国消费快车，2005 年，淘宝网超越 eBay 易趣，并且开始把竞争对手们远远抛在身后。这一年的 8 月，中国国家统计局公布了一个数据，是年7 月份的消费增长率为 12.7%。中国的消费增长率已经连续 16 个月增长速度超过 12%。在当时很少有人意识到，这个数字的出现意味着什么。三年之后的 2008 年，原国家统计局的一位副局长如此形容，"现在看来，中国正式进入消费驱动型经济架构就是从这个时间点正式得到确立——它意味着中国的消费存在着脱离投资周期而走出独立向上的稳定增长周期，其结果必然是中国的消费率存在快速提高的可能，消费在经济增长中的驱动力量将逐渐提高。"淘宝网或许只是一个巧合，也就是在这个时候，淘宝网的发展脉络再度跟中国的宏观经济走向产生了微妙的重合——从这一年开始，淘宝网开始把它的竞争对手们远远抛在身后，它的每一个产品的推出都足以令业界瞠目，而它的执行能力和市场拓展能力使得它的每一个商业故事都变得可行而且耀眼。财经作家吴晓波在他的文章中说，如果要想找一个企业来证明中国经济的内在萌生动力的话，淘宝网是最合适不过的样本。

从生存秀到生活秀。2006 年，淘宝网成为亚洲最大购物网站，同年，中国网民突破 1 亿。就在这一年，淘宝网第一次在中国实现了一个可能——互联网不仅仅是作为一个应用工具存在，它将最终构成生活的基本要素。很多都市中的白领，中午、傍晚下班后已经不再去周边的商厦逛街购物，而是习惯上网"逛街"。调查数据显示，每天有近900万人上淘宝网"逛街"。据新生代市场监测机构的调查，像沃尔玛、家乐福这种大型大卖场，一个门店一天的平均客流量低于1.5万人。这意味着，淘宝网一天的客流量相当于近600家沃尔玛的客流量。同时，人们相信并乐意在网上购买日常生活用品，这些商品已经占到网购总量的30%。越来越多的网民通过网络购买服装、居家日用品、食品保健品、母婴用品和家用电器。于是，有人认为，在淘宝网的带动下，电子商务已经逐步从网民消遣阶段进入"网商"阶段，而这也正是互联网走向成熟的标志。在更早之前，中国互联网购物曾经是一个高端名词。还记得1999年在上海的"72小时网络生存秀"吧，当时是在互联网上无法生存；到了2006年，随着中国互联网人群的急速增长，现实的情况是，离开互联网将生存维艰。到2007年，淘宝网不再是一家简单的拍卖网站，而是亚洲最大的网络零售商圈。这一年，应有尽有网全年成交额突破400亿元，这400多亿不是C2C创造的，也不是B2C创造的，而是由很多种零售业态组成在一起创造出来的。就像北京最著名的商圈——王府井，它是由百货公司、专卖店、杂货铺甚至包括地摊等多种零售业态组成的一样。只有清楚了这一点，你才能理解，为什么任何一家做C2C或者B2C的网站，都没有淘宝网这样的发展速度。

第二十八回　阿里传播　战术空间

淘宝一分为三

2011年6月16日，阿里巴巴集团正式宣布将淘宝网分拆为三个独立的公司，分别为沿袭原C2C业务的淘宝网、专注B2C业务的淘宝商城以及购物搜索引擎—淘网。同时，拆分后的三家公司管理构架被披露，均采用独立的总裁加董事长的机制。淘宝网分拆的消息并不算突然，因数日前市场已有相关传闻，尽管确定消息与此前"淘宝将一分为四"的传闻略有出入，但淘宝商城的独立几乎是多数人意料之中的。业界观点认为，B2C 将是淘宝网拆分后最具发展前景的一支。

淘宝网经历多次业态升级，由最初的个人网络交易平台，发展到如今的集 B2C、C2C、购物搜索、团购等业务为一体的综合性网络零售商圈，是世界上最大的电子商务交易平台之一。在淘宝网的基础上，公司于 2008 年 4 月抽出品牌商资源在站内辟出专注 B2C 的淘宝商城，并于 2010 年 10 月推出购物搜索引擎一淘网，同时整合于站内。阿里巴巴集团称，此次分拆淘宝网为主动行为。"一方面，网上消费购物在淘宝的引导和努力下已经从生活的补充变成了生活的必需，我们要为消费者提供更专业和个性化的服务。另一方面，随着内需的展开和企业的转型，越来越多的企业将会使用电子商务来服务客户，他们需要的支持和服务也是今非昔比了。"阿里巴巴董事局主席马云在给全体员工的邮件中，如是说道。阿里巴巴集团高级公关总监陶然解释说，"这次淘宝一拆为三，不是按照业务而拆，而是根据客户需求和客户属性而拆，淘宝网主要服务小企业，淘宝商城主要服务品牌商，一淘服务所有商家、产业链和消费者。"马云称，必须主动变化和创新，"很少有公司在处于遥遥领先地位、业务继续快速往前冲的时候，还能摆脱对优势的依赖，能有自我变革的意志和力量，实施主动调整。我们的团队经过这次分拆，会走得更好，变得更优秀！而且我们的这一调整，将给我们的客户、员工和股东带来更多价值！"（见图 2－2）

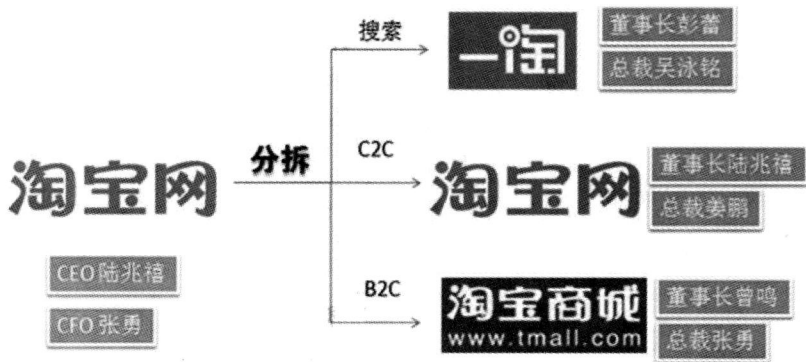

图 2－2 淘宝一分为三示意

资料来源：和讯科技。

淘宝网虽然被分拆成三个独立公司，但考虑到消费者使用习惯，在购物网站入口等关系上尚不会发生明显改变，从原淘宝主站的入口进去仍可搜索到商城的商品。淘宝网分拆后的管理构架也同时披露，三家独立公司均采用独立的总裁加董事长的机制。新淘宝网的管理团队由总裁"三丰"姜鹏领衔，汇报给淘宝网董事长陆兆禧；淘宝商城的管理团队由总裁"逍遥子"张勇领衔，汇报给淘宝商城董事长曾鸣；一淘网的管理团队由总裁"东邪"吴泳铭领衔，汇报给一淘董事长彭蕾。三家公司共享的技术和公共服务的大平台由"苏筌"戴珊负责，向马云汇报。

阿里巴巴同日发布公告称，公司首席执行官（CEO）陆兆禧将辞任淘宝网 CEO，以便专注投入执行及管理该公司业务。公告称，陆兆禧未来仅会出任淘宝网集市（C2C）业务的非执行主席。此前，阿里巴巴从来讳谈淘宝上市计划，每言必称"非常遥远"，此次阿里巴巴官方终于松口，马云亲口承认，"不排除未来集团整体上市的可能"。不过，马云没有对上市计划再做详细解释，反而强调了分拆有更多其他意义，他称，分拆淘宝是集团提升"大淘宝"战略为"大阿里"的战略之举。

2008 年，阿里巴巴提出"大淘宝"战略，将产业使命定义为做整个电子商务产业的水、电、煤式的基础设施提供商。阿里巴巴表示，"大淘宝"战略已取得阶段性进展，为了更好地适应快速变化的局面，集团决定提升"大淘宝"为"大阿里"。根据规划，"大阿里"战略的核心是与所有电子商务的参与者充分分享阿里集团的所有资源——包括其所服务的消费者群体、商户、制造产业链，整合信息流、物流、支付、无线以及提供数据分享为中心的云计算服务等。淘宝网分拆消息公布之际，恰在支付宝风波沸沸扬扬之时，人们不禁想知道，"马云葫芦里卖的什么药？"业界对此众说纷纭，不过较为一致的观点是，淘宝商城终于脱离淘宝集市，踏出独立的一步，将成为分拆后最具发展前景的一支。此次分拆是淘宝发力 B2C 的重要举动，今后淘宝商城与京东、当当正面竞争将加剧，并对后者造成一定威胁。商城的独立是淘宝网分拆之中最值得关注的细节之一，淘宝商城的独立是最为水到渠成的业务分拆。未来阿里要举全局之力，将淘宝商城打造成能服务全网的开放平台，前提必须是淘宝商城的独立化运作，让优质的商城资源从阿里系中突围而出。分拆运营更有利于各条业务线的独立发展，帮助业务从系统中大而全的官僚化体系中解脱出来。

从大淘宝到大阿里

表面上来看，淘宝只是将一个公司分成了一淘网、淘宝网和淘宝商城三家公司，对一个要求快速发展的公司来说，如此化整为零的做法是很正常的架构调整。但这不仅仅是淘宝的一次分拆，而是阿里巴巴集团的一次战略调整。就像马云自己在邮件里所强调的那样："为了更好适应今天行业的快速发展，集团决定提升'大淘宝'战略为'大阿里'战略。"此处蕴涵着一个更大的背景，即传统企业开始大面积地转向互联网经营。仅以深圳市为例，截至2010年底，该市注册的电子商务公司就达3700家，每年新诞生的电子商务企业数量在300~400家。另一个可参考的数字：2010年我国电子商务服务企业达9200家，同比增长21.3%。一个很明显的现象，随着内需的展开和企业的转型，越来越多的企业将会使用电子商务来服务客户，他们需要的支持和服务也是今非昔比了。阿里巴巴必须网住这样的机遇。2009年马云抛出的"大淘宝战略"建立的只是以消费者为中心的网购生态系统，现在情况显然发生了变化，最新的机遇来自于传统企业以及层出不穷的新购物模式。所以，马云在邮件里这样说，"'大阿里'将和所有电子商务的参与者充分分享阿里集团的所有资源——包括我们所服务的消费者群体、商户、制造产业链，整合信息流、物流、支付、无线以及提供数据分享为中心的云计算服务等，为中国电子商务的发展提供更好、更全面的基础服务。"或者可以这样说，阿里巴巴开始从消费者这个环节，向整条产业链延伸、覆盖。

在整个"大阿里"架构中，有两个关键的环节，第一个便是一淘网，它是消费者购物的入口，2010年11月份淘宝网正式对外测试了其"开放搜索（Open Search）"功能，自此一淘可以全面开放全网的抓取结果，令用户通过一淘网搜索到全网的商品。用户在搜索结果中点击相关商品的链接，可直接访问合作商家自建的独立购物网站页面，并使用淘宝网ID或支付宝ID登录、利用支付宝结算完成交易。如果说网页时代，百度和谷歌是互联网不可取代的入口，那么在网购时代，一淘网有望取而代之。2008年发生了淘宝网屏蔽百度蜘蛛（Baidu Spider）的事件，也就是说用户很难通过百度搜索到淘宝网的商家及商品信息，至今该屏蔽也没有恢复。2009年淘宝网搜索上线，一年后该搜索独立出来，一淘网正式上线，目的是要卡住网购入口。或许马云早就预设到了这一步，所以根本不愿与百度做过多纠缠。与最初淘宝网内搜索最大的不同是，一淘是全网搜索，而且加入了比价、导购、淘宝等辅助功能，使其看上去更像一个搜索引擎。更可怕的地方在于，一淘网直接到达购物网页，点击即可实现购买，这一功能无疑放大了搜索的价值。目前一淘网的收费模式是，入住商家通过一淘网达成搜索后的交易，就按交易额的多少提成，类似于淘宝商城的平台操作。业界对其有一个更大的设想："如果一淘网绑定支付宝，直达购物后再提供支付宝的支付选择，那么一淘的价值就会更大。"这并不是没有可能，要知道万网给企业建站也是通过支付宝，企业对网站不满意可以不付费，如同淘宝网一样。支付宝是阿里集团的基础性的资金支付设施，从这个角度来看，马云为一淘设置一个支付宝的平台，概率很大。因此，一淘网像百度、谷歌那样成为上市公司，也只是时间问题。至此，即使没有淘宝商城、万网、一淘的上市，最后的集团上市也必然要提上日程。而这一切都以淘宝分拆为节点。

第二个关键环节就是万网。万网是阿里巴巴上市公司于2009年9月以5.4亿元分两期收购得来，现在是国内拥有用户数最大的域名主机类网站，中国绝大多数域名解析都需要经过万网。2011年11月份，万网开始另一项业务，即"梦工厂"计划：通过平台的"标准建站服务"，向用户提供服务标准、服务流程和服务质量都统一的标准网站建设服务。这里包含面向网络零售业的"淘里淘外"以及面向工厂和贸易行业的"阿里阿外"两项建站服务。这是一条多么完美的产业链。一个站在互联网门外的传统企业，只要走进阿里巴巴的大门，一切都将无忧。首先，万网提供给你域名，并为你量身定制出两套网站——B2B和B2C，再通过阿里巴巴网站和淘宝商城、淘宝集市三大平台，为你对接用户，而且这些用户是已经被细分好的用户，或行业用户、或中高端用户、或中低端用户。这是一条龙、一站式服务。万网的商业模式同样极为清晰，其传统的四大产品——域名、虚拟主机、邮箱、网站，就已经获得不少收入，若再加上去年开始的梦工厂业务，万网的成长空间很大。根据阿里巴巴 2011 年第四季度财报，"本财季的其他营业收入，主要指来自中国万网的营业收入，为人民币 1.061 亿元，同比增加 11.0%。"在开始梦工厂计划时，万网曾预估每年传统企业涉网数量每年将以至少 13% 的比例增长。在利润方面，有一个收购前的数字可以参考：2008 年销售收入在 3 亿元左右，净利润则超过 5000 万元。而且，万网还有一块更大的业务增长空间，即云开放业务。2011 年阿里巴巴成立子公司阿里云，下大力度专攻云计算技术，万网同期也被赋予了重要使命，共同实现阿里巴巴云计算"对外提供服务的商用计划"。中国万网已拥有云主机、云邮箱等多项基于云的开放业务。其中，万网云邮箱已经服务于 60 余万阿里巴巴出口通贸易用户。这些基于云计算的商用服务，不仅可以提供给用户更安全可靠的数据保证，同时也可以提供更高性价比和更弹性的收费标准。万网的上市可能性似乎比淘宝商城更大，这也就是为什么分拆消息甫一出来，立刻便有消息称："阿里巴巴正计划分拆互联网主机服务业务中国万网在美国上市，拟集资 2 亿至 3 亿美元。分拆资产的服务范围包括域名服务、主机服务、企业邮箱、网站建设、网络营销以及高端企业电子。"万网就像阿里集团的底层架构，阿里巴巴、淘宝 C 店、淘宝商城则是凌驾其上的业务公司。淘宝 C 店因受假货所困，短期内应没有上市可能性。

除此之外，马云还有更大的设想，即 2012 年 1 月 19 日首度公布的集团物流战略：在全国建 7 个百万平方米以上的阿里大仓，再向下覆盖各自所辖区域；与此同时，目前还设在淘宝网底下的物流宝承担所有信息流的建设工作，打通从供应商厂家到阿里大、小仓直至用户之间的物流数据流。最终形成类似"第四方物流"的远景：货不动、数据在动的伟大蓝图。整个物流战略从逻辑上来看，可以囊括"大阿里战略"中所有的业务。

阿里巴巴集团企图接管整个商业，而且架构已是如此清晰，所以马云在邮件里强调了这样的一句话："我们相信淘宝分拆能创造更大的产业价值、公司价值和股东利益。"马云不仅给了大家一个极大的想象空间，也给了资本方一个极大的利益诱饵，因为他还说了一句关键性的话："我们不排除未来集团整体上市的可能性，让一直相信和支持我们的员工和股东们分享成果。"

第二十九回　淘宝商城　混战激烈

2011 年对马云来说，可能将是十分难忘的一年，前有支付宝股权转移风波，后有淘宝商城的内斗愈演愈烈。"看着家人的眼泪，听见同事们疲惫委屈的声音，心碎了，真累了，真想放弃。心里无数次责问自己：我们为了什么？凭啥去承担如此的责任？也许商人赚了钱就该过舒适生活，或像别人一样移民，社会好坏和我们有啥关系？"2011 年 10 月 13 日上午，阿里巴巴集团主席兼首席执行官马云在其微博中如是称。

让马云如此伤感的是 2011 年 10 月 11 日晚，阿里巴巴旗下的淘宝商城发生了卖家之间的大规模"混战"，3000 余名自称"淘宝商城小店家"的人士有指向性地围攻淘宝商城一些知名店铺。这些小店家分工明确，组织内分宣传部、执行部等，每 100 名参与者被分为一组，主要"攻击"方式为："闪电发货"与"7 天无理由退货"。前者指卖家同意提供限时（24、48 或 72 小时内）发货。但在规定时间内若不发货，买家可以根据本页面及淘宝规则规定向淘宝网发起赔付申请，淘宝将进行先行赔付以保障买家权益；后者则指在签收货物（以物流签收单时间为准）后 7 天内，若因买家主观原因不愿完成本次交易，商家有义务向买家提供退换货服务；若商家未履行其义务，则买家有权按照本规则向淘宝商城发起投诉，并申请"7 天无理由退换货"赔付。而如果商家在规定时间内货全部发完，对方则先全部确定收货，然后购买，再全部给卖家打 0 分或 1 分，并一起申请退款，使得卖家退款率马上攀升，并打击知名店铺的评级、退货率等信用指标。"闪电发货"与"7 天无理由退货"是淘宝商城所制定的网络交易规则。"淘宝商城小店家"就是利用此规则对一些知名卖家的业务造成混乱。显然这些小店家是淘宝商城的"自家人"，相当熟悉淘宝商城内情。这些集体攻击即刻产生了反应，淘宝上的一些知名卖家如韩都衣舍、欧莎、七格格、优衣库等都受到影响。韩都衣舍市场部一位负责人对外称，由于恶意攻击，导致当天的销售额比平日损失了 30%，将近 100 万元。

有证据表明，这场攻击是一群号称"淘宝小店家"的人士在刻意操纵，企图逼迫淘宝商城改变刚公布的 2012 年度商家招商续签及规则调整。另有迹象显示，淘宝曾严厉打击过的"刷钻"和"恶意差评"机构也参与其中。淘宝商城发布公告称，"我们愿意接受任何对于我们规则的看法和建议，但是我们决不能容忍，因为有不同的意见而去侵害其他无辜商家的暴行。我们决不会因为威胁、恐吓而轻易放弃。淘宝商城已经就昨天晚上所发生的恶意攻击行为向警方报案，并将会采取技术手段，为正常经营受到干扰的合规店家提供相应的帮助，使其尽快恢复交易秩序。"2011 年 10 月 12 日更有部分淘宝商城卖家在杭州淘宝总部下拉起横幅，表示不满。

而导致产生淘宝卖家"内讧"的原因在于淘宝商城 2011 年 10 月 10 日推出的《2012 年招商续签及规则调整公告》。该公告称，入驻淘宝商城的卖家每年需交的技术服务年费，从原先的 6000 元提高至 3 万元和 6 万元两个档次，保证金同时也从此前的 1 万元提高到 5 万元、10 万元和 15 万元三档。对于本次新规则服务费的制定标准，淘宝商城总裁张勇 10 月 12 日对外解释称，是看整个服务能力以及能不能达到动态评分的标准，如果达到了经营的规模，年费是可以返还的：比如服装类商家，返还年费的标准是年销售额达到 120 万元，折合下来每天需要有 3000 多元的销售额。张勇认为，在此事件中一些不明真相的商家存在误解，淘宝商城从淘宝分拆出来以后，常常有商家混淆。他表示淘宝网 C2C 依然会免费，淘宝商城从一开始就是收费的。对于一些在规模和服务水平上还存在一定差距的商家，淘宝商城制订了"一键转淘宝集市"的方案。

不过淘宝商城的中小卖家显然还是无法接受这一政策，他们认为，淘宝商城的这一举措主要还是维护大卖家的利益，意在对他们这些中小卖家驱逐。他们依然在商讨如何进一步与淘宝商城以及马云"斗争"。2011 年 10 月 14 日凌晨，中小卖家建立 YY 语音名为"中国网商维权协会"频道，10 月 13 日下午，在线人数达 5 万多人。他们与淘宝商城"抗争"，以求维护自己的利益。

阿里巴巴董事局主席马云连夜从美国飞回，紧急召开媒体沟通会试图平息本次纠纷。"淘宝战争"进入了第一个转折点。虽然马云强调淘宝商城打击假货的原则绝不会退让半步，但他承诺将淘宝商城新规实施时间延后，明年对商户收取的保证金也暂时只收一半，并对淘宝商城在此次事件中处理方式不当表达了歉意。由于淘宝商城的特殊性，此事甚至引起了政府部门的高度重视。商务部终于按捺不住做了和事佬，一方面提醒淘宝照顾中小商户的利益，要把这事提高到稳定物价、扶植小微企业的高度看；另一方面提醒用不合法手段攻击大商户的人，这可能是要被究责的违法行为，你们须自己小心。商务部出手平息事态也不全是坏事，就像工信部出面平息"3Q大战"一样，政府出面协调还是对用户有利的，至少不会斗到两败俱伤、殃及池鱼的程度。

马云妥协的方式是拿出10亿元支持商户，为其补足一半的保证金，并全部放入消费者保障基金，保证金由第三方监管；拿出5亿元作为现金担保，为符合条件的小商户向银行和第三方金融机构的贷款提供担保支持；在原有预算的基础上增加3亿元投入，用于市场推广和技术服务平台的改善，加大对商城商户的支持，帮助他们提升品牌，带来更高的人气和效益。问题在于，当初如果用这种替代方式进行过渡，而不是直接就以君临天下的强势得罪一批小商户的话，也不至于引发如此的激荡、造成这么大的损失。很多小商户遵循着"长尾理论"给市场提供那些因消费者不够多而不能形成大规模购买局面的商品，虽然20%的商户创造了80%的价值，但这些80%的小商户则丰富了市场。没有这种产品的丰盈度，那80%的价值也未必能体现。淘宝这一步走得太急，过于一刀切了。关键的地方在于，在目前这种自组织的网络社会当中，网络的特性往往导致很难形成意见的中心。虽然对于淘宝的攻击很容易自发形成，但如果淘宝打算与小商户谈判的话，他们就会发现并没有一个可供谈判的强力组织机构，面对的是意见全不统一的海量个体。这正是淘宝所将面临的困境，也是在网络社会所出现的特有景观。这与其他时代不同，网络的去中心化在成为最有力的武器时，也会造成这样的茫然困境。勒庞在《乌合之众》中指出，个人一旦融入群体，个性便会被湮没；同时，群体行为也会表现出极端化、情绪化等特点，进而对社会产生破坏性的影响。

由于马云的妥协，喧闹数日的淘宝商城被围攻事件告一段落。但这个事件对社会和商业基础的伤害注定还将持续。就淘宝商城事件而言，我们必须要警惕这种所谓广泛民意的说法，我们应该保护的是合法者，而不是单纯意义上的弱者（必须要指出的是，在这个事件中，所谓弱者的身份有人为编造的成分在），尤其是当所谓的弱者用违法的手段来进行恶意攻击反而获得媒体和社会的一致叫好时，"理性的溃败"就成了必然的结果。如今复盘来看，这个事件的发展可以用如下的脉络来整理：淘宝商城宣布，2011 年合同执行完毕后，商户续签将采用 2012 年新的运营标准。部分人聚集，认为影响了生计，舆论一边倒，认为这是一个最坏的政策，要求淘宝商城改回去。淘宝出扶植政策，事件渐平息，然后有人高呼"庶民的胜利"。实际上，3 万元的技术服务费对于一家具有资质的品牌店而言，并非一个很高的门槛（线下门面费一年可能就要 10 万），如果被阻挡在外可去淘宝集市继续生存，极端点说，尽管淘宝占据了中国电子网购的半壁江山，但也有很多正在崛起的电商等待这些店家去那里开门营业，没有必要吊死在淘宝一棵树上。但令人悲哀的是，舆论居然叫好声不断，认为小卖家攻击大卖家将是促进社会公平的一个手段，认为淘宝商城作为大头，就活该被谴责，种种不是的源头只因为它面对个体消费者是个大公司。

无论如何，以大规模恶意网购的方式攻击商城上大卖家的做法是非法行为，侵犯了这些店铺的商业信誉，构成有预谋的商业欺诈，扰乱市场秩序，应该被制止。要知道，通过攻击无辜人等的方式，希望迫使利益相关方做出妥协，这是"砸场子"。这种行为不但可能触犯法律，更重要的是，它将自己所谓要维护的公平正义彻底污名化。无论如何，淘宝商城这个平台，其规则比起社会上其他领域来，尚算公平透明。在这个规则下成长起来的大卖家，主要还是通过自身奋斗而非权钱勾结得到了今天的地位。不把精力用在与淘宝规则制定方的沟通、协调上，而去攻击同属入驻商家的大卖家，这是赤裸裸的"少数人的暴政"。

这个事情虽然已经告一段路，但它对维权和公平对话的伤害还会持续很久。总有一天，也总还会有人，用种种名义聚集起来，今天它可以攻击淘宝的大卖家，明天，它就可以肆无忌惮地攻击其他一切不符合它预期的制度和政策。这是理性的溃败，而不是所谓正义的胜利。这个事件在未来几年内将会越来越清晰的证明，这个社会，正在被"道德优先者"胁迫，我们的理性正在全面溃败。

第三十回　独行改版　易容天猫

聚划算独立

聚划算是阿里集团独立的团购品牌，自 2010 年 3 月 22 日上线以来，最初以商品团为主，2011 年开始和各地合作伙伴开展服务类的本地团购。在万马齐喑的团购市场，一直稳居重磅要位。2011 年 10 月 20 日，阿里巴巴集团正式宣布，将聚划算从淘宝网剥离，作为单独业务模块公司化运行和发展。由阎利珉担任总经理，汇报给集团秘书长邵晓锋。聚划算 2011 全年团购交易额达到 101.8 亿元，市场份额占当年团购行业总交易额的 50% 以上。而聚划算独立之后的"双十二"单日成交金额突破 2.82 亿，12 月整体增长达 39%。

2011 年 12 月 28 日，阿里巴巴集团旗下的团购平台聚划算在杭州召开新闻发布会，宣布正式启用独立域名 juhuasuan.com。而在此之前，聚划算已经以公司化的形式独立运营。同时，阿里巴巴集团也正式对外宣布聚划算 2012 年的开放战略，其核心是全面开放聚划算的千万活跃用户、开放 1200 万日独立访问流量以及来自阿里巴巴集团旗下阿里金融的 6 亿贷款和风投联盟的 6 亿资金。目前，高朋网、美团网、满座网等独立团购网站已经正式入驻聚划算平台。显然，聚划算希望作为一个开放的营销平台角色，通过多种形式与各地团购网站、服务企业等展开合作，从而为消费者打造以聚划算为起点、囊括在线商品到地域性生活服务的团购平台。聚划算的开放所提供的资金及用户资源将助力中国整个团购行业的发展。正式入驻聚划算的美团网 CEO 王兴表示，依靠淘宝，看好聚划算平台的流量、用户以及网购的诚信体系，这对消费者非常重要。同时阿里巴巴也宣布了聚划算的团购六大服务标准，力挺消费者。进入聚划算平台的商家和伙伴必须全部满足：严格的商家认证、参团保证金、第三方质检、入仓发货体系、神秘客户抽检和商品价格监控体系等六大服务标准。而且，聚划算将一如既往地关注和力挺消费者，更加开放，并且毫不退缩，与广大的伙伴一起推动制定行业标准，为整个行业承担应有的责任。

淘宝改版

当马云的心思变成战略，剩下的就是有条不紊地迅速执行。在提出平台、数据和金融作为未来阿里集团三大战略后仅月余，淘宝即开始酝酿改版。对于此次升级，分析人士认为，SNS 并非主要目的而是手段，其战略意义在于对淘宝内部流量进行重新梳理，从而为"小而美"这一新形态的电商集群浮出水面搭建平台。

淘宝区别于其他互联网营销渠道，在于流量的纯度和覆盖人群，获取用户成本低，能够形成价值洼地。但如今的淘宝显然不是这样的存在，相反，商家关于"得不到流量支持""开店成本趋高"的抱怨却从未间断。淘宝集市店铺超过千万，而头部商家不足 20 万。淘宝流量虽大，却有相当的闲散流量又无法直接到达尾部或脚部的店铺，致使大量长尾商品被埋没在用户视线之外，造成供不应求的假象。

很多用户都会有这样的经历，他们每天有事没事都会打开淘宝，但并非每次登录淘宝都会买东西，就像到线下逛商场，成为一种习惯。淘宝用户的浏览轨迹已经形成明显的偏好，但仍然存在部分流量未能充分调用，向来鼓吹的价值洼地其实没有得到真正开发。而在营销方面，平台以往更加注重从外部引流，而忽略了站内流量优化的重要性，致使淘宝的广告资源集中程度高，且推广多停留在高转化率的营销层，难以渗透到更多的产品，长尾产品的曝光度极低。处在尾部的商家除非产品特别棒，否则根本没法活。淘宝商家对于集市求生有着深刻感悟，在竞争越来越激烈与同质化的情况下，很多淘宝早期表现出色的商家逐渐没落。为此，淘宝急需通过改版对内部流量进行重新分配，从而以更加个性化、精准化的推荐方式来提升更多的产品曝光和流量变现。

淘宝对流量进行调节后，将告别以往粗放型的引导流量方式，而是转向高质量的精准分配，并借助 SNS 化的用户关系来实现网站的访问浏览，提升黏性和 PV 贡献，避免成为垃圾市场。天猫自淘宝剥离后，品牌集约化程度越来越高，但淘宝"低质""便宜货"的形象却日益固化。过去阶段，淘宝曾苦心培养淘品牌，试图来改观消费者认知。而随着淘品牌的"天猫化"，逐渐完成迭代升级，留下空白亟待淘宝市场去打造新的概念去填补。其实无论是天猫还是淘宝，经营理念都不能摆脱离义乌批发市场的思路。销量和销售额是考核商家的唯一标准，品牌意识没有完全树立。淘宝靠爆款制胜的经营策略是在高营销投入和低利润回报的前提下实现的，长期爆款策略最终将导致商家偷工减料，从而转向"垃圾市场"。淘宝要改变消费者以往的认知，就要借改版之际，突出生态链上新的市场蓝海，即马云所说的"小而美（Small is beautiful）"，或许会以产业集群的方式，成为淘宝市场继淘品牌之后的下一个爆发点。

"有人说我想做十个亿，很好，我们支持你，为你鼓掌，但是我们的重头戏是帮助一百万家年营业额过一百万的网店。"在马云看来，为小而美的电商提供足够的流量扶持，每 100 个商品产生 20 个订单，其价值远超 1 万个商品日均 200 单的"超级变态大"商铺。从前期准备来看，淘宝方面已经在着手为"小而美"的电商铺路，包括一系列"寻找小而美"的推广活动已经逐步上轨。而 2012 年的淘宝集市"双十一"大促，则有意识地强化"故事性"的重要，而非销量。从官方的口吻判断，这一基准将作为 2013 年淘宝整体的"风向标"。未来阶段，淘宝如能在大数据挖掘、用户行为分析的基础上，进行个性化推荐和关联销售，运用数据和算法，让搜索和推荐均能符合用户偏好，产生更合理的流量结构，将让更多有特色的中小卖家可以享受流量实惠，找到生存价值。

淘宝商城更名天猫

2012 年 1 月 11 日，淘宝商城宣布更名为"天猫"，这一形式的变身不仅在即将到来的农历新年颇具辞旧迎新的意味，也给 B2C 行业带来了不小的遐想。从 2010 年 11 月推出独立域名以来，淘宝商城的改变脚步一直不断：从淘宝分拆独立、开放平台战略推出，到商家规则升级等，无一不在暗示改名并非一蹴而就。

"天猫"一词，取自于原商城英文名"Tmall. com"的谐音。按天猫总裁张勇的解释，猫科动物天然的高贵气质和淘宝商城想要打造的品质、时尚非常相符。但无论怎样，这个新名字不管从字形和象声意义上都与整个淘宝系、阿里系公司的风格迥异。有人认为这仅仅是商城变化的开端，这个 B2C 市场老大的"猫"变势必对行业参与者产生极强影响。阿里巴巴集团首席市场官王帅表示，淘宝商城正式更名为"天猫网购"，是基于对天猫基因的战略寻找与其未来的战略展望所做出的决策，也是阿里巴巴集团形成并进一步完善生态体系的战略决定。他进一步诠释说，"亚马逊不仅是一条河，同时也是世界电子商务的伟大企业；星巴克不是咖啡，但它却代表了最大的咖啡连锁巨头和文化；天猫是什么？它就应该是时尚、潮流、品质、性感的代名词和化身。"（见图 2 - 3）

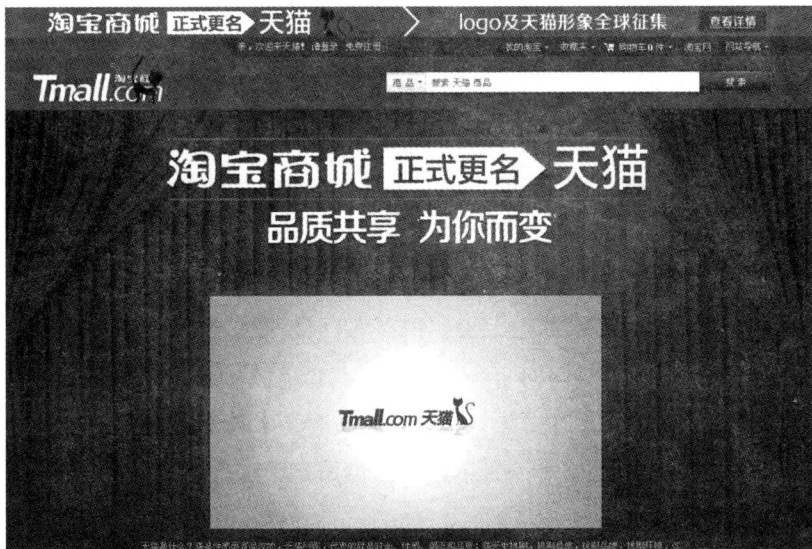

图 2 - 3　淘宝商场更名天猫后的首页宣传

资料来源：天猫。

至此，阿里巴巴集团电子商务生态体系的战略性升级已经完成。由 B2B（阿里巴巴）、C2C（淘宝网）、B2C（天猫）、购物搜索（一淘网）、云计算（阿里云）组成的一幅清晰的电子商务生态系统大图已经展现在世人面前。天猫希望新的形象能时刻提醒所有为这个平台努力的人一起坚守不变的品质，尝试不断地变革。

封杀返现类淘宝客

淘宝太大了，咳嗽一声就震倒一大片——当淘宝联盟宣布 2013 年起不再支持返现类淘宝客时，有人如此感慨返利网站的叵测前途。2012 年 11 月 20 日，一淘旗下淘宝联盟公告称，从 2013 年 1 月 1 日起不再支持淘宝站内购物返现的淘宝客模式，只支持返积分、返实物和返优惠券等非现金方式返利模式。规则调整的原因是部分返现类淘宝客在宣传上夸大返现金额、违规不返现，侵害消费者利益并影响商家价格体系。尽管规则调整还不至于让以返现为生的返利网站"死"，但至少会使其商业模式面临一次实质性的大调整。新规实施后，返利网站的返利体系被割裂成两部分：针对淘宝的非现金类返利体系和针对其他电商平台的返现体系。此外，新规实行后返利网站不得不接入支付宝的积分产品"集分宝"。"集分宝"将成为规则调整背后最大的受益者。淘宝方面能借此将用户的后续消费行为截留在支付宝体系内，形成交易闭环，同时加强对产业链上游网站的掌控。支付宝则可以将集分宝尽可能地推行至淘宝体系外，最终形成一个在支付宝通道上通用的虚拟货币体系。

淘宝联盟公告中所指的返现类淘宝客，即指一般消费者所理解的专业返利网站和提供返现服务的个人淘宝客。用户通过返现类淘宝客跳转至网店购物后，返现类淘宝客可从卖家处获取交易佣金，并将佣金中的一部分以账户现金方式返还给用户。作为淘宝联盟的一种推广方式，返现相较于返积分、返优惠券等返利形式更加直观易用，因此逐渐获得用户青睐。但随着返现方式的流行，不少原先直接登录淘宝或者天猫的用户也逐渐养成了购物前去返利网站拿返利的习惯，导致商家需要承担额外的佣金支出。这相当于商家到手的利润又被返利网站割去一块，商家肯定是不愿意的。淘宝联盟封杀返现类淘宝客的真正动机在于此，而非整治不规范返现。如果要整治行业秩序，直接停掉那些违规淘宝客的接口就行了。此外，返利网站商业模式的可持续性也在遭受质疑。在业内，返利网站对电商的交易拉动被分为两种。一种即上述提到的消费行为，用户已经在卖家处选中某商品，但为了拿返利而特意从返利网站上进行购买。另一种是拉客式购物，即用户直接登录返利网站再进行购物。第二种购物方式能够为卖家创造额外的交易量，真正产出价值，而第一种方式并未创造出额外的价值。从返利网站诞生之初，第一种模式就注定是要被淘宝打压的。从细则看，新规不会影响返现类淘宝客从淘宝卖家处提取现金分成。此外，新规只针对返现类淘宝客，蘑菇街、美丽说等社会化导购网站将不受影响。

支付宝是想形成一个交易闭环，而最终的构想是打造一个全网通用的积分体系。新规实行后，包括返利网站在内的返现类淘宝客如果想继续做淘宝站内生意，就不得不接入集分宝。因此从目前来看，支付宝旗下独资子公司集分宝是此次规则调整最明显的受益者。2010 年底，支付宝推出集分宝服务，其积分不仅能与其他酒店、银行等合作方的积分兑换使用，还可在使用支付宝支付的合作电商平台上抵作现金。集分宝的拓展完全基于支付宝的业务线，形成依附和辅助关系。2011 年底，集分宝从支付宝单独剥离成为独立公司。此后，支付宝对于集分宝的业务状况并未有更多披露。集分宝只是支付宝棋局中的一步。集分宝是在配合支付宝的账户体系。阿里的最终目的是打造一个虚拟货币体系，让支付宝成为互联网上通行的钱包。也就是说，当集分宝积分能够与大量的第三方积分互兑时，集分宝的积分在支付宝体系内就逐渐成为了有"硬通货"性质的虚拟货币，而支付宝就成了装载流通这种虚拟货币的电子钱包。值得注意的是，天猫商城的积分体系"天猫积分"与集分宝目前只是单向打通。天猫积分只能在天猫使用，无法兑换成集分宝积分。而集分宝可以在天猫购物付款时抵现。这样天猫积分就避免了外流的危险。对此，集分宝产品负责人李逍遥（化名）认为，一般商家在合作时都会有顾虑，希望兑换出去的积分还是能够回到自己的平台消费掉。因此，最终商家是否愿意与集分宝互兑取决于其对自己积分用户黏性的把握度。此次新规调整也再次表明，淘宝系统的接口正在持续收紧，对产业上下游网站的把控也变得越来越严。

互联网流量监测机构 Alexa 的数据显示，淘宝网的前 10 大上游网站中，几乎被淘宝系网站（天猫、一淘、支付宝）、搜索引擎（百度、谷歌）、微博（新浪微博）、QQ 和综合导航（hao123）垄断。天猫、百度、新浪微博和 QQ 等上游网站占去了淘宝网约 45% 的独立访问。这也意味着，除去淘宝的自有访问量外，淘宝仍有大量的上游访问来自零散的淘宝客站点。根据此前一淘网公布的数据，2011 年其淘宝客注册数已达 1900 万，淘宝客佣金分成规模达 15 个亿。如何把控这部分流量成为淘宝在构筑产业生态链时不得不解决的问题。

采用返现形式时，返还给用户的资金去向可能会流向其他电商平台。而新规实行后，返现类淘宝客将主要以集分宝积分形式返利给用户。这些积分在用户下次购物时可以 100∶1 的比例换算成现金抵用。用户的后续消费行为至少可以停留在支付宝的体系内。此外，培养用户黏性也是淘宝新规希望达到的目的之一，单纯的返现对商家来说没有意义。

作为返利网站的代表，返还网在新规的制定阶段就开始与淘宝联盟接触，并最终就规则调整达成一致。不仅如此，返还网已经在进行新的集分宝接口调试。接入集分宝体系后，返还网会将原先的返现额度按照 1∶100 的比例折算成积分返还给用户。另一家返利网站 51 返利也早已就新规调整与淘宝联盟进行接触。对于新规，51 返利的态度是"支持"。返利网站和淘宝对新规的态度统一得有点让人意外。规则调整后，返利网站对于用户的吸引力无疑会下降。但长远看，新规确实有利于规范返利行业。从操作上看未必是坏事，积分的可控性比现金好。新规实行后，返还网面向淘宝网和天猫的返利方式将正式变成非现金类模式。也就是说，返利网站原有的返利体系被割裂成两部分：针对淘宝的非现金类返利体系和针对其他电商平台的返现体系。这种割裂在新规初期确实会对用户体验造成一定的影响。淘宝联盟正在针对此推出接口设计、UI统一和用户引导等解决方案，实际上影响没那么大。

第三十一回　万亿背后　电商时代

"富可敌国" 的淘宝

2012 年 11 月 30 日 21 时 50 分 18 秒，这是一个让淘宝载入史册的日子，也是中国电商行业迈过的一道门槛。此时此刻，阿里旗下电商平台淘宝＋天猫的销售总额突破 10000 亿元——这也是中国第一家销售规模达到 13 位数的民营企业。在这 10000 亿元背后，许多问题值得思考——它意味着什么？它是如何做到的？它让中国的零售业、流通业和制造业发生了哪些变化？

在此之前，很少有人想到 10000 亿元对企业而言意味着什么。因为除中石油、中石化等极少数央企外，中国再也没有哪个企业的年营业额可以达到万亿级别，这其中不仅包括零售企业，也包括规模型制造企业和被看作暴利的房地产业。只有在提到省际 GDP 比拼的时候，媒体才会用"万亿俱乐部"来衡量。国家统计局数据显示，截至 2012 年年底中国 GDP 超过万亿的省市数量达到 23 个，而如果用社会消费品零售总额计算，2012 年全年社会消费品零售总额超过万亿的省份仅有广东、山东、江苏和浙江四个省。这也就意味着，淘宝网和天猫超过 1 万亿元的销售额可以排在 2012 年省际社会消费品零售总额第 5 位，这一数字甚至超过了排名最靠后的云南、贵州、甘肃、新疆、海南、宁夏和青海这 7 个省份的社会消费品零售额的总和。在业内人士看来，阿里巴巴足可称得上"富可敌国"的企业。而在企业层面，1 万亿元则意味着民营企业对央企的赶超。据财报显示，中石油营业收入在 2012 年首度突破 2 万亿元，同比增长 36.7%。中石化 2012 年营业收入 2.5 万亿元，同比增长 31%。在可查数据中，这是仅有的两个年营业收入在万亿级别的企业。而按照现有增速计算，阿里巴巴将在数年内赶超"两桶油"，成为国内经营规模最大的企业。阿里巴巴集团总参谋长曾鸣表示，集团内部对"10000 亿"相对淡定，因为"知道它一定会到来"，但对于社会而言则意义重大。"因为很多人还是不明白互联网对于整个商业带来的巨大影响，以及电子商务的潜力有多大。我们希望通过这个标志性的事件让更多人了解电子商务的力量。"在阿里巴巴方面看来，阿里网购平台的 10000 亿元交易额也折射出国内消费增量所在。"10000 亿元的交易额不仅折射出中国巨大的消费增量，更是新经济主体的代表。更主要的是，这一增量还在不断急速上升中。"阿里巴巴相关负责人表示。据阿里集团数据显示，消费增量的重心开始逐渐从一线城市转移到三、四线城市。在三、四线及以下城市中，消费增速达到 60% 以上，远远高于作为传统消费主力的一、二线城市不足 40% 的消费增速。

在 10000 亿元的销售数据背后，是中国零售业、流通业和制造业正在发生着根本性变化。淘宝网数据显示，2012 年以来，消费者在淘宝和天猫的服饰鞋包类消费超过 3000 亿元，占淘宝和天猫总交易额的 30.3%。对比国家统计局的数据，可以发现全国约 36% 的服饰鞋包消费都是在淘宝和天猫上完成的。在服饰鞋包之后，3C 数码类商品和话费及游戏充值成为淘宝和天猫总交易额第二、第三名，消费金额分别超过 1860 亿元和 860 亿元。这意味着消费者的消费习惯已经被改变。随之改变的是中国电子商务的环境。十几年前，电子商务模式刚刚在中国出现时，不少零售业人士断言电商将无法逾越"信用""支付"和"物流"三座大山。而现在，以淘宝为代表的网上信用体系的建立、以支付宝为代表的网上支付体系的安全快捷以及社会化大物流体系的成型，让电子商务正在驱动和形成一场新浪潮。进一步而言，电子商务也在改变着传统的商业模式。"从互联网创造的第一天开始，它对社会行为、商业运作模式就发生着冲击。从广告模式的颠覆，到电商对传统渠道的冲击和变革，以及社会化物流体系的突破性发展、信息共享等。同样，互联网在未来将会继续改造企业的采购流程、订单实现的流程、生产的流程以及整个供应链管理体系。"曾鸣认为，电子商务正在促使整个社会商业效率提升。来自淘宝网的数据显示，截至目前，淘宝和天猫创造的直接就业达到 467.7 万，拉动间接就业 1333 万，这其中包括网络支付、快递物流、网络代购、电商运营服务及淘女郎等。曾鸣提道，阿里巴巴将在未来的两三年内提供更多新的就业机会。"我们希望在未来两年，会有 100 万淘宝卖家年销售额能够超过 100 万元；在更远的将来，我们希望'大阿里体系'中能有 1000 万个客服人员和 1000 万个物流快递人员，创造 10 万亿元的电子商务蓝图。"

一家独大和税收漏洞

商务部电子商务和信息化司副司长聂林海刚宣布，2012 年前三季度网络零售继续保持快速增长，增速超过 40%，他同时预计，2012 年电商将"轻松突破万亿大关"。仅仅过了一周，淘宝和天猫的销售额就超过 1 万亿元。根据艾瑞咨询最新统计，2012 年三季度中国 C2C（不含 C2C 推出的 B2C 商城）网购市场份额中，淘宝网占到 94.53%；在 B2C 市场中，天猫占比达到 54.6%，均凸显出绝对优势。

事实上，阿里巴巴在电商行业中的一家独大已属常态。从社会消费品零售总额占比上就能看出，2011 年网络零售占到社会消费品零售总额的 4.3%，而天猫和淘宝独占 3.44%，占比高达 80%。阿里的一家独大虽然不能构成垄断，但在电商世界，尤其是 C2C 领域，游戏规则基本上由其一家制定。其规则的变更会让从业者毫无还手之力，就像 2011 年发生的"淘宝伤城"事件。除独大隐忧，淘宝的税收问题也已被看作老生常谈。目前包括京东商城、当当网、亚马逊中国在内的大多数自主营销型 B2C 已经完善税收制度，但淘宝却一直被看作"被国家税收遗忘的角落"。淘宝网方面表示，淘宝网作为平台，交易额是平台卖家产生的，并非企业本身营业收入。按照国家政策和各地方政策，平台商家应自觉缴税并接受政府监督。但在平台商不介入的前提下，淘宝网600 万小卖家的税收问题将难以解决。一方面自主营销型电商企业每单都在缴税，但另一方面淘宝网的卖家却无人纳税，对于其他电商企业而言难言公平，国家应在这方面予以统一对待。

电商时代的到来

从 1999 年阿里巴巴雏形初建，到 2012 年销售规模突破 1 万亿元，阿里巴巴走过了 13 年。从今天往前的十年只是电商"蓄势待发"的十年。站在商业、运营、市场、消费来看，电子商务尚处于发展早期。电子商务的特性没有完全发挥出来，电子商务的人口红利没有释放出来，电子商务量能的释放还远未开始。

面向未来，阿里巴巴提出了"10 万亿"的目标，但并未给这个目标加上具体期限。曾鸣在回答问题时表示"感觉 8~10 年能够达到这个目标"，并同时认为这是"最让人兴奋的地方"。曾鸣认为，如果说 1 万亿元是一个战略转折点，让大家能感受到电子商务带来的新商业模式和对于社会的未来影响，那么当阿里集团销售达到 10 万亿元的时候，这个游戏就已经结束了。"那时商务将全部都是互联网化的商务，所以 10 万亿元作为我们下一个目标，它表示整个社会基础已经全面互联网化了。"曾鸣说，"站在 1 万亿元的坎上，我们看到 10 万亿元的未来，看到一个更有生命力的社会效率大幅度提升的全新商业模式，这是让我们最兴奋的"。马云则认为，互联网环境下电子商务的本质，绝不是以前很多人理解的"虚拟经济"。"实际上，电子商务是实实在在的新经济，是用互联网信息技术和传统实体经济完美融合的一种新经济模式，这种新经济模式能有效整合当下的现有资源，切实降低企业发展的成本，提升小企业的竞争实力，极大地提高社会整体效率。当下千万级的网商以及互联网环境下的每个消费者，是新经济时代第一批移民，他们将引导中国经济的转型。"他同时表示，未来社会将产生 1000 万家依网而生的小企业，服务 10 亿消费者；产生千万数量级的快递人员及千万数量级的网络客服人员。"1 万亿只是刚刚开始，我们正在步入 10 万亿的时代。"

在高速发展十年后，淘宝网用 1 万亿元的销售额给电商从业者带来了一股"正能量"，也让其他行业的从业者如闻惊雷。这就是以电子商务为代表的新兴商业模式，正在以超乎想象的速度加快传统商业模式的升级和转变。正如阿里人所言，集团内部对销售额破万亿相对淡定，但由此带来的符号意义却对社会意义重大。在未来的时间里，也许会有更多行业尝试用互联网思维去思考，会有更多传统企业对电商的印象进行改观，会有更多消费者对日趋完善的网络零售环境放心。站在 2012 年向前看，现在的电商生存环境已经比十年前大有改观。这来自先行者们对电商发展做出的巨大贡献。这些先行者包括阿里巴巴、京东商城、凡客诚品等目前仍在快速奔跑的规模企业，也包括此前建立起来或曾经建立过的所有电商企业。这些先行者作为中国电商的组成部分，带动了全业态在经济和环境上的提升。

在先锋者们的不断呼喊下，在今天，越来越多的行业已经认识到，电子商务已经到了由量变到质变的岔路口。在互联网环境下的新消费方式驱动下，电子商务正在从一个新兴的商业模式，走向主流成熟的商业模式。诚如业界所说，电商企业凭借其强大的数据处理能力和蓬勃态势，必将成为拉动现代物流等相关行业高速发展、零售和服务行业深刻变革，直至推动整个供应链体系深刻变革的巨大力量，是拉动内需、促进社会经济结构调整优化的巨大动力。

---------------------------- ■ **档案存底一** ■ ----------------------------

电子商务终将走向 C2B

——天猫总裁张勇在 2012 年艾瑞年会的演讲

从开头我想先不讲商业本质，先讲电子商务是什么？前一段看外面的说法比较多，其中让我印象最深的一个说法是电子商务是什么？其实是商务在电子端的一个翻版，这对于我的感触比较大。其实我听了之后，认为今天很多人说这个观点的时候，也许对于整个电子商务的理解还处于比较开始的阶段。做了那么久电子商务，我自己最大感受，电子商务是电子加商务的结合，但绝对不是商务在电子端的翻版。

现在整个电子商务网站包括天猫在内，说白了我自己还很不满意。因为我觉得整个网站陈列方式，以及和消费者的互动方式还处于非常初级的阶段。整个交互方式是以货架为中心，无论你通过搜索进去还是导航进去，通过一个货架的中心做一个店铺的陈列、商品的陈列。你放什么，消费者看什么，消费者选什么。基本上把实体店的排布方式完全平移到互联网上。我觉得这应该是整个电子商务一个比较初级阶段的反映。因为包括我们自己在内，大家做的方式主流都是这个。但我相信电子商务的发展，未来的核心在于商务和电子完美的结合。这个结合当中最核心的一点，是怎么把电子的优势发挥出来。或者说是把互联网交互的优势发挥出来，怎么样充分发挥人和物的互动、人和商品的互动，乃至人和人的互动，最终带来一个新的商业机会，同时把商务的本质发挥得淋漓尽致。

在差不多半个月以前，天猫推出一个新的频道。坦率说这个频道的推出在商业端产生的影响力，比消费者影响力还大，因为消费者有一个逐步熟悉的过程。对商家的影响力，我们推出了一个真正意义上我们希望做一个预售的频道。在很多场合大家都听说过，阿里巴巴对电子商务的判断，我们认为讨论B2B 还是 B2C 都是一个表面的现象，最终会走向 C2B，这样一个前瞻性的判断。我们想在天猫尝试一个真正意义的预售，是以销定产，在零库存的情况下先销售然后进行高效的供应链的组织，或者说供应链的组织已经完成，必须根据销售的情况来决定生产的排布。在这样的模式下面，怎么样推出更多元化、DIY 的产品，定制的产品，因为单独个人的个性，互联网会把这种个性聚合起来，变成一群人相似的个性，这些都是互联网的优势。

另外关于天猫的未来，我认为这是一个千人千面的天猫。换句话说，我们能够给消费者跟他自己的兴趣所在及消费偏好更相关的推介、更相关的购物路径的选择。今天到天猫的首页，其实天猫一大块的区块已经是个性化的排布。通过这样的方式也是本质上改变一件事情就是怎么来发挥互联网的多元化的特点，而不只说到电子商务或者是做淘宝，或者在天猫做一定要做爆款，爆款可以吸引人流。但说实话我想大家都明白，每天到我们网站上的人以千万人来计，天猫一天的流量已经差不多有四千多万的访问者，淘宝更多，加起来一亿多的访问者。这样的规模下，让所有人在现在的季节都搜一个棉服、看到一模一样的棉服是很不负责任的现象。你作为一个平台应该让消费者看到不同的他喜欢的产品，这样综合的效率会更高，而不是一定要抢到搜索排名第一个。

整个个性化的方向，我觉得是电子商务未来网络营销端最核心的东西。我们的责任就是能够做到更大的包容性，能够把更多的多重商业模式下的商务能力在平台上反映出来。最典型的例子是什么？比如说现在，刚刚讲到的爆款最受伤的是什么？就是真正宽 SKU、浅库存的企业。他们很难表示出优势。他们 SKU 的宽度很宽，SKU 的深度非常浅，这样的情况下，怎么能够让这些企业表达出它们的能力呢？可能它们的核心价值是对时尚的捕捉。这样一种细微的捕捉是它的核心能力，但是这样的能力能够快速反映到市场，而不是市场上培养一群对时尚的跟随者。现在整个市场充斥着，我想无论是任何一个平台都充斥着同质化，特别是服装领域充斥着同质化的竞争、同质化的商品。

怎么让不同人群的人、不同消费能力的人、不同品牌偏好的人买到他希望买到的东西，我想这是我们所谓个性化的一个方向。

这里的核心是什么？核心大家都理解，就是数据挖掘、数据的计算。在这上面怎么样提供给商家更多这方面的能力？我曾经开玩笑，一件 T 恤衫，搜一件 T 恤衫在网站上，如果老是出现 18 块有问题，老是出现 800 块也有问题，应该让喜欢 18 块的人看到 18 块的 T 恤衫，800 块的人就买那个 Logo，而不买 18 块的 T 恤，这样整个电子商务的能力才能充分调动起来。

我觉得整个电子商务跟用户的交互方式面临着巨大的变革机会。会从货架式的方面到偏个人的交互方式，乃至进入一个人与人的交互方式，这是一个方向。因为最好的传播，大家都明白是口碑传播，是熟人关系的口碑传播，这比任何的商业广告价值来得更多。

为什么在天猫上、淘宝上，用户的评价商家那么在意？为什么我们作为一个访问者，作为一个消费者看任何的商品时，不可避免会多多少少看一些评价？这是口碑传播最好的载体。

　　刚才说的话题，都是偏互联网，怎么把电子的形式，发挥到淋漓尽致。还得回答一下今天给我布置的作业，讲讲回归商务本质的事情。

　　商务的本质无论你是电子商务，叫什么名字，这必须是一个可持续的商业模式。这样才有未来，这是商务的本质。无论有没有互联网，有没有刚刚讲到我们移动端的巨大变革，我想这才是商务的本质，任何行业、任何企业都一定最终要围绕这个来做事情。纯粹烧钱烧不出一个商业模式，大家无非都希望从这个模式成立前，钱还没烧完，这个模式就成立了。无非就是赌这一把。

　　我看整个行业发展的情况，天猫中发展过很多企业，很多品牌的打造可以说就在建立过程中。包括外部很多的网站，我自己觉得在未来中国做电子商务，我们必须要改变今天，所有从业者都必须要共同努力，改变一种情况。坦率来说，今天我们了解很多商家，包括很多外部从业者的做法时，我说千万不要卖服装最后变成卖布。今天更悲催，很多时候卖服装到卖布到最后卖棉花。很多时候商家会反馈，"你是不是对搜索排序做了干预？"为什么我排不了第一？别人卖的少还排到前面去？我确实是做了干预，我希望在不同细分品类的产品上，整个消费者的主流需求能够被满足。我不希望所有的消费者都只是看到一件 18 块的 T 恤衫。

　　到今天，现在的应季产品是什么？保暖内衣，为什么有的保暖内衣一百、二百多，有的保暖内衣八十、九十元，有的保暖内衣只有三十、四十元，这里面一定有供应链整合的能力，使效率更高，这些都是我们看到的好处。但另外我们不要做成很机械的，进行变相棉花生意或者变相的布料生意的场所。在天猫工作非常有幸，可以面对各行各业的商家，对我来讲不太关注你在网络上的UV 是多少，你的转化程度是多少。我更关注他生意的背后怎么做？人家这个东西卖 100 元，你卖四十、五十元也能赚钱，那肯定后面有原因，要么你的成本更低，但有些成本是刚性的，无非就是原材料、工艺、劳动力，没有无缘无故的低成本的东西，成本低一定有道理。作为平台我们有责任、有义务把成本低的原因更如实地告诉消费者，而不只是用价格来比较。我想这是有志于做品牌的商家愿意听到的消息。

　　尽管在电子商务时代，说这个话还比较难。因为大家所看到的是一个生存期，我得跑量，我得抓住销售额，最方便的方法就是杀价、打折，没有最低，只有更低，但这个肯定不是一个长久之道。我们最后探讨的还是商务本质的问题。整个过程中，作为我们的平台，我们希望能够借今天的机会，能够表达我们一个清晰的观点，我们真正愿意帮助致力于打造品牌的企业，致力于本身产品和服务的企业获得更多的消费者，而不是作为一种快速的机械周转，或者低质低价的方法来做市场。

去年我讲了一句话，我旗帜鲜明地说：什么是低价？低质会带来低价，低价以后会恶性循环带来更低质，这里是一个因果关系。我想所有做商业的同行，我们对此应该会有共同的观点。而商业的本质来讲，怎么样在电子商务端，能够培养一个品牌的忠诚度、品牌的内涵、品牌的积淀，我觉得需要时间，而不是通过半年一年的时间就能打造一个所谓的品牌。很多创业者，开始是抱着品牌的理想来的，但最后出于市场的压力、资本的压力、增长的压力，必须做得越来越宽、做得越来越薄、做得越来越快，这个时候所有东西都是双刃剑。到那个时候你想做品牌、想做溢价的时候，这个品牌已经做不出来了。这是我们看到的一个情况。

其实去年，我们把大家都熟悉的淘品牌，改做天猫原创，无论是叫什么名字，从我们的角度来讲，是能够看到基于互联网长出新的创业者、新的品牌，而不是经过半年一年，经过五年十年真正成为中国的 ZARA，成为中国的H&M。一两百个中有一个两个就很幸运，因为这是大浪淘沙的经济规律。这还是一个商业的本质问题。

最后我想很难得，也很巧的时间到这里。因为我来的时候，艾瑞的同行已经跟我开玩笑说：很担心我来不了，因为这周是非常重要的时间，对我如期出现在这个会场、没在杭州总部坐镇很感激。我还是赶来了，因为还有几天就是"双十一"了，这是我们所有从业者共同的一个节日。对我来讲，这就是"春节晚会最后一周"，其实该准备的都准备了，团队到今天都很忙，都在做这件事情。

对我来讲，反而要跑出来，冷静地思考一下，还有什么东西是没做到的。其实出来听一听也很好，能够获得一些在封闭空间所得不到的东西。

今年"双十一"，整个规模，我可以大胆预测一定是空前，尽管我们前面三年每年都会创造新的纪录，我想今年一定会有新的纪录再次诞生。从准备到现在的感受是"双十一"之所以成为一个消费者和电商从业者共同的节日，我觉得核心的命题就是社会化，一个社会化的节日，一定是社会产业链各种力量的参与，以后我们共同的一个结果。

开场之前，有人在问我，能不能透露一下，今年商家备货值是多少？我可以告诉大家，这个数字我不透露，这个数字我连马云也不透露，只有我自己知道，因为这个数字我可以分享给大家，这是一个天文数字。特别在今年经济情况不是很好的情况下，所有的商家，经过国庆黄金周以后，现在对"双十一"都抱有极大的期望。从董事长开始，我已经听到很多很多的段子：有的商家为了解决物流问题，通过政府来解决这个问题，包括快递协会，所有快递公司为了天猫"双十一"开了两次准备会，这都反映了社会化的方式。所有的商家备自己的货，开始做预热，做用户的引导。

作为平台来讲我们要保证整个平台的安全、整个交易的顺畅。我这两天花了很大的力气，到处给支付宝打广告，到处忽悠大家充值，因为不充值到了那一天会受不了。我们预估整个网上运营的能力显然不够，而且差距非常大。我们鼓励用户尽早把钱放到支付宝里去，这样购买会更顺畅，这样的行为是一种社会协作的结果。

对于我们来讲，非常重要的一点，我们认为到今天非常高兴地看到，所有的商家已经完全超过以前阶段的认知。认为这次无非就是搞一个大促，一个促销，我就搞一点货放到网上就行了。其实所有的商家都明白，"双十一"是一天，但绝对不仅仅是一天。最早的商家，今年春节以后就开始备货计划，因为整个备货包括下单都需要一个周期。整个营销、预热的工作已经按部就班展开，我们作为平台也在组织互动和预热。但最大的力量来自于商家。大家在店铺内进行各种各样的活动，通过各种方式来进行用户关怀，这样才形成这么一个社会化的节日的效应。

到目前为止，预热阶段的情况还是非常好的，可以分享几个数字。昨天的数据我没看到，网站的流量我们已经突破900G。大家可以研究一下这个900G代表什么，它超过去年"双十一"当天的峰值。所以它是一个维度，来的人多，网站压力越来越大，今年保护网站的安全和稳定是我们首要的工作。

另外，通过这段时间的互动，每天消费者把"双十一"的商品放到购物车和收藏夹的人次，接近两千万一天，这是一个惊人的数字，这个数字几乎是去年的十倍。很多用户等不及那一天，开始挑东西，我们也开始把核心的商品曝光出来，"双十一"绝对不是一天，绝对不是放一些商品让用户看看价格来买，它包括整个电子商务综合能力的检验。

在今年"双十一"以后我们会做一些调研，也会把很多商家的经典案例拿出来做一个分享。这是整个行业能够用"双十一"作为一个引擎。提升整个综合电子商务的能力，和对消费者的供应、供应链、物流的能力，综合能力，这才是"双十一"带给我们的好处和意义。

最终预祝大家无论是消费者还是商家，在"双十一"过得爽，谢谢！

■ 档案存底二 ■

2012 年"双十一"购物狂欢的总结
——天猫总裁张勇在"新旧零售的交锋"
研讨会上的演讲

"双十一"其实还没有结束，紧张的物流和售后服务正在进行中，先跟大家分享一下"双十一"的数据，有助于大家对新旧零售模式的理解与探讨。

2009 年 11 月 11 日，我们第一次做"双十一"，当时的想法很简单，就是希望找到一个日子，能够让消费者知道和喜欢淘宝商城。为什么选 11 月 11 日也是有逻辑的，前有国庆黄金周，后有圣诞季，它成了一个线下零售或者销售的空档期，在传统来说是没有什么活动的。既然 11 月份零售没有大的活动，但是消费者有需要，因为季节变化太快了，造成消费者有很多刚性的购买需求，比如说要买冬装，家居的很多产品需要添置，被子要厚的，拖鞋也要换成棉的，有需求，但是没有应景的大的活动支持，我们认为 11 月份是好的选择。之所以选择 11 日，我们认为需要有互联网传播口碑，就选择光棍节作为一个传播的点。2009 年的时候，淘宝商城还很小，我们并没有对外公布过当年的数据，其实当时淘宝商城做了 5200 万元的交易额，在当年是相当不错的成绩了。之后几年，基本上是几何级数的成倍上升，在 2010 年是 19 亿元，2011 年是52亿元，今年应该说超出我的预想比较多，达到了191亿元。我是做CFO出身的，我之前的预估是100亿元，同事说我太保守。从天猫自身的角度讲，挑战100亿元是有难度的，但是最后我们还是比较顺利地完成了；这当然也很难用轻松两个字来形容，达到了132亿元的水平。淘宝网也非常好，能够达到59亿元的水平，总计我们达到了191亿元的支付宝交易。（见图2-4）

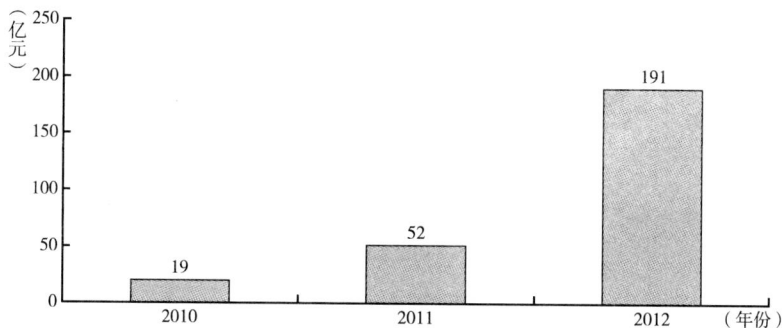

图2-4　天猫"双十一"销售额达到191亿元

资料来源：天猫。

　　在这一天里面，其实就像拍一个美剧《24小时》一样，24小时里面分别发生了什么，以后如果中国的编剧导演有兴趣，我觉得完全可以拍一个"双十一"《24小时》，每个小时里面发生的事情都是很有故事来说的。开场的前两个小时是非常决定性的，我们在11月11日以前若干天做了很多，但是大家的关注点是开场的零点到两点，这个时点上，我们前期预热做得越好，那两个小时越疯狂，就是说对系统的压力、对支付的压力、对整个网站的压力会越大。所以如何保证这两个小时至关重要，用一句通俗的话讲，两个小时以后我们要还"活着"，为了这个目标，我们做了很多处理方案，包括应急方案，包括降级方案，我后面简单介绍一些重要的点。不出所料，在开场以后第一分钟就有1000万人同时涌到淘宝来，这个是很难想象的。随后第二分钟我们完成了1亿，这个数字比去年有大幅度的跨越，去年是8分钟过了1亿，今年2分钟就完成第一个亿，成交一路飙升，100亿是13点18分完成的。我们自己有一个目标，从马云开始，我们都希望能够创造一个里程碑，但是坦率地说，我们所有人都没有想到，我们能够在 13 点 18 分就能够达到这个数字。我们最后做到 191 亿元，很多人事后跟我说，你稍微加把劲就是 200 亿元，我自己觉得那留一些遗憾也没什么不好。我可以分享给大家，确实如果我们在后面，特别是晚饭以后，再加把劲，或者流量引导上效率做得更好，我们完全可以完成 200 亿元的量，晚饭以后那一波也是非常猛烈的。这个是什么概念，就是差了一个小时，基本上在这一天的波动当中，相对好的时间是以一个小时成交 10 亿元甚至更多来计算，而我看的就像证券交易所一样，我看的是每分钟成交量，我们的每分钟成交量基本上在高峰的时候达到一分钟 1800 万元、1900 万元，甚至达到 2000 万元，这是非常有意思的过程。（见图 2 – 5）

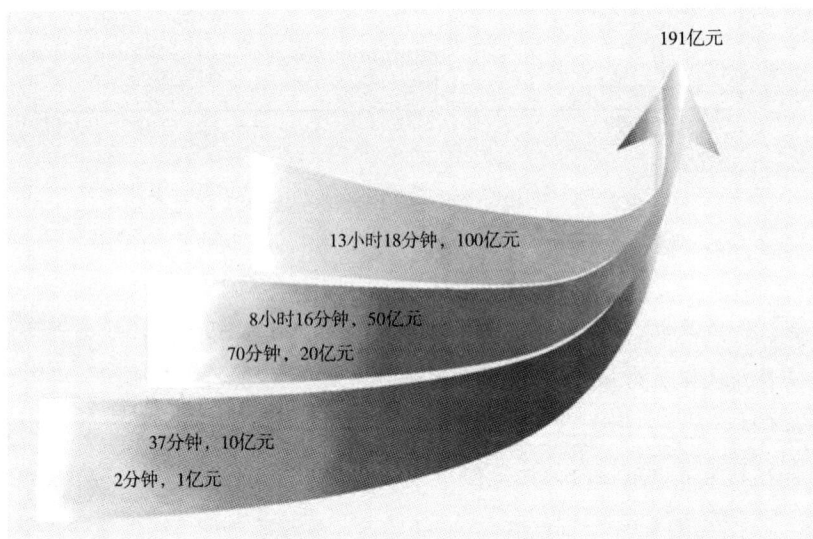

图 2 – 5　"双十一"的里程碑

资料来源：天猫。

讲了开场、讲了结尾，其实中间还有一段是非常有意思的，跟周末也是非常有关系的。那一天我办公室里面有几个监控的大电视机，我们会发觉在这一天中有三个高峰，第一个高峰是零到两点；第二个高峰是上午十点以后，星期天的早晨，一天晚上血拼很累，睡觉醒过来继续血拼，这个符合周末的生活状态；第三个高峰是晚饭以后，新闻联播以后，我听说新闻联播也帮我们宣传了一下，所以全国人民一看，末班车还要赶一下，所以在晚上的八点，特别是八点半以后、九点到十一点半之间，我们又达到一个非常好的高峰，这三波脉冲式的高峰，造就了我们这一天最后的结果。

2012年的"双十一"是我们有史以来第一次碰到周末，因为前面三年都是在工作日，我们对工作日怎么来调动消费者比较有经验了，但是对周末如何来调动消费者，这次是第一次做，我们要做的就是在周末如何能够跟消费者生活状态结合得更好。另一方面也客观反映了现在网上购物已经成为消费者生活方式的一部分，并不是我们能力有多强，我们调动得有多好，事实上现在的消费者真地达到了我们两年前的广告语讲的那种状态，"没人上街不等于没人逛街"。很多朋友说那天大街上人比较少，车也比较通畅，在主要城市的街上出现这个奇观，真地不是想象，我们正在实现，网络购物已经变成普通消费者主流的消费场景。

这边我们做研究的同学，在这几天里面做了一些对比，肯定有人喜欢做这样的对比，特别是做市场研究的同学喜欢做这样的对比，我分享一下。第一个今年的国庆黄金周数据，上海的395家主要大型商业企业，包括5000多家网点，它们在9月30日到10月7日八天的营业总收入是64亿元。另外一个是去年美国的Black Friday的数据，"双十一"之前，我们希望我们的团队能够创造出中国的Black Friday，而且是属于淘宝商城，这是当时的梦想，它们去年的折合数字是78亿人民币，我们今年"双十一"当中做到191亿元。下面是沃尔玛的数据，根据它季报上公布的数字，折合到每天，我们可以看到沃尔玛每天的访问人数达到2800万人，交易额为80亿人民币。双十一狂欢节成交了191亿元（见图2-6），那多少人来买呢？我们的网站一共进入了2.13亿的人流，当然这些人并不是都买的。前两天我公布了一个跟快递公司初步统计的数据，在这一天，我们产生了7000多万的物流包裹，因为这里是层层递减的，有些产品不需要物流，有些物流里面是几个订单合单，这是可以计算的，当然这几天就是集中注意力处理这7000多万个包裹，包括处理后续的包裹，我们并不是搞一天以后网站就关门了，我们很高兴地发现"双十一"结束以后，价格返回到原价以后，我们12日碰到的消费热情未减，比正常的交易日的量上升很多，上升30%～40%，这是我没有想到的。可能这一天大量的宣传和刺激引导，也引起了用户购物的兴趣，后续我们产生了很多新的包裹，这几天在跟物流公司紧密解决这方面的问题。

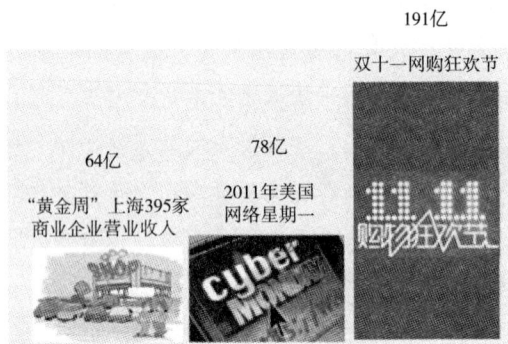

图2-6　"双十一"的比较

资料来源：天猫。

这是一个大的宏观数据，就是从这个角度可以看到整个网络购物发展的曲线和趋势和它的未来巨大的潜力，整个数据就是网购的金额比重占到社会商品零售总额的比重，从2008年的1.2%，然后一直涨到2011年的4.3%，在"双十一"这一天，这个数字达到了30%，我自己绝对有信心这个30%在今天是一个奇迹，但可能在一到两年以后，这个数字一定能够达到，再过几年，我们能够达到30%是一个常量，我觉得这是可以预见的。（见图2-7）

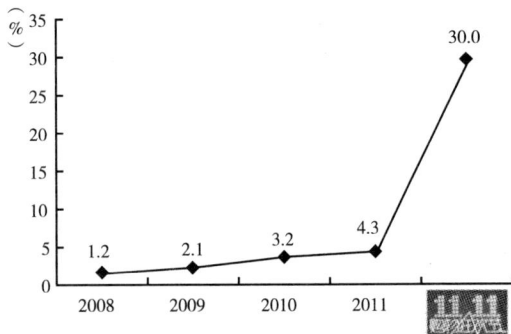

图2-7　"双十一"占社会消费品总额比例

资料来源：天猫。

我们可以看到整个市场容量还是非常大的，当然整个中国消费力还在增长，其实中国社会商品零售总额还在增长，每年以两位数的速度增长，只是网络购物的速度增长要快于大盘。讲一下在我们商家这边的一些成果，在今年的"双十一"开始之前，我就在很多场合公开说，我绝对有信心今年我们出现亿元的店铺，其实这里讲的是店铺，还没有讲我们的集团，因为可能我们的一个集团，像GXG，可能有几家店，不同分类的店，在天猫里面，这个我们在这里没有公布以集团为单位的销售额，这都是以店铺为单位的销售额，我们仅仅以单店销售过亿的三家，就是杰克琼斯、骆驼和全友，覆盖了男装、鞋类和家居类。我们有18家店过了5000万一天的交易额，其实去年我们的销售冠军纪录是坐在我后面的千万姐李淑君同学创造的，它们创造了4156万的冠军成绩，跟博洋家纺基本上差不多的冠军成绩。我们可以看到今年商家的实力有了一个明显提升。我们看到100万以上的有2580家，这是什么概念，这次参加"双十一"的商家是9000多家，我们经过层层筛选，最后是这9000多家，我们要求基本日常的服务质量才能有条件报名加入"双十一"，报名加入以后，它的商品会进入单独的"双十一"活动申报系统，来排查，保证"双十一"活动价格是真正优惠的价格，因为我们都有它的平时价格，我们会进行比对，同时在它的商品前端，在当天大家可以看到祖国江山一片红，有很多"双十一"打标的商品，这些都是我们经过认证和背书的商品，这些商家有9000多家。我们非常高兴看到2580家商家都突破了100万一天的交易额，这是整体素质的飞跃，对于以后这些商家的电子商务经营都是有好处的，因为它们的能力受到了很大的锻炼。商家成交额分布如图2-8所示。

从消费者这边我们做一个简单的分析，这是一个非常简单的男女比例问题，我觉得相差不是很远，一般都是女性比较喜欢购物，特别在购物节里面，女性消费者永远是主力，我们可以看到，在今年我们购物的人群当中，53%是女性，47%是男性，从年龄结构来讲，可以看到年龄结构的分布，跟大家想象的互联网购物人群比较吻合，比较有意思的是可以看到2012年36～40岁，包括40岁以上的人群比重在增加，这是我们非常愿意看到的事情，这是整个网络购物人群的年龄宽度越来越宽，这很容易理解，互联网的一代，包括互联网上工作的人，从30岁到35岁，他的收入越来越稳定，经济实力越来越强，消

商家成交额分布

100w以上，2580家

500w以上，501家

1000w以上，227家

5000w以上，18家

1亿以上，3家

破亿商家名单：

杰克琼斯官方旗舰

骆驼服饰旗舰店

全友家居官方旗舰店

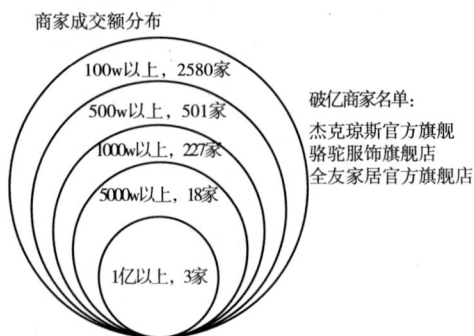

图2-8　"双十一"商家成交额分布

资料来源：天猫。

费力越来越大，他不会因为消费力强了，就离开互联网了，他的购物习惯已经养成，包括很多中年妇女——家庭财政大臣都在网上买东西，不仅给自己买，更多是给全家买东西，这是我们非常愿意看到的，也是整个中国电子商务普及的反映。买家年龄分布见图2-9。

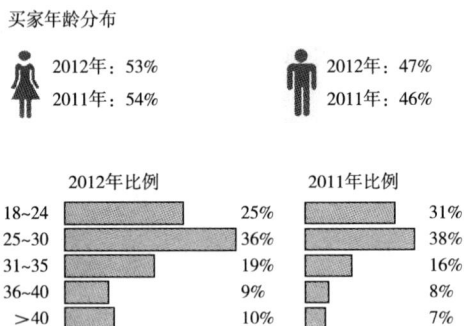

买家年龄分布

2012年：53%　　　2012年：47%

2011年：54%　　　2011年：46%

	2012年比例	2011年比例
18~24	25%	31%
25~30	36%	38%
31~35	19%	16%
36~40	9%	8%
>40	10%	7%

图2-9　"双十一"买家年龄分布

资料来源：天猫。

按照消费者所在地的分布，可以看到消费力最强的地区分布，前五位不出所料，是浙江、广东、江苏、上海、北京，与此相应的这几个地方，这几天我们的配送公司中转站，省级中转大站压力特别大，这个分布其实也跟中国的经济发展状况是吻合的，基本上分布在东部沿海地区。反过来大家可以看到四川、山东这样的省份消费能力非常强，本身也是经济大省。

我再分享一下为了这一天，我们准备了哪些东西，所谓罗马不是一天建成的，其实今年为了这个"双十一"的准备，很早就开始了，就像很多商家也不是哪一天或者说哪一周甚至哪一个月准备的，我们知道很多核心商家为了"双十一"的备货，在春节后就准备了，团队的招募、仓库的扩容、系统的升级，全部都是在之前几个月陆续完成的。其实这次是整个集团大家一起努力来参与到"双十一"购物狂欢节当中，在各自出各自的力量。我主要讲一下天猫这边在营销端做的事情，整个营销端，从10月15日开始，我们进行了开场预热，预热分两个阶段，第一个阶段是从10月15日到10月31日，这个阶段主要是以预售和小规模发放优惠券、店铺优惠券的方式进行。如图2-10所示。

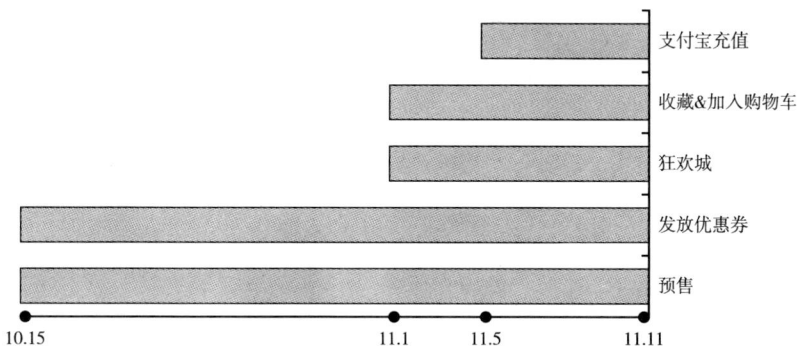

图2-10 双十一的活动流程

资料来源：天猫。

我们认为现在讨论的C2C、B2C，都是现阶段的具体问题，其实未来电子商务的发展方向一定是C2B，我们希望借着今年的"双十一"来推出C2B模式的一个雏形，就是预售。所谓预售就是先有销售订单，再有生产，再有运输，再有流通，最后实现销售。这样就保证了在这个环节里面的生产成本或者流通成本能够降低，流动资金的周转天数能够大大加快。预售模式对于所有的商家和产业产生的震动，到目前为止远远比消费者产生的震动来得大，真地可以做到一件服装先打样，出样衣，然后展示，收到订单，我再批量生产，甚至这个对于线下的买手制度都是极大的冲击。大家都知道，原来做服装的买手就是凭感觉，凭自己的经验来选产品，经销商来订货的，但是买手好不好，其实消费者说好才是真地好。我跟很多商家聊过预售模式，很多商家一听这个模式，说未来我就把新品放在预售，卖得好的，我订货会上主推，消费者是一样的，线上卖得好，线下也卖得好，线上主推款可能根据预售结果来进行。这反映了新经济和传统经济之间是互相促进和融合的过程，而这样的模式下面，非常容易对消费者的需求实现引导，同时能够根据需求来有计划和有针对性地生产，当然这里面考验的是什么？考验的是高效的供应链。

我想在这一点上，比如说像茵曼，包括很多天猫原创品牌都很有发言权，其实我自己的观点是我们的淘品牌，我们的天猫原创品牌能够走到今天，其中很重要一点是它们能够根据互联网消费者的需求，快速地调整供应链和货品供给，这是它们的制胜之道，它们是新兴力量，没有历史包袱，而我们原来认识上的知名品牌，可能它们的转型调整难度更大，因为它的供应链都是固化掉的，要形成一个新的供应链体系非常难。其实现在也在慢慢发生这样一个情况，我随便开玩笑说，很难说七匹狼是什么品牌，你说它是什么品牌就是什么品牌，它也是一个互联网品牌。

另外从 1 日开始，我们进入传统节目——狂欢城，这是我们第二年搞这个项目，这是一个视觉上相对跟原来货架式的 B2C 完全不一样的展示方式，有一点模仿北京城，有一环、二环、三环，能够把我们的商家品牌进行展示，包括在这个里面进行消费者互动，领取红包。同时我们在 11 月 8 日开始，大量公布了"双十一"的商品，这样的话，我们能够让消费者通过各种渠道，能够提前看到多样化的商品，能够便于挑选，那么我们引导大量的人能够把它放到购物车里面去，这样可以缩短那一天的购物路径，能够提升效率。分享一下预售模式的成绩。这只是摘出了一小部分，就是我们在那一天，通过预售模式，卖掉了东北有机大米 14 万斤，新疆的阿克苏有机苹果 2.4 万斤，卖掉整车 2100 辆，家居建材类 58 万件，数码家电类 10 万件。所以通过这个模式，我们希望能够网聚消费的力量，使生产和供应链成本大幅度降低，最后能够帮助消费者省钱，最后省的是消费者的钱，最后消费者得到实惠，商家也得到实惠。

　　我们在今年的"双十一"核心商家动员会上倡议我们的商家能够大量地引导消费者给支付宝充值。为什么要给支付宝充值，并不是说支付宝想余额越多越好，而是说我们做了一个基本判断，就是说如果要达到我们期望的"双十一"成果，网上银行系统是支撑不住这个量的，而反过来更多地通过余额支付的方法，把钱充进支付宝的余额，用支付宝直接充值方式是非常必要的。在"双十一"开始之前，有不同的人，包括媒体、商家、合作伙伴问过我一个问题，说你最担心什么，我直截了当地说，如果是在"双十一"当天，我担心的是支付，在事后我当然担心物流。因为支付平时不是瓶颈，但是到那一天，最可怕的是发生主要的几家商业银行系统同时崩溃的情况，那就是灾难，所以我们通过前面有效地引导，我们发觉在"双十一"当天，我们的余额支付发挥了非常重要的作用，很多消费者在前一两天把钱充进去以后进行消费，也成功地缓解了支付压力，也确保了我们在这一天的成功。

　　当然顺着这个话题讲到了我们技术上的一些东西。一个网站的大型营销活动，实质上后面考验的是电子商务的综合能力，所以大家可以想象，一个网站要支持一天有2.13亿的访问者，我们的PV量最后没有对外公布，我可以告诉大家，那是一个几十亿级的PV，就是一天，瞬时一千万人冲进来，屹立不倒，需要雄厚的技术实力储备和周密的应急方案。我可以分享给大家，光是前端应用上，天猫技术团队在前端应用上准备了超过800个应急方案来应对不同可能出现的问题，包括支付宝也准备了各种各样的应急方案，包括我们整个网站的运维团队，我们的CDN，就是大家都会说这个网站慢，是不是服务器，你多加一点服务器，我看微博上很多人这样讲，在这个里面，完全是一个周密部署的过程，我们在这个里面，其实说白了，整个中国的各行各业都在为这一天做贡献，比如说中国电信、中国移动，它的机房、它的带宽，在这一天如果任何一个环节出问题，都是灾难性的，这真的是一个社会各产业链协同、顺畅运作以后的一个成果，是一个共同的成果。

　　简单的数据我就分享这一点，围绕今年的"双十一"，其实有很多东西可以总结和复盘的，其实我们在这个中间，我们不只是为了在这一天要标多高、冲多高的销量来设计这个活动，最关键是我们认为能够利用这样一个实验，能够利用这样一个崭新的互联网方式来进行消费者连接，来进行和消费者的互动，来聚合消费力，来引导和激发消费力，这是这次这个"双十一"带给我们，也带给整个行业可以去共同复盘的东西。

再次感谢这个"双十一"，最大的感受，之所以它今天成为一个社会的节日，其实最核心的原因是什么，就是因为它是社会各界的参与才造就了社会的节日，作为天猫乃至作为阿里巴巴集团，我们只是做了这个活动的组织者，我们组织了一下这个活动，但是在这个里面，刚才已经讲到了，涉及银行、物流、电信各个基础设施，这里更离不开我们大量的商家，我们所有参加活动的商家，我们的合作伙伴，包括很多服务商，我们的 IT 系统服务商，外包的客服，我们的营销服务提供者，我们整个电子商务生态系统里面的各个从业者提供的努力。其实很多商家有很多创意，很多的合作伙伴有很多创意，有很多互动新的营销方法，这些东西对于天猫本身来讲也是值得学习的，那么这里也离不开我们所有的新闻媒体关注和支持，是大家在整个"双十一"的了解、宣传、报道当中都做了很多工作，在这里也衷心感谢大家，再次说一声谢谢。

第七卷　2004 年：支付宝横空出世

第三十二回　生于淘宝　王者之范

　　支付宝的发展历程是一部简短未完的中国第三方支付产业历史的缩影。支付宝几乎是沿着中国第三方支付产业的兴起轨迹成长：诞生于被称为中国"支付元年"的 2005 年，目前已经成长为业务规模占整体行业份额一半以上的领先者。这是一个充满技术味道的成长史，但是，在支付宝业务探索的进程中，真正的核心却在于——从客户价值出发，不断地理解和挖掘他们的需求。它代表第三方支付公司对在支付价值链条中应有角色的认知，即支付本身是一个"依附性"行为，一定是存在于某个场景之下，只有找到了合适的场景，才能触达并最终赢得客户。

　　"生于淘宝"的支付宝，与同期大多数凭借独门的技术优势进军第三方支付产业的逐浪者最大的不同是，支付宝从诞生之初就紧密结合了应用场景——网络购物，并且是基于清晰的客户需求——破解了网上购物的信任问题。当时，刚刚创立不久的淘宝网，面临着来自当时的行业领先者易趣的强大竞争。得益于复制了国际行业标杆——eBay 的模式。易趣在一线城市中受到了新锐人群的追捧，平时在大公司里忙碌地攀爬职业阶梯的白领们，下班之后在易趣网买卖自己喜欢的新奇物品，不失为一种新潮的生活方式。也就是说，在网络购物市场刚刚萌芽的阶段，易趣已经大大征服了产业中最愿意尝试新生事物的早期客户，然后等待市场长大成熟。而淘宝的思路与之不同，当时在产业中的劣势地位，让它必须从解决将消费者挡在网络购物的潜在不便入手，希望通过解决这些问题，获得竞争优势。当时淘宝发现，支付瓶颈是阻碍网上购物发展的重要因素之一：无论是线下的银行汇款还是货到付款的方式，都很难解决买卖双方的互信问题，买方担心给钱之后收不到货，卖方担心发货之后收不到钱，正是双方不安的心理，将大多数人阻挡在网络购物之外。所以，2003 年 10 月 18 日，淘宝就成立了支付部门，推出了现在成为第三方支付标杆模式之一的"担保交易"，如果买家在淘宝网上看到了一件喜欢的商品并拍下后，他可以先行把购买商品的款项打到支付宝账户中，并通知卖家发货，等到收到商品之后，确认无疑再通知支付宝把钱打到卖家的账户中。在整个过程中，货款会在支付宝的平台上停留最长 7 天，支付宝作为一个买卖双方都愿意信任的中间方，不但可以代为保管货款，而且如果货品有问题，支付宝还可以承担赔付责任。作为淘宝网上交易双方信用的第三方担保平台支付宝由此应运而生。

随着支付宝成为交易双方普遍接受的标准，中国网络购物市场的成长大大加速了，淘宝网的交易量一路高歌猛进，短短两年时间内，就超越了易趣，成为行业领先者。所以，事后在阿里巴巴集团内部的分析总结中认为，真正帮助淘宝打败易趣的法宝，并不是外界盛传的"免费杀手锏"，而是支付宝与淘宝旺旺，前者解决了买卖双方的诚信问题——这是互联网世界里最难建立的要素，后者允许买卖双方直接沟通和联系。收费的易趣担心买卖双方甩开平台独立交易，而免费的淘宝却愿意鼓励双方沟通，这更符合国人的消费心理和习惯。在支付宝的管理团队看来，支付宝在创立之初并没有什么宏伟的目标，不过是基于一个简单的想法，从用户需要以及互联网交易环境需要出发，反而切准了第三方支付平台最核心的价值，让支付宝在诞生之初就具有客户价值基因。这也是为什么大多数与支付宝几乎同时起步的技术派支付公司后来都消失在人们的视野中，而支付宝却能成长为今日的行业领袖的原因。其实最重要的并不是因为在血缘上它能够成为亚洲最大的网购平台的近亲，而在于，作为一个支付公司，支付宝生于淘宝能够贴近高速成长中的应用场景，近水楼台之势为支付宝带来了源源不断的客户流。

在初步解决了网上购物的诚信问题后，支付宝团队发现支付的便捷性很有可能让支付宝成为互联网电子商务的一种基础工具。在 2004 年前后，各大银行先后推出了自己的网银系统，但苦于没有应用业务，支付宝的切入算是恰到好处。因为随着电子商务的发展，用户发现不同网店要求的银行卡支付方式未必与自己的银行卡一致，而开通每张卡的网上支付功能也很麻烦。商户也是如此，如果需要同国内大小 200 多家银行签订商务合同、连接技术接口，很不方便。用户与商户，这一对电子商务的供需两端都需要一种便捷、直联的方式。支付宝便集成了这两端，商户通过它可以接入银行，用户无论用什么银行卡都可以通过支付宝完成支付。在这样的背景下，支付宝的团队发现，支付宝不应该只是淘宝网的一个工具，而应该是个独立的产品，有可能成为所有电子商务网站应用的一个非常基础的服务。2004 年 12 月 8 日，浙江支付宝网络科技有限公司成立，支付宝正式从淘宝网独立，而且整个业务流程与淘宝网的业务流程剥离，支付宝网站上线并独立运营，开始从第三方担保平台逐渐向在线支付平台转变。

从支付宝成为一家独立的第三方支付公司开始，就确定了它的外部性符合阿里巴巴集团的基本战略定位——为电子商务提供基础的设施服务。但是，独立于淘宝后的支付宝，并没有积极拓展外部业务，而是专心地服务于淘宝。对于支付宝来说，这并非由于战略上的保守或封闭，而是因为当时的行业机遇未至。支付宝作为互联网支付运用工具具有天生障碍：必须依附其平台上的应用进行拓展，很难主动拓展用户群。人们不会无缘无故地注册支付宝去体验它的支付服务——即使这一服务无比的简单流畅，而仅会基于某个支付目的，在某个应用场景之下，才会实施支付行为。2005 年，国内的电子商务市场还在刚刚起步的阶段，支付宝外部拓展的空间非常小，淘宝是其唯一的客户。由于支付宝的应用需要在一定的应用产品中去孵化，于是，那时候一个务实的计划是，全力以赴在淘宝的试验田里试验，一方面支持淘宝的发展，另一方面逐步完善支付宝自身的产品和技术架构。正是因为产业的特性，决定了支付宝的战略必须要依随着电子商务整体发展状况，扣准其他产业的信息化节奏，顺势而为，否则自己再强大的技术优势也会无用武之地。所以，支付宝一面专心服务淘宝，积累经验和实力，另一方面潜心研究国内电子商务的发展潮流。由于互联网电子商务需要不同于电子银行的支付方式的存在，需要更接近用户、更符合互联网应用习惯，支付宝在耐心地寻找能够同样发挥其在电子商务环境中独特价值的其他应用环境，以期抓住不同行业信息化升级的契机，开拓自己的市场版图。于是，那些信息化程度相对较高的行业，成为了支付宝最先切入的重点外部市场，例如，网络游戏、B2C 平台，电子机票等，支付宝小心翼翼地拓展不同的外部市场。到 2007 年，随着国内电子商务环境的日臻成熟，支付宝的业务拓展也取得了突破性的进展，成功地切入了不同行业，外部客户对支付宝的交易量贡献率已经升至 30%。

2008 年，支付宝的"独立"身份渐渐被外部商户接受，而且他们也意识到支付宝能够助力其自身的业务发展，所以，越来越多的外部商户开始主动上门要求接入支付宝服务，支付宝也开始设定门槛和制定标准来审核要求加入的商户，并思考如何根据不同商户的资质提供差异化的服务。2008 年 7 月，支付宝完成了代号为"哥伦布计划"的系统升级，目的是在未来三年内能够承载超过 2 亿用户的同时支付，系统能力拓展的准备也意味着支付宝对未来产业前景的预判。也是从那时开始，支付宝通过对用户行为的分析，对"支付"的意义有了更深入的理解。他们认为，用户的支付行为，其实分被动和主动两种。其中，主动行为就是用户自己发起的支付行动，比如，他们在网上支付时，就会主动地实施支付行为。而被动行为则不同，是在某些理由的牵动下，必须要完成支付的行动，比如，信用卡还款、各种缴费活动等，如果客户不在规定的时间内完成支付行为，那么他们的信用记录就会受损，或是影响到一些服务的使用，例如被运营商停机，或者是被供电局断电等。另外，用户还可能有一些理财、投资的支付需求等。由此来看，网上购物只是用户诸多的支付需求之一。那么，如果支付宝需要吸引或维持客户，是否仅仅专注于网络购物就足够了呢？在满足消费者网购支付的需求之外，支付宝还能为客户提供哪些服务呢？

实际上，支付是一个非常庞大的市场。尽管 2009 年中国第三方支付市场规模已经高达上千亿元，但是，相对于上千万亿规模的整体支付蛋糕，这不过是冰山一角。从国外支付产业的经验来看，在支付市场的发展中，接下来会出现更多的细分市场。支付宝现在可能只是涉足了支付中的某一环节，但由于其优势在于贴近这个客户端，因而面向消费者来想象产业的未来，寻找支付环节中存在的空白点，这是支付宝的定位基础。作为一个支付平台，支付宝的定位应是一个资金流动的通道，其本身的工具性不会偏向任何收款方。而立身于 C 端用户的支付宝，只要消费者有支付需求，或能为消费者创造价值，那么钱需要流通到哪里、用怎样的方式，都是支付宝潜在的业务方向，也是支付宝可以想象的产业空间。作为支付平台本身，支付宝的核心价值就在于能够整合众多的银行资源，一一地嫁接到支付宝的平台上来，然后以支付宝平台为商户提供统一的支付流通管道，这样可以大大节约商户的接入和运维成本。在重新界定了支付宝能够为终端用户和商户在支付领域服务的价值所在后，支付宝在淘宝之外的业务空间思路也就豁然开朗了。2007 年，随着国内航空业大力推行电子客票业务，航空业的信息化发展推动了其本身的电子支付需求，而每年上千亿元的资金规模，也让航空业成为第三方支付公司争取的重点客户。中国航空业的销售模式有其特殊性，90% 的票务都是通过分销渠道，以代理的方式销售出去的，而国外航空公司则直销的比重偏大，大约为 60% ~ 70% 的比例。所以，从国外的经验来看，航空公司进行票务直销也是未来发展的主要方向。由于国内在航空公司和票务代理之间存在好几层复杂的分销关系，同一张票，来自不同地区、不同票代，费率不同，票代之间还存在着互换平台。从航空公司的角度来考虑，过去大多通过传统的由航协牵头的分销系统，直接覆盖到全国 3 万家代理商，这是所有航空公司共用的平台。所以，当航空公司需要为一些代理商，比如旅行社，定制一些服务，并通过自身的电子商务平台来响应和完成这些个性化的需求时，这一行业共享平台就难以满足航空公司的需要了。而且，过去的支付手段基本上是以支票的形式，推行了电子客票后，如果航空公司通过电子商务平台销售机票，可能最少半个月后才能收回票款，因此，加速资金流转是上游航空公司的基本需求。另外，由于不同代理商的开户银行也千差万别，航空公司也无法让系统一一匹配所有的网上银行系统。从代理商的角度来考虑，除了像携程和艺龙这类有实力的代理商具备自身的研发能力能够与银行的网络系统对接，同时由于业务规模大，也能够与银行间具有较好的议价能力外，对于大部分的代理商来说，独立开展电子商务的门槛太高，它们其实是被隔离在现有的银行网络服务之外的。而支付宝的天然优势在于，它的底层数据本身就是一个财富管理系统，比起网银系统来，它能够以更低成本为这些中小代理商提供更个性化的账户管理信息，可以将交易的流水信息按照代理人希望的报表格式输出。所以，最初支付宝凭借其在终端的客户规模，成为票务代理与旅客之间的支付通道。随后，支付宝将业务向上游延伸，因为随着电子商务业务拓展的需求，航空公司希望接入可以触达终端消费者的支付渠道，同时代理人也希望支付宝能够接通航空公司，从而提高自身的管理成本使用效率，这样同时来自上游和中游的需求，促成了支付宝在航空业的全产业链覆盖。

支付宝和国内前 20 大机票代理商中的 19 家实现了合作。航空公司方面已经和支付宝合作的航空公司包括海南航空、深圳航空、厦门航空、中国联合航空、春秋航空、天津航空、山东航空等 9 家，跟国航的 B2B 合作也已经上线，B2C 类的合作预计也会很快开通。除此之外，目前国内最大的三家在线商旅平台携程、艺龙和芒果网都是支付宝的合作伙伴，其他小型在线商旅平台数量更多。目前，支付宝在整个航空领域的交易量已经占据行业首位。

真正希望支付的价值和效率实现最大化，就应该实现全产业的电子支付。如果一个产业的上、中、下游存在某个环节不能有效地利用支付或清算的方式连接起来，则说明这个产业还不适宜开展电子商务。一般产业的电子商务过程，都是从上游到下游的逐步发展，最终覆盖到终端用户。过去，淘宝的交易曾经是支付宝的全部，但近几年淘宝交易额在支付宝业务中的份额持续下降，目前已经下降到 50% 左右的水平。未来支付宝的业务触角将会不断地延伸到更多的应用场景和领域中，这意味着支付宝在去淘宝化的过程中，已经跳出对"网上购物"应用场景的依赖，更多地体现了作为"支付渠道"提供者以及构建整合支付平台的战略转变。

面对着庞大的支付市场，支付宝给自身定下的业务底线是：如果不能最终触及终端用户，支付宝是绝对不会涉足的。而 B2B2C 业务，尽管涉及整个产业链，但由于能够覆盖到终端用户，也属于支付宝可想象的业务范畴之内。如果只是纯粹的 B2B 业务，则不在支付宝考虑的范围。明确了这一业务核心后，支付宝将关注的重点放在了 A、B、C 三个方面，也就是说，以人为中心，A

是平台、应用场景，B 是银行，C 是消费者。支付宝需要做的是不断地围绕 C 向 A 提供需求，而中间品种丰富的 B，则是钱流入的管道。如果希望为消费者提供更多、更丰富和更便捷的支付方式，就要结合 A 来进行业务拓展。在这一思路下，支付宝的 CEO 彭蕾，到任不久就大刀阔斧地调整了支付宝的组织架构，成立了三大事业部，将原来的商户合作部变更为商户事业部，专门负责 A 的开拓；将原来的大 C 业务部变更为用户事业部，专门负责用户的服务和维护；而原来的金融合作部变更为金融事业部，这就是 B 部分。组织架构的调整凸显了支付宝在 A、B、C 之间的资源整合与互通上的努力，而且，用户事业部的总经理由彭蕾亲自兼任，这个标志性的信号也说明支付宝对用户端的重视。过去支付宝一直纠结于一个"先有鸡，还是先有蛋"的哲学诡辩，就是到底应该先拓展商户，还是应该先拓展终端用户。从以往的经验来看，似乎是应该先有客户，因为客户最终会形成支付宝所有业务的来源，是支付宝的立身之本，如果没有客户使用，再好的场景也没有用。所以，对用户的关注曾经让支付宝单一地围绕消费者端来思考问题，但后来发现，这样做过于偏颇。其实，就其本身而言，支付宝不一定要真正接触消费者，因为它并非直接服务于客户。一个简单的道理是，消费者是因为上淘宝使用支付，而不是因为支付而上淘宝。所以，消费者一定是通过一个应用场景接触到支付宝，而支付宝要做的，就是结合应用场景一起为消费者提供服务，比如，一个消费者在京东商城购物，支付宝无法影响他的购买行为，但是他一旦决定购买某件商品，支付宝需要能够帮助他便捷地完成支付。所以，理解应用场景对于支付价值的意义所在，推动了支付宝从开拓用户资源到业务创新都会基于一个应用场景，因为正是应用场景为支付宝带来了客户，而支付宝要做的就是恰好出现在那个场景中，帮助客户在完成支付行为的全部过程中拥有良好的体验，这样才能真正把客户留下来。这也是为什么？2010 年以来，支付宝对用户体验的批评与自我批评关注甚多，因为只有好的体验，才能为支付宝留下客户。

对于互联网公司来说，注册用户的数量是衡量其公司竞争力的重要指标之一。所以，大多数公司都会积极拓展注册用户，当用户在使用自身平台的相关服务时，一般都会设立注册门槛。但是，支付宝现在已经改变了这一策略。尽管发展新用户是一个永恒的话题，但是对于支付宝来说，更看重的是客户的忠诚度。所以，在支付宝平台上，已经有些业务可以不通过注册即开放给用户使用，而如果用户的使用体验尚佳，还需进一步的服务，比如查阅支付流水等，这个用户就会选择注册。例如，支付宝的公共事业缴费业务就是一个最好的示范。很多缴费项目中，消费者都有"被动支付"的需求，比如，家里的水电煤气费，都必须按时缴纳。不是每个人都会接触到电子商务，但几乎每个人都有交水电费的需求，都有付钱和收钱的需要。据不完全统计，仅水电费一项，在我国每年就有几千亿元的资金支付规模。但是，在目前的缴费通行渠道中，无论是银行的网点还是公共事业部门本身的门店，都需要用户专门过去消费，里面还常常排着长龙、人满为患。接入公共事业缴费项目，也意味着支付宝业务的一大突破，从大多数消费者主动支付的应用转向那些不得不完成的支付场景中，而在后者的环境中，消费者更有支付的迫切性。所以，缴费功能在支付平台就开放给消费者使用。其他类似的还有支付宝的信用卡还款等业务，也开放给消费者体验。这样做的思路是，消费者能够被某些应用吸引到支付宝平台上，使用了支付宝的服务后，认为确实解决了支付的难题，从而留在支付宝上，成为其更多服务的用户。而用户的增长，也反过来拉动支付宝外部商家和应用场景的拓展，比如，从立足于水电煤气这类的缴费业务出发，支付宝未来还可以将更多类似的缴费业务，比如交通罚款，整合到平台上，而这部分业务将为支付宝带来更多更高端的用户。

第三十三回　股权转移　掀波起澜

VIE 引来的争端

马云热爱江湖，并让阿里的员工每个人都选一个武侠人物的名字作为代号，他给自己选了"风清扬"。然而，笑傲江湖多年之后，马云一觉醒来，发现自己竟身处杏子林中，诘难与指责若蛙声沸耳。首先站出来指责马云的是著名媒体人胡舒立，用社评《马云为什么错了?》指责阿里巴巴集团主席马云在2011 年一季度未经董事会授权私下转移了阿里巴巴旗下资产支付宝的所有权，认为其缺乏"契约精神"。

2011 年 6 月 13 日,身在美国的马云打破沉默,通过短信指责胡舒立并不了解真相,并强调支付宝所有权转移事件并非仅仅利益之争,倘若处置不好,可能会招来牢狱之灾。马云的话中似有难言之隐,但是在愤慨之外,他并未做过多表达。6 月 14 日,回国后的马云随即在杭州向蜂拥而至的全国媒体澄清事件真相。然而,事与愿违,随着舆论的激增,互联网与创投圈内多名大佬抨击马云的做法将拖垮整个互联网行业,甚至影响大陆的金融开放局面。声浪之中,拥有阿里巴巴董事会席位的当事方美国雅虎与日本软银,以及支付宝的主管部门央行,态度却晦暗不清。"黑漆漆的不知是日是夜。赵家的狗又叫起来了。狮子的凶心,兔子的怯弱,狐狸的狡猾,今天全没月光,我知道不妙。早上小心出门,赵贵翁的眼色便怪,似乎怕我,似乎想害我。还有七八个人,交头接耳的议论我,张着嘴,对我笑了一笑。我便从头直冷到脚跟,晓得他们布置都已妥当了。我可不怕,仍旧走我的路。"面对汹涌而至的议论声,6 月 16 日,马云在微博上抄下了一段《狂人日记》。

支付宝所有权之争,缘于 2011 年 5 月 11 日晚,美国雅虎向 SEC(美国证券监督委员会)递交的一份报告。这份关于经营业绩的详细报告披露,其持股 43% 的阿里巴巴集团已经把其旗下的在线支付公司支付宝的所有权转让给了一家中国国内公司——浙江阿里巴巴电子商务有限公司。据工商资料,浙江阿里巴巴公司由马云和阿里巴巴公司高管谢世煌拥有,两人分别持股 80% 和 20%。雅虎的报告点燃了"雅巴之争"的引信。阿里巴巴集团随即做出回应,表示支付宝所有权转让是为了符合央行对于非金融机构内资绝对控股比例的相关要求,以及为了维护国家金融信息安全。但雅虎 5 月 13 日发表声明,阿里巴巴于 2010 年 8 月移交支付宝所有权以及 2011 第一季度分拆支付宝,并未经过阿里巴巴董事会中美国雅虎和日本软银的获知与批准。这意味着,作为阿里巴巴集团主席的马云,是在未经董事会许可的情况下,私自转移资产至一家内资公司。这样的说法,马云显然无法接受。其后他抛出内情,称支付宝的股份转让实际发生过两次,第一次在 2009 年 6 月,以 1.67 亿元人民币将支付宝的 70% 股份转入一家独立的中国公司浙江阿里巴巴电子商务有限公司;第二次则是在 2010 年 8 月,以 1.65 亿元人民币将剩下的 30% 股份亦转入了浙江阿里巴巴公司。这两次转让，皆经董事会批准，雅虎和软银并未提出异议，相关的董事会讨论纪要中亦有记载。为什么会在 2009 年 6 月转让股份？马云解释："2009 年 4 月份央行出台规定，要求非金融支付机构做备案登记，当时我们理解了这份登记背后的精神和要求，并积极和主管机构沟通，感觉支付宝作为外资公司可能会麻烦，便立刻做了一个 70% 的所有权转移。"支付宝公关总监陈亮进一步解释："当时关于第三方支付行业的管理办法还没有正式出台，70% 的所有权转移是比照当时商业银行单一外资比例不得超过 20%，总体外资比例不得超过 25% 的规定进行的。"与此相同，2010 年 8 月所有权转让的举动亦是参照了央行新出台的规定。"2010 年 6 月，央行《非金融机构支付服务管理办法》，也就是二号令，正式出台，其中第九条规定外商投资支付机构的业务范围、境外出资人的资格条件和出资比例等，由中国人民银行另行规定，报国务院批准。当时我们认为用含有外资的股权结构去取得这个第三方支付许可证是不可行的。于是将剩余股份再次进行了转移。"这两次转让发生时，阿里巴巴董事会中的雅虎董事杨致远和软银董事孙正义均未表示反对，他们认为当时虽然进行了股权转让，但是支付宝还是在协议控制之下，而此次雅虎的不满，其实主要是针对 2011 年第一季度阿里巴巴集团解除支付宝的协议控制之举。

所谓协议控制，即"VIE（可变利益实体）模式"，是一种海外上市间接引入外资的模式，亦称"新浪模式"。2000 年新浪海外上市之前，为规避工信部关于涉互联网产业不允许外资介入的规定，设计出了此种模式。该模式由三部分组成，即境外上市公司、境内外资全资子公司以及内地持牌公司。在操作中，境外上市公司并不直接控股内地持牌公司，而是设立境内外资全资子公司，让该公司为内地持牌公司提供服务、咨询等业务，再通过一系列合同设计进而间接控股内地持牌公司。当年，新浪经过与工信部沟通，最终得以此种方式被放行海外上市。自此之后的十多年间，协议控制模式不仅成为内地互联网公司海外上市的标准模式，更延伸至教育、出版等外资受限行业。然而，支付宝却"暗度陈仓"，拒绝了这一模式。支付宝作为首批获取第三方支付牌照的 27 家企业之一，在本该庆祝的时刻，却身陷业内指责以及舆论鼓噪的旋涡之中。

按照马云的说法，解除协议控制的考量，源自 2011 年第一季度央行发来的一封征求函。"2010年12月份，二号令的细则出台后，我们第一时间做了申报，然而在今年（2011年）第一季度审查资料过程中，央行向我们下发了一个征求函，要求我们就支付宝是否有外资控制做一个书面声明。"马云在杭州新闻发布会上表示，为了符合央行规定，在第一季度终止了协议控制。马云一再强调，"在这个千钧一发的情况下，这是我们唯一能做的事情。"但外界却对此持有异议。按照二号令规定，对有外资身份的第三方支付企业，并未表明要禁发牌照。另外一个予以佐证的事实是，在首批27家获得第三方支付牌照的企业中，有近半数具有外资背景，其中占第三方支付行业份额第二的财付通，采取的就是协议控制模式。颇有意味的一个细节是，杭州新闻发布会上，马云说央行对支付宝是专门发函，但阿里巴巴集团首席人力官彭蕾却随后纠正称，对第三方支付企业的征询函，并不只是对支付宝，当时很多企业都收到了。若彭蕾说法属实，为何独独支付宝更改了协议控制模式？

马云事后解释，央行发函质询之前，阿里巴巴、雅虎和软银三方都没有想过解除协议控制。在央行正式态度明确后，支付宝方面曾第一时间打电话跟雅虎和软银沟通。"他们认为中国所有的法规都是可以绕开的，没有什么绕不开的。"马云说。这样的态度是马云不可接受的。马云向外界申明他的原则是，第一，100%合法，第二，100%透明，第三要保证支付宝的持续健康稳定安全地发展。但是，马云难以回避利用董事会主席职权解除协议控制的事实，并由此成为商界声讨的焦点。

京东商城CEO刘强东在微博上指责马云："少数人的不诚信行为，需要全行业埋单！未来融资将会变得异常艰难！本来以为明年下半年才是电商最艰难的时刻，看来提前了！"值得一提的是，"雅巴之争"爆发之后不久的5月17日，刘强东曾对外宣布京东商城与支付宝的合作停止。6月17日，天使投资人徐小平发布微博："历史的转折，往往是由一个人、一件事、一个政策引发的。在某些事关中国国际金融信用重大转折性问题上，有识之士应该站出来表达自己的观点。"经济学家陈志武亦发表看法称："最近关于'协议控制'讨论中处处看到对外资的排斥，让人担忧。"IT观察家谢文则更为激烈地表示："这轮进攻已经触及改革开放的底线了。三十年努力可能毁于一旦，或者毁于一事。"支付宝一时间成为众矢之的。

相比内地的滔天舆论，当事方雅虎和软银曾长时间地处在奇怪的沉默中。之后先是雅虎 CEO 卡罗尔·巴茨表示，雅虎与阿里巴巴就支付宝的赔偿谈判已经取得进展，继而被视为态度最强硬的软银董事长孙正义也松下口来，表示阿里巴巴和软银是很好的合作伙伴，预计很快会就支付宝事宜达成一致。6 月 22 日，沉默再次开始。阿里巴巴集团、软银及雅虎当天发布联合声明，称在适当的时间之前，阿里巴巴集团、雅虎及软银将不再发表任何评论。

在观点一片错落中，处于事件深层的央行始终沉默如山。虽然一直没有表态，但是央行的态度是坚决的。第三方支付机构比银行更为核心，因为它服务于银行间的支付，连接各家银行机构，特别是在服务中掌握着银行的交易数据、客户情况，数据量非常大。"我们拥有国家的经济数据"，这是马云对媒体反复强调的话语，他认为这也正是央行对支付宝的看法，毕竟，"我的企业影响着几亿的用户"。此言不虚，支付宝确是第三方支付行业的"带头大哥"。据艾瑞咨询统计，2010 年，在中国第三方电子支付市场，支付宝所占份额为 49.56%，用户数量达 5.8 亿。早在 2006 年，作为行业的"带头大哥"，支付宝就开始主动对接央行。"支付宝每月都会跟央行进行定期沟通，向央行汇报业务经营情况、风险情况等，同时在一些问题上，央行也会给我们一些建议。"支付宝的实践经验亦对央行的政策制定起到了不小的助益，比如，《非金融机构支付服务管理办法》中关于备付金需国有银行托管的规定，即不排除参照了支付宝与工商银行搭伙的经验。"带头大哥"愈发从"江湖"趋入"庙堂"，逐渐成为整个行业的标准，亦在某种程度上与国家经济产生了相应的关联。

同时，支付宝还为人民币国际化结算探路。扩大人民币跨境使用，是央行"十二五"期间的工作重心之一。然而，自 2010 年 8 月 1 日起，VISA 在大陆境外冻结银联通道后，人民币国际化结算之路愈发狭窄，而第三方支付逐渐被重视起来。特别是 2011 年一季度，央行官员不断对外释放信号，表达对互联网金融的重视。作为第三方支付行业的"带头大哥"，支付宝理应做到表率。如果是这样，那么马云应该并没有太多的选择余地。6 月 21 日，支付宝联手百家公司成立国内首个安全支付联盟。官方言论称，安全支付联盟将通过成员间共享技术、数据、情报，实现更为紧密的合作，打造横向的安全网，保障中国电子商务的发展成果。

三方协议和解

2011 年 7 月 29 日，阿里巴巴集团、雅虎和软银就支付宝股权转让事宜正式签署协议。协议明确，支付宝将继续为阿里巴巴集团及其相关公司提供优良服务，同时，阿里巴巴集团也将获得支付宝的控股公司给予的合理经济回报。马云表示，"在过去的几个月，我们和软银及雅虎一起进行了坦诚和积极的沟通，达成了一个兼顾各方利益的协议。这个协议对于阿里巴巴集团的所有员工、客户和股东们都是有利的。最重要的是，可以确保支付宝拥有牌照并且安全、健康、稳健地可持续发展。"根据该协议要求，支付宝未来将以优惠条件继续为阿里巴巴集团及其包括淘宝在内的子公司提供优良的支付服务。

这一决议符合在谈判开始时阿里巴巴集团、日本软银和美国雅虎三方间达成的两大原则：确保支付宝和淘宝的关系结构可以维持淘宝的价值，从而确保阿里巴巴集团的价值。同时，阿里巴巴集团将获得合理的经济回报。协议同时规定，阿里巴巴集团将许可支付宝公司及其子公司使用所需要的知识产权，提供有关软件技术服务。支付宝公司将会支付知识产权许可费用和软件技术服务费给阿里巴巴集团。该项费用为支付宝及其子公司税前利润的49.9%，反映了知识产权和软件技术的贡献。当支付宝或者其控股公司上市或发生其他变现事宜后，将不再需要支付上述费用。此外，支付宝的控股公司承诺在上市时予以阿里巴巴集团一次性的现金回报。回报额为支付宝在上市时总市值的37.5%（以 IPO 价为准），回报额将不低于 20 亿美元且不超过60 亿美元。

雅虎公司 CEO 卡罗尔·巴茨说，对于雅虎公司、雅虎的股东以及所有协议参与者来说，这是一个非常理想的结果，"最终达成的协议将会维护淘宝的价值，并让各方分享支付宝的利润，同时确保阿里巴巴集团能在支付宝上市时得到价值兑现。阿里巴巴集团及其管理层在公司管理和创造价值方面拥有骄人的成绩，我们期望继续参与和分享阿里巴巴集团及支付宝未来持续不断的成功。""这一协议能够达成，是建立在阿里巴巴集团、软银及雅虎长期深厚的合作关系以及互相信任的基础上。该协议也将让阿里巴巴集团在马云的领导下延续高速的成长"，软银 CEO 孙正义说，"中国互联网市场是全球最大、发展最快的市场，而阿里巴巴在中国互联网行业中是明显的领导者。阿里巴巴集团和支付宝的密切关系将让阿里集团在未来继续保持领先的地位"。

支付宝公司为阿里巴巴集团及其附属公司（包括淘宝）提供第三方支付服务。2011 年 5 月 26 日，支付宝获得中国人民银行颁发的首批第三方支付牌照，被允许在中国从事相关支付业务，也确保了支付宝可以继续为淘宝及其他客户提供支付服务。

第三十四回　创新变革　异彩纷呈

快捷支付

2011 年 7 月 25 日，支付宝宣布快捷支付用户数已经突破 2000 万，快捷支付交易笔数占支付宝整体交易的比重已经提升到 36%，这一占比较 6 月初增加了近 6 个百分点。快捷支付是支付宝自 2010 年底开始推出的一项新型网上支付服务：用户无须事先开通网银也能简单、安全地完成网上付款，并且不受网银额度下调等限制。2011 年 5 月份，银联也跟进这一模式，推出类似的快捷支付服务。截至目前，支付宝快捷支付签约合作银行达到 123 家，已经合作上线的银行达到 91 家，上线银行数比 6 月初增加了 8 家。全国性银行方面，除了浦发银行之外支付宝快捷支付已经完成了全面覆盖。招行跟支付宝在借记卡快捷支付（卡通）方面已经有多年合作，信用卡快捷支付此前已经完成签约。

推出基于 SNS 的营销工具微客

2011 年 3 月 10 日，支付宝首个社区营销工具微客正式上线，该工具定位于为商家提供基于 SNS 的支付与营销方式，即商家通过微客发布优惠券，用户可使用支付宝完成购买，款项归属于公益项目，形成社区＋支付＋营销＋公益的融合。支付宝此前曾推出不依赖于淘宝平台的担保交易服务，方便用户在论坛、微博等处进行小额的有担保的二手交易。而此次微客更是面向商家提供营销工具。微客频道（weike. alipay. com）上线后，商家可以进入后台选择发放优惠券，并确定售价。发布完成后该信息可以广泛发送到微博、豆瓣、人人网、开心网、论坛等各个 SNS 社区。用户在该页面上购买后，即获得相应的优惠码，可前往商家处消费。而商家也将统计到非保密的用户群体特征，进一步提升营销效果。优惠券出售所得都将作为慈善款项用于帮助社区小型的公益项目。如商家未兑现优惠内容，用户还可获得支付宝退款。F 团、红孩子、银泰网、乐淘网、爱波网、Justyle 男装等十多个国内 B2C 网站及团购网站已经在微客发布优惠券，标价多为 1 毛钱，吸引用户购买。支付宝此举是加速社区与支付融合的一种尝试。支付宝微客还将发布基于更多社区的插件，逐步完善营销后台功能。

支付宝打车付款

手机晃一晃就可以把打车钱付了。因为使用支付宝收乘客的车费而被称为"最潮的哥"的袁师傅，引起了全国不少"潮"司机的效仿。支付宝公司宣布，目前已在杭州、成都、青岛、嘉兴等地启动了使用支付宝付打车款业务。支付宝方面已经发布了首批专属"二维码"，每位智能车队的司机师傅都将拥有一个与自己的支付宝账号绑定的二维码，便于乘客"即拍即付"。除了杭州、成都、青岛、嘉兴的出租车司机已经开始使用支付宝收款外，支付宝也正在和北京等地的叫车软件公司积极合作，预计未来不仅会支持通过支付宝直接将车费支付给司机，还会以手机叫车 APP 内置收费的方式，通过支付宝支付打车款。目前支付宝正在大力拓展线下的支付业务，甚至包括卖早餐的包子铺和报刊亭。

支付宝条码支付

2011 年 7 月 1 日，支付宝在 2011 年广州网货会上宣布推出手机支付产品——条码支付（Barcode Pay）。该方案为微小商户提供了只需使用智能手机就可完成支付的低成本收款服务。新浪科技在第一时间详细试用了该支付产品。

条码支付是支付宝为线下实体商户提供的一种现场支付解决方案。微小商户可用支付宝账号登录在线收银台（sjzf. alipay. com），输入收款金额，然后使用条码枪扫描或输入用户手机上的条形码向对方发起收款，消费者在手机上完成付款确认。更灵活的移动收款方式则是直接启动手机客户端中"我要收款"扫描对方条码完成，也就是说手机既能付款也能收款，既是收银机又是钱包，两台手机之间可直接完成交易，商家不用安装专用收款设备，用户无须携带现金或银行卡。此外，相比传统收银方案，条码支付还具备即时到账无账期、收款机动灵活等优势。商户需要的仅仅是一台能上网的电脑和一只由支付宝免费提供的扫描枪。而对于微小商户，支付宝还提供了精简的申请与使用方式，即可用手机发起移动收款。由于在支付过程中消费者与商家之间只有扫描条码的接触，不需要出示任何银行卡，避免了银行卡被盗刷甚至复制等危险。

在微小商户最为关注的费率方面，每个商户有每月 2 万元的免费额度，超出部分按照千分之五计算，这一费率仅为传统 POS 机收单方案的 1/2 到 1/6。刷卡成本已成为商户继房租、人工成本、电费之后的第四大成本，不少商家缴纳的手续费已经占到经营利润的 5%～10%。小商家本小利薄，请不起 POS 机，现金使用率高也由此而来。支付应该是基础服务，不与商家争利，给予消费者便利，降低交易成本将促进线下消费的发展，从而繁荣整个市场。当前 iPhone、Android 以及多数诺基亚塞班系统的手机都已可升级至条码支付。用户登录最新的手机支付宝客户端，选择"条码支付"就会显示一个动态的条形码，用户使用余额或快捷支付即可快速完成付款，整个支付过程仅仅需要 1 分钟。

■ 支付宝大事记

2012 年 11 月，支付宝在"双十一"当天成功完成 1 亿零 580 万笔交易，再次刷新了上一年同期创下的单日成交 3369 万笔的全球纪录，其中无线支付近 900 万笔。

2011 年 5 月，支付宝获得央行颁发的国内第一张《支付业务许可证》（业内又称"支付牌照")。这张许可证全面覆盖了互联网支付、移动电话支付、银行卡收单、预付卡发行与受理、货币汇兑等众多支付业务类型。

2011年4月，支付宝快捷支付服务已经和中国银行、中国工商银行、中国建设银行、中国农业银行、平安银行、北京银行、上海农商行、大连银行、宁波银行、宁夏银行等10家银行的信用卡展开合作，快捷支付新增用户数达到近300万。通过这一服务，信用卡网上支付的成功率从原先的60%左右大幅提升到95%，这是国内银行卡网上支付成功率首度达到这样的高水平。

2010年8月，在17日上午召开的2010年中国互联网大会上，凭借全球首创的"担保交易"模式极大地推动了互联网经济发展的支付宝，被评选为中国互联网"价值之星"，成为影响中国互联网发展的重要一员。

2009年12月8日，国内最大的第三方支付平台支付宝（中国）网络技术有限公司成立五周年，总裁邵晓锋以一身佐罗造型"裸奔"，庆祝公司日交易额在前一天首度突破12亿，达到12.13亿元，日交易笔数达到500万笔，同时宣布每年的12月8日成为支付宝的体验日。

2008年7月，支付宝的用户数突破9000万。

2007年8月，支付宝在香港正式宣布将联合中国建设银行、中国银行全面拓展海外业务。超过4700万的支付宝会员可使用人民币在支付宝境外合作网上商家的网站上购买外币标价的商品，来自全球的网上商家均可通过与支付宝的合作，同中国大陆消费者进行网上交易。莎莎网等成为支付宝首批合作的海外商家。

2006年10月，"国内第一张创新网购模式"银行卡——支付宝龙卡面世，此卡也是支付宝第一张联名卡。快乐网购，从支付宝龙卡开始。

2005年8月，支付宝正式全面停止线下银行柜台汇款业务。所有会员一律通过网上银行使用支付宝业务。所有会员一律通过网上银行使用支付宝。在退款流程中，卖家同意买家的退款申请，达成协议，进入退货环节后，取消需要输入支付密码的步骤。

2004年12月30日，支付宝网站www.alipay.com正式上线并独立运营。

2004年12月8日，浙江支付宝网络科技有限公司成立。

2003年10月18日，淘宝网上首次推出支付宝服务。

■ 支付宝荣誉

2011 年

5 月 26 日获得央行认证的"非金融机构电子支付牌照"认证。

11 月 18 日支付宝可以在 Steam 上操作。

位列受浙江网民喜爱的浙江 10 大电子商务网站及浙江网站 Top50。

2009 年

1 月，支付宝荣获杭州高新技术产业开发区（滨江）劳动和社会保障局颁发的"劳动保障诚信企业"奖。

3 月，支付宝荣获赛迪顾问股份有限公司评出的"2008～2009 中国第三方支付年度成功企业"称号。

4 月，支付宝荣获浙江省互联网协会＆春回燕归组委会评出的"2008 最受浙江网民喜爱的浙江 10 大电子商务网站及浙江网站 Top50"称号。

2008 年

中国电子商务协会于 1 月 23 日在京召开了"中国电子金融发展年会"，支付宝荣获全国"用户喜爱第三方支付品牌"荣誉称号。同时荣获由中国互联网协会主办的 2008 中国互联网大会"中国互联网行业自律贡献奖"。

支付宝荣获由《互联网周刊》举办的中国改革开放三十年＆互联网商业·创新改革大盘点暨中国改革开放三十年"商业创新名人榜"之"最具行业贡献企业"奖。12 月，第四届中国商业思想论坛举办，支付宝（中国）网络技术有限公司力拔 2008 中国最佳商业模式头筹，名列十个最佳商业模式第一位。

中国保险企业优秀支付解决方案提供商。

5 月，支付宝获得"2008 中国保险企业优秀支付解决方案提供商"的称号。

2007 年

2007 年度中国游戏产业优秀服务商第一名。

2008 年 1 月，由新闻出版总署、信息产业部支持组织，中国出版工作者协会主办的"第四届中国游戏产业年会"在苏州国际博览中心召开。支付宝荣获 2007 年度中国游戏产业优秀服务商第一名。

由《电子商务世界》杂志主办的 2007 年（第三届）中国电子支付高层论坛中，支付宝获得"电子支付行业最佳人气奖"。

1 月，支付宝公司被中国电子商务协会授予"中国优秀电子支付企业"称号。

1 月，由中国电子信息产业研究院主办、赛迪顾问承办的 2007 中国互联网市场年会在北京召开，支付宝公司被评为"2006～2007 年度中国互联网市场年度成功企业"。

2006 年

12 月，由《财经时报》《财经文画》主办的第四届"中国 IT 十大财经人物暨十佳市场策划"评选正式揭晓，支付宝被评为"2006 年中国 IT 十佳市场策划"。

11 月，由中国经营报主办的"2006 企业竞争力评选"活动揭晓，支付宝获得卓越表现奖之创新产品奖，并且是获奖十大企业中唯一一家国内互联网公司。

9 月，在 2006 年中国 IT 用户满意度调查中，被评为"用户最信赖互联网支付平台"和"互联网支付平台服务满意度第一"。

"中国电子支付高层论坛"中被评为用户安全使用奖。

2005 年

获得《电子商务》颁发的网上支付最佳人气奖。

由 21 世纪经济报道和 21 世纪商业评论联合发起的"中国创造奖"评选活动中被评为"中国最具创造力产品"。

在由中国互联网协会主办的中国互联网产业调查中获得"电子支付"第一名，名列中国互联网产业品牌 50 强以及 2005 年"中国最具创造力企业"称号。

第八卷　2004年：京东蜕变　绝地反击

第三十五回　线下创业　转型艰难

1998年，刘强东背着父母，辞去在外企的工作，在中关村租下一个小柜台，卖刻录机、压缩卡（把录像带转成VCD）和光盘。开始时公司就他一人，每天要去马路边发宣传单。那时，和京东做相同生意的公司，中关村已经有十几家，年销售额上千万。刘强东只有1.2万元本钱，别无其他，能做的只是比别人更多地关心客户需求。他给在农村及城镇做婚纱摄影的师傅做了一套傻瓜式多媒体系统，有十多张光盘，30多万张图片，几十种模板，一个刻录机。只要用鼠标点几下，就能做出一套不重样儿的婚礼VCD。他很有耐心，能花三天教一个师傅怎么用鼠标。刻录机越卖越火，京东开始代理雅马哈、理光、NEC的产品，并获得全国独家代理权。2001年，京东年销售额达6000万元。但刻录机的毛利下滑得厉害，2000年单价跌到800元以下，毛利从几年前的40%跌到一台只赚十几块钱。"如果想做得更大，我们只有两个选择。第一，脱离光磁产品，代理更多东西，变成一个分销商。那时神州数码的规模已经很大了。但关键是，它的规模这么大，在产业链上有多少价值呢？没多少价值。它就是一个资金平台和物流平台。全球范围内，分销在相当一段时间都会存在，它能获利，但很低。它不提供更多价值，就没有资格去赚更多的钱。"刘强东说。分销的路，他不想走。第二个选择是做零售。他逛各种商场，深深被国美模式吸引。他去过国美在北京的所有店面，而且不止一次，北太平庄的旗舰店更去了无数次。他有时会买点电器，有时只是在店里转悠，和销售人员讨价还价，问各种问题，诸如进货渠道、配送等。当时国美只卖家电，在北京已经有超过 20 个门店。2001 年 5 月，其在全国范围内一下开了 13 家店。这种扩张速度让刘强东相信：做 IT 产品的连锁店是未来的方向。"双安商场也能赚钱，但它无法复制，你能在全国做 200 个双安吗？我们要建立一个标准化的体系，规模化地卖产品，控制好库存、供应链，然后在全国复制。"刘强东说。

2001 年，刘强东的第一家零售店在中关村苏州街上的银丰大厦开张，取名为"京东多媒体"。最初只有 2 个人，主要销售高端声卡、键盘、鼠标等毛利较高的电脑外设产品。刘强东感觉到了从做代理到做零售连锁的挑战。做代理是走量，销售人员想的是 20 台应该是什么价格，50 台有多少返点，而做零售是苦活，要一台一台地去卖。导购员不仅要专业，而且要不断积累经验。比如一进门，男客户大部分向左走，女客户向右走，这种偏好就能传达出很多信号。做连锁，刘强东抓两点：成本和细节。这种敏感也许和他的出身有关。刘强东祖籍湖南，家里世代行船，做的是将南方的瓷器贩运到北方、北方的煤炭贩运到南方，从中赚取差价的古老行当。天然的，刘强东对商业的基本规律有着深刻认识。从第一个店起，京东内部就有规定：店面在什么时间、什么天气情况下才可以开灯。纸箱一天只丢两三个，但必须由专人负责回收，再定期卖出去，变成钱。每天早晨，店里所有人要开半小时早会。每周，所有店长在一起头脑风暴 4 个小时，鸡毛蒜皮什么事儿都可以说。甚至有客户带来一只狗，在哪儿拉了屎都要说，以便今后有所防范。早会和头脑风暴一直保持到现在。刘强东深刻体会到，做零售是一种经验和文化的积累。京东做第一个店就赢利了，但从第一个店到开第二个店，隔了 5 个月。直到第六个店以后，开店速度才跟上来，最多时一个月开三家。做零售很累很苦，但他坚信，像中关村电脑城这种集贸市场式的渠道必然会走向衰落。他曾经和京东沈阳连锁店的负责人说："京东要做全国性的连锁店，像国美一样，在全国开 1000 家 IT Small Shop。我们要让中关村电脑城消失。"

非典

2003 年 3 月，刘强东和员工在一次内部会议上兴致勃勃地讨论：国美能在全国做 400 个大 shop，我们能做 400 个小 shop，到年底要把连锁开到 18 个。4 月，形势骤变，非典来了。4 月 19 日，刘强东在人民大学西门的城乡超市买了两辆金杯车的方便面、火腿肠和矿泉水，发给 60 多名员工，让他们不出门就可以在家生活一个月。他不能允许任何员工因为工作而感染非典，否则自己一辈子都不会存在成功的可能。安顿好员工，刘强东和几位高管开始为价值几百万元的库存犯愁。他们每天都在数，还能活多久。为了提高毛利，京东一向采取现货现结而不是赊账的方式。货款已付，所有库存如果卖不出去，亏损只能京东自己承担。非典让 IT 产品跌价更快，最严重时一个月跌去 30%。刘强东估算，如此下去，京东最多能撑半年。非典把他逼上了网。刘强东上大学、打工、创业都在中关村，那里是中国互联网的发源地。但他却是彻头彻尾的网络盲，对互联网，他只知道在中关村马路两边狂打广告的瀛海威和请谢霆锋做代言的联想 FM365。他没上过当当，不知道卓越，没听说过 8848，唯一接触过 QQ，当时还叫 OICQ，是朋友帮他注册的。非典时期，刘强东开始网络生存。他和团队在硬件论坛上发帖，注册几百个 QQ 号，疯狂加好友，推销产品。起初，折腾十几天，只做成十几单，直到他们在 CDBEST 等网站上做团购，才逐步打开一些局面。

6 月底，非典得到控制，京东的线下业务恢复正常，但刘强东不敢贸然扩张。这时，在网上团购的那些用户仍然不时有需求，并要求京东开设自己的网站。事实上，京东最初只有 36 个网上客户，但这些人是一群网络达人，要么是论坛版主，要么是资深玩家，在网上很有影响力，他们都愿意向网友推荐京东的网站。得知一个小型网站租带宽一年不过 1000 多元，刘强东决定成立京东自己的论坛，并安排一位叫李梅的员工处理网络买家的需求。让京东所有人意外的是，他们没有在 BBS 打任何广告，但来自网上的订单不断增加。2003 年 6 月到 2003 年年底，网上订单累计超过 1000 单，最多一天有 35 单，甚至比一个线下连锁店都要多。后来被戏称为"京东电子商务第一人"的李梅分身乏术，不得不加派人手，经营论坛。刘强东不仅意外，而且觉得这个速度很可怕。9月，他招聘技术人员开发商城程序。2004年1月1日，"京东多媒体网"电子商务网站上线。

正如2001年迷上逛国美，2004年刘强东完全被互联网吸引了。他大部分时间泡在网上，和京东的2700名注册用户聊天，混得很熟。这时，京东一直是线上电子商务与线下连锁业务并行发展。刘强东开始直观地比较两种零售方式。在2004年的6000万元销售额中，来自线下和线上的量分别为5000万和1000万。线上销售，价格大约比线下便宜5%，净利率也只有5%，而线下业务的毛利达18%以上。换句话说，当时京东的线上业务基本不赚钱，利润90%以上来自线下连锁。不过，刘强东更看重另一组数字。由于京东停止店面扩张，2004年，京东IT连锁店的业务量只增长了不到15%，但自网站开通后，线上订单的月复合增长率达到了26%。也就是说，京东网上订单正以每年16倍的速度增长。

2004年年底，刘强东开始考虑：下一步，是继续原有策略，做线下连锁店，还是放弃线下，专心做网上销售？把最赚钱的业务砍掉？没搞错吧。京东的团队几乎没有人认为两个业务存在冲突：连锁规模大，网上速度快，完全可以同时运作，为什么要放弃其中一个？但刘强东不以为然："如果要门店，就重新启动线下业务，扩充连锁店，彻底把网站关掉，否则只配3个人，也做不好网站。要不就把店关了，只做网上。一个公司的核心能力是有限的。京东那么小，一定要把所有的资源集中在一点上，才能获得竞争力，分散用力是找死。"这个选择距离京东从代理商转型做连锁零售不过3年。当时，连锁模式在中国依然火暴，黄光裕因国美上市成为中国首富。刘强东决定"赌一把"：放弃连锁，做网上零售。2005年上半年，他关掉了全国12个门店。到2005年6月，京东没有一个员工认为，这个选择是错的。

第三十六回　击水起浪　极速扩张

高毛利率对零售业没有意义，微利是京东立足的根本。100年来，每一种新的商业模式都围绕着两条主线：供应链效率和成本。只要能够提升效率、压低成本，新模式就会颠覆旧模式。百货商场的毛利高达50%，沃尔玛只有15%，但沃尔玛的价值比百货商场高那么多，因为沃尔玛的成本更低，效率更高，它不需要50%的毛利，只要有15%就能赚钱。刘强东选择了网上零售。相对于线下连锁，网上零售没有店面租金、水电、陈列品折旧，也不需要庞大的销售人员。国美等家电连锁企业的费用率为11%～12%，而京东关掉线下连锁店后，费用率立刻从10%降到了个位数。"虽然我现在比国美苏宁小很多，但只要我的成本能永远比它低，周转率永远比它高，我就不用怕。"刘强东说。然而，京东的网上业务从一开始，毛利率就与费用率持平，几乎不赚钱。按照刘强东的说法，京东商城的价格相对于传统渠道来说至少要便宜10%，如果想赢利，只要把价格提高一个点，就可以做到，但"京东现在的赢利没有什么价值，规模才是第一位的"。

2007年8月，今日资本向京东商城投资1000万美元。2009年1月，今日资本、雄牛资本及亚洲投资银行家梁伯韬的私人公司对京东商城联合注资2100万美元。今日资本总裁徐新，2006年年底第一次与刘强东见面，两人从晚上10点聊到凌晨2点。徐新对刘强东的印象：踏实，实在，注重细节，有做零售的某种特质。2006年，京东商城的销售收入为8000多万元，全公司50多人。今日资本在京东的客户中进行调查，得到的反馈是：①京东没水货，全是正品；②价格比线下便宜10%～20%，购买方便；③客户黏度高，六个月内，重复购买2～3次的占50%以上。"我们最看重京东的价值是，它在进行一场渠道变革，它对传统的消费渠道是一种颠覆。"徐新说。对于京东赢利能力的问题，徐新认为要同时看毛利率和资金周转率，两者不能割裂开来。2005年，京东的库存周转为18天，2008年降低到12天，国美、苏宁则在40～60天。对于零售企业，库存周转想要缩短一天，都意味着对供应链效率的巨大考验。细节管理直接与降价损失关联。2008年，京东全年因降价而产生的损失只有4.2万元。一台笔记本，1月份出厂，当月卖给消费者，毛利率达40%。三个月后，下降为只有20%。"大家都说IT业利润越来越薄，其实是供应链效率低。细节管理做不好，你会发现没有20%的毛利，根本无法赢利，而这样意味着你在产业链上没有价值。"刘强东说。

京东商城对传统零售业是一种颠覆，而它与线下零售企业的矛盾、与品牌企业的冲突不时被公开化。2008 年 11 月 14 日，明基对外发布声明，针对"个别企业以 3099 元的非正常低价销售 BenQ 投影机产品"，明基"不保证为原厂正货""不保证核心零组件为原厂生产""不保证提供正规质保服务"，明基"决不允许不法分子以任何方式损害品牌声誉"。圈内人都知道，这个"不法分子"就是指京东商城。京东的价格究竟有多低，以至于明基会发出如此措辞激烈的声明？以此次涉及的 BenQ MP512 投影仪为例，当时的市场报价为 3999 元，实际成交价通常会稍低，但也保持在 3600 元以上，而京东的价格仅为 3099 元，便宜了至少 500 元。这种价格优势对于消费者无疑有着极大的吸引力，而对传统渠道商则拥有致命的杀伤力。正因如此，在过去的几年中，刘强东遇到无数次品牌厂商或代理商的抗议、打压和封杀。品牌厂商视京东为"搅乱者"甚至"怪胎"，担心京东的低价冲击其既有的渠道价格体系。而对传统渠道商而言，京东的出现甚至威胁到了自身的生存。2007 年，甚至有渠道商在论坛上发帖打听"老刘"的住址，扬言要把他"砍了"。"2005～2007 年，这三年我就做成了一件事情，打通与产品供应商的关系。这个过程是很痛苦、很曲折的，成功的根本原因是利益——我有这么多终端用户，而且以每年 3 倍多的速度增长。"刘强东说。

不过，在用户量达到一定的规模之前，京东只能从中小代理商做起，因为品牌厂商或大代理商不会将京东放在眼里。京东通信数码采销部总监王笑松的体验最为典型，他曾在沃尔玛工作 7 年，过去在与供货商接触时，从来都处于强势，到了京东商城，完全颠倒过来，不仅要主动去和品牌厂商接触，解除他们的疑虑、普及网络销售的好处，往往还需要经过几个月的时间才能取得进展，很多时候要打打谈谈。

当京东的销售达到一定规模，遇到品牌厂商的打压时，京东会采取强硬的反击措施。还是以 BenQ MP512 投影仪为例，在明基发布公告之后，京东毫不示弱，立即将价格降至 2999 元，最低甚至降到 2873 元。与此同时，京东会不断给品牌企业打电话，说你堵了半年，价格反而更低了，为什么？你要封杀我，我就还击你。京东上销售几百个品牌的产品，在你的品牌上我可以不赚钱，甚至可以亏本卖。让大家都知道网上便宜，都到网上来买，这样对你冲击得更厉害。刚开始厂家不理会，觉得被威胁了，但半年之后发现堵不住货源，价格还更低，只能合作。合作之后，他们往往受益于京东供应链的高效，而主动进一步加强合作。

声卡品牌企业创新科技就曾严禁其渠道商给京东供货。2008 年初，创新开始主动和京东合作，如今，京东的销量已经大约占其全国总销量的 6%。有时，在京东一天的销量甚至相当于其在北京所有传统渠道的销量，创新甚至会专门为京东定制某款特价产品。截至目前，近 80% 的主流 IT 品牌厂商都已经和京东直接展开合作。2008 年 2 月，京东的产品品类扩展到家电。当年 4 月，韩国 LG 北京公司派人到京东调查，据说 LG 韩国总部受到国美和苏宁的联合投诉：京东上销售的 LG 某款液晶电视产品比线下要便宜 500 元，冲击线下渠道，要求 LG 不要将产品供给京东。刘强东将该款产品的销售数据给 LG 的调查人员看：每天有多少人购买、是男是女、地域分布、联系方式等一目了然，这些信息都可以与 LG 共享。最为重要的是，在京东，LG 不需要缴纳进场费、装修费、促销费、过节费。免去各种费用之后，LG 通过京东销售产品的利润率可以达到 3 个点，这比通过传统渠道销售的利润率要高很多。此外，国美给厂商的返款周期为 3 个月，京东只需要 20 天。结果，LG 非但没有给京东压力，反而在第 2 个月就和京东达成战略合作协议。其他家电品牌也陆续与京东开始了合作。

第三十七回　技源物流　后端优化

对于一个现代零售商而言，真正的核心竞争力在于后端的系统支撑能力。上产品，很容易，请 50 个员工，拍照片，拷贝信息，粘贴，三天就能上 1 万个产品，但那没有意义，也没有价值，关键要看后端系统是否可以消化零售商获得的订单。

"京东网管是个大白痴！" 2003 年 6 月的一天，刘强东打开京东的 BBS 论坛，屏幕上出现这几个触目惊心的大红字，显然刚刚上线的网站被黑了。京东技术人员用了几个小时把服务器重装系统，网站终于恢复了正常。20 分钟后，刘强东发现首页被换成了 "京东网管还是个大白痴！" 后来刘强东才知道，他们服务器安装的 Windows2000 系统没有打任何 SP 补丁，漏洞百出，并且还有 1700 多个病毒，一个初级黑客可以轻松攻破。这是京东刚刚推出论坛时遭遇的一个小插曲，当时其 IT 信息系统水平可见一斑。

2009 年 1 月 16 日，京东商城发布了一个公告：由于订单量的增长超过其物流处理能力，建议着急的用户从其他渠道去购买。事情起因于 2008 年下半年。刘强东估计，经济危机将对网上消费产生负面影响，因而停止增加配送人员的招募，但 2008 年 11 月下旬开始，京东的订单不减反增，而且增幅达到 30%，12 月再增 10%，远远超过了京东的处理能力。直到春节后，这个状况才得到缓解。

京东在开始做网络零售时，一个交易的流程往往是发帖下单、汇款支付、邮寄发货，整个过程长达十天半个月。从这种只能用"原始"来形容的阶段到目前每天处理1.5 万个订单、无线 POS 支付、京沪穗三地实现一日两送，其支撑能力已经有了本质的变化。这种能力的提升是在多个方面同时进行的：技术升级、流程优化、经验积累、资本投入。

刘强东在创业之前是一位软件开发高手，虽然他大学就读于人大社会学系，但他的兴趣却在计算机上，曾通过开发软件而赚到十几万。刘强东了解技术的重要性，1998 年他刚创业时就开发了 ERP 系统，用于内部管理和掌握库存，甚至他的第一个员工的工资奖金发放都通过这个 ERP 系统。事实上，这套 ERP 系统在经过不断的升级之后，如今已是京东商城的运营中枢。通过这个 ERP 系统可以掌握每一款产品的详细信息：什么时间入库、采购员是谁、供应商是谁、进价多少、质保期多长、在哪个货架、什么时候收到订单、由谁扫描、谁打包、谁发货、发到哪个分库、哪个快递员发出、客户的详细信息等。刘强东将京东商品的整个流程分解为 34 个环节，每个环节可能又都由很多更琐碎的细节组成。在所有的流程中，目前京东自己控制着其中的 60%，他希望理想状态下能控制到 80% 的环节，只有"控制更多的环节，才能进一步提升供应链的效率和服务品质"。

在 2008 年年底京东遭遇配送瓶颈时，客服的压力骤增，刘强东很快要求技术团队开发新功能，让用户可以随时查询到自己订购商品的具体状态，而不用再咨询京东的客服人员。这并非一个权宜之计，而是从流程上省去了客服部门的很大一部分工作，若非自主掌握技术，不可能获得这种灵活性，刘强东相信这种系统的可扩展性将可保证京东掌握未来之路。"我不知道京东将来对信息系统的要求是什么，但是我知道我设计的架构不会有什么瓶颈，系统功能可以随着需求的发展而不断增加。"刘强东说。

在配送方面，京东起初只通过邮局邮寄货物，在用户的要求和提醒下，京东才开始与圆通等快递公司合作，大大提高了配送的速度。但到了 2007 年 6 月，京东的日订单量超过 3000 个，月销售额达到 3000 万元，第三方快递公司的时效性和服务品质又成了新的瓶颈，客户屡有投诉。自 2007 年起，京东商城就开始建设自有的物流体系。2009 年初，京东新融到的 2100 万美元中有 70%将用于成立控股物流子公司，购买新的仓储设备，配备手持 RF 扫描器，建设自有的配送队伍。目前京东在全国已建成 25 个城市仓储中心，储备产能每日超过 120 万单，在 360 座核心城市建有 850 多个自营配送站、300 多个自提点。同时，京东还推出"211 限时达"、次日达、晚间配送、预约配送、货到付款等服务。据悉，京东商城仓储面积已经超过 100 万平方米，并且还在不断加大建设，预计仅在物流方面，京东 2012 年的投入就将超过 36 亿元。

第三十八回 决战苏宁 扣人心弦

2012 年 8 月 15 日，京东商城与苏宁、国美的大家电产品价格战开锣，无数人等待着上午 9 点整。价格战的消息在前一天就已被广泛传播，京东创始人刘强东咄咄逼人地在新浪微博上向苏宁发布了挑战书，苏宁、国美负责人也在微博上陆续接招。几乎每一方都宣布，自己的大家电产品在第二天上午 9 点之后都会比竞争对手便宜。这次价格战，为什么指向苏宁而不是国美？刘强东说，国美的灵魂人物黄光裕还在监狱里，需要给他一些时间，而且国美的销售业绩在下降，市值只有 100 亿港元了，融资能力缺乏。如果京东和苏宁都去打国美，国美会出问题，对京东也没好处。所有京东副总监以上的高管，8 月 14 日上午都收到了通知，要求停止休假，全部到岗。8 月 15 日的访客登记表显示，这天最早造访位于北京北辰世纪中心京东总部的，是公关公司蓝色光标的员工，他们 8 点 41 分就到了。刘强东在 8 点 30 分至 9 点开完早会之后，就来到家电采销部门，做战前动员。他在这天做出的第一个决策是，下发通知，要求价格战负责部门，把目前京东在全国投入运营的 18 个仓库里所有的大家电货品都通过价格战的形式卖完，同时要求加紧备货。9 点 51 分，在京东商城总部，"打苏宁指挥部"已经成立，设在一个叫做"温哥华"的小会议室，外墙上贴着这六个红底白字。指挥部里，坐着十个看上去很轻松的年轻"指挥官"，其中只有一名女员工。有同事冲那个女员工招手，示意她出去一下，立马被其他几个"男指挥"调侃："苏宁的人找你，哈哈。"女员工出去后，从同事手里接过三颗润喉糖。其实，这场战争不是靠嗓子喊，靠的是这个部门的员工电脑上正在运行的后台页面，这是一场信息战。"太帅了！9 点 47 到 9 点 50，3 分钟之内，长虹的这款大家电全部卖完。"一个女员工盯着后台系统，突然兴奋地高喊。坐在远处的同事回应说："那得让库房赶紧补货啊。""今天最大的胜利就是让苏宁的股价下跌了不少，不过我觉得其实我们应该先联手把国美打死算了。"另外一个同事插科打诨。其实，苏宁电器的股价先降后升，到下午 2 点半的时候，已经涨停。

　　这场由京东一手策划的"约架"事件，其实是一场事先经过周密安排的公关战，主要是以微博营销的方式展开。这次微博营销的重点是找一些微博上的意见领袖，分析他们的微博喜好，策划适合他们转发的关于京东的内容。另外就是协调一些诸如"互联网的那点事"等热门微博账号——"要保证可以使用，若不行，尽快更换其他账号"。按照刘强东的说法，这场价格战本来是准备 2012 年第四季度开打的。他提前向苏宁发难的原因是，"总部位于江苏南京的苏宁通过地方政府的关系打压京东"。但他不愿意就此透露更多信息。对苏宁、国美等一群竞争对手来说，这场价格战来得非常突然。苏宁电器集团副董事长孙为民说："我们这个促销活动，从 3 月初就开始准备，协调供货商供货花了半个月到一个月的时间，昨天才知道刘强东也会搞个促销。""我们有几十万种产品，都会参与这个促销活动。光采购到货就花了半个月的时间，他们肯定是来不及的。"孙说。但库巴网副总裁彭亮一直在跟踪京东的价格战准备工作，发现这并非刘强东所说的临时决策，而是至少准备了一个月的时间。他发现，京东参与价格战的商品，大多不是新品，所以他判断，京东有可能是在借机清库存。

8月14日晚上6点，国美网上商城总经理韩德鹏跟几个同事在吃饭，有人提起京东要在第二天打价格战的事情。当时韩德鹏感慨地说，互联网越来越像个娱乐世界了。他问一起吃饭的同事："你们想打吗？"大家都表示赞同。他做了一个决定，国美网上商城参战。随即通知公司员工加班，以低于京东价格5%为原则，在全网率先开打价格战。其实，据他透露，原本国美网上商城就要在8月18日挑起行业价格战，京东在微博上的"挑事"，让价格战提前开打。8月15日零点，国美网上商城的价格战打响，价格直指京东。韩德鹏跟公司员工一起加班熬夜到8月15日清晨，没睡几个小时之后，所有员工早上6点都赶到了公司。6点，苏宁易购跟进价格战。9点，京东启动价格战。"其实是刘强东在微博上挑起舆论，但他没想到我们这次跟京东玩真的。"韩德鹏说。

在这场价格战中，到底谁的价格会最低？悬念在8月15日上午9点之后慢慢揭开。根据比价网站一淘网的统计，截至8月15日下午4点57分，获得价格金牌最多的B2C网站为国美旗下的库巴网，411块金牌。排在第二、三位的分别是国美网上商城和京东商城。苏宁易购排到了第六位。不过，刘强东表示，他不相信阿里巴巴旗下的一淘网具备公正性。其实价格战并没有人们想象中的那么激烈。作为价格战的挑起者，京东价格变动最为明显。一千多元的冰箱，京东几乎是每隔半个小时降一次价，降幅基本为20元。但几家电商的价格差距并不大。以一款型号为BCD－186KB的海尔冰箱为例，京东与苏宁的初始价格为1389元和1399元，差距仅10元。但两家在经过多轮调价之后，到下午1点，京东与苏宁的价格分别变为1358元和1359元，相差仅1元。相比而言，国美网上商城的款式最全，上午9点之后，它定的价格比京东和苏宁较低，后来也很少变动，但京东和苏宁却在不断调价。到下午5点半时，京东和苏宁很多款大家电的价格经过多轮变动，都已低于国美网上商城。这样的价格战，火力、强度都不及预期，连竞争对手都觉得有点意兴阑珊。

有人表示，电商间的这种价格战势必将成本转嫁给家电厂商。刘强东也透露，大约有三分之一的京东大家电供货商不支持这次价格战，理由是不愿意承担过多的价格战成本。这三分之一供应商主要是三星、夏普和索尼。但刘强东表示，不支持不意味着京东不会将这些供应商的产品降价促销。这部分成本最终会由京东和供应商一起承担。而创维一位中层表示，"京东和苏宁在这个价格战之前都和我们有沟通，价格战的成本反正是不需要我们承担的，所以我们也没有特别地反对。""我们从早上开始也在做监测，目前看到的情况是他们两个网站的访问量都达到了历史最高。从目前的效果看，就是做了低价的广告嘛，很多线下的消费者都登录了他们的网站，流量的增长是非常明显的。"他说。在微博上，有人在质疑这种价格战是否触犯反不正当竞争法。但人民大学法学院教授史际春表示，反不正当竞争法规范的是有欺诈行为的竞争方式，而现在的两方价格战不存在欺诈，原则上是不违法的，除非有具体的证据证明有欺诈行为。

除了电商网站以外，A 股市场也被这场价格战搅得硝烟弥漫。前一天，自刘强东在微博宣战后，苏宁电器股价尾盘收跌 7.11%。8 月 15 日，价格战开打，苏宁电器开盘跌幅一度逼近 5%。但到了中午，苏宁电器公告称，基于对公司发展前景的强烈信心，苏宁电器集团计划在未来的三个月内，对公司股票进行增持，增持总金额不超过十亿元。公告发出后，苏宁电器股价一度飙升至涨停。在此之前的 7 月，苏宁董事长张近东将个人股权质押融资 47 亿元。8 月 13 日，苏宁电器又发行了 80 亿元的公司债。不过，苏宁的麻烦还在后面。因为刘强东并不打算就此罢手。"别的品类没有打的空间，大家电是苏宁和国美的命根子，现在国美苏宁的手机和 IT 产品都不赚钱，小家电虽然赚钱，但规模小。大家电一年五六百亿元的销售额，是他们唯一赚钱的品类。"刘强东说。"我们的大家电进货成本比国美苏宁高三个点，但我们的成本比他们低15%。"刘强东表示，京东上的大家电商品，跟国美和苏宁实体店里的大家电，只有 30% 左右是完全相同的产品。国美苏宁线下实体店的大家电毛利率高达20% 多，而京东的大家电毛利率只有几个百分点而已。所以，如果一旦大家电的线上线下价格实现同步，按照刘强东的说法，不出一个财年，国美苏宁全部完蛋。这也是这次价格战的主要目标，即京东要将苏宁线下实体店大家电产品高达 20% 的毛利率，尽可能地拉低。

8 月 17 日，第一批京东招聘的"情报员"将进入国美和苏宁的线下实体店。他们将拿着京东配发的终端设备，给到国美和苏宁来的顾客提供比价服务。如果消费者有兴趣购买，京东愿意以低于国美和苏宁线下实体店标价20%的优惠出售产品。如果客户跟国美和苏宁完成了讨价还价，京东则在消费者讨价还价后拿到的价格上，再优惠10%。刘强东说，京东已经收到了近三千份应聘情报员的简历，其中大部分是京东员工的家属和社会上的离退休老人。这些情报员多劳多得，少劳少得，京东将给他们买人身意外保险，并上齐四险一金。这个情报员的队伍，未来将达到三五千人的规模。京东已经事先跟国美和苏宁打好了招呼，告之将有穿着京东特殊服装的情报人员进入国美和苏宁的线下实体店，希望国美和苏宁善待这些情报员，并承诺情报员不会扰乱实体店的秩序。不过目前只有国美说"欢迎欢迎"，苏宁没有表态。刘强东还在自己的微博上晒出了"情报员"的制服照片，这显见不是突然起意，而是准备已久。"我耗得起。"刘强东说，"张近东一年几百亿元的大家电销售额，要亏亏几十亿元，我一年几十亿元的大家电销售额，要亏亏几亿元而已。"他给大家电部门制定的销售目标是，2013 年 300 亿元，2014 年 500 亿元。为此，京东不怕亏损，只求销量。不过，在这场价格战中，刘强东显然也难以轻松脱身，因为对手的块头比自己大好几倍——2011 年，苏宁的营业总收入接近 600亿元，京东不过 212 亿元；至于净利润，苏宁 2011 年入账近 50 亿，而京东依然是个负数。胜负需要留待观察的另一个原因是，大家电并不是一般的商品，买了就能直接拿走，而要牵涉到物流、安装、维修等诸多与生产厂家密切相关的环节——这意味着，真正的战场存在于供应链与供应链之间，而在这个战场上，苏宁国美们已有多年经验。

第三十九回　杀入互联　金融战机

2012 年 11 月 19 日下午京东商城召开推介会，宣布启动供应链金融服务，即面向供应商提供贷款服务。京东新一轮 4 亿美元融资中的一部分会用于京东提供给商家的融资服务。京东将提供针对采购、入库、结算前、扩大融资四方面的融资产品，具体包括应收账款融资、订单融资、委托贷款融资、应收账款资产包计划、协同投资、信托计划等。京东 CEO 刘强东对京东未来的规划是做"亚马逊＋tmall"的混合模式；未来对入驻商家，京东可以提供：京东仓库＋京东物流＋京东贷款＋京东支付＋京东……京东采用闭合思路，即京东给客户的服务全部由自己解决。京东与中国银行北京市分行签署战略协议，后者承诺将给京东一个数亿元的授信额度来为供应商提供贷款支撑。截至目前，京东的供应链金融产品已从五大国有银行以及数家股份制银行，申请了总计 50 亿元的授信额度。供应链金融服务，是以有足够规模的商业企业的信用为基础保证，以应收账款做抵押，由银行向商业企业上游供应商提供的一种可持续的短期贷款业务。和阿里巴巴、苏宁一样，京东商城也终于从电商走到了金融服务。从服务而非从批零差价中赚钱，已成为所有电子商业从业者目前可见的赢利路径。做电商需要复合型能力，既要做好零售、仓储、配送，又要做好 IT 系统，而同时京东还具有类金融的特征。上游供应商以及 POP 平台接入的第三方卖家，在京东形成了大量沉淀资金，这使京东有了向金融领域拓展的可能。截至目前，2012 年公司自营收入加上 POP 开放平台的交易流水，已突破 600 亿元大关。京东内部预计，2013 年有可能冲击 1200 亿元的销售目标。

不同于形形色色的 P2P 小额贷款平台，对希冀将巨大的现金流势能转化为利润率更高的金融服务产品的京东而言，供应链金融服务系统的推出，只是一个前奏。一切顺利的话，京东希望用一到两年打造一个包括支付公司、小贷公司、预付卡业务在内的金融服务平台。守着上万个供应商以及其他第三方小规模电商，京东不缺金融客户，但怕的是"金融"二字背后的政府监管风险。与此同时，苏宁电器也宣布与集团共同设立小额贷款公司，进入金融服务领域。

沃尔玛是很多零售企业的榜样。沃尔玛没有银行牌照，但是早在 2000 年左右，沃尔玛就开始在增值服务、特别是金融服务领域寻求突破。沃尔玛先与有资质的金融服务公司或银行合作，为消费者办理可充值的预付借记卡，利用购物返现来刺激用户办卡。由此获得的大量现金沉淀，充实了沃尔玛的运转资金，降低了财务成本。沃尔玛还设法向消费者提供转账、支票兑现、账单缴付以及小额商业贷款等金融服务，从中获得服务费收益。沃尔玛的做法，开启了很多线上线下零售企业的想象力。中国最早试水的是阿里巴巴。2010 年 6 月和 2011 年 6 月，阿里巴巴联合复星集团、银泰集团、万向集团，先后在浙江和重庆成立两家小额贷款股份有限公司，注册资本分别为 6 亿元和 10 亿元，向中小企业提供额度通常在 100 万元以下的订单贷款和信用贷款，日息 0.06%。据交易规模，阿里小贷公司最多可获 5.3 亿元的年利息收入。阿里小贷公司目前并未引入银行授信，完全使用自有资金。阿里巴巴最初也尝试过与银行合作，但结果不理想。原因双方各执一词。媒体曾引述银行方面的批评，称阿里对客户收取的服务费过高（年化利率大约在 18%～24%）。阿里方面则抱怨，银行的贷款评估机制对申请融资的中小企业过于严苛。

有别于阿里巴巴的小贷公司，京东现在完全依靠银行授信。京东现在从银行获得的 50 亿元授信额度并未提供任何资金或实物担保。核心问题取决于银行对京东的态度。通过尽职调查，银行相信京东在未来 60 天内有足够能力还款，京东的评级和信誉是相当良好的。供应链金融平台的运作，将结合京东供应商的评价系统、结算系统、票据处理系统、网上银行及银企互联等电子渠道，针对采购、入库、结算、扩大融资这四个主环节，盘活库存加速资金周转，以解决供应商资金短缺的问题。供应商可选择的具体服务内容，包括利用银行资金的应收账款融资和订单融资、委托贷款融资以及投融资结合的协同投资、信托计划等。基于银行授信完成的核心产品"应收账款融资"，是指供应商在完成对京东的送货后即可与京东对账，核对无误后，京东给银行指令，银行与供应商提前结清货款金额。待账期规定的结款账期日到达，京东将货款（本金）还给银行，供应商则将手续费（利息）付给银行，利息计算从供应商得到货款日开始到京东还款日为止。供应商利用京东供应链金融平台获得融资的每日资金成本为 0.019%，相当于 7% 的年化利率，远低于阿里小贷或同类银行贷款产品的年利率。过去供应商从备货到最后从京东拿到回款，一般需两个月左右，现在最快一周以后就可实现部分回款。对供应商来说，好处是加快了资金周转，相当于提高了资金回报率。现在企业缺钱，如果放款速度够快，确实可以帮助企业提高资金周转效率。但这个产品是否真的"好用"，取决于银行放款的速度以及供应商可以获得的额度。据京东称，以前银行通过线下完成放贷，最快也要三到五个工作日，未来一旦京东与银行完全做好系统对接，通过线上系统来做，供应商最快可在提出申请后一天之内获得融资。7%～8% 的年利率，远低于目前互联网金融企业通行的约 20% 的年化利率，再加上更快的放贷节奏——京东正是利用这两点优势，让其供应链金融服务成为更具吸引力的融资通道，也可以借此加强供应商对京东平台的依赖。京东的直接收益，是从供应商向银行提交的利息中提取一定比例的服务费。京东方面拒绝对外透露与银行谈定的分账比例。但有接近京东的消息人士透露，京东大概可分到 1%～2%，从收入成本上说，目前几乎不挣钱。但对京东的好处是保证了账期，并可以借此建立起一套针对供应商的信用评估体系。京东更在乎的，是建立信用评估体系，同时打通整个互联网金融服务的线上系统、理顺申批放贷流程，这可以为未来发展利润空间更大的小额贷款打下基础。在目前这套与银行合作的供应链金融服务中，供应商所获额度大小，将由京东商城来负责审核评估。现阶段京东的金融产品客户尚属于"货在我手里"、风险最小的自营产品供应商，评估相对容易，除了订单或货款结算单信息，供应商最多还要再提供一份企业的资产负债表和损益表。接下来，京东将会扩大至"货不在我手上"的 POP 平台卖家。京东现有的供应商数量在 1.5 万家左右。按照规划，整个金融服务链条甚至有可能从整个供应链的上游向下游消费者扩展。

如果按一年 1000 亿元的销售额预估，京东每天 3 亿元的销售额，账户里只要留存 10 亿元风险基金就能保证公司正常运转，其他的钱都可以运转起来。尽管大规模的物流基础建设曾让京东的资金链备受争议，但京东并不缺钱。特别是 2011 年上半年，京东完成了规模高达 15 亿美元的第三轮融资后更是如此。对京东来说，问题在于要把钱运转起来。如果以一年 1200 亿元的收入规模计算，每个月京东的收入规模有 100 亿元，其中的 20% 也就是 20 亿元可以拿出来进行各种"金融运作"。2012 年夏天以来，京东就开始了构思未来类金融服务和金融产品。承担这一任务的，是掌握供应链资金流向的资金管理部。一个不到十人的团队被一分为二：一部分负责跟银行做授信谈判并完成随后的系统对接和产品开发；另一部分客户团队则负责跟供应商对接，帮助他们选择最好的产品。项目上马之初，京东就明白，这件事做成与否的关键，在于依次解决好三方面的问题：资金来源、设计产品，以及与银行的系统对接。

最重要的是，钱从哪里来？2011 年前后，国内外包括银行或保险公司在内的金融机构，对于基于应收应付账款做贸易项下的保理业务已相当流行。但一直处于亏损、资产负债表并不那么好看的京东，几乎没有从银行拿到过任何授信。与银行就授信展开商业谈判，是整个供应链金融产品筹备过程中最艰难的环节。京东将第一轮谈判对象锁定为五大国有银行，针对每家银行，京东会锁定业绩排名前三的支行作为业务对接银行，目的是希望对今后形成示范。接下来是一家一家"磕"。银行最关心的是京东资金的流动性。2011 年 12 月 15日，中国银行成为第一家给予京东商城大规模授信的银行，额度达到 6 亿元。而之前的 3 月京东才和中行有第一笔业务往来，同年 8 月京东与中行做了第一笔存款业务。双方就供应链金融服务产品的合作，最终落地于中行北京分行王府井支行。除了供应链金融服务产品，京东还与金融机构联合打造了总规模在 2.5 亿元（其中，京东与供应商的出资规模分别为 2 亿元和 5000 万元）的信托投资项目。这一项目目前也已通过央行审批。这项信托投资产品未来将在二级市场做股权或债权投资，其收益用于帮助供应商降低融资成本。2011 年 6月份左右，京东完成了五大国家银行中除农行以外四大银行关于授信的谈判，随后便将合作触角进一步引至股份制银行。首选是招商银行。同期，京东首次对供应商进行了小范围测试性质地开放申请。这类供应商多以中小规模为主，短期融资需求最多。京东还与建设银行联合成立了一家基金公司，通过将供应链金融产品打包为银行理财产品，以一个高出市面上众多银行理财产品的回报率（有可能高至 6% 的年回报率），面向社会公众募资。这个被京东定名为"资金转移包"的基金项目，现已在建行总部完成过会。这一专项理财基金渠道的融资效率，相比银行授信贷款要更快。以京东的还款信誉做担保，京东与银行的合作正处在蜜月期。11 月以来，京东邀请了几千名供应商在各地举办了九场产品推介会，每场几十万元的活动经费都由九家银行包办。

供应链金融产品目前还处在测试期。据京东预测，截至 2012 年底，其供应商金融服务产品的滚动规模有可能达到数亿元。在尽快"打通系统、理顺流程"的同时，京东还在忙于申请各种牌照，为未来扩大金融产品版图做准备。京东目前已着手为 2013 年成立小贷公司申请相关牌照。京东的小贷公司将仿效阿里巴巴，全面启动自有资金进行运转，这意味着京东将有机会抛开银行进一步独享融资利息。在此基础上，P2P 个人贷款信息平台、甚至针对消费者的线上预付卡业务，都并非遥不可及。2012 年 10 月末，京东通过收购第三方支付公司网银在线，变相拥有了一张宝贵的支付业务许可证（即支付牌照）。公开资料显示，成立于 2003 年的网银在线，于 2011 年 5 月获得央行颁发的支付牌照，其业务范围包括货币汇兑、互联网支付、移动电话支付和固定电话支付；2012 年 6 月，网银在线的支付牌照业务范围减少了"货币汇兑"，增加了"银行卡收单"业务。未来对整个京东帝国而言，零售是基础，贡献着用户流量、现金流以及供应商资源，但不必过于纠结挣钱的压力，未来挣钱的重任将主要落在发达高效的仓储配送服务和各类金融服务产品上。不过，京东在开发一系列金融产品的同时，也将面对随之而来的风险，其中最大的是来自监管政策变化的风险。目前这种"只观察不表态"的监管政策真空期，显然不会持续。未来政策会怎样？对这个问题，京东的回答和其他同业一样，"前面还有阿里呢"。2012 年 12 月 3 日，阿里巴巴集团对外宣布，阿里旗下淘宝和天猫两大电子商务平台的年交易额已突破 1 万亿元。"1 万亿"包含的巨大资金势能既是财富，也是会令监管层不安的信号。政策壁垒也许会在某一天突然降临，但在没有明确说法之前，现在能做的就是尽量多地拿下牌照。只有先拿牌，才可能在新游戏规则制定的过程中，争取到更多话语权。这是京东当下的策略。

■ 京东大事记

2012 年 5 月，京东商城旗下日韩品牌网站迷你挑（www. minitiao. com）正式上线。

2012 年 5 月，京东商城开放服务 JOS 上线（jos. 360buy. com），标志着京东商城系统的全面开放。

2012 年 2 月，京东商城集团正式启动电子书刊业务，销售平台与智能手机/PC 阅读客户端软件同步上线。

2012 年 2 月，京东商城酒店预订业务上线。

2011 年 11 月，京东商城集团旗下奢侈品购物网站 360Top. com 正式推出，高调进入奢侈品领域。

2011 年 7 月，京东商城与九州通联合宣布，京东商城注资九州通医药集团股份有限公司旗下的北京好药师大药房连锁有限公司，正式进军 B2C 在线医药市场，为消费者提供医药保健品网购服务。

2011年4月，京东商城获得俄罗斯投资者数字天空技术（DST）、老虎基金等共6家基金和社会知名人士融资共计15亿美元，这是中国互联网市场迄今为止单笔金额最大的融资。

2011年3月，京东商城获得ACER宏基电脑产品售后服务授权，同期发布"心服务体系"，开创了电子商务行业全新的整体服务标准。

2011年2月，京东商城iPhone、Android客户端相继上线，启动移动互联网战略。

2011年2月，京东商城上线包裹跟踪（GIS）系统，方便用户实时地追踪了解自己网购物品的配送进度。

2011年2月，京东商城上线音像频道以及在线读书频道，深入图书音像领域，这意味着京东商城向综合型网站的发展方向又迈进了一步。

2010年12月，京东商城2010年销售额达102亿元，占据中国B2C电子商务市场33.9%的份额，成为国内首家销售额过百亿的网络零售企业。

2010年12月，京东商城"品牌直销"频道正式上线，宣告其开放平台正式运营。开放平台采取与联营商户更紧密的合作体系，商户可借助仓储、配送、客服、售后、货到付款、退换货、自提货等体系，优化网购体验，削减自建服务体系的成本，消费者则可通过京东开放平台，购买到更丰富的商品。

2010年11月，图书产品上架销售，实现从3C网络零售商向综合型网络零售商转型。

2010年8月，京东商城在北京市正式推出家电以旧换新业务，京东商城成为首批入围家电以旧换新销售和回收双中标的电子商务企业。

2010年6月，京东商城开通全国上门取件服务，彻底解决网购的售后之忧。

2010年4月，手机版京东商城（m.360buy.com）正式推出，用户可通过搜索功能，搜寻目标商品的价格、库存等信息，还可以随时随地查询订单的配货、出库、配送等即时状态。京东商城完善的服务体系让用户摆脱电脑限制，网购信息触手可及。

2010年4月，京东商城在上海市正式推出家电以旧换新业务，消费者可通过京东足不出户享受家电以旧换新补贴。

2010 年 4 月，京东商城推出"售后 100 分"服务承诺——自京东售后服务部收到返修品并确认属于质量故障开始计时，在 100 分钟内处理完一切售后问题。在全面提升网购售后服务反应速度的同时，带给京东网友 100% 满意的服务体验。

2010 年 3 月，京东商城收购韩国 SK 集团旗下电子商务网站千寻网（qianxun. com），2011 年 5 月重启千寻网，上线运营。

2010 年 3 月，京东商城"211 限时达"极速配送正式推出，通过自身的"加速"，京东商城引领并建立着中国 B2C 行业的全新标准。

2010 年 3 月，京东商城坐落在成都的西南分公司成立，宣告京东以华北、华东、华南、西南四大物流中心为基础覆盖全国的销售网络正式形成。

2009 年 10 月，京东商城呼叫中心由分布式管理升级为集中式管理，且由北京总部搬迁至江苏省宿迁市；升级后的京东商城全国呼叫中心在电话接听率、客户服务水平及业务流程管理方面得到了全面的提升。

2009 年 6 月，京东商城 2009 年第二季度销售额达 8.4 亿元，占据中国 B2C 电子商务市场 28.8% 的份额。其中 6 月销售额突破 3.7 亿元，6 月 18 日单日销售额突破 3000 万元。

2009 年 6 月，京东商城单月销售额突破 3 亿元，与 2007 年全年销售额持平。同时，日订单处理能力突破 20000 单。

2009 年 3 月，京东商城单月销售额突破 2 亿元，成为国内首家也是唯一一家月销量突破 2 亿元大关的 B2C 电子商务公司。

2009 年 2 月，京东商城获得国家商务部发放的"家电下乡"零售商牌照，成为首个承担家电下乡任务的电子商务企业。

2009 年 2 月，京东商城尝试出售特色上门服务，此举成为探索 B2C 增值服务领域的重要突破，也是商品多元化的又一体现。

2009 年 1 月，京东商城获得来自今日资本、雄牛资本以及亚洲著名投资银行家梁伯韬先生的私人公司共计 2100 万美元的联合注资。也是 2008 年金融危机爆发以来，中国电子商务企业获得的第一笔融资。

2008 年 6 月，京东商城在 2008 年初涉足销售平板电视，并于 6 月将空调、冰箱、洗衣机、电视等大家电产品线逐一扩充完毕。标志着京东公司在建立十周年之际完成了 3C 产品的全线搭建，成为名副其实的 3C 网购平台。

2007 年 10 月，京东商城在北京、上海、广州三地启用移动 POS 上门刷卡服务，开创了中国电子商务的先河。

2007 年 8 月，京东赢得国际著名风险投资基金——今日资本的青睐，首批融资千万美金。

2007 年 7 月，京东建成北京、上海、广州三大物流体系，总物流面积超过 5 万平方米。

2007 年 6 月，京东商城日订单处理量突破 3000 个。

2007 年 6 月，成功改版后，京东多媒体网正式更名为京东商城，以全新的面貌屹立于国内 B2C 市场。

2007 年 6 月，京东正式启动全新域名 www.360buy.com，并成功改版。

2007 年 5 月，京东广州全资子公司成立，全力开拓华南市场。广州全资子公司的成立代表着京东由北京、上海、广州三地为基础覆盖全国的销售网络的形成。

2006 年 1 月，京东宣布进军上海，成立上海全资子公司。

2005 年 11 月，京东多媒体网日订单处理量稳定突破 500 个。

2004 年 7 月，京东在全国首创即时拍卖系统——京东拍卖场正式开业，目前已经成为各大 IT 电子商务网站争相模仿的对象之一。

2004 年 1 月，京东涉足电子商务领域，京东多媒体网正式开通，启用域名 www.jdlaser.com。

2001 年 6 月，京东成为光磁产品领域最具影响力的代理商，销售量及影响力在行业内首屈一指。

1998 年 6 月 18 日，刘强东在中关村创业，成立京东公司。

■ 京东所获荣誉

2011 年 10 月，科技博客 BusinessInsider 评选出今年的全球 100 家最有价值新创网络公司，京东商城位居第四，成为唯一一家入围前五的中国公司。

2011 年 9 月，京东商城成功入围由权威财经杂志《财富》（中文版）评出的"2011 年度卓越雇主中国最适宜的公司"榜单，成为首家荣膺《财富》中国最佳雇主的网络零售企业。

2011 年 8 月，商务部发布"电子商务示范企业名单"公告，京东商城等 83 家企业成为商务部电子商务示范企业。

2011 年 7 月，在由中国信息协会、中国服务贸易协会联合主办，中国服务贸易协会客户服务委员会承办的"2010 ~ 2011 第六届中国最佳客户服务"评选中，京东商城被授予"最佳客户服务奖"。

2011 年 6 月，京东商城在"2010 ~ 2011 艾瑞新经济奖"（电子商务类）评选中荣获"中国最佳 B2C 网络购物平台"奖项。

2011 年 5 月，京东商城在"2011 电子商务产业（上海）峰会（ECIS）"上获得"最佳便捷支付奖"。

2011 年 3 月，在"2011 易观 EnfoCommerce Award 电子商务之星"评选活动，京东商城荣获"2011 易观 EnfoCommerce Award 电子商务运营之星——垂直电子商务运营平台"奖，京东商城董事局主席兼首席执行官刘强东获得了"2011 易观 EnfoCommerce Award 最具影响力电子商务领军者——用户最认可商业领军人物"奖。

2011 年 2 月，京东商城荣获北京市商务委员会颁发的"2010 北京市促销费突出贡献单位奖"。

2010 年 10 月，在德勤中国举办的"2010 德勤高科技高增长中国 50 强"评选活动中，荣登获奖企业榜单前 5 强，电子商务领域第一名。

2010 年 5 月，在 APEC（亚太经济合作组织）和商务部主办的第四届 APEC 电子商务工商联盟论坛中获得"中国电子商务成长创新十佳企业"荣誉。

2010 年 2 月，在由北京日报报业集团和北京市商业联合会主办的"北京十大商业品牌"评选中，京东商城荣膺"2009 年度北京十大商业品牌"。

2009 年 12 月，京东商城在由《华西都市报》主办的"榜样中国"颁奖典礼中，荣获"年度最佳网购平台"奖项。

2009 年 12 月，京东商城在由《IT 经理世界》杂志主办的"2010 中国创新趋势领袖论坛"上获得"2009 中国杰出创新企业"荣誉奖项。

2009 年 12 月，在《创业邦》杂志主办的"2009 创业邦年会"上，京东商城董事局主席兼 CEO 刘强东荣获"2009 中国杰出创业人物 25"称号，京东商城获得"2009 创业邦 100"荣誉。

2009 年 11 月，在"2009 第三届中国创业投资价值榜"颁奖典礼上，京东商城再次登上"最具投资潜力企业"榜单。

2009 年 10 月，京东商城在由中华人民共和国商务部与工业和信息化部联合主办的"第二届中国国际电子商务应用博览会"荣获"中国电子信息商务应用创新成长 20 强"。

2009 年 9 月，京东商城获得由北京电子商务协会颁发的"2009 点击消费销售贡献奖""消费者最喜爱的电子商务品牌""百佳购物网站"等殊荣。

2009 年 7 月，京东商城再次获得"清科－2009 中国最具投资价值企业 50 强"荣誉榜单。

2009 年 7 月，京东商城被互联网协会授予"2009 年度网民最喜爱的网上购物商城"。

2008 年 12 月，京东商城在中国电子商务协会举办的 2008 年北京市电子商务诚信企业评选活动中被评授为"最佳诚信企业"。

2008 年 11 月，在纵横合力携手新加坡新传媒集团、新浪财经、路透、CCTV 证券资讯频道、EZCapital，隆重推出"2008 中国创业投资价值榜"评选活动中，京东商城被评为"最具投资潜力企业"。

2008 年 10 月，京东商城在商界传媒主办，长江商学院、红杉资本、北大纵横咨询集团等机构以及商界精英、企业名流联合调查、评选的"2008 最佳商业模式"的评选活动中，成为入选该奖项的唯一电子商务企业。

2008 年 7 月，京东商城作为国内最大的 3C 网购平台，凭借多年来惊人的高速发展首次参选"清科－2008 中国最具投资价值企业 50 强"便登上了榜单。

2008 年 6 月，京东商城荣膺《中国企业家》主办的第八届中国企业"未来之星"，被组委会公认为极具成长潜力的中国企业"新星"。

2008 年 4 月，京东商城在 2008 第三届艾瑞新经济年会中赢得了电子商务类的"最具发展潜力企业"的荣誉。

2008年1月，京东商城获得易观国际授予的"2007网上3C产品零售领先服务商"荣誉。

京东商城总裁刘强东先生在《电脑商报》2007年中国IT渠道精英评选活动中获得"渠道精英"称号。

2007年12月，京东商城凭借创新的模式和惊人的业绩分别在"IT两会"和"中国信息产业经济年会"的评选中获得多项大奖。

■ 八方说词 ■

刘强东不为人知的10件事

——彭勃商业周刊

1. 媒体对8·15电商大战的报道，让刘强东办公桌上"WenXinTiShi：EnglishOnly"的告示广为人知。但很多人可能不知道，刘正在学英语，2012年春节期间在哈佛商学院上了40多天课。刘强东办公室约200平方米，铺着浅黄色地毯，摆着棕红屏风。零售业供应商最看重排场，它意味着实力。

2. 从1999年到2001年，刘强东做光磁产品批发大概赚了1000万元。他从中吸取的经验是：第一要专注；第二要形成规模，有一定行业控制力才行。如果你的销售只占全国市场2%，那你永远没有话语权。但是到2003年"非典"，刘强东关闭了12个连锁店，短短21天亏损800多万元。为寻找出路，员工建议在网上卖光盘，第一笔网上订单金额为98元。刘强东一直设想的模式是线下开连锁店，计划到2010年开上三四百家连锁店，像今天的宏图三胞。刘强东称是偶然才有的京东商城，如果没有"非典"，今天也许会是京东和宏图三胞开战，而不是京东和当当打。

3. 刘强东的不安全感很强烈，他融资的第一条就是，要保证他对公司的绝对控制权。2008年，赛富亚洲创始合伙人阎焱和刘强东见面，阎焱希望不和别的基金合投，再融资时不能稀释他们的股份，他们必须跟投，与此同时还提出要两个董事席位。如果这样，刘强东就只有两个席位。两人未达成合作。

2007～2011 年京东共完成 3 轮融资，共获得 15 亿美元资金。但刘强东在京东董事会的 9 个席位中拥有 5 个，投资者拥有4 个。

4. 2010 年，京东商城销售额达到 102 亿元，刘强东衣锦还乡，投资 45 亿元修建京东商城宿迁科技园。2009 年下半年，因订单量上涨过快，京东呼叫中心接通率只有 25%，行业标准是 75% 以上。刘强东干脆把上海、北京、广州的呼叫中心一并搬至宿迁。目前因为场地紧张，只有 400 多名员工在位于宿豫区经济开发区大楼的呼叫中心本部工作，其余 1500 多名员工，租用了开发区雁荡山路一家玩具公司的厂房办公。

5. 刘强东每年都要做一天配送员。"我当配送员，一是为体验配送流程、装备质量的好坏，二是希望能了解配送员的工作，提醒自己不要忘记一线员工的辛苦。"2008 年起刘强东就下站点和配送员一块吃饭。2008 年，公司没有配备的棉鞋、雨靴、头盔，现在全由公司发放。除此之外，刘强东每周在京东上下订单。京东推出"211 限时送达"之后，他经常在上午 10 点 58 分下订单以检验效果。一次，他周末在家收货，站在阳台上清楚地看到配送员抱着一个包裹上楼，另外两个留在车上，回头他就安排京东配送一律配备带锁的箱子。此前，北京市京东配送每年被盗 5～8 起，配锁后，这一数字降为 3 起。

6. 在京东，刘强东参与第一线的经营管理，跑遍各大分公司仓库，对细节和流程密切关注，熟悉公司架构和系统。刘强东认为，在战略和用户体验上，要绝对独裁，中间则依靠管理层以及员工。要确保公司所有的人按照既定战略目标的路径走，确保所有的人不能糊弄用户体验，这是红线，不能触碰。在经营层面遇到分歧时，就由高管内部投票表决，少数服从多数。刘强东的一票也只是一票而已，如 2011 年，刘强东想种大米放到京东卖，大多数高管认为这种做法的成功率很低，提议最终被否决。

7. 刘强东创业 14 年，只要他在北京，每天 8 点半的晨会，他必定出席。前几年刘强东常请基层员工吃饭喝酒，每次不管喝到多晚、喝了多少——他往往是喝得最多的人，第二天早晨必然准时出现在公司开晨会，前 10 名到公司的员工中必然有他。

8. 京东 IT 部门从 2008 年的 20 多人快速增长到现在的 1800 多人，到 2012 年年底扩张至 2800 人。2012 年京东用在 IT 研发、服务器等上的费用是 10 亿元。2011年11月1日图书限时3小时促销，很多用户事先将要买的书放进购物车，一到活动时间就提交订单，如开闸泄洪，瞬间流量冲高，达到一秒10万单，系统分辨不出图书库存情况，下不了订单的用户不断刷库存，系统瘫痪了。刘强东在办公桌上摆了两把刀、两杯茶，请负责IT前端的李大学、负责IT后端的副总裁姜海东喝茶。负主要责任的李大学在外出差，"躲过一劫"。回到北京后，他到刘强东处领罪。2012年4月底，新系统上线，设计容量是1000万单。

9. 2011年初，京东想挑起图书价格战。时任当当COO的黄若不同意正面冲突，他让当当员工挑选京东销售最好的50款3C产品，无条件比对方便宜100元。黄若认为价格战的原则就是，"不要拿自己的主力部队与对方小分队作战，而是你派小分队也到我主力后方烧一把火。我就让火这么烧着，派小分队也到你主力后方烧一把火。看谁烧得过谁。图书不是京东主业，打价格战对方不痛不痒，要打就要打他的命根子，直刺心窝。"结果京东三天就撤了。但在京东和苏宁、国美的大战中，京东学到了这一招，目标直指苏宁、国美的线下大家电业务。

10. 从2008年开始，刘强东每年都要进行长达十多天的沙漠穿越，释放压力，把心静下来思考。在这期间，他接不到来自公司高管的电话。"公司有清晰的授权模式，只要他们有足够的人事权和财务权，就能全权处理业务。"授权的结果是，2012年8月14日晨会，定下8·15价格战的方向后，刘强东发现没有人来找他，各个部门各自为战争做准备。无聊之余，他一天发了二三十条微博。

■ 档案存底 ■

"修养生息"：2013年迎接京东商城的第二个十年
——刘强东在2013年京东商城内部年会上的演讲

2012年已经过去，我向大家简单汇报一下我们在2012年所取得的成绩。截至2012年12月31日，京东商城平台交易额突破600亿。根据我们2013年的战略规划，京东商城的平台交易额将一定会远远突破 1000 亿！同时，我非常坚信到 2013 年第四季度，我们一定可以实现真正意义上的赢利。

京东的历史是不断超越 "巨人" 的历史

京东商城这十几年的历史，是不断超越"巨人"的历史。1998 年，我去中关村的时候，我们只有一个柜台，3 个月之后我们才有第一个同事加入，那时公司名叫京东多媒体。从 1998 年 6 月 18 日这一天开始，我们面对的就是汇天华光等光磁存储行业的"巨人"，这些"巨人"的交易额一年至少几千万，而我们那时只有一个柜台，收入只有 12000 块钱，什么资源都没有，但是在 3 年之后的 2001 年，我们就成为中国最大的光磁代理商，垄断了全国 60% 的碟片刻录机销售。

也是在 2001 年，我们开始思考公司的发展方向，决定不再做批发，而是开店做零售，通过渠道下沉，面向终端用户。我们开始看到国美、苏宁、宏图三胞等"巨人"。

2003 年，我们因为非典进入电子商务领域，2004 年京东商城正式上线，那时候我们只做 IT 产品，面临的巨人是上海的新蛋网，新蛋网那时的全球交易额是 12 亿美元，每年净利润 2000 万美元，有全球最好的信息系统。而我们几乎什么都没有，我们只有人——京东人。到了 2008 年，我们成功超越了新蛋网。

2007 年，我们开始进入综合自营 B2C 电商行业，我们看到的是当当网、卓越网这两个"巨人"。当时大部分网民都知道当当、卓越，却很少有人知道京东商城。那时候说京东能超过当当、卓越被认为是痴心妄想。但到了去年，我们不仅超过了业内所有自主经营的电子商务公司，更占据了全国自营 B2C 市场的半壁江山。

当然直到现在我们还面临着"巨人"，不得不承认，淘宝现在做得比我们好，但是京东最不缺的就是超越，京东人最不怕的就是行业巨头，其实我们每天都在挑战，我们在进行自我挑战、不断刷新自己的记录，我们的成长过程就是超越一个又一个竞争对手的过程，一步一步走到了今天。我们 2013 年的战略是什么？

2013 年的战略——"修养生息"

京东商城集团 2013 年的战略主题是"修养生息"。"修养生息"不是休养生息，不是停下来的意思，也不意味着我们的业绩增长速度会变得很慢，事实上，"修养生息"四个字各自都有不同的含义。

所谓"修"，就是过去九年间，我们平均的增长速度超过 200%，在如此高的发展速度下，内部不可避免地会产生一些系统性问题、流程性问题、根源性问题，我们的"修"就是要通过今年一年的努力，把过去十年积累的问题从系统上、流程上、根源上彻底解决。为第二个十年的增长打下一个坚实的基础。而这种解决是要一次性的、彻底的，不能为未来的发展留下任何瑕疵，是为"修"。

所谓"养"，就是要对京东的战略型业务进行持续不断的投入，把它们"养大"。当然京东所有的业务都会围绕着电子商务这条主线，我们不会脱离这条主线，不会去做跟电商无关的事情。我们在这些战略型业务上可能会继续亏损，不是我们不能赢利，而是如果我们过早地追求赢利，丧失的将是对未来的投资，所以我们有理由、有资格、有能力，持续地对这些业务进行战略性投资。

所谓"生"，就是经过十几年的发展，我们也在思考还有哪些业务没有做，还有哪些领域没有进入，我们还要不断地扩展。当然前提同样是所有的业务都会围绕着电子商务这条主线，我们要在整个电商价值链和供应链服务方面不断拓展。比如在数据领域、金融领域，我们要催生出大量新生业务。所有能够代表未来发展方向的电商业务，我们都要在 2013 年持续不断地建立起来。

所谓"息"，就是在我们现有的业务模块中，有些可能是没有未来的业务，不管这些业务目前是赚钱、还是亏钱，只要是没有未来的业务，我们都要坚决地把它关掉。没有必要在这样的业务上耗费资源、精力，以及时间。

京东商城自 2004 年正式上线，到今年 2013 年，经历了公司发展的第一个十年。现在，我们即将迎来第二个十年，未来十年怎么走？我们的目标是什么？我们的方向在哪里？我们如何再一次实现超越？这些就是今天重要的主题。

第二个十年的三个方向：自营电商、开放服务和数据金融

过了 2013 年，我们就将进入京东商城的第二个十年，京东的第二个十年将围绕下面三个方向进行发展。

第一个方向：以技术为驱动的自营电商业务。我们将依然坚持自主经营的电子商务业务，它在本质上将是技术驱动的供应链服务。我们的模式完全不同于淘宝，我们不仅仅提供信息，我们是一家提供供应链服务的公司。我们的供应链服务，是要从工厂的大门到达消费者的家门。所以，我们必须持续不断地在技术方面进行投资、在物流方面进行投资，也正是因为要提供供应链服务，我们才要在各个地区建设我们的"亚洲一号"现代仓储体系。我们未来要实现规模化、海量 SKU、低成本高效率的供应链服务能力，持续不断地为消费者和品牌所有者创造价值。

第二个方向：以技术为驱动的开放服务业务。随着"亚洲一号"的建成投产，我们有足够的能力向大量卖家开放仓储服务、配送服务。到 2015 年，京东开放平台上核心的 20% 卖家会占到总体销售额的 80%，其中绝大部分的卖家都会使用京东的仓储服务。我们提供的服务价格，将远远低于商家自己租仓、自己去找第三方配送的费用。到那时候，消费者在京东开放平台的订单完全能达到我们自营服务的品质。我们还要不断开放其他的服务，比如售后服务的开放、呼叫中心服务的开放，还有数据的开放、支付的开放，等等，所有这些都将成为京东的开放服务业务。

第三个方向：以技术为驱动的数据金融业务。我们在 2012 年收购了网银在线，但支付只是我们金融服务业务中很小的一部分，收购网银在线也绝对不只是为了做一个在线支付公司。在 2014 年，我们将组建京东商城的金融公司，能够提供各种不同的金融产品。京东商城掌握中国最真实、最有效的订单交易信息；在京东商城没有刷交易额的行为，没有虚假交易，没有洗钱，没有假货，没有水货，所以我们的消费数据也是中国最高质量的消费数据，通过这些数据我们不但能够为商家提供贷款，还能为消费者提供个人贷款。

所以，我们在第二个十年将超越第一个十年只是做一个电子商务公司的概念。这三个新的业务方向，都以技术为驱动，也都将带来丰厚的利润。我曾经说过，一家亏损的企业是可耻的，但是如果太急于赚钱，以至于不敢投资、没

有野心、没有梦想，这样的公司是无知的、悲哀的和愚蠢的。

第二个十年的考核目标：对人的关注

在京东的第二个十年，我对自己只有一个考核目标，那就是对人的关注，对京东人的关注。

在第二个十年，我希望看到有更多的京东宝宝出生，希望我们的京东宝宝可以快乐地成长，享受良好的教育。

在第二个十年，我希望看到京东人的父母在生活质量上得到很大改善。在京东，我们多数员工来自农村，我本人也来自农村，我们的父母都很辛苦，劳累忙碌一生，但是很多父母到今天为止都没有过上安宁的生活。我希望在第二个十年，可以看到京东人的父母们能够获得更多的健康关爱和人生享受。

在第二个十年，我希望看到京东人工作满意度的提升。新的十年，我希望看到的是京东文化的传承、落地、深入；再过十年，我相信我们的员工总数一定远远突破15万，遍及中国的1000多个城市中，都有我们的同事。新的十年，我们员工的满意度、幸福度将作为我最重要的考核指标，我相信只要员工们满意了，京东商城就一定能够提供最好的用户体验。

有大家的陪伴，我们取得了第一个十年的成功；有大家的陪伴，我相信，我们一定会迎来第二个十年的辉煌！

第九卷 2005 年：腾讯不等闲

第四十回 拍拍财付 线通上阵

腾讯拍拍网是腾讯旗下的电子商务交易平台，网站于 2005 年 9 月 12 日上线发布，2006 年 3 月 13 日正式运营。拍拍网目前主要有网游、数码、女人、男人、生活、运动、学生、特惠、明星等几大频道，其中的 QQ 特区还包括 QCC、QQ 宠物、QQ 秀、QQ 公仔等腾讯特色产品及服务。依托于腾讯 QQ 超过 7.147 亿的庞大用户群以及 3.002 亿活跃用户的优势资源，拍拍网具备良好的发展基础。2006 年 9 月 12 日，拍拍网上线满一周年。通过短短一年时间的迅速成长，拍拍网已经与易趣、淘宝共同成为中国最有影响力的三大 C2C 平台。2007 年 9 月 12 日，拍拍网上线发布满两周年，在流量、交易、用户数等方面获得了全方位的飞速发展。易观国际的报告显示，2007 年第 2 季度拍拍网获得了 20% 的增长，并迅速跃居国内 C2C 网站排名第二的领先地位。iResearch 艾瑞咨询最新推出的《2007~2008 中国网络购物发展报告》数据显示，2007 年中国 C2C 电子商务市场的交易规模达到 518 亿元，其中拍拍网的成交额首次超越 TOM 易趣，以 8.7% 的交易份额位居第二。凭借丰富多样的商品和高人气的黏性互动社区，拍拍网已发展成为国内成长速度最快的 C2C 电子商务交易平台。

同时为了配套电子商务的支付体系建设，腾讯上线了财付通，为用户提供安全、便捷的在线交易服务。个人用户注册财付通后，即可在拍拍网及 40 多万家购物网站轻松购物。针对企业用户，财付通构建全新的综合支付平台，业务覆盖 B2B、B2C 和 C2C 各领域，提供卓越的网上支付及清算服务，安全可靠的支付清算服务和极富特色的 QQ 营销资源支持，与广大商户共享 3 亿腾讯用户资源。专业的在线支付服务使财付通获得了业界和用户的一致认可，并先后荣膺 2006 年电子支付平台十佳奖、2006 年最佳便捷支付奖、2006 年中国电子支付最具增长潜力平台奖和 2007 年最具竞争力电子支付企业奖等奖项，并于 2007 年首创获得"国家电子商务专项基金"资金支持。

第四十一回　大举收购　分拆电商

2006 年，腾讯开始涉足电商且拥有众多的品牌和产业线。经过 6 年的发展，腾讯电商并没有像其他领域一样，轻易地以"流量优势"在短时间内重新分割地盘，占据有利地位。在这六年里，淘宝崛起，进而延伸出 B2C 平台天猫，购物搜索比价平台一淘，团购营销聚划算，后来者包括京东、当当都已独当一面。在电商业务不温不火了 6 年之后，2012 年 5 月 18 日，腾讯宣布成立独立运营的腾讯电商控股公司；2012 年 5 月 24 日，腾讯又宣布将向其投入 10 亿美元。目前，腾讯已有拍拍、QQ 商城、QQ 网购、搜搜团购、QQ 票务，以及斥资最少 20 亿元控股或参股的 10 家综合性和垂直类电商网站、社区，如：易讯、珂兰钻石、好乐买、艺龙、同程网、妈妈网、F 团、高朋，等等。现在还有关于 O2O、生活类服务和数字类业务方面的尝试和构想，规模更将成倍扩张。根据"不放弃"原则，完成整合后，易迅、QQ 网购、拍拍网将成为腾讯电商的三极，易迅的业务方向是 B2C，类似京东；QQ 网购的业务方向是 B2C 开放平台，类似天猫；拍拍网的业务方向是 C2C，类似淘宝。2015 年三块业务的交易额与收入之和将达 2000 亿元。

但由于整合乏力，腾讯电商内部犹如一盘散沙，内耗多于整合。由于内耗，易讯和 QQ 网购的合作效果并不理想，没有起到原先期待的协调作用，其间甚至产生"有功大家争，有过大家推"的场面，人员也并不是基于业务最优化来分配。腾讯做电商，是想打造一个闭环生态系统，使用户在社交中产生购物需求，再用自己的电商群体，比如好乐买、易讯等来满足这样的需求。但业界对其表现并不看好。从腾讯的规模来看，腾讯电商群体俨然已是庞然大物，但从业绩来看，其表现远逊于天猫和京东。易观智库 EnfoDesk 发布的《2012 年第 3 季度中国 B2C 市场季度监测》数据显示，天猫商城占比 45.1%；京东商城紧随其后，占比 17.4%；腾讯 B2C 包含易讯、QQ 商城和 QQ 网购平台，本季度整体的交易额占整体市场的比重约 3.5%。腾讯旗下拥有 7.84 亿活跃账户的 QQ、5.98 亿活跃用户的 QQ 空间、2.48 亿账户的朋友网、4.25 亿用户的微博、2 亿用户的微信，却始终没能把腾讯电商带入一线电商的行列。腾讯方面也曾在多场合坦言，2012 年为"整合年"。但对于腾讯而言，其电商部门所谓的整合并未如期履行。而且，目前的整合也仅限于 QQ 网购和易迅网。腾讯的优势在于社交，其可以用 1 年的时间将微信从 0 做到 2 亿，但是在电商领域，虽然收购了一堆产业链上的电商，但腾讯似乎仍不具备"电商基因"。

第四十二回　腾讯挑战　三大战役

挑战一：重塑企业"愿景"

　　让用户在一个平台上进行社交，和让用户在平台上获得愉快的购物体验，二者从目标到手段都完全不同。腾讯可以将社交用户的流量导入电商、可以收购电商企业，但如何将流量变现、让用户信任其购物平台，则并非是一个链接那么简单。一个简单的例子是：人们可能会去咖啡馆聊天，也可能去商场购物，但人们不会到星巴克去买衣服，也不大相信商场的咖啡会更有品质。腾讯若想将电商做得更好，就必须改变自己是咖啡馆兼购物中心的心态，更要改变谁才是赢利中心的各种门户之争。腾讯需要重塑企业愿景，将自己变成为消费者提供一站式消费体验的"Shopping Mall"，将咖啡馆和商场都置于旗下，互为依仗。

挑战二：整合企业文化

腾讯的工程师文化和内敛氛围有利于产品开发，但其"工程师思维"很难转变为"商业思维"。工程师文化在直面用户时表现出最大的优势，但是，当涉足电商领域时，如何提供良好的闭环购物体验，把大量的用户流量变现为实际购买力，则需要商业智慧。电商的用户体验涵盖 web 端、支付、客服、供应链、送货、售后等多个流程，运营经验是关键，并且需要长时间的摸索和积累。运营包括线上 + 线下；平台型电商的运营既包括商家运营，又包括商品运营。淘宝商城负责各商品品类的员工大多来自传统零售行业，开发的消费活动更受消费者欢迎；淘宝开发的数据魔方业务，甚至可以细化到哪些省份和地区的人最喜欢哪一类的鞋。马化腾曾亲口承认，腾讯员工增长过快，企业文化、管理以及新产品研发都会面临很大问题。工程师的产品文化和电商的服务文化二者冲突，如果不能将二者统一到一个更大的愿景之下，这种内耗还将继续。

挑战三：打通关键环节

如果不把握好最核心的电子商务业务，未来还是有风险的。腾讯集团高级执行副总裁、腾讯电商控股公司 CEO 吴宵光认为，"能否赢利取决于，第一，竞争的激烈程度；第二，战略有多大；第三，可以承受多长时间的亏损"。电子商务的核心环节有三：用户资源、供应链管理和平台建设。这三者缺一不可。其中，用户和平台决定了电商的现在，而供应链则决定了电商的未来。腾讯是一家技术公司，除了用户资源以外，其余两项都不是强项。平台建设上，腾讯缺乏有利支撑；而供应链管理上，腾讯远逊于阿里巴巴和京东。例如，腾讯目前平均每单物流成本已经高达 21 元，而京东声称，物流中心完成以后，其物流成本每单将下降 10 元左右。如果平台和供应链环节没有真正打通，腾讯现在的布局就无法发挥最大的威力。2012 年 11 月，腾讯确认将领投美丽说 D 轮融资。加上微信的商务化探索，腾讯开始抢占 O2O 的战略入口。但是，电商能否成功，最重要的不是当下赢利或者抢夺入口，而是要打通电商的核心环节，获得持续的发展能力。

第十卷　2006年：范爷代言

演员范冰冰从戛纳领回了"范爷"的别号。她那几天换了好多衣服，特别是龙袍那身，天涯的帖子楼盖得很高，回帖很多都是"范爷V5"，就这么叫起来了。后来她的一些语录，也很爷们范儿。范冰冰为什么叫范爷，与她的作风有很大的关系，是她骨子里的倔犟和纯爷们儿的表现和面对所有流言蜚语无所畏惧的代名词。

第四十三回　功能策略　启动市场

内衣虽然是一个暴利行业，但是在传统渠道，内衣品牌的利润率并不高。据了解，内衣在商场的加价率达到10倍以上，也就是说，在商场里卖价300元的内衣，成本不到30元。但除了高昂的渠道成本外，更重要的是内衣这个品类SKU（库存量单位）比较大，一个款式对应的号码多达十几个，而销售比例却只有2∶1甚至3∶1。这样一来，内衣品牌的库存压力很大，利润都被库存吃掉了。然而，电子商务的优势正在于省去了渠道成本，这使得内衣在网络渠道的价格可以大幅拉低，从而使得同样的产品，与传统渠道相比就有了极大的竞争优势。正是看到这样的机会，2006年，佘欣承与李恕东合作创办了广州摩拉网络科技有限公司，佘欣承是董事长，李恕东为CEO，同时其旗下的梦芭莎网站上线，选择女性内衣作为主打产品，致力于为女性提供健康舒适、时尚美体的高性价比内衣商品和服务，努力实现"让每一位东方女性更加美丽自信"的梦想。

梦芭莎的创始人佘欣承、李恕东是多年的老朋友，前者毕业于耶鲁大学，曾在贝塔斯麦考林供职。而后者在国内做过十年的广告策划，曾成功策划了国内多个内衣品牌，对于内衣行业的上下游产业链非常熟悉。"并非因为有资源优势，我们才选择做内衣。"李恕东否定了外人的推测。据李说，当时，两个创始人做了深入的调研，确定了大方向，即是女性领域。因为女性消费比较感性，容易切入。他们在盘点了市场上女性类消费的 B2C 网站后，最初发现化妆品是一个比较好的选择。不过在化妆品领域，传统大牌的认知度太高了。如果做一个化妆品的自有品牌，无疑比较难切入市场，而且营销费用也会相当高。比较之下，服装则是一个比较好切入的市场。而在服装行业里，他们选择了内衣。理由是，当时内衣在互联网上还没有一个强势的品牌。在美国，"维多利亚的秘密"就是传统品牌转战网络品牌的一个成功案例，他们在研究了"维多利亚的秘密"的财报后，发现内衣领域大有可为。

很快，梦芭莎内衣品牌就在互联网上悄然诞生。按照分工，李恕东负责产品，包括从设计到生产；而佘欣承则负责营销和网站运营。内衣毕竟是一个私密性比较强的品类，在线下渠道也需要试穿，尤其是胸形并不十分标准的女性，网络渠道对于这些人来说，还需要一个尝试成本。在中国市场的商场主流渠道中，女性内衣是以 B 杯、C 杯为主打型号的，大码文胸往往备货比较少，因此胸形偏小或偏大的女性在商场中往往比较难买到内衣。但这类胸形并不标准的消费者，却是功能性内衣的追捧者，比如集中、塑形、提升等功能。佘欣承说，正是基于对消费者的这些消费行为的分析，梦芭莎在尝试将成本拉低的同时，采用了功能性内衣来启动市场。最初，梦芭莎主打的是塑形功能。基于此，梦芭莎首先推出的产品是以聚拢提升作为功能主打的大胸型产品。在那次营销推广中，对于功能的提炼很快吸引了众多女性的关注，而那些首次尝试购买的顾客由于在线下经常难以买到合适的内衣，因此在经过初次尝试后，便很容易成为忠实顾客。在这样的产品策略下，梦芭莎 2009 年的销售额实现了 1 亿元，增长速度为 350%。

彼时，凡客诚品还没有创立，而 PPG 已经高调亮相。与 PPG 不同，梦芭莎显得颇为低调。用佘欣承的话说，"我们要做的不是烧钱，而是赢利。"佘欣承在接受《中国经营报》记者采访时表示，当时公司在确定战略规划时，有三个原则：一是不做亏本的事，二是团队的发展要跟上公司的发展，三是根据市场的空间来确定公司的发展速度。比如，他们的分析认为，B2C 的增长速度每年是 100%，于是就将公司控制在 3.5 倍的增长上。

电子商务网站初期的投入是比较大的，用行业内的话说，只有前台销售是挣钱的部门，其他所有部门都是花钱的。因此，要想保持较高的利润率，就需要在最初时对模式进行精心设计。而正是"利润率"这一指挥棒的作用，让梦芭莎选择了品牌模式而不是平台模式。众所周知，B2C 平台的毛利空间比较小，比如，国内也有一家专门做内衣垂直平台的，代理了国内各种内衣品牌，但是供应商的供货价只有 6.6 折，按线下价格销售也只有 30% 的毛利。通常，网上要比线下价格更低，才能吸引来顾客。这样一来，做线上平台的毛利率只有 20%。佘欣承看来，在这样的利润水平下，不足以支撑公司最初的运营发展。因此，梦芭莎在最初的选择上，坚持的是以自有品牌为主导。然而，品牌主导对于一个 B2C 网站来说，承载的品类空间毕竟是有限的。以凡客诚品为例，最初是一个男装衬衫品牌，后来扩展到男女服装、家居类产品，如今已变成了一个渠道品牌。接下来，凡客诚品要想继续扩张，其品牌的延伸空间就非常有限了。正因为此，凡客诚品才又做了一个名为"V＋"的新平台，以容纳更多的品类和品牌。李恕东表示，在未来，梦芭莎的扩张会与凡客诚品不同，梦芭莎主要还会坚持以内衣为主，而在拓展其他品类时，则会创立新的自有品牌。

不过，虽然公司保持了较高的增长速度和利润率，但佘欣承仍坦言：梦芭莎依然在向亚马逊学习。在他看来，电子商务最关键的环节不是前端的供应链，也不是后端的仓储和物流，而是基于 IT 系统的数据分析技术。只有数据分析精准到位，才能获得最大的流量转化率。比如，根据数据分析出不同地区顾客的喜好，不同地区的顾客在登录网站时，看到的就会是不同的页面和产品；同时，还可能根据产品的销售分析出不同顾客对于面料、款型的喜好，以便下次该顾客登录时，为其推荐等。佘欣承说，基于这种数据分析来指导设计和生产以及库存，可以最大限度地满足顾客的需求，同时减少库存，降低成本，最终获得的是最大化的毛利率。

第四十四回　成功取胜　奇妙模式

坚持打造自主品牌

梦芭莎的产品开发中心位于广州，并在香港、法国、韩国建立了时尚买手团队和设计研发工作室，在上海拥有 200 多人的专业电子商务营销团队，面向全球进行电子商务营销管理，在北京设有 IT 研发中心，并与全球领先的美国硅谷专业研发机构建立了战略研发合作关系，在印度与全球最知名的呼叫中心建立了战略合作关系。梦芭莎自己设计产品并注册品牌，然后外包给有稳定合作关系的供货商生产，通过网站直接面向顾客进行推广销售，可以有效节约门店和渠道成本，通过快速反应，以及多频次、小批量的运作方式，既可以满足顾客追逐时尚的个性化要求，又可以显著降低库存成本和滞销带来的损失，从而获得尽可能多的利润。实践也证明，梦芭莎的自有品牌毛利率已达 50% 以上。

梦芭莎将电子商务、商品手册和商品体验店，三位一体地进行有机结合，提供超高性价比的服饰商品，满足女性不断升级的对自然、健康、美丽的追求。业内专家认为，自主品牌 B2C 能够对上游厂商进行有效控制，围绕产品不断优化和整合整个供应链，形成快速反应的供应链模式，有助于形成企业的品牌特色，代表了未来电子商务的发展趋势。

根据微笑曲线理论，产业链前段的开发设计，后端的品牌推广、物流配送以及售后服务，都是附加值比较高的环节，而梦芭莎占据了这些最有利可图的部分。梦芭莎选择了自有品牌模式，是因为美国有"维多利亚的秘密"转型成为网络品牌的成功案例，其 2009 年在线零售额达到 14.45 亿美元，占到整个品牌总销售额的 30%，而国内内衣在互联网上还没有一个强势的品牌。加之纯粹的平台模式毛利率只有 20%，这样的利润水平不足以支撑公司最初的运营发展。女性内衣是私密性比较强的商品品类，比较适合电子商务来操作。但如果只卖内衣，规模会受到限制，梦芭莎以内衣为主逐步扩展品类，可以逐步提升团队的经验和执行力，也逐步积累品牌的影响力，从而有效降低风险。

自有品牌可以分为单一品牌和多品牌两种模式，单一品牌的优势在于推广资源集中，但随着品类扩张，定位会越来越模糊，像凡客一样，到最后就会变成一个电商品牌而非服装品牌，而且档次一旦设定，将来再调整的难度就会非常大。多品牌模式的优势是比较灵活，每个品牌都有自己清晰的定位，去满足主要目标顾客群体——25 岁到 35 岁的女性消费群体的不同需求，弊端是资源比较分散。

梦芭莎的设计团队有 300 人，通常是 20 余人负责一类商品的设计，按照不同的顾客细分群体打造了多个自主时尚品牌，目前拥有的 9 个品牌分别是：梦芭莎女装，梦芭莎内衣，若缇诗时尚女装品牌，蒙蒂埃莫高端商务男装品牌，克莱菲尔男鞋品牌，宝耶童装品牌，ING2ING 年轻时尚潮品牌，所然原创设计师休闲女装品牌，梦芭莎维多利亚高端内衣品牌。产品线涵盖了女装、内衣、鞋子、童装、男装、箱包、家纺、饰品、婚纱、化妆品等多个时尚领域。

以超值体验实现品牌溢价

消费者通过网络可以轻松就同一类商品进行比价，如果商品没有特点和优势，就会导致同质化竞争，不可避免地会被拿去比价，这样就难以产生品牌溢价并获得满意利润。只有品质优良的品牌才会在顾客心中形成独一无二、不可替代的位置，梦芭莎旗下的产品，无论从面料的选择、款式的设计，以及商品的配送环节都具有严格的流程和质量控制，目的就是为了让广大消费者认可梦芭莎的品牌。

在线销售的最大问题在于顾客体验，只能通过网页上的图片和文字来刺激顾客的购买欲，因此需要从页面设计、拍摄技巧、文字描述等方面让客户感知商品，在视觉上赢得顾客好感，最终认可商品的品位和设计风格。此外，服务也是顾客体验的重要环节，订购之后货品能否及时送达，接收时包装是否完好，退换服务是否方便快捷等，这些都直接影响顾客的满意度。梦芭莎通过自建仓储和配送外包来尽力缩短下单到送达的间隔，当一天之内、甚至几个小时之内就可以收到订购的商品，就会大大减少顾客不能亲身体验的缺憾。梦芭莎还坚守"30 天无条件退换货"的承诺，让购买者没有后顾之忧，与此同时公司在客户服务的后台运作方面，持续投入资源提升系统的软硬件设施，始终保持着领先于竞争者的水平。

根据国内专业的电子商务调研机构艾瑞公司 2011 年第一季度的调研报告，梦芭莎在中国女性内衣电子商务和自主女装品牌知名度领域均名列第一，在网购者对服装 B2C 网站的评价方面，梦芭莎的满意度最高，有 61.19% 消费者非常满意，二次购买率高达 70% 以上，超过 77% 的顾客明确表示还会继续购买梦芭莎的产品，远远高于其他同行企业。消费者满意度是一个综合性的衡量指标，既包括产品的质量和相关的售后服务，也涵盖了客户体验等。梦芭莎以优质的产品、设计和服务赢得了顾客的青睐和好评，目前产品已经进入欧美等海外市场，成为公司业务新的增长点。

轻资产成就快时尚

如今的网购主力军是在互联网浪潮中成长起来的 80 后、90 后们，他们对于电商的体验期待，已经从单一的"廉价"，提升到更为复杂的"平价快时尚"，而这一趋势，在服饰类网购企业表现得更为明显。快时尚以"快、狠、准"为特色，即上货时间快、平价和紧跟时尚潮流，满足了人们以低价享受时尚的需求。从设计到销售，国内服装业一般为 6~9 个月，国际名牌一般可到 120 天，西班牙名牌 ZARA 只用 7 天，而以梦芭莎为代表的电商企业最短可缩至 3 天。梦芭莎凭借着新潮设计和知名品牌，上游连接大量制造厂商，下游利用网站聚拢成千上万的忠诚顾客。相比传统渠道的高库存，电子商务可以节省大量的渠道成本，因而可以大幅让利于价格，对顾客形成非常有吸引力的性价比。根据长尾理论，区域内的个别顾客在全国范围可能就会形成很大规模，因此可以将之前无利可图的业务转变为新的赢利点。

梦芭莎的订单往往批量小且工艺复杂，对外包工厂的要求很高，只能选择较小的生产厂家逐步培养。这需要从招聘工人、生产工艺、管理机制、信息系统等方面去改善、磨合和对接，至少需要半年到一年的时间，也需要耐心、细心和执行力。如今公司已经和珠三角、长三角地区超过 1000 家生产厂商直接进行 OEM 生产合作，而对这数量庞大的供应商的管理和协调又是一个更艰巨的挑战。这不仅需要很强的生产预测能力，更需要很强的快速反应的调整能力。四年多以来，梦芭莎从每天几单、几百单到如今的每天 2 万 ~ 3 万单，整个供应链都处于不断的优化和升级之中。

2010 年 12 月，梦芭莎宣布完成第三轮融资，所得投资将主要用于仓储物流建设、营销推广，其中优化供应链是重点。同时在上海、成都、北京建立自有仓储基地，大大提升了物流反应的速度。如今梦芭莎正在开发当日送寄的物流服务，物流公司同日接收梦芭莎的货物平均达到两次以上，争取能够做到早晨下单傍晚拿货的满意状态。公司也同联邦快递签署战略合作协议，由联邦快递负责 70% 的梦芭莎包裹的递送业务，该合作大大缩短了商品的递送时间，同时也消除了客户在递送过程中对商品安全的担忧。

传统服装企业采用订货制，有至少半年的生产周期给工厂去生产，而梦芭莎可以做到从下单、产品生产、入仓平均只需 7 天时间，产品链周转非常快。梦芭莎通常提前一年对产品做好规划，并在其后的时间不断改进。先通过一个 8 到 24 小时的测试来考察订单的反应，再结合历史数据所得出的经验判断不同颜色、不同型号产品的比例，据此指挥后端库存的调配和代工生产。梦芭莎的信息系统至今已经经历了 5 次升级，每一次的升级都会根据消费者的反馈，调整部分运算法则，提高分析结果的指导意义。

梦芭莎一个波段的产品一般按两个月的销售周期分成 4 批出货，一个批次 7 天，有 3 次返单的机会。7 天的快速反应无论对电商企业还是传统企业来说都是很大的挑战，这不但需要从前台的网络平台到后台的工厂实现高效的对接，也需要对上游的生产厂商具有强有力的控制力。梦芭莎凭借快速的供应链管理确立了自身的优势，除了比同档品牌更低的价格和更多的款型外，从设计、生产、销售到数据统计反馈的周期，梦芭莎已经缩短至 30 天。也正是因为有先进的供应链管理，梦芭莎才可以获得很高的顾客满意度，获得 50% 以上的毛利率，销售的规模迈上一个又一个的新台阶。

强势推广快速放大销量

作为一家高成长的 B2C 企业，梦芭莎以高的毛利率和多次的大额融资为后盾，在广告推广方面大手笔投入，试图在高速成长的网购市场抢占有利位置。梦芭莎的推广经验就是线上与线下密切结合，高举高打确立品牌优势，提升消费者信心，保证高转化率。线下广告方面，2010年12月，梦芭莎投放央视1套、3套和8套黄金档广告，成为首家投放央视广告的女性网购品牌。在网购的中心城市——北京、上海、广州等的公交站、移动电视、地铁沿线，梦芭莎广告随处可见。

在线上推广方面，除了常规的站内优惠券、网络广告投放、搜索引擎营销、电子邮件推送等，梦芭莎还发起了女性网购联盟，女性用户情感更为细腻，网购行为更具冲动性，梦芭莎网盟迎合女性网购用户的特点，制作精美的广告，在摄影、模特、灯光效果上精益求精。梦芭莎网盟将精准、细分的广告投放策略贯穿始终，专注女性网购人群，为不同品牌、不同产品制订出细分的用户群定位和投放策略。

梦芭莎网盟秉承"开放共赢、突破创新"的宗旨，提供给合作伙伴的订单佣金比例高达20%，相比其他电商企业6%～10%的佣金比例高出了数倍。由此可以看出梦芭莎为创造共赢局面的决心和为此付出的努力，只有合作伙伴的利益得到了最大限度地保证，网盟才能持续、健康地发展。梦芭莎旗下品类众多，并且各品牌都有精准的定位，网盟可据此与合作伙伴在推广资源上做到精准匹配，带来更大的推广效益。精准投放加上美轮美奂的广告，让梦芭莎网盟轻松实现广告的高点击率和高回报。

第四十五回　范爷出手　非同代言

众所周知，性感迷人的范冰冰是目前全球范围的时尚界代表人物，在中国，她的知名度及影响力毋庸置疑，她的高贵典雅、自信豪爽、精致完美，给大众留下了深刻的印象。如今的互联网市场，电子商务的竞争也日趋白热化，而竞争的核心除了用户及信息之外，产品、品牌、服务也渐渐挤入了核心竞争元素的行列中。

梦芭莎定位于全球女性时尚网购，其整体产品、品牌及相关一系列的服务都是依据"女性""时尚""网购"这三大要素的紧密需求而来，梦芭莎的女性客户大都集中在 18~45 岁，具有较高的消费能力及社会地位，她们能对其自身所处的办公圈、家庭圈的消费起到影响的作用，并且是理性且有选择地进行消费。

范冰冰的精致、优雅、知性、独立正是梦芭莎想要传达给大众女性的信息；范冰冰所代言的品牌，如"巴黎欧莱雅""梅赛德斯奔驰"及最近的"瑞贝卡"都是全球定位的一线知名领先品牌，而其首次尝试代言的网络品牌"梦芭莎"，目前也是互联网自主品牌时尚服装领域的佼佼者；范冰冰的国际知名度、影响力以及其多元化的发展也是梦芭莎全球定位的契合元素之一，紧跟欧美最时尚的流行风潮来设计相关女装款式，并融入东方女性的特色元素，让梦芭莎的服装符合全球不同区域及需求的女性；范冰冰的公益精神也是梦芭莎所认可及推崇的，衣服不在于多，而在于杜绝浪费，有时"少买一件衣服"也是环保贡献的开始，梦芭莎强调强有力且具显著成效的产品预测模式，来最低限度地减少订货及库存浪费，真正致力于成为首个互联网环保绿色服装企业，首个拥有多个自有全线服装设计品牌，提供高质量、优设计、好口碑的产品及服务，真正从消费者角度考虑、满足消费者需求、提高消费者满意度的国际化的中国互联网品牌。

业内人士分析，梦芭莎此次启用明星代言将会使其市场占有率及品牌知名度及美誉度得到进一步的巩固和提升，原本就处于互联网服装行业领军企业的梦芭莎，将会迎来其更广阔的发展空间及更扎实的品牌价值。

■ 梦芭莎大事记

2006 年 12 月，李恕东与佘欣承于广州美术学院内合作创办了梦芭莎网站，并选择内衣产品作为网站的主打产品，总部设在广州。

2007 年 12 月，获得首轮国际风险投资。

2008 年 3 月，已经拥有超过 30 万个会员，以每月新增 10 万以上速度递增。

2008 年 8 月，女性服装产品线上线。

2009 年 3 月，女性鞋子产品线上线。

2009 年 9 月，网站会员 300 万人，实现网上零售内衣业界第一的称号。

2010 年 3 月，获得第二轮国际风险资本投资。

2010 年 5 月，英文版网站上线，并开通全球物流配送。

2010 年 7 月，旗下童装品牌"宝耶"产品线上线。

2010 年 8 月，旗下高端时尚女装品牌"若缇诗"上线。

2010 年 9 月，旗下高端商务男装品牌"蒙蒂埃莫"上线。

2010 年 10 月，"若缇诗"获邀参加中国国际时装周并获"最佳女装设计奖"。

2010 年 12 月，于央视一套黄金频道推出首个 B2C 品牌网站广告。

2011 年 1 月，获得广东省网商协会"副会长单位"荣誉。

2011 年 2 月，获得第三轮国际风险资本投资。

2011 年 3 月，化妆品产品线上线。

2011 年 3 月，荣获广东省"守合同重信用企业"称号。

2011 年 4 月，广州仓库升级，目前规模 5 万平方米。

2011 年 4 月，意大利商务男鞋品牌"克莱斐尔"上线。

2011 年 4 月，与国际知名影星范冰冰牵手，后者成为梦芭莎女装品牌代言人。

2011 年 5 月，高端内衣系列"梦芭莎维多利亚"专题上线。

2011 年 6 月，国际考察之旅成行。

第十一卷　2007 年：不平凡的凡客

第四十六回　PPG 启示　新阵扩充

凡客的崛起，除了归功于一波电子商务浪潮的兴起，还要感谢一位先驱——PPG 公司。2005 年，PPG 以"轻公司"模式异军突起，迅速成为一家耀眼的网络服装公司，被称为"服装界的戴尔（微博）"。它只做男士服装，其业务几乎全部外包，没有厂房、设备、门店，只有市场部、设计部、呼叫中心及仓库。它以铺天盖地的网络广告和传统广告去抢夺消费者的眼球。虽然成长速度惊人，但也为日后埋下了巨大隐患。2007 年之后，这家公司因拖欠供应商款项，最终倒闭。这一年，凡客诞生。

陈年创建凡客，最初完全是模仿通过电话售卖男士衬衫的 PPG。其广告投放策略也与 PPG 无异，2008 年 2 月之前，凡客市场营销以平面媒体为主。在 2008~2009 年的两年间，凡客投放的广告额占其销售额的比重达到了六成。但幸运的是，凡客在 2008 年 3 月就开始尝试网上营销，订单迅速增长。那时互联网广告的效果并不被企业看好，价格很低。门户网站甚至会免费再送一些广告。凡客尝到了网络营销的甜头，迅速抛弃电话直销模式，转做互联网品牌。这使凡客避免了如 PPG 把重金砸向传统媒体却难以为继的结果。与凡客一样，麦考林、梦芭莎等网上服装品牌也开始利用互联网广告来吸纳人气。此外，凡客从 2007 年 10 月就开始了第一轮融资，此后到 2011 年底一共融资六轮，总融资额达 4 亿美元（人民币约 24 亿多元）。一位不愿透露姓名的电商副总裁对南方周末记者表示，这也可以看出陈年的精明之处，凡客融资的轮数多，很可能是一种精明的作价技巧。多轮融资，可以提高溢价。

陈年的过人之处还体现在其塑造品牌的策略上。2010 年 5 月，凡客买了一些路牌，准备放韩寒和王珞丹代言的凡客广告。但陈年发现路牌广告的画面有一大片空白，于是就将客户比稿带来的电视脚本的字幕，删减之后放了上去。韩寒和王珞丹的粉丝把这个拍了下来，跟众多网友一起，发酵出了"凡客体"。迅速走红网络的凡客体重新定义了凡客。对于凡客的品牌定位，陈年说，他现在只强调三点：无限时尚、高性价比和最好的服务。其他的交给用户。至此，凡客走出了一条自建互联网服装品牌的独特路径。而电商第一梯队的代表京东商城走的是平台型电商的模式，从 3C 产品发展到跟吃穿用行有关的所有商品。京东的赚钱模式是，自己从供应商那里采购商品，在网上加价卖给消费者，赚取差价。这也是当当网、乐淘网等电商走的路。但陈年费尽心力打造的这个品牌，却很难产生溢价效应。陈年认为，品牌溢价可能是中国传统品牌走的弯路。理由是，GAP、ZARA、H&M 和优衣库等国外服装巨头，走的都是平民化的路线。而国内那些赚了点钱就开始走高端的品牌都失败了。

第四十七回　快的代价　模式翻新

凡客虽然走的是自建品牌的路径，但它和其他电商一样，不得不面临着快速奔跑的宿命。这也意味着，要成为最后的赢家，就必须持续投入各项成本，以便比别人跑得更快，在规模上做到别人无法企及的高度。陈年关注的是新用户的增长和二次购买率。在他看来，这两个数据是公司是否健康的唯一前提。PPG 当初失败的一个重要原因就是没有做到足够的用户量和增长速度。

为了扩张规模，很多电商模仿的是亚马逊的模式——从单一货品增加至无所不包的百货，并提供第三方平台，允许别的商家在自己的平台上与自己同台竞争。同时，增加对物流配送和仓库及后方信息平台的投入，以便更好地改善用户体验和扩大覆盖面。凡客也是如此。2010 年 5 月，凡客开始了品类的急速扩张，开始做男女装、鞋子、家纺，甚至还做了化妆品、电饭锅、拖把。品种扩张自然会带来销售规模，但也带来了滞销产品的库存成本。T 恤和帆布鞋是凡客最好销的产品，但电饭锅、拖把则少人问津。当月，凡客还启动了 V + 频道，建立平台吸引第三方合作者，开卖百货产品。将竞争的矛头直指京东和当当。但 V + 扩张没有达到预期，一年多来只做到 5 亿元左右规模，仅占凡客总销售额的百分之十左右。原因是，消费者习惯了凡客自有品牌的低价，从凡客进入 V + 频道后，很难接受 V + 产品的高客单价，所以流量的转化率不高。而且，供应商跟凡客合作有顾虑。网上鞋城乐淘跟凡客的 V + 谈过合作，一方面，凡客要求乐淘的鞋子进入凡客的仓库。乐淘没法答应，因为乐淘卖的东西，是供应商在乐淘的仓库里寄售的，乐淘获取销售提成。货在乐淘的仓库里，十天半个月能周转一次，放到凡客的仓库里，凡客处理速度慢，配送得先保证凡客自有品牌，产品周转一次要一个月，供应商自然不答应。另一方面，凡客自建的如风达物流公司还没有形成足够的富余能力，实现从第三方身上赚钱。如风达总经理李红义对《南方周末》记者透露，未来如风达是可以开放的。但现在接的一些外单，仍是关系户的订单，比如小米手机。

亚马逊早年投巨资建设的物流和云计算中心，现在都已经成为其重要的利润来源。但对凡客来说，要达到这一点，仍路途遥远。凡客的麻烦还不仅于此。由于电商业的激烈竞争，互联网广告价格骤升，推高了凡客的成本。据一位电商界人士透露，2011 年的互联网广告价格比 2010 年同期增长了 50% 之多。但陈年表示，广告价格增长 50% 的说法，只适用于 360 等少数几家公司，凡客的广告投放额占销售额的比重，这几年一直在下调，从 2009 年的六成下降到 2011 年的两成。他说，2012 年，这个比重会继续降至一成。尽管如此，凡客仍无法回避综合成本高企的痛苦。凡客的毛利率是很高的，至少在 20% 以上。比如，凡客有一款卖 99 元的衣服，采购价格是 76 元左右。但凡客推行 30 天无条件退换货一次，所有退换货的物流折损比其他电商公司都要高，再加上如风达坚持高水准服务的定位，凡客总的物流成本算下来对总收入的占比应该在 20% 左右。行政成本 8%～10%，市场成本 20%～30%。这几项加起来已经是 50% 左右的成本了。所以，凡客肯定是亏损的。而且，凡客的规模越大，亏损也会越大。当然，随着规模的做大，物流成本和市场成本会下降。但这要看凡客能坚持多久了。

第四十八回　凡客 VT　奇迹再现

2012 年 11 月 12 日，凡客诚品正式发布 2012 年凡客 VT 销售数据，数据显示，今年春夏，凡客以"正能量"为 slogan 热卖 2000 款短袖 VT，整体销量突破 1300 万件，在 2011 年销量 1000 万件的基础上再创新高，稳居中国 T 恤零售市场首位。其中单款 VT 热卖超 23.5 万件，单秒销量最高达到 216 件，人均购买约 4 件。据了解，国内市场上全年售出的有品牌的 T 恤数量约为 5000 万件，而凡客主要的竞争对手优衣库去年在全球仅销售了 2000 万件，凡客在这单一品类上已经远远将优衣库甩在了背后。谈及凡客对传统服装行业的影响，陈年曾对媒体公开表示，"当 VT 做到 3000 万件的时候，中国就没人再做 T 恤了"。

凡客在 2012 年 VT 设计中，汇集了 200 名设计师、150 个系列、2000 多个款式，特别企划了复仇者联盟、米老鼠的联名合作，还有雷锋系列、社会流行语等；从时尚流行角度来看，还有 2012 末日夙愿、经典动漫台词的文化系列、海军、英伦风的时尚系列……无论用户什么心情什么状态，都能在 VT 这个载体上得以倾诉。按照购买过 VT 的用户换算过来，人均购买达 4 件。其中卖得最好的一款，单款就超过 23.5 万件，其热卖指数甚至要用"秒"来衡量，单秒销量最高能达到 216 件。还有堪称"最爱自我表达"用户，给自己和家人朋友购买 T 恤件数总计超过 100 件。

此外，在价格方面，凡客 VT2012 年除了此前深入人心的 29 元之外，今年售价有了适当的涨幅，以 39 元、49 元的价格为主打。这些 T 恤在版型、款式和面料等方面都做了创新，进一步提升品质与用户穿着舒适度。凡客方面透露，相比之下这类 T 恤更受用户欢迎，在今年 VT 的销售贡献中颇大。

凡客 VT2013 年的策划也已全面启动，历来紧贴年轻人关注的热点文化事件的凡客 VT，新一年更是别出心裁，前期在微博上开展"我想和这个世界谈谈"主题活动，征集 2013 凡客 VT 态度宣言。凡客方面表示，来自用户的最"搓"的词将制成明年的 VT，此举引来近千人参与。如图 2－12 所示。

图 2－12　多彩的凡客 VT

资料来源：凡客。

第四十九回　跃进之后　静思反省

凡客在 2010 年开始品类扩张之后，员工人数也从最初创业时的 100 多人增加至 1 万人左右。而陈年当时看到的数据是，2011 年 1 月份，凡客的增长是 2010 年同期的 6 倍。这让他对 2011 年全年能达到 100 亿元销售额充满信心。陈年开始放权。很多二十多岁的员工，现在管理的是上亿元的销售额，那曾是凡客 2008 年全年的销售额。但到了 2011 年 6 月，陈年经常发现楼下等电梯的员工很多，很多人索性聚在一起闲聊。还有些员工在上班时间开溜。他意识到问题的严重性，于是对公司做了一个体检，结论是：高层心浮气躁，基层骄横腐败。到了 7 月份，凡客开始裁员，试用期的员工被大量清走。当月，凡客也开始对过多的品类进行分析，将做得不好的品类删掉。同时，陈年也开始对组织架构动手术。以前凡客只有两个产品事业部，现在被拆成八个部门——

除了五大事业部，还有三个生产中心。这五个事业部的设立思路主要是按品类分。过去凡客的产品、推广、营销和品牌完全分开，成立了五个事业部后，每个事业部贯通了从产品、营销到推广的所有职能。

以往，在规模逐渐变大之后，凡客作为传统服装业的色彩就越来越重，生产部门成为主导者，上马了拖把和指甲剪等不成功的品类。现在，凡客的生产中心变成三个：一个是服装，一个是鞋帽，一个是其他的杂类。事业部的权限是，从产品规划到最后营销全部打通，并且要对库存负责。而在过去，产品部门就负责产品，营销部门就负责营销，产品部门进了一堆东西，营销部门看不上，产品部门反过来天天骂营销部门连个照片都拍不好。未来凡客还将细分出更多的事业部，这也要求有更多的管理者。但这个团队并不稳定。2011 年下半年，凡客个别高管选择了离职——副总裁吴声投奔了京东商城，公关经理李剑雄去了学而思。对陈年来说，如何留住人才是一项新的挑战。在裁员和高管离职风波之前，陈年一直没有给管理团队分配期权。凡客目前的管理层有三分之一是老卓越人，这些人靠感情尚能留住，但凡客同时也有很多 80 后的年轻人在担任管理职位，对这些年轻人来说，凡客不拿出真金白银，很难留住人。2012 年 2 月份，陈年在反思之后，对凡客整体战略开始进行一次新的规划。凡客的调整，哪些要收，哪些要放，都将由一个数据系统来说话。未来它将是凡客继产品、用户之后最核心的公司发展驱动力，而且是可持续的。其实这早已是亚马逊的成功秘诀之一——亚马逊追踪一切，大部分决策都基于数据。

凡客在质疑中开始"刮骨祛毒"。现在没上市，还能去做一些大的架构调整，如果一旦上市，每一个动作都是要通过层层审批的，并且上市之后发现走错路会更痛苦。2012 年 8 月，凡客诚品（Vancl）全资自建的配送公司如风达收缩，经营快递的城市由 26 个减到 6 个，仅保留北上广深及西安和武汉。凡客作为服装商，销售有淡旺季之分。如风达作为快递公司同样面临淡旺季。一旦进入淡季，这么大的队伍如何去消化？2010～2011 年，电商泡沫，无数小电商遍地开花。如果这些小电商都做起来，那么对快递业的需求是井喷的。然而事与愿违，小电商死掉很多，并不是如风达的业务对其他电商不开放，而是这个需求不存在了。

除人员调整外，曾经快速提振业绩的结构也被彻底打散。2012 年之前，凡客只有两个一级事业部，基础产品部与新产品部。七个二级中心，包括营销、推广、品牌、仓储、物流及呼叫中心。基础产品部负责衬衫、帆布鞋等各类产品的销售规划和产品规划；新产品部则负责生产及工厂下单等。而基础产品部每一种产品，比如衬衫或鞋，都可能有上百个品类，这样就导致了一个人可能同时管几条产品线的销售规划，甚至有签几千万合同的权力。而彼时的陈年也说过一句豪言壮语，宣称从 2010 年的 10 亿达到 2011 年的百亿，继而到 2012 年的 300 亿。五年的规模预期更是到了惊人的 1500 亿。或许是此前有上市的冲动，如此规划对应上述结构便造就了凡客大跃进式的发展。陈年曾透露：某产品线新负责人，决定大力发展配饰，承接 5 亿任务。部门却只有 10 个人，随即决定三个月内招聘至 50 人。但人员到位之前，每人每天需要完成 300 个 SKU 才能保证完成任务。因此不断寻找供应商并不断扩充品类，质量也受到影响，大量库存也由此积压。在其他产品线上，情况类似。而结果便是每天产品线都疯狂招人完成任务量，导致陈年觉得办公楼居然没几天就坐满了。生产部门与营销部门则积怨已深，部门互相推诿与个人权力过大甚至导致个别环节出现了腐败，陈年必须为整个架构进行重新组织。

2012 年 6 月，凡客最终确定了 6 大 6 小事业部，19 条产品线，4 大生产中心，1 个质检中心。将大类产品作为事业部运营，包括鞋子、运动休闲类产品、衬衫针织、女装等。这样的好处就是专人专项负责，每个人可能只是负责鞋子品类中的一种或几种单品，而非原来几条产品线。每一个事业部都有一个营销中心，这样事业部也需为其库存负责。而 4 大生产中心则与事业部平行，负责与供应商联系，彻底杜绝此前不同部门为了业绩而疯狂下单、不计库存的行为。调整结构的同时，凡客也在减少供应商与 SKU。现在的供应商数据就剩 100 多个了，与先前相比减了一半，SKU 也由此前巅峰时的二十多万、不计类型的产品减到了现在的六七万个。此前觉得只要有平台，什么都可以做，什么小家电和生活用品都可以有，但长期看很多产品不适合凡客这样的品牌，所以砍掉，而营销成本则比去年缩减了一半。一系列缩减，最终让凡客将毛利率从 2011 年的 30% 提升至 2012 年 40%～50%。通过调整，让凡客产品回到力所能及的尺度范围内，以便未来去慢慢探索创新试错的可能。

这样的行为似乎更像是为其未来"打包票"。一直以来，凡客都在亏损、烧钱。尤其是过去的四年中，凡客吸引了 6 轮、4.22 亿美元的投资。即使上市也不会有人投资了。所以在没上市的情况下，钱总会烧完，拥有自身造血能力才是最重要的。然而，凡客的大动作调整改革，上市或仍然不易。如果凡客IPO，其估值应高达 45 亿美元，但以现在的资本市场环境，投行表示承销压力很大。而陈年目前的想法也是上市与否不重要，关键要企业自身健康。凡客2012 年第四季度能否赢利非常重要，关系到是否能提振投资者信心，凡客是否有自己造血而非继续靠输血过活的能力。

■ 凡客大事记

2010 年 10 月，VANCL 荣膺"清科－2010 中国最具投资价值企业 50 强"第一名。

2010 年 4 月，VANCL 正式对外发布签约韩寒、王珞丹作为品牌代言。

2009 年 12 月，VANCL 凡客诚品荣膺"2009 德勤高科技、高成长亚太区 500 强"第一名。

2009 年 11 月，徐静蕾旗下开啦项链在 VANCL 网站销售，VANCL 开创明星合作的新模式。

2009 年 9 月，艾瑞咨询发布《2009～2010 年中国服装网络购物研究报告》，VANCL 以 28.4% 的市场份额，继续在自主销售式服装 B2C 网站中排名第一。

2008 年 7 月，VANCL 完成第三轮融资，由启明创投领投，软银赛富、IDG、联创策源跟投。

2008 年 6 月，VANCL POLO 恤以 150 万件的销售业绩成为当之无愧的全国第一。T 恤品类的出现，使 VANCL 不再定义为单一的"衬衫"品牌，继而带动了 VANCL 日销 20000 件的销售量。

2008 年 1 月，创下单日销售 1000 单的新纪录，从第一天的 10 单到 1000 单，VANCL 仅仅用了 85 天。

2007 年 12 月，VANCL 完成第二轮融资，软银赛富与联创策源、IDG 共同投资。

2007 年 10 月，在《读者》打出第一期广告，标志着 VANCL 凡客诚品正式成立。VANCL. com 上线，第一天销售成绩为 10 张订单、15 件商品，一周后做到每天 100 单。

2007 年 7 月，完成第一轮融资，为 VANCL 成功创业提供了最初的资金保证。

■ **档案存底** ■

做一个好品牌需要多少年

——凡客诚品 CEO 陈年在第七届中国网上零售年会上的演讲

很长时间没来参加亿邦动力的会了，今天能够参加我很激动。刚刚筹备凡客的时候，甚至可以说当凡客还没有开张的时候，我记得很清楚当时参加过一次亿邦动力的会，给当时的我增加了很多信心。我问国庆你们讲话的基调是什么？我希望我说的事情和国庆是一致的，我刚刚听了一下，他说他今天的基调是大家各做各的，不要想一统天下或者一家独大，这也是这段时间、或者说过去一年我思考中国电子商务市场，尤其是 B2C 平台时的一个问题。

B2C 平台还没有形成核心竞争力

2000 年，我们刚刚开始做卓越网的时候，有一个想法，怎样才能做出中国的亚马逊。十几年了，从 1998 年在投资者心目中就有这样一个谜思，何时才能诞生一个像美国亚马逊这样的企业？过去的十几年中，我们也没有看到太多清晰的路径指向当初的期待，前一段时间我跟别人说，有可能中国这个市场很难诞生那样一家企业，或者形成那样一个格局。在过去十几年时间里，我自己的感受，说了可能会得罪国庆，是 B2C 平台的企业始终没有形成自己的核心竞争力，如果形成了自己的核心竞争力，整个变化就不会那么快。开始是从

2000 年到 2004 年卓越和当当打，后来很快出来一个京东，大概 2005～2007 年大家认识到京东。在觉得这个格局差不多形成的时候，从 2011 年开始，又出来一个天猫，然后今年又出现苏宁，这个变化非常快。变化非常快的背后肯定有原因，特别是这个格局竟然非常容易就被改变了，我认为这是因为这些竞争者在这个过程中，并没有形成真正的核心竞争力。

我最近也在想一个问题，亚马逊的核心竞争力到底是什么？我觉得亚马逊在美国的核心竞争力就是美国市场，是美国市场的那个大环境，而并非亚马逊本身有多么神奇。中国这个市场的竞争的确太激烈了，而且都指向十多年前大家的那个想象或者说期待——中国得有一个一统江湖的中国的亚马逊出现。我最近自己迷迷糊糊地在想这个问题，真正的作为平台的核心竞争力可能没有形成，这是我对这个事情的一点看法。也许我们立足于中国市场，期待着完全地模仿美国路径可能走不通。如果我这个想法成立，可能就给投资者带去一个很大的疑问。我们现在看到，整个 B2C 平台的竞争还是停留在非常非常简单的价格战上。不管大家愿不愿意承认，即使大家讨论得非常热闹的"双十一"，就其核心来说，天猫的胜出还不是价格战吗？这里面有什么值得我们仔细剖析的核心竞争力吗？当然这里面还有天猫的流量，那么很简单，就是流量加上价格战。所以，如果这样来说，我们的确看不到 B2C 平台背后的核心竞争力到底有什么值得今天拿出来分享欣喜的。

互联网绝对可以诞生成规模的品牌

接下来说一下凡客，郑敏给我出的题目是，要多讲品牌。我们从 2007 年开始做凡客，到今天也做了整整五年了。五年前没有人相信在互联网上可以建立一个品牌，而且是完全没有传统店面、完全在互联网上来做的品牌。在过去的这段时间，我们多次承认，在五年前我们也想象不到到底会做成一个什么样子，不管怎么说，五年过去了，凡客至少证明了一件事，那就是在互联网上也可以诞生一个成规模的品牌。这个五年是怎样走过来的？我觉得其实是靠产品走过来的，我们在开始的时候做衬衫，那时候的确是学习 PPG，PPG 没有了，我们就开始摸索，慢慢扩张自己的产品线。在这个过程中，凡客发展中的每一步都离不开找到正确的产品，比如最初我们的衬衫，后来到 2008 年我们做

POLO，同年下半年我们做休闲裤，提到这个大家可能觉得很枯燥，期待凡客背后的秘密是什么？我认为秘密就是产品。我们有两个产品，T恤和帆布鞋把凡客诚品的用户层彻底改变了，最大的改变就是把我们最初想象的主力用户群从30~40岁，或者说35~45岁这个年龄层一下子修改为30岁以下了，我们现在主力用户群是20~25岁，这种变化和2010年开始尝试做T恤和帆布鞋这些年轻化的产品有关系。我们把凡客分为几层。

第一层是服务体系，这是最底层的，这一层可能和今天大家讨论的电商、B2C平台有最大的关联，因为整个运营体系、整个服务体系和传统的B2C平台没有太大的区别。

第二层是性价比，高性价比的产品，这个时候还应该和传统的B2C平台没有特别本质的区别。但是这里面有一个新东西：我们卖的产品都是我们的库存、我们自己的产品，其实这也是做品牌最大的挑战。

第三层是时尚度，我们既然要做这些产品，时尚度应该是非常重要的。

第四层是品牌态度或者品牌精神。

有时候我们是倒过来说的，先说品牌精神，再说时尚度，再说性价比，最后再说服务。我们是通过五年的时间一层一层地去认识的。如果将凡客作为一个品牌来总结，让我们最惊讶的一个发现是，在这五个层次里非常重要的是时尚度。刚才我举到，我们的T恤产品也好，帆布鞋产品也好，其核心竞争力或者对用户来说最具吸引力的，是这个产品的时尚度，这和凡客作为一个互联网品牌其实是紧密相关的。大家想一下，我们在第一年（2010年）做T恤的时候，做了100款图案，第二年的时候，我们做了将近1000款图案，2012年我们做了接近2000款图案，这个图案就是标准化，而且在传统品牌店里没有办法展示——他们没有那么大的面积去展示这些产品。大家知道在T恤这个产品的时尚度方面，全球化的品牌里面，相对来说做得比较好的是优衣库，但是大家去优衣库店里面看一下就会发现，其实每个店面主力展示的只能是部分的款式，而且放在柜台上一试用就乱了。在凡客即使做两千款图案，因为有互联网展示的优势，所以也可以让用户特别清晰地看到这个图案的时尚度。帆布鞋我就不说了，所以，如果今天有什么新鲜的东西想分享给大家的话，我想说的是，想在互联网上做品牌，互联网如何更好地展示时尚度，这是一个有意思的话题。在这之前，我们在看淘宝卖家的时候，也可以看到卖家对产品细节的展示，的确超过了传统的小店，这也是利用了互联网的优势。

最大的困难是库存问题

做凡客五年下来，我们遇到的最大挑战其实就是如何在时尚度的基础上，能够成为一个快时尚的品牌。快时尚品牌其中的核心当然是快速供应链反应，过去五年里，凡客在这一点上做得还不够好，这也是我最近一段时期特别困扰的一件事。凡客数据的反应，是每秒每分钟的，我们能不能把这个快速反应，应用到我们产品的规划、设计，尤其是运用到供应链上去。其实这一点凡客运用得还很差，理论上，这么快的数据反应，应该更好地使用到整个凡客的全价值链过程中去，但从现实来看，实现这一点还是非常难的。实现这一点最难的地方是前期的规划和柔性供应链的分配，这还需要一段时间，需要半年、一年甚至三年，凡客才能完成在这个供应链上面的快速反应。一旦完成了，凡客作为一个互联网品牌，就又形成了它的另外一个核心竞争力，也就是柔性供应链的核心竞争力。在这一点上，今天我们特别渴望能够跟很多研究者，尤其是凡客之外的、服装业之外的互联网研究者进行探讨。

前一段时间听说有人在做这方面的工作，我特别希望透过中国网上零售年会这样的会议，认识这个领域的研究者，互联网品牌对规划、设计到柔性空间的形成的过程里面，我们还需要做一些什么工作？我们现在觉得自己需要做的工作还非常多，而且思路还不够清楚，这是一个困惑，但是如果能够解决这个困惑的话，也是凡客作为一个互联网品牌可能形成的一个非常重要的核心竞争力。说到做品牌，我在想，为什么在过去的五年里，尤其是过去的两三年里，凡客的发展非常清楚，但跟随凡客的公司却没有同样形成足够的影响力，这也是我最近在思考的问题，但是我今天没有答案。只能说凡客五年，证明了一些事情实现的可能，但与此同时，我们也在经历作为一个互联网品牌会遇到的困难，最大的困难就是库存问题。其实，传统行业也好，传统品牌也好，互联网品牌也好，这一困难概莫能外，也许也不是我刚刚讲的形成柔性供应链就可以完全解决的。当然，我愿意告诉大家的是，在这个过程里面，可能形成库存最大困扰的是包括过去传统品牌的一些期货制的操作方法。传统的服装品牌是完全期货制的操作，今年就要把明年的服装全部做好，然而这也是压倒传统品牌的最大问题。我认为大家可能没有办法去细致地体量过去十多年中国传统品牌走过的路，这是一个特别长的话题，这里就不展开说了。但是作为一个互联网品牌同样可能遇到的问题，它使我特别好奇，也特别希望未来跟大家共同研究。谢谢大家！

顾客

物流

网络

银行

第②部

战国

厂商

实体店

供应链

2008 年~2013 年：电商的战国

　　倾国电商们于江湖的激战正酣，各路英豪都在抢夺码头，打造自己的"王国"。拨开"战争"的硝烟，惊现我们身边不时响起爆炸声溅落的一团团火球，中国电商犹如进入"战国"时代。看电商市场显得格外热闹，一个个促销大战让观众应接不暇，电商、厂家忙得焦头烂额。而这热火朝天的景象产生了一个让全球惊诧的数字——191 亿元，一个近乎奇迹的天文数字，书写了中国电商历史传奇的故事，也揭示着电商在"战国"时代里上演的惨烈的"攻与守""生与死"的较量……

第十二卷　2008 年：网上超市"1 号店"

第五十回　分钟命门　秒杀手锏

2007 年 11 月，作为戴尔公司的两名资深高管，原戴尔中国区总裁刘峻岭和原戴尔全球采购副总裁于刚突然宣布离职，此后便忽然消失在公众视野之中，有关他们的去向一直成谜。再一次回到媒体面前，他们给出了一个出人意料的答案。"我们决定做电子商务，做一个比超市还便宜的网上超市——1 号店。"正是这个"几乎 1 分钟决定"的创业想法，改写了两位优秀职业经理的人生轨迹。于刚和刘峻岭一起上班、一起下班，一起接受采访，合用一个办公室，周末一起打高尔夫球，"好"得像一个人似的。此前于刚是戴尔全球采购副总裁，刘峻岭是戴尔中国区总裁；如今，于刚是上海"1 号店"董事长，刘峻岭是"1 号店"CEO。这对抛弃了外企丰厚薪水和令人仰望职位的经理人，选择从零开始，创业打造"网上的沃尔玛"。这"一分钟"内诞生的 1 号店背后还有很多鲜为人知的故事。

原籍中国湖北宜昌的于刚 20 世纪 80 年代留学美国。1990 年获得沃顿商学院博士学位后在美国得克萨斯大学任教。在 15 年的学术生涯期间，他共发表了 80 多篇学术论文，出版 4 本专业书籍，获得了 3 项专利，并获终身教席教授。同时他还在美国创立了科莱科技公司，开发航空管理软件，该公司于2002 年被埃森哲咨询公司并购。同年，于刚回到中国，在北大、清华等知名商学院执教 EMBA。两年后，于刚加入亚马逊，亲自参与亚马逊收购卓越网的过程，并于 2006 年任戴尔全球采购副总裁，主管亚太地区 180 亿美元的采购业务和物流管理。刘峻岭毕业于澳大利亚福林德斯大学，长年辗转在澳大利亚、新加坡、中国香港、美国等地工作。刘峻岭在信息技术及电信领域有着丰富的经历，他曾任亚美亚中国董事总经理、戴尔中国总裁。任职戴尔期间，刘峻岭掌控着戴尔在中国内地及香港地区 20 亿美元的销售。刘峻岭曾被评选为2005 年"中国 IT 十大财经人物"和 2006 年"计算机世界十大新闻人物"。

2007 年春节后的一次午餐聚会上，刘峻岭和于刚萌发了共同创业的想法。当时，刘峻岭刚被提升为戴尔中国区总裁，于刚则是华人在戴尔公司做到最高职位的全球副总裁，掌管着戴尔在亚太区的采购权。对于一路从基层做到跨国公司区域组织最高层的刘峻岭来说，在达到职业生涯顶峰之后，年纪尚轻的他必须思考下一步该如何选择。而同样达到职业生涯辉煌的于刚则自谓浑身流淌着创新基因，必须"做点有价值的事"。于是，两人一拍即合，相继从戴尔公司辞职，很快投入到创业的准备之中。多年投身商海的职业嗅觉很快帮他们做出了选择。加入戴尔之前，于刚曾经是全球著名电子商务公司亚马逊的全球副总裁，负责亚马逊的全球供应链管理。这段经历让他对电子商务市场有了深刻的理解。事实上，在全球经济陷入萧条之时，亚马逊独特的商业模式却能够一枝独秀，不仅创造出远高于传统卖场沃尔玛 4 倍的市盈率，还受到了投资者的热烈追捧，市场价值一路攀升至千亿美元规模。亚马逊的成功榜样让两人隐隐看到了机会。在深入市场进行调查之后，刘峻岭和于刚一致认为，与十年前相比，中国计算机市场和互联网用户已经形成了庞大的规模，发展电子商务的环境已经日趋成熟，而在结算方式以及物流体系日益完善的今天，越来越多的人已经开始接受网络购物这种新兴模式，在中国发展电子商务将大有前途。国内电子商务市场每年在以 50% 以上的速度增长，尤其是 B2C 模式。事实上，刘峻岭和于刚创业之际，正赶上中国电子商务发展的第二波高潮，风险投资商对这个领域也很看好。在风险投资的推动下，近年来中国涌现出大量 B2B、C2C以及 B2C 垂直类网站。但刘峻岭和于刚在深入研究之后发现，尽管国内电子商务市场竞争者众多，仅就 B2C 模式而言，也不断有新的创业者进行尝试，然而，这些 B2C 网站几乎都是专注于某一行业或某一类产品的垂直性网站，综合类 B2C 网站仍有巨大的市场空间。事实上，到目前为止，国内 B2C 市场上发展较好的企业，早期如当当网、卓越网，近期如京东商城、红孩子等，无一不是定位于特定行业，就某一类产品如图书、音像制品、数码产品等进行网上销售。就连电子商务圈最为轰动的、由陈年创立的不足一年便获得 3000 万美元高额风投的凡客网，也是专注于服装销售，提供标准化产品。在他们看来，这对创业者是个机会——做出一个"比超市更便宜的网上超市"。于是，创办一个"网上超市"的计划很快浮现在二人脑海中。1 号店很幸运，于刚他们向三家风险投资商进行项目推介时，两个小时的 PPT 演讲一结束，每家公司都明确表示对其进行投资。经过一番准备，在上海市浦东张江高科技园区一栋 5 层的小楼里，两人树起了"上海市益实多电子商务有限公司"的牌子，并将网上超市取名为"1 号店"，正式拉开了创业的序幕。

2008 年 7 月 11 日，1 号店正式上线。在上线不久的 1 号店中，小到食品饮料、美容护理、服饰箱包，大到家居家具、装修建材、运动户外，几乎所有家庭采购清单中需要的商品类别都可在其中找到；几乎所有商品都比大卖场的销售价便宜。上海地区的用户只要买满 100 元产品，便可以享受第二天免费送货上门的服务。这并不是一个让人眼前一亮的商业模式。这些年来，国内涌现了大量 B2B、C2C 以及 B2C 垂直类网站。尽管综合类的网站还比较少见，但利润能否超越高额的配送和物流成本始终是一个问题。几年前的 8848 和 E 国就是死于物流和配送成本的。这恰恰是于刚认为的 1 号店的核心竞争力。于刚在美国创立科莱高科技公司时，其创建的实时集成决策支持系统被多家美国主要航空公司采用，并带来了巨大效益；在亚马逊任副总裁时，于刚管理其全球供应链，包括配送、采购、库存和库容；之后出任戴尔公司副总裁，主管戴尔全球在亚太地区的采购和物流。于刚对于物流和供应链的研究绝对是中国的佼佼者。1 号店从一开始，便把打造卓越的物流系统当做第一要素。在决定成立 1 号店时，于刚遍访了包括 SAP、ORACLE 在内的主要软件厂商，然而他发现，现有的管理软件很难真正适应"网上超市"这种独特的商业模式。于刚最终决定自行研发后台供应链管理系统。考虑到未来的扩张性，这套系统不仅对细节处理要求很高，而且对未来全国配送联网体系做了提前设计。最初的三个月里，于刚和20多人的 IT 团队花了大量的时间和精力研发系统，建立了十几套系统模块，包括供应商管理系统、仓库管理系统、会员管理系统、财务管理系统、管理报表系统、物流管理系统等；然后实现这些系统的无缝对接。半年后，这套系统正式投入使用。即使是现在，还有大批 IT 人员在维护和完善这套系统。上万种商品，不同的保质期、不同的商品价值，如果库存过多，成本就会提高；如果库存过少，就会造成缺货。什么时候库存应该预警、什么时候应该提示补货；从进货、采购、到货，到入库、上架、出货的全过程管理，涉及管理财务、资金链的流通、退货等，环节非常繁杂，没有一个先进的系统，根本没法做到有效管理和业务扩展。"1 号店"面世后，长三角马上出现了一个类似的网站。他们的网站页面跟 1 号店一模一样，但后台的信息系统他们是拷贝不了的。

于刚和刘峻岭将 1 号店的目标设定为首先在上海地区推广，通过局部过程的不断试错，摸索"网上超市"的运营经验，然后逐步向全国一、二线主要城市推广。服务对象定位于 25～40 岁的白领，偏向女性，致力于给人们提供一种另类的生活购物方式：足不出户、价格便宜、品牌有保障。1 号店的目标不是代替超市，而是互补关系。希望为消费者提供另一种选择和消费者体验，足不出户就可以快速地买到比超市更加便宜的产品，这是这种新模式带来的新价值和新生活方式。

第五十一回　峰嶂插天　平安入局

中国平安悄然买下上海电子商务 1 号店 80% 的股权，将其变身为"平安系"。中国平安成立 22 年，拥有 5000 多万用户。平安未来十年的愿景是成为国际领先的综合金融集团，保险、银行和投资三大业务均衡发展，打造"一个客户、一个账户、多个产品、一站式服务"的综合金融服务平台。提供一站式金融服务的平安看上一站式购物平台的 1 号店并非偶然。早在 2010 年年初，1 号店收编广东保利祝福你大药房连锁有限公司，将其变更为广东壹号大药房连锁有限公司。之后，平安便出手收购了装有广东壹号大药房资源1号店80%的股权。壹号大药房用了3个多月的时间获得互联网交易服务证书，此后，拥有药店"壳"资源的平安迅速推出平安药网，与此同时，平安医网亦同步亮相。据悉，平安药网是1号店在广东壹号大药房的基础上创立的新一代专业医药健康产品B2C电子商务网站。平安药网取得了国家食品药品监督管理局颁发的《互联网药品交易许可证》（许可证号：粤C20100001）。而平安医网提供疾病、保健等海量专业健康信息，其设想是成为健康资讯一站式服务网站。据工信部域名信息备案管理系统的信息显示，上海益实多电子商务有限公司即"1号店"持有的许可证号为"沪ICP备08008885号"，同时挂靠这一许可证号域名的还有两家网站"健康通·中国"和"医网"。"健康通·中国"网站是平安"健康通"的官方网站，"健康通"是中国平安集团在2010年1月特别推出的全国首款集体检和评估于一体的健康服务产品。这款产品在1号店中亦有出售。1号店首页"旗下网站"一栏已设立了两个链接，分别是平安集团投资创建的1号药网和1号医网（在平安集团内部也被称为"平安药网"和"平安医网"）。在平安高度集权的整合之下，平安综合金融最大卖点之一的"万里通"积分平台，已经和1号店实现了成功对接。目前，平安信用卡的持卡人已经可以用积分在1号店里购物。在平安的"万里通"网站上，1号店也是其合作商家之一。平安银行信用卡客户可以用积分购买1号店中的商品，并享受一定的折扣。

"投资1号店的重要意义是为了健康险的发展。"平安集团董事长马明哲在公司内部会议上曾做过这样的解释。平安内部有一个基于保险业务的信息网，包含大量医疗数据及客户基础信息，是平安最核心的资源之一。而马明哲一直有意将"三网合一"，整合出一个功能齐全、能量巨大的信息平台，构建属于自己的健康产业链。"三网合一"的图景是：通过平安药网，批发整合药品资源，降低医药流通环节浪费的资金，让平安的健康保险客户享受低价高质的药品服务，同时可以降低平安健康险的赔付水平；通过平安医网，让客户可以跳出医院的制约，享受跨地区、跨行业的医疗服务；最后，通过信息网，整合各大医院的电子病历，实现跨医院、跨地区的信息共享。未来，客户可以登录平安的系统自动下载导入病历，客户在多家医院就医，但病历整合在平安的信息系统中，这样，过去的医药管理就变成了医疗管理。此外，平安手里掌握的不仅仅是健康险客户的医疗数据，还有大量的车主信息，或许将来平安可以通过 1 号店卖汽车配件，甚至其他更多产品，或可全面涉足消费领域。

平安健康保险股份有限公司董事长兼 CEO 陆敏坦言，平安健康定位于中高端健康保险和全方位健康服务市场，与平安旗下的其他子公司错位互补。他解释，旨在进行"健康保险 + 健康服务"的产品研发及医疗网络服务平台的搭建。据陆敏介绍，正在酝酿之中、尚未完成全部审批手续的"平安医网"通过建立自有或签约医院、医生网络，提供医疗服务，并构建会员制体系；"平安药网"则通过控股一家药品采购和销售的经营实体，以网上批发和网上零售为营销手段，降低药品经营成本，并通过医网与信息网平台进行专业的处方管理，为慢性病患者提供药品管理及配送。"信息网"是通过会员制营销，建立客户电子健康档案。无论是低成本销售还是降低保险赔付率都离不开"低成本"，这一点也恰是中国平安极为推崇的业态模式。据悉，平安药网由原金象网副总经理康凯执掌，平安医网则由原 39 健康网总编陈华操盘。康凯称，两个网站前期运作以各自发展为主，未涉及过多的业务关联。不过，医网给用户提供健康资讯及咨询时，难免会附带药网的产品链接。

平安董事长马明哲表示，通过推进业务发展战略、后援集中建设和改善资产负债管理，致力于在未来几年实现平安客户数量和资产规模的倍增，且重点关注快速发展的一、二线城市，满足快速成长的中高收入者及富有潜力的收入群体的需求。1 号店其实也是平安的一个隐性销售渠道，是围绕客户而衍生的一种创新商业模式。因为交叉销售是平安实现"一个客户、一个账户、多个产品、一站式服务"目标的核心战略，而 1 号店或许是未来平安承载交叉销售的最理想的客户窗口。

第五十二回　携沃尔玛　双刀陆场

2012 年 8 月 13 日，商务部终于批准了沃尔玛对 1 号店的增持。根据协议，沃尔玛公司将通过其全资子公司 GEC2 对纽海控股有限公司（全资子公司新岗岭香港和纽海上海持有 1 号店）的持股比例从 17.7% 增加至 51.3%，从而成为 1 号店的第一大股东。沃尔玛取得在华运营电商控股权的态度较为迫切，在 1 号店之前，沃尔玛曾提出 5 亿美元控股京东的要求，后未能洽谈成功。而从洽谈、接触到实现控股，双方经历了近两年、两个阶段的历程。据相关人士表示，这两个收购阶段一开始就计划在内。2011 年 5 月，沃尔玛通过购入平安 20% 股份，获得 1 号店的股权。相比京东商城，2011 年前的 1 号店股东结构较为单一，便于展开收购，其中平安拥有 80% 的 1 号店股权，其余 20% 为 1 号店管理层所有。在此阶段，沃尔玛通过股权转让的方式获得股权，且持股比例较少，并未获得有关监管部门的重视。

2008 年 1 号店销售额为 417 万元，2009 年这一数字为 4600 万元，2010 年则达到了 8.05 亿元。2011 年，1 号店的交易额更是连续保持 4 个季度的快速增长，据公司公开披露的数据显示，其第 2、第 3、第 4 季度环比增长达 336%、609%、268%。1 号店在 2011 年度过了一个增长爆发期。2011 年全年销售额达 27 亿元，年复合增长率超过 3 倍。2011 年年底，在 1 号店的发展势头之下，沃尔玛以 1 号店的股权增发方式，将持股比例扩大至控股地位。不过，这项收购的获批，让 1 号店与沃尔玛双方经历了 9 个月的漫长等待期。在 9 个月的等待之后，商务部要求在此项交易中加入限制性条款，即"纽海上海此次收购，仅限于利用自身网络平台直接从事商品销售的部分；纽海上海不得利用自身网络平台为其他交易方提供网络服务；沃尔玛公司不得通过 VIE 架构从事目前由益实多运营的增值电信业务"。商务部解释称，上述要求是出自于反垄断竞争，以及相关外资运营业务条例的限制。这也意味着，沃尔玛收购 1 号店也仅仅是获得了 1 号店网上直销业务的控制权。而所谓的增值电信业务则是依托 1 号店原有公共网络基础设施提供的开放服务业务。限于该限制条件，未来阶段 1 号店只能从事 B2C 直销，而不能利用自身的网络平台引进联营商家，打造像天猫、京东那样的开放平台。

沃尔玛在与腾讯集团和红杉资本的角力竞争中，接受了平安集团对 1 号店的要价。2011 年 5 月，平安将 20% 股权作价 6500 万美元出售给沃尔玛，当时平安对 1 号店的估值约为 20 亿元。沃尔玛相中 1 号店，还源于其在中国早已部署的"B2C 三步走战略"。相关资料显示,沃尔玛早先因不重视在线零售行业的潜力,就把美国本土市场的大量份额拱手让给了亚马逊等公司。在中国,沃尔玛早期就参与了中国 B2C 电子商务网站京东商城的 C 轮融资,如今,把本土合作伙伴的目光投向 1 号店,也自然不出业内人士所料。沃尔玛在 2011年秘密买入 1 号店少数股权后,已明确表示有意抢滩中国电子商务市场。在前CEO 陈耀昌离去后,高福澜上任。陈具有华裔和熟悉中国市场的背景,而高则具备更多澳大利亚和新西兰的实战经验。沃尔玛携手 1 号店的背后,还可能源于沃尔玛在中国市场迫切面临本土化的难题。

2012 年 10 月 26 日上午,1 号店召开了主题为"一个团队、一个目标、一个梦想"内部员工会议,宣布两家公司正式联姻。在员工会上,1 号店董事长于刚和沃尔玛总裁及首席执行官麦道克一起揭晓了 1 号店的新 Logo,增加了沃尔玛的元素,并加上了"网上沃尔玛"字样。这意味着沃尔玛正式完成了对 1 号店的控股,1 号店也正式成为沃尔玛在中国的网上沃尔玛。同时,1 号店网站也挂出公告,表示将于 10 月 27 日凌晨 00:30 到 7:00进行后台升级。沃尔玛总裁及首席执行官麦道克、沃尔玛全球电子商务总裁尼尔·阿什以及 1 号店高层悉数出席了这次员工会。尼尔·阿什表示:"这项投资的完成将有助于我们在中国进一步实现沃尔玛的使命,即帮助顾客省钱,让他们生活得更美好,对此我们非常兴奋。中国是沃尔玛全球电子商务投资中重要的一部分。我们非常感谢中国政府的大力支持。这项投资同时也表明我们致力于在中国发展电子商务,并把最好的购物体验带给中国消费者。"

这段联姻也让众多业内人士看好:"沃尔玛成熟完备的供应链资源和仓储、渠道布局体系以及雄厚的资本将能支撑起 1 号店的发展。这家世界上最大的零售商有足够的能力和耐力做到后发制人,因此沃尔玛控股是必然的、也是最好的方向。"启明创投董事总经理甘剑平认为,"嫁接"到沃尔玛这棵大树后,1 号店将可以扮演沃尔玛连锁超市业态在线上电商部分的补充角色。"1 号店在沃尔玛起初购股后就开始行动起来,在沃尔玛控股后,有望变得更加锐意进取,这对本已竞争疯狂并弥漫价格战的该领域而言,无疑又是再添压力。"路透财经《阳光专栏》分析指出。沃尔玛"接盘"1 号店,无疑显示其对中国持续井喷的电商前景看好。通过借力1号店，沃尔玛得以弥补线上业务的薄弱，线上线下整合的中国战略日渐清晰。对于1号店来说，借力强势零售商，也有利于弥补供应链控制力的不足，打开双方获得共赢的窗口。不过，对沃尔玛而言，最大的考验还是后期配送问题，而组建一条自己的物流体系更是其布局电商的重中之重。1号店还没有完全具备生存能力，整合1号店仍面临着风险。而从目前的电商局势分析，1号店距离天猫、京东尚有足够大差距，后两者的市场规模是1号店的10倍甚至更多。而越来越多的纯B2C开始显露颓势，低毛利、高运营成本、长期亏损的状况，已经验证了购销模式并不足以支撑电商的规模化，并提供可持续的竞争力。

1号店是沃尔玛中国电商企业战略的一部分，目前沃尔玛的策略是两条腿走路。现在沃尔玛中国的电商业务有两部分：一部分是1号店的投资，由上海的沃尔玛全球电子商务中国总部负责；另一部分是山姆网店，由中国总部的电子商务部管理。目前山姆网店在深圳试水后已经扩展到北京市场。控股1号店除了作为沃尔玛体制外的一次尝试外，也与目前沃尔玛中国实体店的发展有关。由于沃尔玛在中国的网点布局、物流配送以及信息系统等方面都远不如美国市场成熟，所以沃尔玛没法将美国的线上业务照搬到中国，而控股1号店让沃尔玛可以用较少的资金和时间成本参与到中国电商市场的争夺中。而随着全球在线销售规模的不断扩大，沃尔玛已经将自己的目标定位为全球领先的多渠道零售商，即实现线上线下通吃，将沃尔玛的业务规模与利润最大化。

根据沃尔玛的投资风格，未来其可能继续增加在1号店的股份，直到对1号店完成全资收购。对此，于刚对媒体表示，"在沃尔玛接手51%股权之后，1号店仍独立运营，未来将冲刺独立上市。"而在不久的将来，沃尔玛可能将自己的采购体系开放给1号店，包括沃尔玛自有品牌、进口商品等资源的互补。沃尔玛注资后1号店加快了发展速度、硬件投资等。2012年，1号店一方面将经营品类在18万种商品基础上再增加了50万种；另一方面是在现有的北京、上海、广州、武汉、成都5个仓储中心的基础上，在二线城市扩建了5个仓储中心，加速全国布局。

第五十三回　1号长矛　挥洒无限

2012年10月15日，1号店在北京召开新闻发布会。在会上，1号店董事长于刚宣布发布全新掌上虚拟电子商务产品"无限1号店2.0"。此次发布会地点北京健一公馆即1号店千家虚拟线下店之一。"无限1号店2.0"将网上商城和通过手机获取的地理位置信息结合起来，用户手持手机在某些被设定了"无限1号店"的实地位置上，可以通过手机屏幕来浏览、选购无限1号店中的商品。创新是1号店的生命力，而营销创新是1号店创新中心最重要的工作方向之一。此次1号店发布的"无限1号店2.0"项目就是1号店在营销创新方面一次大胆的尝试。

1号店宣称将"在线下建立千家虚拟1号店"，通过"无限1号店2.0"项目，将原本在任何地方接入互联网都可以访问的网上商店，变成需要用户使用手机、通过手机GPS定位、根据用户所处的实际地理位置才能进行浏览的"线下虚拟1号店"。用户通过手机浏览商品也不再是用手指点选手机屏幕上的菜单或者滚动屏幕，而是手持手机对准不同的方向和位置，手机上就显示出虚拟1号店，虚拟店模拟线下超市，设有通道、货架和各种商品，用户可以看着手机在虚拟1号店内购买商品，"好像在真的超市中选购商品一样"。1号店实现虚拟店铺的方法是先选择好智能手机普及率高、用户互动性高的场所，根据当地所处经纬度，设置一个"热点"，当用户使用装有"无限1号店"的移动设备进入该领域后就可以看到"虚拟1号店"。1号店称该项目将其线上电子商务搬到线下，希望这种开店模式能带来新的用户体验。"无限1号店"在全国已开设了上千家店，每家店面虚拟占地1200平方米，每天定时更新上千种商品。

1号店希望借此"给用户带来新的用户体验，结合传统零售和电子商务的优势，让用户享受购物模式的'无限'"。不过，也有人质疑该做法。有观点指出，"无限1号店"似乎只是一个玩乐的体验项目，"虚拟3D超市"无法让用户体验到如同线下超市一样的购物感。"用户在线下购物可以接触到实物，有更直观的体验，在线上购物则是为了方便和省钱。这种虚拟商店既无法让用户接触到实物，又没有比线上更加方便和省钱，产品的用户接受度将受到挑战。"1 号店为何推出"无限 1 号店"项目呢？在业内人士看来，这是国内电商在"价格战"后继续进行的噱头营销。"其一，对于该项目，1 号店并未提出明确的、有针对性的用户群体。大部分用户不太可能在需要购买商品时，拿着手机在空地上转来转去地体验'虚拟超市'，直接超市购物或者在家网上购物的体验会更好。其二，1 号店没有公布该项目的市场预期和赢利目标。如果 1 号店想要做好做大该项目，应该做好市场预期和赢利目标的规划，而 1 号店表示该产品尚在尝试阶段，说明并未对其有具体的预期。"对此，1 号店无线事业部总监于丽丽说："虽然因为这是全新模式，还无法判断'无限 1 号店 2.0'的价值，但是 1 号店愿意做这样的创新性尝试。"而于刚则表示："1 号店线下虚拟店零成本，没有物业成本，没有买地、货架成本，而且可以在任何地方，如长城、车库，开一家虚拟店只需要 5 分钟。'无限 1 号店 2.0'更重要的是一种营销方式上的创新。1 号店通过成立创新中心，打造'一起创'创意平台，推出各种没有前人经验可做借鉴的创新营销活动等，就是希望通过以不断的创新尝试来满足消费者的需求。"

纵观 1 号店的发展历程，不难发现，有两个信念是一以贯之的，一个是"敢为人先"，另一个是"顾客体验"。在这种信念的驱动下，1 号店屡屡做出业界领先的创新之举。1 号店对技术有着灵敏的嗅觉，并且能够在第一时间做出反应，凭借技术上的优势推出相应的产品。此次开发的"无限 1 号店"，则充分利用了 GPS 定位、AR 显示增强等技术，给消费者构建一个立体的虚拟店面，有望再次掀起电商领域的 AR 技术应用热潮。难能可贵的是，1 号店基于技术上的模式创新并非盲目的，而是遵循着一个重要的原则"顾客体验"。1 号店将其内化在企业文化中，树立了"做业界最佳顾客体验"的目标。因此，其每一次创新，都能看到这种信念的存在。未来，线上、线下生活将进一步走向融合，购物领域也不例外，1 号店的千家"无限 1 号店"率先做出了一次有趣的尝试，展现了充满未来感的购物新体验，势必引领一波新的浪潮。同时在创新中对"顾客体验"的信念坚持，也有望深刻地影响中国电子商务领域的发展。

■ 1 号店大事记

2008 年 7 月，1 号店网站正式上线，为顾客提供一站式网络购物。

2008 年 9 月，第 1 万个用户诞生。

2009 年 2 月，第 10 万个用户诞生。

2009 年 9 月，第 100 万个用户诞生。

2010 年 1 月，线上商品超 4 万种，超过中型线下超市的产品品类。

2010 年 2 月，北京仓储中心投入使用，加速开拓以北京为中心的京津唐地区业务发展。

2010 年 3 月，第 300 万个用户诞生。

2010 年 3 月，荣获 2009~2010 年度中国网络购物网站排行"最佳售后服务奖"。

2010 年 4 月，为适应快速发展的业务，广州仓储中心投入使用，为以广州为中心的珠三角地区顾客提供更快捷、高效的配送服务。

2010 年 5 月，1 号医网、1 号药网、信息网全面上线，提供更全面服务，满足一站式消费所需。

2010 年 8 月，线上商品超 5 万种。

2010 年 9 月，第 400 万个用户诞生。

2010 年 9 月，荣获"2010 年中国电子商务百强企业"称号，同时荣获"综合类 B2C 电子商务企业奖十强"。

2010 年 10 月，"无限货架"店中店项目正式上线，创新开展 Fulfilled by Yihaodian 新合作模式。

2010 年 11 月，汽配事业部成立，志在提供最优秀的汽配采购和服务提供商。

2010 年 12 月，1 号店全年实现销售额超 8 亿。

2011 年 1 月，武汉技术研发中心建立，计划招聘 400 名专业技术人才，建成 1 号店核心 R&D 基地。

2011 年 2 月，手机购物"掌上 1 号店"推出，适用于 iPhone、Android、Wap、Window Phone 7 的应用软件成功上线。

2011 年 3 月，上海新库投入使用，上海地区仓储面积突破 6 万平方米。

2011 年 3 月，注册会员人数突破 800 万。

2011 年 4 月，邀请著名影视演员海清担任品牌形象代言人，启用新的 Slogan "1 号店，只为更好的生活"。

2011 年 5 月，扬州呼叫中心投入运营，设立近 400 个坐席，每天能处理 18000 次客户来电，快速提升顾客体验服务。

2011 年 6 月，线上销售产品达 10 万种。

2011 年 7 月，注册会员突破 1000 万。

2011 年 7 月，在武汉、成都两地分别开设仓储物流中心，为华中、西南区域的顾客提供一站式购物。

2011 年 8 月，"无限 1 号店"新购物模式上线，在国内首创虚拟超市概念。

2011 年 9 月，1 号店线上销售产品达 12 万种。生鲜产品正式大规模上线，打造一站式"网上菜场"。

2011 年 10 月，员工人数超过 4000 名。

2011 年 11 月，线上销售产品超过 15 万种。

2011 年 12 月，获得"2011 德勤高科技、高成长亚太区 500 强"第一名。

2011 年 12 月，在全国 34 个城市设立 138 个自配送站点。

2012 年 1 月，注册会员达 1600 万。

2012 年 1 月，在线销售商品达到了 18 万。

2012 年 2 月，注册会员数达 1800 万。

2012 年 3 月，注册会员达到 2000 万。

2012 年 3 月，在线销售商品超过 20 万种。

2012 年 4 月，在线销售商品超过 25 万种。

2012 年 5 月，中央政治局委员、上海市委书记俞正声视察 1 号店。

■ **档案存底** ■

电商创业的几个误区

于刚

在电子商务领域从业和创业这些年来，不断在实践和摸索中学习，在自己犯错和纠错以及观察研究其他电商的成功和失败的过程中，有了一些感悟和体会。与不少电商界新创业或正准备创业的朋友们交流时，发现大家在创业时仍存在多个误区。通过本文将我的见解分享，能帮助大家少走一些弯路，乃吾之幸事。

误区一：只要有流量，就会有销售

不少人误认为有流量就会带来销售。不错，电商有句名言称"流量为王"（Traffic is the king），流量是电商的基础，但千万不要忽视流量质量的重要性。销售额＝流量×转换率×客单价，流量只是其中的一个因素。转换率定义为顾客到网站上来到最后下单完成购买的比例，客单价是顾客从该网站一次购物的平均消费。低质量的流量转换率低，且即使顾客下单也只是领取赠品或只购买深度折扣的商品，对利润和价值的贡献为零甚至是负的，这种流量应该果断地过滤掉，不要让其占用服务器、物流和客服资源。我们曾和一些游戏和视频网站合作，但效果都不理想，因为这些网站的用户目的性很强，就是玩游戏和观看视频，没兴趣做其他的事情。

在获取有质量的流量这一点上，我们的做法是将从各个不同渠道来的流量细化管理，制定不同的流量策略和转换率目标值，详细分析各渠道来的流量特征并用不同的营销方法来应对。例如，门户、游戏、视频网站大多用来做品牌宣传；从返利类的网站联盟来的流量则用促销信息促成购买，并对网盟的量加以一定的控制以降低对其的依赖；由搜索引擎或导航网站来的流量则用精准的搜索内容、关联推荐、丰富的品类中心内容促使其转换；社交网站我们用热门话题和相关联的商品利用口碑营销来传播。

误区二：好的线下零售商线上也一定能做好

不少人认为，线上线下都是零售，只是渠道不同，只要商品好，在哪里都好卖。这里轻视了这两者的巨大差别。线下和线上的零售各有各的优劣势，若不能扬长避短则可能一事无成。线下零售具有实体商品体验性、商品立即可得性、通过场景刺激临时冲动性购买、店员近距离服务等特征。线上零售具有无店面虚拟购物，拥有大量顾客信息精准营销，口碑营销传播的速度和广度，不受地域、时间和货架空间的限制等特征。

这里以营销为例。线下零售多数依赖海报和平面广告来推广，利用店铺场所的环境及声、光、味等效果刺激购买，也通过销售人员与顾客面对面交流来推介商品。而电商通过 SEO/SEM、EDM、网盟、门户网站广告、SNS 合作来获取流量；同时拥有大量的顾客搜索、收藏、购买、关联商品的数据和信息，可进行精准营销。并用 landing page、链接、用户评论、打分系统等方式为顾客提供知识性、经验性、权威性的推荐。我们曾经尝试过借用线下零售通过发放目录和海报的方法来推广，发现效果奇差。首先，由于需要先让顾客上网，多一个环节导致顾客流失和转换率低；其次，顾客多数仅通过电话购买海报和目录上展示的数百个商品，不上网去浏览我们在线的数万个商品，导致价值贡献低；最后，海报和目录上商品的库存和价格不能进行实时调整，导致其更新速度慢而无法适应电商的动态运营。

误区三：只要抓好了某一个关键点——顾客体验就好了

不少电商创业者问我做了哪件事把顾客体验做好的？一般都认为，把和顾客有直接接触的配送和售后客服做好就把顾客体验做好了，这是一个很大的误区。顾客体验是一个综合考量，牵涉商品的丰富度、销售价格、送货的及时性、售后服务的优劣、系统和用户界面的简单方便易用，等等。顾客体验的改善是一个从一点一滴做起的长期的过程，没有 magic 和一蹴而就的方法。

1 号店从上线的第一周就开始每一天由客服经理发出一个日报（Daily Report），内容是顾客通过各个渠道（电话、邮件、论坛、网上调研等）给我们的反馈，这份日报将这些反馈意见系统化地归纳分类，指定责任人和解决时间。每周我们都要把这个问题清单给清掉。这种烦琐的事情做几天几周不难，可一年 365 天每天坚持却是不容易的。

同时，我们将每个部门的 KPI 都和顾客体验关联起来。例说，我们产品部和顾客体验相关的 KPI 有商品丰富度、缺货率、动销率等；配送部有送货及时率、配送成功率、错货少货破损率等；客服部有一次问题解决率、24 小时问题解决率、顾客满意度等。通过这些 KPI，我们让每一个岗位的员工都明确他们的工作是如何影响到顾客体验的。而且，我们把第三方机构每周通过问卷调查所得到的顾客满意度指标和我们所有员工的奖金、薪资和升职挂钩，让顾客体验的改善成为每个员工的必须关注点。每周我们用 Pareto 分析将影响顾客体验的主要问题找出来并形成项目去逐一解决。通过这一系列举动，我们才将顾客体验持续提升。

误区四：只要规模做大了成本自然就降下去了

电商是一个规模游戏。由于电商早期需要在人才、IT 技术及硬件和物流设施上有可观的投入，需要一定的规模才能摊薄这些成本。从而容易行成一个误区，认为有了规模，成本就自然会降下去。不错，有了规模就有了谈判的砝码，增加的量可以帮助降低采购、物流以及营销成本。但容易忽略的是对商务模式的可扩性的重视。当一个商务模式不可扩时，规模越大、成本越高、或者成本的降低远远达不到预期。比如，有网友提议在小区里通过物业和保安建提货点，管提货点的兼职人员也可以做小区推广和区内送货。这种模式完全不可扩，它增加了一个中间层和其相应的时间和成本，如何招聘和管理这么多小区的兼职人员将是一场噩梦。

还有不少其他的误区，如垂直电商较容易成功，电商的成本一定比传统零售低，等等，但由于篇幅有限，在此不一一赘述。

第十三卷　2009 年：唯品会——抓住女人　抓住市场

第五十四回　中国线上　闪购搏击

唯品会全称为广州唯品会信息科技有限公司，2008 年 8 月成立于广东，同年旗下网站唯品会（Vipshop）上线。两位创始人沈亚和洪晓波都是温州的传统商人，此前曾合伙做电子外贸生意，唯品会还有三个创始投资人，都是沈亚和洪晓波在长江商学院的同学，也是老乡，5 人筹集 3000 万人民币作为创始资金。唯品会的商业模式为"名牌折扣 + 限时抢购 + 正品保险"，即"闪购"模式，开山鼻祖为法国的 Vente Privee，其成立于 2001 年，而后美国网站 Gilt 对这种商业模式进行了改造，专注于奢侈品品牌的打折销售。唯品会创业早期也在奢侈品品牌折扣销售上做过尝试，但奢侈品网购在中国受用户群小以及奢侈品消费习惯影响，并不是最佳的网络打折商品。唯品会 2008 年年底开始推国内二、三线品牌的服装，订单开始上升，唯品会此后将市场定位为国内二、三线品牌的产品，很多用户也是来自二、三线城市。

折扣零售在中国是一个需求旺盛的大市场，Frost & Sullivan 报告显示，2010 年中国折扣零售市场的规模在 565 亿元人民币，预计到 2015 年将达到 5681 亿元人民币；其中，2010 年中国闪购销售市场的规模为 30 亿元人民币，预计到2015年将达到1074亿元人民币。一方面中国有不少对价格敏感、同时喜欢追求时尚品牌的消费者，对打折品牌商品有很强的消费需求，但是中国线下折扣零售渠道尚未开发，特别是二、三线城市几乎很匮乏；另一方面供应商清理库存的需求也很旺盛，以服装为例，中国有大量二、三线品牌，竞争激烈，产品库存压力大，通过线下促销方式成本较高，而唯品会提供了一个新的低成本营销渠道。同时，唯品会市场定位也很到位，唯品会在早期就定位于二、三线城市的二、三线品牌，客单价为200元人民币（略高于淘宝客100～150元的客单价），供应商和消费者两头对唯品会的需求都很旺盛；近年中国网络购物已经普及，也给唯品会提供了很好的市场时机。强劲的消费需求＋大量的库存商品供应＋中国线下打折零售的极度不完善，给唯品会创造了很好的线上折扣零售市场机会，闪购这种新兴的电商模式使得唯品会能使用较大的运营杠杆，加之低价打折在社交时代的互联网口碑效应，合适的市场时机用合适的模式做了合适的事，使得唯品会成立这3年多来实现了爆炸式增长，成了消费者寻找品牌打折商品和供应商消化库存的渠道之一。

唯品会是线上时尚品牌B2C网站，向消费者提供时装、护肤品、箱包、皮具、配饰、香水等商品，并以比零售大幅优惠的折扣价销售，在网站首页以每日精选的形式推送折价商品（北京时间每天早上10：00），通常设置数量（如每人限量2件同类商品、一个购物车一次限20件商品）和购买时间限制。唯品会采用的是"闪购"（Flash Sales）这种新兴的商业模式，整个运作过程大概是这样的：采购团队负责和品牌商建立合作关系，以极低的价格采购供应商的库存产品，在采购环节，一般只需要预付10%～15%的押金（部分长期关系良好的厂商甚至可以不收取押金）；然后唯品会在网站上以"闪购""特卖会"等限时抢购的方式进行促销活动；活动结束后，唯品会可以将剩下未卖完的商品退给供应商（促销活动结束后15天内可退），整个过程大概40～50天结束。闪购等限时抢购形式适合折扣业，因为：①品牌刚打折时很多人去买，但是很快无法吸引更多顾客，打折的效应很快递减，而限时抢购的模式有助于提升商品的新鲜度，唯品会每天用闪购这样的形式可以不停地刺激消费，甚至会让用户"成瘾"，培养一种消费习惯。②对于品牌供应商而言，抢购这种模式具有高频、量大的特点，可以帮助供应商较快处理库存商品。③对于唯品会而言，由于"闪购模式"库存预付的保证金低、卖不出的商品可以退给供应商、库存周转快，使得唯品会对运营资金的要求比较低，资金周转快，运营杠杆比较高，有利于在短时间内爆发。

截至目前唯品会已经有 1900 多个合作品牌，举办过 11500 次促销互动，有不少品牌反复进行合作；高折扣低价格、正品保障对消费者是很有吸引力的，容易形成口碑传播，互联网没有地域限制，在社交网络兴起的时代，这种口碑传播的威力更大，2011 年唯品会的货品配送范围已覆盖全国 330 个城市。

第五十五回　浴血天涯　图欲上市

2012 年 3 月 23 日晚，唯品会（vipshop.com）在纽约证券交易所挂牌交易，开盘价为 6 美元，较 6.5 美元的发行价下跌 7.7%。唯品会确定 IPO（首次公开招股）发行价为 6.5 美元，比之前宣布的 8.5 ~ 10.5 美元的定价区间下限下调 23.5%；计划发行 1100 万股，附加 15% 的超额配售权；融资规模为 7150 万美元。唯品会上市交易代码为"VIPS"，高盛和德银担任此次 IPO 的主承销商。唯品会在上市之前 48 小时内已做过一次下调发行价的行为，在路演时宣布的发行区间为 8.5 ~ 10.5 美元，而路演后将发行价降至 6.5 美元，但 IPO 开盘后仍然发生了破发行为，并在开盘短暂的上扬后一路走低。业内人士认为，唯品会之所以流血上市，并一再下调发行价，主要在于唯品会账上资金不足、B 轮融资过高、从财务结构上看不到赢利能力等原因。据唯品会招股说明书显示，唯品会于 2011 年亏损率高达 47.1%，除去期权奖励的部分，唯品会运营亏损率为 14.5%，运营亏损约 3300 万美元。虽然唯品会的运营亏损率近三年逐渐减少（2009 ~ 2011 年分别为：49.2%、25.7%、14.5%），但过低的客单价和毛利仍然很难看出其赢利能力。数据显示，唯品会的毛利率在 2011 年增长较高，达 19%，2010 年仅为 9.8%，但唯品会的仓储物流费用率较高，且近三年仓储物流费用率波动并不太大，依次为 21.8%、17.8%、20%。唯品会的仓储物流费用率超出了毛利率，这意味着唯品会的毛利还不够用于仓储物流建设的支出。招股说明书显示，唯品会 2010、2011 年的费用率分别为 35.5%、33.6%，这也意味着，若想达到盈亏平衡，19% 的毛利率远远不够。以上市公司当当网为例，2007 年，当当网仓储物流费用率为 19%，经过 4 年的发展，当当网仓储物流费用率目前稳定在 13% 左右。而唯品会因为主打名品概念，对物流配送依赖较高，即使以今后 13% 的仓储物流费用率计算，唯品会若要达到盈亏平衡，也要将毛利率提升至 25% 以上。有分析人士认为，唯品会之所以 "流血" 也要上市是由于其账上资金不足，高达 47% 的费用率对流动资金的需求较大。唯品会曾于 2011 年年底尝试过一轮融资，但因为 B 轮融资估值已在 3~4 亿美元，估值较高，且受资本大环境影响，没能成功募集。2011 年 5 月，唯品会获红杉资本及 DCM 合计 5000 万美元 B 轮融资，红杉资本及 DCM 也是唯品会的 A 轮投资方。而 2011 年唯品会的现金及现金等价物抵消银行贷款后，仅为 3224 万美元，唯品会每月平均的运营费用为 636 万美元（唯品会 2011 年的运营费用率为 33.6%，营业收入为 2.27 亿美元）。

第五十六回　成功围剿　赢利获胜

贝索斯在 1997 年亚马逊上市时在致股东信中表示：一定的规模是实现我们商业模式最为核心的基础。电商相对于传统零售行业有独特的优势：一是电商的规模优势，互联网的海量用户和口碑传播，扩张没有地域限制，用户容易呈现几何级增长；二是电商相对于传统渠道的成本优势，可以节省开门店的成本，管理相对容易标准化。虽然中国电商很多都处于亏损状态，但这主要是由于电商前期需要 "高固定成本" 投入，但当发展到一定规模、有足够大的用户群后，其 "低可变成本" 的优势开始发挥，运营效率提高，各项赢利指标会开始好转。中国电商行业经过近年大量的资金投入、快速发展，正处于这么一个阶段，而唯品会作为 2008 年成立的新兴电商，具有一定的代表性。

在扩张过程中，唯品会同样经历了电商界常见的 "扩张－亏损" 的行业困局，2009~2011 年净亏损分别为：138.07 万美元、836.6 万美元、3334.3 万美元（加入非现金支出的期权薪酬为 1.07 亿美元）；2009~2011 年净亏损率分别为：49.2%、25.7%、14.7%（加入非现金支出的期权薪酬为 47.2%）。2012 年 3 月顶着"流血上市"压力登陆美国纽约证券交易所的唯品会，在当年秋季获得了中国 B2C 电商行业堪称奢侈的赢利。唯品会公布的截至 2012 年 9 月 30 日的三季度财务报表显示，按非美国通用会计准则，其实现季度净利润 64.1 万美元，净利率为 0.4%。资本市场对此"以手投票"，11 月 14 日，在美国股市走弱的背景下，唯品会股价逆市上涨了 9.89%，至 12.45 美元，相较其上市以来 4.12 美元的最低价，涨幅超过 3 倍。唯品会扭亏，并没有以牺牲规模为代价。财务报表显示，唯品会 2012 年三季度营业收入增长了 197%，达 1.559 亿美元，活跃客户增长了 173.6%，达 170 万户，季度总订单数增长了 157.6%，达 540 万单。据此计算，唯品会的客单价约为 29 美元，每日平均订单约为 5.9 万单。2012 年三季度，唯品会的毛利从上年同期的 1000 万美元增加到 3480 万美元，增长了 247.8%。毛利的大幅增长一方面来自营业收入的增加，另一方面来自毛利率的提高。期内，唯品会毛利率为 22.3%，2011 年同期和上一季度分别为 19.0% 和 21.8%。

唯品会率先实现赢利主要因为精确成本控制下的规模扩大效应。其名牌折扣网上限时特卖场的模式，决定了公司的成本能比普通电商低一点，规模扩大后又使毛利率提升，物流费用和市场费用占比逐步下降。而在节流控损方面，最大贡献从 2010 年下半年开始，唯品会将仓储能力扩大到全国四大仓库，并将全国物流转移到本地的低成本物流，简言之也即自建仓储、缩短物流半径、降低外包配送成本。从数据上也可以看到这一点，唯品会 2012 年第三季度总运营支出为 3800 万美元，同比增长 38.6%，但运营支出占净营业收入的比例由去年同期的 52.2%，降低到该期的 24.4%。唯品会销售规模的持续扩大则得益于经济大环境的背景。2012 年中国传统线下品牌的库存量增加，唯品会的模式更能适应商家需求，也不会伤害线下品牌形象，使得愿意与唯品会合作的商家增多，唯品会对商家的议价能力也增强了。2013 年对于品牌商来说应该还是清库存的一年，而唯品会的规模依然有上升空间。唯品会的主要优势集中在服装鞋帽领域，中国服装 2011 年内销 1.4 万亿元，以行业平均库存率约 25%~30% 的水平计，每年仅服装部分就有 3500 亿元的库存需要清理。唯品会只需做好自己擅长的事，未来增长可期。

两年前唯品会以名牌限时折扣的模式崛起，不过当时为了做大规模，对于品牌的筛选门槛并不高，只要在三、四线城市有知名度，有一定的实体店面的品牌都可以入选。而现在他们不再片面地追求合作品牌规模的增加，而是开拓更多中高端的线下知名品牌。如宝姿、mo & co，玛丝菲尔、鳄鱼恤等全国品牌都开始与唯品会合作，同时唯品会也引入一些具有设计感的线上知名品牌如裂帛、韩都衣舍等。唯品会的管理层希望，其客单价的提高是建立在消费者对网购的信心增加以及中高端品牌陆续"触电"的基础上，而不是通过压榨供应商利润或者单纯提高商品售价实现毛利率的增加。

名牌和折扣并不是唯品会所独有，奥特莱斯的实体卖场在中国能长期成功经营的寥寥无几。不过，相比奥特莱斯卖场里价值上千的品牌被贴上两百元三件的标签装在花车里叫卖，唯品会以专业模特展示以及专门页面设计等方式限时促销过季库存，是一种以做正价的态度来做过季商品，让品牌商和消费者都更容易从心理上接受。相比其他同样可以做到名牌网上折扣的 B2C 平台，与唯品会合作的线下传统品牌较多，品类也更丰富。而且限时折扣能给消费者带来新鲜感。在中国什么叫名牌？很多二、三线城市的消费者往往是根据家门口的商场里有没有专卖店来判断，有专卖店就叫名牌，没有的就不是。而消费者去其他 B2C 平台大多是有购物需求时去选购，去唯品会则是"精选名牌、正品网购"。

在唯品会的网站上有一点很特别：它没有其他 B2C 网站上常见的搜索栏。因为唯品会上的商品并不固定，对消费者来说并不一定是刚性需求，但只要划算，消费者就可能会购买，这就是"名牌限时折扣模式"的特点。从这点来说，唯品会依靠中国服装鞋帽行业存在库存的庞大长尾市场，创造出消费者的剩余需求。这也令唯品会对于商品采购选择了一种"自己说了算"的方式，它不是品牌商有多少库存就直接搬到网上特卖，而是根据每一款产品的销售后数据表现来决定进什么商品、不进什么商品。未来唯品会品类扩张还是会选择季节性强的独特品类商品，要适合自己的仓储物流环境，不会盲目扩张，从2012 年的上线品牌来看，唯品会新增的合作商家以母婴产品、美妆、个人护理、家居家纺等方面为主。他们也会理性控制广告支出，其活跃客户数的持续增长更多地来自于口碑相传，也会更多地利用社会化媒体模式进行传播。

第五十七回　未来竞争　不灭武尊

当唯品会打了一个赢利的翻身仗后，也不可避免地将要面临其他电商巨头的直接竞争。唯品会将面临三大难题：第一，天猫等电商巨头进入闪购市场；第二，竞争对手与投资方合力搅局闪购市场；第三，自身业务的拓展与新的业绩增长点。

电商巨头涉足闪购

首先，唯品会最担心的就是电商巨头们涉足这一领域。目前天猫已涉足这一市场，推出了子频道"品牌特卖"，从天猫首页上来看，"品牌特卖"频道被排在"品牌街"之后，"天猫原创"之前的横排频道导航第二个位置，这足见天猫开始重视唯品会领衔的名品限时折扣市场。只是天猫还没在公关上大力推广这个频道，只是自然流量的转化。假设天猫全力进军这一市场，唯品会很难招架！

第一，天猫不用自建（租用）仓储物流，仓储物流方面的投入极小；第二，天猫不缺名品商家，不缺商品资源；第三，天猫不用管理商品入库、模特拍照、网店上下架等流程，完全由商家自行操作，所以人力成本也较小；第四，按照唯品会第三季度的数据计算，其毛利22.3%，既然唯品会还有这么大的毛利空间，那就算商家上天猫"品牌特卖"给天猫的20%返点，对于商家来说都值得。流量、品牌资源比唯品会丰富，投入比唯品会小，产出却可能比唯品会大，一旦天猫真心发力进入这一市场，唯品会就可能很危险。不过，短时间内天猫还不会全力进入这一市场，毕竟这不是天猫的主营业务，一旦天猫发力名品折扣市场，将会对中小卖家的日常经营产生影响，进而动摇天猫的卖家根基，对于天猫来讲也会得不偿失。如果唯品会的业绩再上升一个量级，就必然会引起天猫的追杀，天猫完全可以把"品牌特卖"频道独立出来运营，就像聚划算一样。

同样，苏宁易购与京东商城也可以做名品特卖，不过如果要做也将面临品牌特卖会影响主营业务或平台卖家生意的问题。还有就是品牌特卖是自营还是平台进行呢？按照京东的风格，唯品会今天业绩这么好，不久其也将会上线名品限时折扣频道，为了上市的时候可以讲个完美的故事，如果要真做的话，以京东目前的状态，平台经营的可能性更大。而苏宁易购就很有可能收购一家名品限时折扣类电商了。无论怎样，电商巨头涉足这一领域都是唯品会最大的危机。

团购与闪购的碰撞

团购（实物）与闪购其实质是相同的，都是商品的折扣促销，只是闪购更多的是名品大幅折扣，团购（实物）更多的是日用品的折扣促销。经营品类的差异，造就了目前两种模式各自发展、互不相扰。但当美团、拉手、窝窝等团购网站的服务品类发展到瓶颈的时候，很有可能会向闪购模式经营的品类扩张，这样唯品会就有可能被拖下水，闪购市场也有可能会被做烂。其实唯品会已经开始在寻找名品特卖之外的赢利模式了，2012 年 4 月 10 日上线了团购频道——唯品团，只经营日常用品，暂时没有生活服务，且商品数量不多。从产品结构上来看，唯品会经营闪购与团购业务之间并不存在太大冲突，短时间内聚划算、美团、窝窝等也不会给唯品会带来太大冲击，但两者模式之间还是存在市场交集，或许会有少许的碰撞。

同类网站与资本合力搅局

2012 年 12 月，名品折扣电商出现了冰火两重天的现象，唯品会业绩持续向好，而另外一家名品限时折扣网站俏物悄语被报裁员 50%。另外，2012 年 8 月 22 日聚尚网宣布 4 月获得由银瑞达领投，IDG、清科、韩国 SK 跟投的 3000 万美元融资，与此同时天品网宣布获得蓝驰创投和软银中国千万美元以上的投资，而早在 3 月份时魅力惠也获得了美国顶级奢侈品零售商尼曼玛戈集团 2800 万美元的投资。目前，各家闪购网站的业绩都在不断上升，其中唯品会暂时领先，不过随着唯品会的业绩不断上涨，必然会再次吸引部分投资者参与进来，届时闪购市场将会上演一场新的厮杀。为了保持领先，不被拉下马，唯品会已开始尝试与一些品牌商独家合作包销，完善各地仓储物流建设，覆盖更多用户，建立行业竞争壁垒，维护其领导权。电商竞争最可怕的是恶性的，当资本方再次进入这一领域，竞争就要比快、比规模。这样仓储物流建设、广告营销投入、人才引进、资源争夺等就又需要开始烧钱，一旦出现恶性竞争，唯品会就有可能乱了阵脚，运营成本加大，业绩出现下滑，之后股价下跌，进而形成恶性循环，从而陷入危机。所以趁目前天猫、京东、苏宁易购还没全力进入这一市场，俏物悄语、聚尚网、天品网、魅力惠还不足以与唯品会抗衡的时机，唯品会需要抓紧时间加快自身的发展建设。

不过唯品会作为传统线下品牌的第三方销售渠道，已经得到了消费者和商家的认可。而且有品牌维护意识的商家也在历年的价格战中逐步取得共识——折扣渠道过多是自取灭亡。目前唯品会大部分商品都有品牌商直接授权，目前有超过 600 家品牌的网络独家销售权，未来它会继续提高独家授权的比例。而且，其货款结算速度也是行业领先的，据说当期合作结束，开出发票之后供应商 2～5 天就可以回款。

此外，唯品会拥有稳定的招商团队，奉行"以专业的人专注于专门行业"的准则，他们一直与品牌保持密切的互动，对不同品牌的风格及消费者喜好也了如指掌。其内部的智能化客户分析数据更能帮助买手团队有效挑选货源，并且帮助供应商建立详尽的配货计划。这种招商团队的沉淀与培养并不是任何后来者可以一蹴而就的。与其他电商相比，由于唯品会的创始人都是由传统外贸行业起家，对于商业会更有感觉。他们不必像其他电商那样要用大规模的推广和价格战去争取客户，货源优势以及口碑传播能更有效地增加用户黏度。而且唯品会的整个团队考核机制都是围绕客户体验为核心去建设的，规模和业绩并不是决定因素，比如对物流部门来说，包装标准程度、妥投率、时间效率等都是需要重点考察的指标。唯品会还强调自己并不仅仅是作为一个商家清理库存的平台，目前他们也会销售一些品牌的当季新品及网络特供品。它新建立的"唯品尚"频道，看上去就类似档次升级的"美丽说"或"蘑菇街"，为用户提供时尚新闻以及品牌服装搭配等内容资讯，同时还推出了品牌订阅、购物分享、邀请朋友、积分换礼等功能，增加了自身的 SNS 元素。更值得注意的是，唯品会已经顺着移动互联网的大势布局，目前其移动客户端安装用户超过 150 万，这相当于两年前其用户总数。

唯品会差异化的定位，使其免于在与综合类大电商的同质竞争下深陷电商价格战、长期亏损的泥潭。而它的规模增长以及用户黏性则证明了这种"小而美"模式的生命力。它未来面临的最大威胁也许是大型电商平台加入竞争。但它的先发优势让它仍有与大型电商的一战之力。它需要提供给用户更丰富的优质品牌选择，提高配送能力和服务质量，以独特用户体验黏住和获取新用户。当用户规模的持续增长并有足够的用户黏度时，唯品会会成为品牌供应商持续的选择。只有将上下游都黏住，唯品会才能最终成长为足够强壮的中间渠道。

■ 唯品会大事记

2008 年 12 月，唯品会名牌限时折扣网正式启动运营。

2008 年 12 月，唯品会与"中华保险"达成战略合作，为用户提供网购安全方案，联合推出"正品保险"，是国内首创为商品购买保险的网购网站。

2009 年 8 月，唯品会会员突破 20 万，日均订单量达 500 单。

2009 年 10 月，掌上唯品会上线（唯品会手机版），引领移动抢购新风潮。

2009 年 12 月，在线支付系统新突破：网银大额支付、大力推行信用卡支付。

2010 年 1 月，仓库升级，搬迁至信义路，占地 4000 平方米。

2010 年 10 月，获得第一轮风险投资（美国 DCM 和红杉资本）2000 万美元，这是国内电子商务第一轮金额最大的风投融资。

2010 年 10 月，仓库大升级，搬迁至南海普洛斯物流园，占地 2 万平方米，是华南区 B2C 最大的物流中心。

2010 年 11 月，员工人数突破 800 人，公司搬迁至醉观公园，新办公环境占地 9000 平方米。

2010 年 11 月，唯品会会员数量达 150 万，开售日订单达 10000 单。

2011 年 1 月，试水奢侈品销售，VIPCLUB 上线。

2011 年 4 月，跻身艾瑞发布的"2010 年中国 B2C 在线零售商交易额 Top30 榜单"，名列第 13 位，成为华南地区最大的电子商务公司。

2011年5月，获美国顶级风险投资机构红杉资本和DCM二轮融资5000万美元，奠定同类模式的龙头地位。

2011年6月，唯品会365爱心基金正式上线。

2011年7月，开启全国分仓，占地2.4万平方米的昆山淀山湖镇普洛斯物流园正式运行，为华东区域物流提速。

2011年8月，旅游频道正式上线，这是国内首家名牌折扣网推出旅游产品的限时抢购模式。

2011年9月，国务院副总理张德江前来参观，对公司商业模式充分肯定，并赠送"奇、新、广、好"四字予以鼓励。

2011年10月，员工人数突破3000人。

2012年2月17日，唯品会向美国证券交易委员会（SEC）提交了IPO（首次公开募股）申请文件，拟筹集最多1.25亿美元资金。

2012年3月23日，唯品会在美国纽约证券交易所成功上市，发行价6.5美元，成为华南第一家在美国纽约证券交易所上市的电子商务企业。

2012年4月10日，唯品会独立唯品团频道上线，每天10点准时上新，提供，更多热销单品，更多品类、更低折扣。

■ 唯品会荣誉

2009年1月，中国电子商务诚信单位。

2009年5月，2009年中国B2C电子商务最具成长性网站。

2009年6月，2009年最受女性喜爱购物网站品牌。

2009年11月，2009年消费者喜爱的网站TOP100。

2010年2月，2009年度最受欢迎B2C商家。

2010年4月，2009~2010年年度优秀综合百货类网络购物平台奖。

2010年6月，上榜艾瑞发布的"中国在线零售30强"，排名17名。

2010年8月，2010品牌中国最佳综合购物平台。

2010年7月，中国红十字会授予"人道服务奖"。

2010年9月，深圳市消费者信得过单位。

2010 年 11 月，2010 中国网上零售诚信 100 强。

2011 年 3 月，广东省重合同守信用企业。

2011 年 4 月，中国名牌折扣类电子商务最具影响力品牌。

2011 年 4 月，上榜艾瑞发布的"中国在线零售 30 强"，排名 13 名。

2011 年 4 月，中国电子商务公众满意十佳诚信企业。

2011 年 7 月，2010~2011 年度中国最佳 B2C 网络购物平台。

2011 年 9 月，中国电子商务最佳平台奖。

第十四卷　2010 年：我团我快乐

第五十八回　团购模式　冰火两重

团购就是团体购物，指认识或不认识的消费者联合起来，加大与商家的谈判能力，以求得最优价格的一种购物方式。根据薄利多销的原理，商家可以给出低于零售价格的团购折扣和单独购买得不到的优质服务。团购作为一种新兴的电子商务模式，通过消费者自行组团、专业团购网站、商家组织团购等形式，提升用户与商家的议价能力，并极大程度地获得商品让利，引起消费者及业内厂商、甚至是资本市场的关注。目前网络团购的主力军是年龄 25~35 岁的年轻群体，在北京、上海、深圳、广州、厦门等大城市十分普遍。网友们一起消费、集体维权。同时团购网的公司提供网络监督，确保参与厂商资质，监督产品质量和售后服务。网络团购改变了传统消费习惯。团购最核心的优势体现在商品价格优惠上。根据团购的人数和订购产品的数量，消费者一般能得到 5%~40% 的优惠折扣。

据大众点评网 2012 年发布的《2011 年度城市生活消费报告》显示，2011 年全年，北京市民仅通过大众点评团一家团购网站就节省了 2.84 亿元人民币，平均折扣力度达到 3.5 折的团购商品大大拉动了北京市民的消费。而另一项对电影票团购的分析指出，2011 年全国电影票团购成交额为 8.94 亿元，占中国电影票房的 6.87%；约有 3450 万人次通过团购网站购买电影票，平均折扣为

3.5 折，客单价为 26 元。

在团购企业或将迎来的蓬勃发展背后，也有商户对此表示"稍有担忧"。一位不愿透露姓名的餐饮企业负责人认为，团购的发展对餐饮而言一直是一把双刃剑，一旦作为第三方的团购企业日益壮大，对商家的影响也是两面的。一方面健康发展的团购企业可以为商家带来更全面的服务，另一方面随着规模的扩大，团购企业的话语权有可能会挤压商家的生存空间。

经常参与团购的白领一般 20 元就可以搞定一顿午餐，以至于有人称"团购让物价回到了十年前"。但对商家而言，搭上团购这辆快车并不等于走上了发展的捷径。有餐饮业内人士认为，团购确实带来了批量销售，但由此造成的品质下降也无可争议。以团购的两大重量级门类餐饮和电影票为例，一家日均客流在百余人的普通餐馆，一次成功的团购能够在短期内让客流量爆炸式增长，但问题也随之而来：客流远超承载能力，造成座位难求、饭菜质量下降、服务接待能力下降。对于一部分知名餐饮来讲，团购就餐的顾客多是来尝鲜的，很可能并非是潜在客户群，一旦没有团购优惠便不再光顾。考虑到团购带来的复杂结算手续和并不明显的长期利益，不少企业对其浅尝辄止，甚至敬而远之。

团购"标餐"模式也存在巨大弊端。由于团购持续时间长，标餐可能成为这段时间内后厨的重点，从而影响研发新菜品和改进技术的积极性。长此以往，企业的活力和竞争力也会随之下降。与团购对餐饮企业带来潜在经营问题不同，团购电影票被认为造成不公平待遇。会员只能享受购票 7.5 折优惠，如果任何人都能在团购网买到 3 折的电影票，那会员该怎么想？团购在短期内或许会提升影院的人流量和上座率，但长此以往将使得影院入不敷出。电影院线90% 的收入依托于票房收入，一张票卖 20 多块钱，对于大部分座位在 1000 个左右的影城来说，都是在做亏本的买卖。

第五十九回　火热自闭　潮涌潮现

从 2010 年的一拥而上，到 2012 年的大浪淘沙，团购行业作为新兴电商模式，经过了发展最为跌宕起伏的一段时期。在两年多的时间里，团购行业曾经创下了 10 个月创造 10 亿元市场规模的奇迹，经历了企业数量从 0 到近 6000 家的数量激增，但也遭遇了资本寒冬和持续的闭店潮，最终使总量降至 3000 家以下，80% 的市场份额集中在规模前十的团购企业中。

据团购导航网站团 800 发布的数据显示，国内独立团购网站规模在 2012 年 8 月首度突破 20 亿元，达到 21.1 亿元，团购网站数量略有减少，为 2938 家。

在 2012 年，"倒闭"几乎伴随着团购行业的始终，即使拉手网、24 券等原本行业前十的团购网站也难逃此劫。拉手作为团购行业曾经的标杆企业，2011 年以来，相继被爆资金链断裂、创始人离职，虽然逃过了关门大吉的命运，但已经越来越偏离行业的主流地位了。原本排名前十的 24 券，因为投资人与创始人的矛盾，2012 年 10 月声明进入"长假期"，至今都未开业。团 800 数据显示，仅仅 2012 年 11 月，就减少了 57 家团购网站，相比 2011 年 8 月份鼎盛时期的 5058 家，已经减少了 2150 家。不过，新的团购网站还在陆续上线，已经连续 3 个月保持较高增长率。总体来看，团购网站的减少速度正在放缓。团购行业虽经历起伏，整体趋势还是在震荡中上升，团购行业也顺利地跨过 2012 年的"末日危言"。

在行业巨头的马太效应越来越明显的背景下，团购网站转而采取抱团取暖的方式，力图在淘汰赛中为自己赢得一席之地。高朋网、F 团与 QQ 团在腾讯的一手操办下完成了合并，新公司统一称为"北京网罗天下生活科技有限公司"，目前已经挤入行业前三甲。作为更多的没有背景的中小型团购网站，入驻与国内所有独立团购网站分庭抗礼的聚划算正在成为趋势，希望可以借助聚划算的流量分食团购蛋糕。目前，千品网、嘀嗒团、高朋网和满座网等独立团购纷纷入驻聚划算。不过，入驻聚划算平台的团购企业均为月销售在亿元以下的中小企业，未来，团购行业将形成聚划算与中小企业结盟，共同对抗美团网、大众点评网等寡头企业的态势。

第六十回　威震天下　一元曙光

一直笼罩在亏损阴霾下的独立团购行业，终于迎来一丝曙光。团购网站满座网 2012 年 9 月首次实现盈亏平衡，并赢利一元钱，成为业内首家扭亏为盈的企业。从 2010 年行业开始初步发展，到终于出现了赢利排头兵，在部分业内人士看来，这说明团购行业的春天将至；但也有人认为，"一元赢利"偶然性较强，从长远来看恐怕只是昙花一现。无论如何，这意义非凡的一元钱，都将为久未出现好消息的团购行业注入一剂强心针。虽然实现扭亏为盈的事件比满座网 CEO 冯晓海此前估计的六七月有所推迟，但看到账本上的赤字转为盈余，无论是冯晓海还是他的"友商"们，都会对满座网实现盈亏平衡感到可喜可贺。在业内人士看来，这一元钱的意义所在，是其为团购行业扫清了"只赔不赚"的阴霾。在大起大落之间，团购行业的市场渗透程度不断深入，成熟度也不断提升，唯一不变的就是行业内所有企业都在持续"烧钱"，依靠"输血"维生。缺乏自身造血能力，成为众多投资机构不看好团购模式的主要原因。正因如此，这"一元赢利"更显得来之不易。

　　虽然只勉强实现了收支平衡，但冯晓海显得颇为得意。"我们行业里的几个人经常会约着聊一聊企业发展的现状，我有时候听着都会偷笑。"在冯晓海看来，虽然赢利仅为一元，但随着市场成本、人力成本支出的降低和销售额、毛利率的稳步提升，满座已经可以实现持续赢利。"我们挣钱肯定不会满足于这一个月、这一元钱，而是为了长远发展。"在满座网得以长远发展的背后，这一元钱几乎为国内团购企业集体"洗白"。2011 年 6 月，美国团购鼻祖 Groupon 提交 IPO 申请后，被美国投资人指为"庞氏骗局"，一时间引起业内广泛争议。投资人乔斯·费拉雷认为，Groupon 自身并未创造价值，而是创造了一种"并不稳定的均衡状态"。它的运作模式就像是一场"庞氏骗局"，以"空手套白狼"的方式牟利。但随着 Groupon 在 2012 年二季度实现扭亏为盈，团购模式在美国受到认可，也为中国团购企业注入更多信心。

　　如今，国内首家团购企业的扭亏为盈，打破了"团购自身未创造价值"的言论，也让国内团购同行在阴霾中看到一丝曙光。同时，作为一种象征意义，这也说明团购行业对消费者和商家而言的确具有影响消费模式的意义，而不是一个永无休止的噱头。为了赢利，满座网虽然没有"壮士断腕"，但也做出不少牺牲。团购网站的主要赢利方式是依靠抽成扣点，而主要开销则是市场费用和人力成本。"上个月得以扭亏为盈，一方面在于毛利率水平的提升，另一方面我们也主动降低了市场投入和人力投入。"冯晓海坦言,满座网从2011年10月起开始"省吃俭用"。满座网从2012年开始减少了市场费用投放,将东直门总部的办公地点合并到酒仙桥分部,砍掉了一部分亏损严重的地方分站,同时对员工数量也有所精减。从交易额上看,企业的销售规模也从此前的"亿元俱乐部"掉到现在的千万级别。在冯晓海看来,这其实是从"求规模"到"求利润"的一个转型。从2011年开始,满座网和业内不少企业都摒弃了"盲目求大"的思路,提出"深耕细作"的规划。其中,员工数量的减少受益于企业后台系统的优化。此前满座网的编辑团队人数达到200人,但通过自主开发一系列软件系统后,企业并不需要这么多人来进行网页及图片编辑等重复工作。原来的编辑因为对企业和产品很熟悉,可以经过公司培训到品控部等部门从事更高级的工作。在节流的同时,满座网的综合毛利率从此前的5%左右提升至10%。除了行业整体毛利率有所提升外,满座还通过为商家提供增值服务,使综合毛利率高于市场平均水平。在抽成扣点之外,满座还开始以"按效果付费"的赢利模式,为参团商家在百度、微博和社会化媒体上提供推广服务。

满座网赢利说明行业已经在走向良性,近一年来,行业内大部分企业开始从粗放经营转向精细经营,从"满地投广告"转向了以效果为导向营销,这也是未来团购网站可持续发展的一个方向。一家企业实现赢利,对于整个团购行业都是一种激励信号。对于满座网,CEO冯晓海对未来的发展模式已经很明确。"技术驱动将成为未来发展的核心。"冯晓海认为,打营销牌的确可以产生吸引眼球的效果,但那只是行业发展的初级阶段,"地基没打好,只能做营销"。如今,公司经过沉淀和流程完善,就要转向技术驱动,这也是未来团购网站可持续发展的一个方向。冯晓海提出,未来的团购消费有可能会实现这样的一幕:消费者进入团购网站,在下单选择本地服务后,比如餐饮,即可体验3D立体化实景,然后直接在网站挑选座位。但他同时坦言,目前受制于国内本地服务商家的信息化建设仍不到位,团购技术的发展仍任重而道远。

一元钱的赢利,在很多业内人士看来,其象征意义要大过实际意义。但无论这一元钱的赢利是否存在,赢利的消息都带给团购行业无限的欣慰和信心。在经历两年多的浴血奋战后,团购行业已开始显出疲态。2011年的"千团大战"还让人记忆犹新，但不知从几时起，曾经"战得痛快"的团购企业却纷纷偃旗息鼓。在瞬息万变的电商世界里，一个行业没有声音的可怕之处在于，人们谈论的焦点很快变成了移动互联网、网络品牌、瀑布流、比价搜索、品牌代运营，等等；当你再想要发出声音的时候，却发现听者已经寥寥。从行业角度而言，团购需要一个正能量来提振军心。2012 年 7 月，嘀嗒团 CEO 宋中杰表示 2012 年下半年定将出现 2~3 个实现盈亏平衡的网站。如果满座网是第一家，相信第二家和第三家将接踵而至。三家赢利企业，足以说明行业趋势。随之而来的蝴蝶效应是，投资客将看到团购并非骗局，融资寒冬挨过指日可待；消费者信心回升，团购销量随之上升，现金流趋于宽松；健康企业发展日益壮大，加速行业集中度及优胜劣汰。一元钱的赢利或许将成为一块敲门砖，敲醒团购企业的集体冬眠。

第十五卷　2011 年：传统家电零售参战电商

第六十一回　苏宁实体　组合征战

苏宁易购（www. suning. com）于 2010 年 2 月 1 日正式上线，作为苏宁电器第四代电子商务平台，上线之后作为苏宁电器控股的独立子公司进行运作。它的出现也标志着苏宁电器正式进军电子商务领域。作为零售行业的网上延伸，苏宁易购成功的核心优势依旧是产品、物流和服务。尤其是强大的实体物流配送网络和售后服务网络给消费者带来的优质服务，是苏宁易购区别于传统 B2C 企业的特征和最核心的竞争力。

苏宁电器集团董事长张近东认为，电子商务是零售业发展迅猛的新型业态，苏宁将立志成为互联网与实体零售"虚实结合"的电子商务企业典范。未来十年，苏宁电器的战略非常明确，要重点发展科技苏宁的能力，沿着智慧苏宁的道路，向世界级企业的目标迈进。2012 年，苏宁搭建起"苏宁连锁、乐购仕连锁、苏宁易购"三个战略业务单元，彼此间形成实体与线上"虚实互动"的模式，从而实现商业模式的升级和赢利模式的优化。2012 年，是苏宁新十年战略全面落实之年，明确了苏宁线上线下双渠道、双品牌领跑行业的战略目标，并制定了各体系创新变革的发展方向和具体举措。

目前，苏宁正加快二、三级市场连锁网络布局，依托新组建的运营体系，推动营销转型。此外，线上业务也迅速成长，苏宁易购跻身行业前三。按计划，苏宁仍将坚持"租、建、购、并"并行的连锁发展策略，加快核心区域自建店布局和优质连锁店资源的储备。乐购仕生活广场全年计划在北京、上海、广州、杭州等城市新开 10 多家新店。海外发展方面，苏宁将在香港地区新开店面 8 家、日本地区新开店面 2 家，全年苏宁计划新进入 39 个地级城市。此外，苏宁将进一步构建大采购平台，优化自身采购职能，同时强化商品研究和供应链高效协同管理，提升服务消费者和服务供应商的能力。苏宁将为新增的百货和图书、虚拟和金融、行政和售后、新品类拓展等多个事业群制定统一的采购流程和标准；通过系统直连、SCS 平台等系统对接，强化数据信息开放共享，提升货源供应的精准度和供应链协同效率。

苏宁 2011 年实现营业收入 938.89 亿元，较上年同期增长 24.35%；营业利润 64.44 亿元，较上年同期增长 18.63%，销售规模和经营效益持续领跑行业。截至 2011 年年末，苏宁在中国内地、香港地区、日本市场共拥有连锁店 1724 家。据悉，苏宁的"虚实互动"主要体现为：产品线方面，苏宁借助苏宁易购实现经营品类从家电向全品类的拓展，在条件成熟时，向实体连锁经营推广。区域线方面，苏宁易购可以打破时间和空间的局限，形成与实体店经营区域的互补。苏宁认为，单一的店面体验或单一的互联网体验都不能满足未来消费者的体验需求，"虚实互动"的苏宁可以提供贯穿线上线下，包含售前、售中、售后的完整用户体验；服务转型方面，苏宁将借助"云服务"模式实现从店面、物流、安装、维修等基础型服务向增值服务、解决方案、技术服务、物流服务等全面服务转型。此外，在供应链上，苏宁将依托苏宁易购打造一个消费者需求、零供交易体系、供应商产品研发等都极为透明、高效的展示和运行的平台，大幅提升供应链效率。

苏宁电器新十年的发展战略，将遵循"科技转型、智慧服务"的目标，在实体连锁发展不减速的同时，迅猛发展线上电子商务平台。苏宁认为，"虚实互动"的发展模式是中国零售业转型升级的趋势，也是中国乃至全球所有行业都必须思考的问题。2012 年，苏宁易购经营团队规模扩展至 3000 人，并在北京、上海、广州、成都等全国 12 大城市率先成立地区管理公司，加强属地化运营。同时，苏宁易购还大力整合供应商资源，发展 B2B2C 业务，引导供应商进行网上推广。此外，还将加强仓储配送、客户服务等后台能力建设，提升用户购物体验。2011 年 2 月 26 日，中国连锁经营协会发出《商业连锁经营企业规范价格行为倡议书》，倡议书内容针对合理定价、规范标价、明码实价、完善价格管理制度、杜绝价格违法行为等方面提出行业自律要求，苏宁率先签署了倡议书，承诺实行明码标价，这也标志着苏宁电器在全国门店正式全面推广"明码实价"。作为中国 3C 家电连锁龙头企业，苏宁电器希望以此举实现店面销售简单化、透明化、合理化，推动行业价格秩序的良性变革，这些理念和举措逐步得到了供应商的理解和认同。苏宁联合上游供应商共同推动"明码实价"，对消费者而言，实现公平实惠的放心消费，进一步刺激内需，也将有助于整个行业将工作重心更加关注产品本身。为了更好地为消费者提供服务，苏宁已建立各产品售后服务的全套标准工艺，服务区域细化到街道/乡镇级，并推进 2 小时准时送货延时赔付、7 天维修完成、投诉 24 小时百分百达成处理方案等服务承诺实践。2012 年，苏宁基本完成了全国 60 个大型物流基地项目的选址。

渠道的能量在于放大销售的规模，渠道的能力在于创造销售的价值。苏宁不仅要做有能量的渠道，更要做有能力的渠道，为供应商和行业创造有价值的渠道。2011 年 11 月，苏宁在南京总部举行全球供应商大会，美的集团董事长何享健、海信集团董事长周厚健、索尼集团执行副总裁久保田阳、联想集团董事长、CEO 杨元庆等重量级嘉宾与会。苏宁与 500 多位知名家电供应商及其他领域的合作伙伴达成共识，以提高供应链效率和效益为核心共同建立战略型厂商合作新模式。未来，苏宁将携手供应商积极打造智慧型供应链平台。智慧型供应链体现在挖掘营销数据，辅助产品设计；推销订单与引导计划生产；出样管理驱动与自动补货等多方面。同时，苏宁将与供应伙伴建立战略型长期合作关系，规划 3~5 年双方合作的销售增长的目标、地区发展的目标、各自利润效益增长的目标。对线上线下融合发展商业模式的创新，对零售业专业化分工的推动，对消费者服务方式的升级是苏宁作为行业领导者对行业未来发展方向的探索与实践，一个科技化、智慧化的苏宁将能带领中国零售业迎来一个新纪元。

电子商务作为零售行业发展迅猛的新型业态，苏宁立志将苏宁易购打造成为互联网与零售完美结合的电子商务企业典范。苏宁易购计划至 2020 年，十年内保持年复合增长率 50%，销售规模位居行业第一；SKU 总量 200 万以上；注册会员数起 1 亿人；整体团队 2.5 万人；云计算、云服务能力位居世界领先行列，转型网络生活平台，成为智慧苏宁的重要组成部分。产品线涵盖家电，家居，百货，图书，音像，运动及户外，在线法律、教育咨询与服务等。为实现目标，苏宁在人力、物力、财力多方面给予苏宁易购支持。2011 年与 IBM 联合建立电子商务创新共同体全球战略联盟，双方共同在中国南京、美国硅谷等地建立实验室，计划打造一个支撑万亿级规模的电子商务平台。4 月 23 日，投资 10 亿元、建筑面积 20 万平方米、可容纳 2 万人办公的苏宁易购总部正式奠基。该总部将承载苏宁易购全球智能管理、全球综合采购、开放平台运营、全国云数据运维、用户体验优化、物流控制、在线客服、电子商务人才孵化等八大运营职能，预计将于 2014 年建成投入使用，成为世界级的电子商务总部。此外，实体连锁发展是过去十年拉动苏宁高速增长的重要动力，不论是开店速度还是开店规模，苏宁均有不凡表现。

2020 年，保持每年 200 家店以上的开店速度，实现全国一、二级市场所有空白区域布局，并覆盖中国 1785 个"人口 10 万以上，且家电零售 1 亿元以上"的县级市场，进驻至少能辐射周边三个乡镇市场的中心城镇和江苏、浙江、广东、山东和福建等地区发达乡镇市场 500 个。按计划，苏宁电器将在 2014～2015 年，依托香港地区市场进军越南、泰国、印度尼西亚、马来西亚、菲律宾等东南亚市场。从 2016 年开始，通过行业并购、行业合作、行业战略联盟等主要手段进军欧美市场。2020 年，苏宁将最终实现海外市场 15% 的总营业收入占比。

第六十二回　国美在线　奋起追杀

2012 年 12 月 3 日，亿邦动力网爆出国美旗下的两家电子商务公司——国美电器网上商城和库巴网将要"合并"，实现后台统一管理和资源共享。整合后，国美电器网上商城将正式更名为"国美在线"。"'国美在线'将借助线下沉淀多年的品牌优势，充分融合线上线下的优势资源，扩大线上品牌影响力，最大限度地满足客户需求，全面推进国美电子商务战略的实现。"对于国美的电子商务战略，国美总裁王俊洲表示："2015年国美要做到电商规模超千亿，成为国内赢利能力最强的电商。"12月5日，国美在线网站发布公告称："国美电器网上商城将正式更名为'国美在线'，同时，库巴将依托国美在线强大的后台能力，以独立品牌、独立网站、独立运营的模式专注于综合类电商平台的发展。"显然，区别于舆论一开始所理解的国美网上商城与库巴网合二为一的"国美在线"，库巴仍然是一个独立的实体，尽管从消费者角度来看，无论是在原有的网上商城购物还是到库巴购物都将实现"国美在线"的统一模式，但在内部运营和管理上，国美仍然是两个电商平台在运作。国美在线CEO韩德鹏表示："最快2013年1月，我们就能够实现两个网站使用一个会员账号登录，会员在国美在线可以搜索到库巴网上的商品，两个网站上的商品可添加到一个购物车中进行便捷支付。"

国美电商整合策略一出，业界更多地表示认同，业内人士表示："国美在线将是国美未来电商重心，国美有意将库巴打造成天猫式采购平台，同时有利于降低成本。零售业起家的国美每年采购庞大商品，未来将采用自主销售的封闭性经营，使得线上线下发挥协同优势，强化核心竞争力。"显然，这与国美2012年以来强调的"多渠道发展策略"高度一致，在多渠道发展策略之下，国美多次强调线上线下的资源共享，在电商的血拼中，国美也多次指出利用强大的线下积淀资源来支持电商业务，而电商整合将使这种资源支持的效果实现最大化。对于国美的线下资源，库巴网副总裁彭亮表示："以供应链为例，国美每年超千亿的采购规模足够保证大部分商品保持绝对价格优势，即使在正常销售情况下，也能保证大部分家电商品低于市场价格，并且货源充足稳定，这有赖于国美强大的物流支撑能力。"目前，国美在全国200多个重点城市设有大型仓储基地，全国一、二、三线城市大家电商品基本全部实现本地化物流配送，这让正处于物流建设期的纯电商企业难以逾越。事实上，区别于现有电商的物流优势是国美一向以来特别强调的，王俊洲曾经表示："国美多年来积累的土地资源，可以最大化降低仓储成本。"不仅如此，国美控股总裁黄秀虹也强调："国美正在打造一个更强大的物流基地，通过该基地，不但可以让国美的电商从中受益，包括供应商、经销商都可以使用这一物流系统并进而帮助他们降低成本，这将是国美对自身竞争力的进一步强化。"

国美在电商领域需要快速起跑，现有的双品牌形成的掣肘就必须予以解决，国美要出售库巴，不可避免地要增加新的竞争对手或强化已有的竞争对手，一起不成功的收购也会给国美商誉带来严重损害。国美通过整合策略进行过渡，一方面，库巴平台模式一旦成功，国美电商将会如虎添翼，至少有助于降低其销售成本，并实现物流系统的最大化收益，而一旦不能快速赢利，或将淡出市场，也不会造成太大的负面影响。

但对于国美这家看上去正腹背受敌的巨头来说，现实的意义却远远不止于此。为了这次所谓的"模式的创新"，这两年多来，国美一直在不断地试错，如今看来，很多诸如结盟当当这样的模式正在被行业所接受。至少两家都不再纠结于各自的定位问题了。自从2010年库巴被国美收购的那一刻起，关于它被合并或被出售的消息就没有停止过，而那个还看不出形状的"双品牌战略"更成了媒体攻击的关键点。"国美在电子商务上已经掉队了。"类似这样的观点随处可见。更现实的意义是给两家省掉了近四成的成本，以前两家重复在百度上投一个关键词，现在不用了。也不用租那么多的服务器，错开活动时间就可以了。国美看上去给"双品牌战略"找到了足够合理的支撑点：把原本两家重合的家电、3C类业务归到国美在线，而库巴则转型成一个专注于百货的平台，借助于国美已有的8000万注册会员，迅速地在库巴上"复制"新业务。这实在是一个说得通的商业模式，在如此体量和业务类型的制约下，这是国美能做出的少数几个选择中最合理的一个。

在2012年11月的央视广告招标中，国美一反常态地以4.54亿元的中标价冲到第四名（此前通常是一亿元左右），国美副总裁何阳青在接受采访时透露了两个重要信息：其一，国美线上业务将改名为"国美在线"，其二，这些广告资源会偏向于电子商务。这是再简单不过的信号，国美要在2013年重仓电子商务，而且正在积极地推动业务模式的转型。但其实，国美从没有正面解释过双品牌战略的"玩法"。2011年12月底，国美电器总裁王俊洲在接受采访时，曾表示线下企业向电子商务发展过程中，或多或少会存在"左右手互搏"的问题。而之所以并购库巴网，正是因为它并非国美系统内的企业。使用双品牌策略，目的就是为了消解这种"左右手互搏"带来的损失。国美当然清楚这其中的利弊，跟收购大中电器、永乐电器的逻辑完全不同，线下业务的协同性更多地体现在区位和规模上。而在电子商务领域，无数的例子都可以瞬间推翻所谓的"双品牌战略"。在 2010 年年底，库巴网当时的 CEO 王治全曾说过，在接受国美的收购要约之前，他们的确很犹豫，对于库巴未来在国美中的定位，并没有完全的信心。于是，在国美内部，关于线上业务商业模式的探索从那时起就没有停止过。而在这个过程中，两家都在小心翼翼地找寻着自己的位置。尤其是库巴，虽然一直在努力地和国美的后台系统连接，但其实在采购、仓储和物流等关键环节上，库巴的独立性越来越强（库巴的自有供应链占比已经达到了 50%）。从 2011 年下半年开始，在库巴的各种广告文案中，就非常刻意地淡化国美的信息，这与之前的推广策略完全不同。两家保持了绝对的竞争性（当然不至于敌对），在诸如"双十一"等的各大促销活动上，两家没有过任何协同作战的经历。即便是内部沟通也极少发生。虽然都向王俊洲、牟贵先（国美电器副总裁）汇报，但除了协调总部的资源分派以外，两家的自有资源几乎不流动。

在收购库巴时，王俊洲曾说要形成"错位经营"，但总部在两家各自的发展战略上并没有公开设定具体的目标。只是有一个总体的五年规划，即电子商务要达到 150 亿元的规模，占国美总销量的 10% 以上，占网购市场规模的 15%。总部的这种态度在很大程度上给了两家充分的发展空间，但也正因为态度的不明确，使得相对弱势的库巴非常纠结。总部的一些相对传统的商业逻辑让具有互联网基因的库巴有些不适。其实国美的本意也是"一攻一守"，即库巴的价格严格锁定京东商城和苏宁易购，保护国美网上商城的定价不需要跟随同行，从而进一步保护线下实体店的价格体系。但在实际执行过程中，并没有产生理想的效果。库巴也不得不因此深陷"被卖"的传言旋涡中。如何定位库巴，一直被认为是国美线上战略的关键点。

库巴现任 CEO 丁东华表示："集团更希望库巴作为独立的平台去发展，不可能两个品牌都在国美体系之下。国美商城和国美具有天然的联系，他们之间的互动当然会更多，我们都很理解。比如说会员这件事，总部不可能把线下的会员导到库巴来，这很别扭。"而正是在这个阶段，国美被京东商城和苏宁易购拉大了距离。2012 年京东商城定下的销售目标是 500 亿元，而苏宁易购也喊出了最低 200 亿元的目标。在"8·15 电商大战"之时，京东商城和苏宁的对战才是主战场。国美虽然以黑马姿态后来居上（事后很多数据都证明国美的价格是最低的），但这一切的变化，还是让它尴尬，这个巨人在电子商务上并没有得到相匹配的尊重。其实国美内部的变化正在潜移默化地发生着，显而易见的质变始于 2011 年 11 月上线的 ERP 系统，在很多场合，它都被国美高层称为公司未来商业模式的基础。到了 2012 年 3 月，国美紧接着调整了组织架构，一个核心的变化就是对效率和精细化的极度追求，用王俊洲的话说就是"一次改革到毛细血管的调整"。调整的目的很明确，短期就是线上业务的整合，而长期目标则是线上和线下业务的整合。这一系列调整的直接结果便是国美开始尝试各种业务的协同效应，这在 ERP 系统上马之前并不多见。在 2012 年 5 月，国美已经制定出了一个"大胆"的营销计划，就是实现所谓的"线上线下同价"。这是个历时三年的计划，国美希望通过这种方式把线下实体店和两家 B2C 网站真正打通。而在 8 月底的电话会议上，王俊洲已经可以很有底气地称"已找到更具竞争力的电子商务发展模式"。想必在那时，两家网站整合的结果已经得到了董事会的首肯。韩德鹏并不认为国美的电商模式和苏宁的类似，在他看来，这跟双品牌无关，"如果说苏宁是一列火车，那么苏宁易购就是加上去的一节车厢。"言下之意，正是指苏宁易购的战略方向取决于苏宁整体的战略，可扩展性并不那么强。"而我们就是一艘独立的航母，很多新业务都可以直接嫁接上来。一个简单的理解就是苏宁消化红孩子需要 1~2 年的时间，而我们很快就可以完成，整个后台的打通，让我们可以成本更低、效率更高地运营新业务。在未来，国美在线就相当于库巴上的一个商户，而库巴上线的新业务也会一下子共享到 8000 万的会员。双方的合作并不是简单地开一家店，而是当当网的电器业务完全由我们做。这在当时备受质疑，可现在看来，它已经逐渐流行起来。"

国美和苏宁都看到了百货化的机会，这可以让它们轻易地摆脱传统 3C 业务的"微利陷阱"。但两家选择了不同的演进路径，至少在现在看来，苏宁的战略方向更加直接。线下业务的去电器化，让更多像"乐购仕"这样类购物中心的商业地产去搭配原有的家电卖场。而线上的平台化则成了新业务的"试验田"，如收购红孩子后，线下实体店就开始同步开设母婴专柜。国美并没有把线上和线下完全栓死，它更希望发挥各自的优势。线下实体店通过关店和店面升级，提升销售网络的效率。而线上的模式相比苏宁来说则更加具体。两种商业逻辑，也同样存在着两套生态系统，那就不如各司其职，这就是韩德鹏所谓的商业模式的先进性。但唯一不确定的是，库巴转型开放平台还有多少机会，这似乎比国美在线的任务更加严峻，毕竟那里还有国美线下业务强有力的支持。看上去越来越多的品牌商开始习惯于全网营销，这是平台商的机会。我们在做百货经营的时候发现了一个有趣的现象：在某些很大的品类上，前几名竞争对手的 TOP10 卖家基本不一样。这在家电行业很难存在，因为家电就十来个品牌。比如女装，天猫的 TOP10 和京东 TOP10 就不一样。网站不同的特性决定了资源的分配方式，这使得每家网站的服务内容都不尽相同，这里存在非常大的空间。

2010 年，京东商城就启动了开放平台战略，到现在，它平台累积的 SKU（库存量单位）数大约在 70 万；苏宁易购也在 2012 年 7 月对外宣布了开放平台战略，并打出了"免年费、免平台使用费、免保证金"的"三免"招商政策；甚至腾讯都把"自营＋开放平台"作为自己的电商战略，它正在尝试把入驻的第三方商家由目前的 1.2 万家精选为 4000～5000 家。而即便是涉足较早的京东商城都需要面对一个可怕的问题：我们已经有了天猫店了，你能为我们做什么呢？说到底，如果你的流量不如人家多，转化率也不那么高，即便招来了商户，也无法构成一条持续健康的生态链。包括韩德鹏、丁东华在内的高管们正在制定着库巴的招商政策。很显然，巨量的广告投入肯定会带来庞大的流量和用户，但毕竟平台的核心价值在于提供有效的增值服务，而平台的规范程度，以及后台技术和物流的支撑，都是国美亟待解决的问题。实际上从2012 年 3 月起，库巴就开始尝试百货业务，现在已经达到了销售量的 10%。韩德鹏并不急于上马新业务，"能做强供应链的业务，我们会优先去做，会完全以供应链来带动。"而在苏宁易购刚开始涉足百货业务时，几乎保持着每月一个新频道上线的节奏。韩德鹏还是希望国美在线保持住自己的节奏，他认为没必要因对手的激进而孤注一掷地进攻，"真正的竞争力还是模式和赢利能力，对手强大是因为他们亏损得更多，这并不是一件值得高兴的事，而我希望国美在线是个赢利能力最强的 player。"

　　国美的变化显而易见，它看上去正在朝着正确的方向前进。但谁都清楚技术早已不是互联网行业竞争的唯一维度，正如亚马逊在美国做的那样，时间看上去才真正的无解。道理再简单不过，如果你的壁垒不但是超前的技术、巨大的投入、更合理的商业模式，而且还有无法跳跃的时间鸿沟时，你就具备了锁定消费者的能力。

第十六卷　2012 年：传统行业的电商之路

第六十三回　传统转型　身陷困境

　　商务部 2012 年 2 月发布的《关于"十二五"时期促进零售业发展的指导意见》表示鼓励大型零售企业开办网上商城，给国内最具用户规模和消费基础的零售业带来了机遇。随之，百货公司、连锁超市、建材、品牌餐饮等众多企业开始将"电商经营"由之前的计划变为战略部署，由开发准备变成了加快完善，"电商"也成了 2012 年投资者们最关注的对象。然而电商并非新事物也非成熟产业，传统零售业如何避免"凑热闹"的尴尬，还是一步难走的棋。如果说 2011 年是团购年，那么 2012 年可能就是电商年。这并不仅仅是因为商务部的新政策，其实早在多年前，很多实力商城已闯入电商领域做好部署，如今有政策推动将会加速水到渠成，促成电商的繁荣。

　　2009 年，苏宁电器的网上商城"苏宁易购"上线运营；紧随苏宁易购，国美 2010 年通过收购库巴网进军电商领域，线上线下双平台同步运作。结合传统实体店的优势，苏宁、国美成为传统零售商转型"触网"的典范。2011 年，根据艾瑞发布的报告显示，苏宁易购销售额近 59 亿元，跻身自主销售 B2C 企业第 2 名；国美库巴网年销售额接近 22 亿元。服装百货是进军电商的又一主力军。据了解，美邦服饰独立上线了"邦购网"，成为传统服饰触网的先行者；银泰百货 2010 年 8 月上线银泰网，上线初期就实现了月销售额 5000 万元；另外，越来越多的百货商场都在尝试"触网"——武汉世贸广场、武汉中商、广州王府井、广百股份、天河城百货等。传统百货进军电商优势明显，一方面有供应商资源，另一方面拥有多年积累的品牌优势和零售管理经验。中国网购用户规模已达到 1.8 亿人，同时随着商务部鼓励政策的出台，可以预见，传统零售业进入电商领域将越来越多，越来越热闹。

第六十四回　品牌公司　八面威风

电商领域前景诱人。据艾瑞咨询统计数据显示，2011 年中国网络购物市场交易规模达 7735.6 亿元，占到社会消费品零售总额的 4.3%，并保持高速增长态势。正是网购快速发展的诱人市场，使传统零售业受到了网络的冲击，选择进军电商，既有战略考虑，又有时代要求转型的紧迫感。网络与实体有着创新与传统的冲突，零售业要做好"电商"，也将面临多种挑战。

首先，网上商城的经营模式面临挑战。目前百货公司开网店很多仅仅是起到展示商品的作用，没人气也没业绩。究其原因，很重要的是没有找到适当的经营模式，很多百货公司在线上仍套用线下联营模式，没有人气，品牌商不愿进驻。网络经营模式不当正反映了传统零售业在电商领域专业人才匮乏和经验不足的短板。中商流通生产力促进中心百货分析师梁焕磊表示，电商赢利模式完全不同于实体店，特别是适合网络销售的商品品类选择、物流配送、网络营销等方面，专业性十分强，但目前的百货企业缺乏这样的人才。其次，面临物流配送压力。在商品供应、售后服务、信息化系统等关键资源上，传统零售业面临的最大挑战无疑是物流配送能力问题。在传统的线下经营模式里，不涉及 B2C 的物流配送，因此传统零售业若开展线上网购经营，需要重新构建物流配送网络体系，这不仅是成本的投入，更是能力的考验。第三，面对市场规模的困境。对于越来越热闹的电子商务，随着专业化的深入，电子商务公司都会面临发展的一个困境，那就是市场规模。一方面是竞争的压力，另一方面是利润率的需求。据悉，"卖电器"的京东、"卖书"的当当、"卖衣服"的凡客诚品等，在消费者眼里有着独特标签的电商们，均纷纷涉足其他类商品，目的都是为了突破市场规模的困境。

在当前的电子商务 B2C 领域，有占据市场半壁江山、处于领军优势的淘宝网、京东商城，也有闯荡多年奠定了一定实力和基础规模的亚马逊、当当网、易迅网、麦网、红孩子等，更多的是还处在探索、突围中的各行各业涉足电商的企业。传统零售业涉足电商已成趋势，竞争及风险可想而知，如何"触网"成功，或许结合自身优势创新转型才是出路。广百股份 2011 年成立百购网发展电商，实施了系列不同于实体店的运作举措。例如，首先电商公司独立运作，有一套独立于实体店的运营架构；其次引进更多适合网购的年轻时尚的快销品牌；最后是采用网络营销方式，如本地顾客春节期间购物享受免费送货服务。综上所述，可以说广百股份的电商已经"入门"。

其实，"入门"电商，各企业可以有自己的定位选择，如依托淘宝、外包或者自建平台。在运营模式上，零售业也可以有创新模式选择，比如不是建立自己百货公司的网购平台，而是联盟本地百货商场搭建一个面向全国用户的电商平台；网购平台和实体店不是分开营销，而是积分可共享、优惠券及购物卡可参加网购等，以此来相互促进人气。电商不是新事物也不是成熟产业，竞争激烈，市场空间也很大。必须清楚地认识到涉水电商市场并非易事，目前对绝大多数传统企业电商来讲，电子与商务还只能是二选一的难题。由此足见，传统零售业"触网"进军电商，除了迈过面临的几道槛，更需要在转型创新方面做文章，毕竟要想克隆别人成功的模式来打败别人是种冒险行为，失败的风险十之八九。

第六十五回　罗莱森马七匹狼　美邦奥康九牧王
富安娜与探路者　合纵连横做电商

七匹狼：第三方全网营销，自建平台信心不足

七匹狼线上业务始于 2008 年。但一开始，由于销售商家众多，导致一系

列窜货、假货等问题。在历经几年的渠道混战之后，淘宝上形成了七匹狼五大经销商，公司称其为"五虎上将"。2010 年，七匹狼对经销商进行"招安"，线上经销商摇身一变成为"正规军"，既能拿到公司返点和激励政策，又可以参与公司的各项营销活动，其营业收入也大幅攀升，公司和经销商实现了双赢。在培育经销商之余，公司已在天猫、1 号店、京东商城、苏宁易购、当当网等电商平台开设了自己的旗舰店，公司针对不同电商平台进行产品区分和促销活动。例如，新品首发放在天猫，予以折扣优惠；在京东以参加返券和积分活动为主；POLO 衫、棉品等基础服饰供货 1 号店；在唯品会多以清库存为主。2011 年，电商收入达 1.06 亿元，占营业收入的比重为 3.6%，其中直营旗舰店和加盟经销商收入各占 50%。在第三方平台开展"全网营销"策略的同时，2012 年下半年，公司建立了自己的网上商城。七匹狼将线上销售基本定性为去库存的性质，因为线上的消费者比较在意折扣的力度，而公司实体店正价的服装是不可能有这样的折扣的。

罗莱家纺：自建双平台齐头并进，看好电商未来发展

罗莱家纺从 2008 年开始计划涉足电商，当时线上众多假冒的罗莱产品已危及公司多年的信誉，管理层决定独立注册运营电商品牌"LOVO"，于 2009 年 3 月 1 日正式运行。最初，LOVO 的运作参照线下实体店，先低价养足人气，再建立良好体验让消费者二次购买。相比实体店一年一次的促销，LOVO 采用了一季一次的方式，并将商品按折扣进行区分，满足不同消费人群的需求。公司在 2010 年建立了另一个电商品牌——罗莱商城，并将它与 LOVO 的定位进行了区分。罗莱商城主打中高端产品，定位于 30 ~ 45 岁购买力较强的消费人群；LOVO 要求产品以设计元素多样化为主要特点，定位于 25 ~ 35 岁对性价比要求较高的年轻群体。在自建电商品牌的同时，公司也借助第三方平台开展电商业务，目前已经在天猫、京东、1 号店、当当网等多个分销平台开设了自己的旗舰店。公司制定了百亿计划，力争在 2016 年实现电商业务占营业收入 20% 的目标。2011 年，公司电商销售总额为 1.12 亿元，占公司营业收入的 4.7%，其中 LOVO 贡献了 5000 万元的销售额。

美邦服饰：难以承受烧钱之痛，剥离自建平台

相比其他服装企业，美邦服饰的电商之路要曲折很多。2009 年年初，公司便已进驻淘宝开设官方旗舰店，当时主要以去库存销售为主；同年 10 月份，进驻腾讯拍拍网。美邦服饰前期电商发展十分顺利，当年淘宝"双十一"促销时，单日营业额便已接近百万元。首战告捷之后，公司开始构建自己的线上电商平台——邦购网。令人欣喜的是，邦购网的销售额很快超过了当时开设在淘宝上的美邦旗舰店。2011 年美邦的销售目标制定也透露了对线上业务的重视：全年线上销售目标 3.8 亿元，其中官网销售 2 亿元，淘宝旗舰店 1.5 亿元，腾讯拍拍 3000 万元。美邦董事长更立下豪言壮语：2020 年，美邦要把电商做到 1000 亿元。但在 2011 年 9 月 29 日，公司突然发布公告声称，将邦购网交由控股股东上海华服投资有限公司打理，即将邦购剥离出美邦的平台。公告显示，美邦前期的人员薪酬、技术开发、物流、广告等费用高达 6000 万元，销售收入太依赖烧钱，电商成了美邦无法承受的痛。但是，公司在天猫、1 号店等平台开立的旗舰店仍然存在。

森马服饰：儿童休闲服饰受冲击，线上业务滞后

直到 2012 年 5 月，森马服饰才出资 1.56 亿元收购浙江华人事业，用于线上营销建设项目，并将全资子公司浙江范狄亚服饰有限公司变更为浙江森马电子商务有限公司，注册资本从 3000 万元增至 1.3 亿元。森马服饰同时拥有森马休闲服饰和巴拉巴拉儿童服饰两大品牌，在电商对传统服装企业的冲击中，童装和运动休闲服饰往往最容易受到影响。随着服装销售终端形势持续低迷，青少年休闲服行业受国外品牌与电商双重冲击日益明显，公司儿童服饰业务发展形势不容乐观。森马 2012 年第三季度净利润同比减少 39.24%，前三季度净利润同比减少 41.4%。目前，公司在天猫、当当网、京东商城开设有官方旗舰店。

探路者：销售居户外品牌前列，新电商品牌上线

目前探路者的电商渠道由公司自己打理。根据 2011 年公布的数据，2011

年"双十一"的销售额为 400 万元。目前公司线上渠道团队有 30 ~ 40 人，分为两个小团队，一部分负责在京东和当当网等平台上的多家网店，另一团队专门做天猫。虽然探路者在天猫商城有很多实力不俗的对手，如国外的户外品牌 The North Face 和 Columbia 等，但据探路者内部人士透露，探路者的成绩一直处于户外品牌的前两名。此前，公司宣布拟与 29 名核心员工、13 家现阶段重要加盟商以及外部战略投资者钟佳富先生共同投资设立北京港湾户外用品有限责任公司（暂定名），将创建打造电商新品牌 ACANU（中文名称：阿肯诺）。公司拟以自有资金出资 1500 万元，占注册资本的 75%。公司沿用自主设计加外包生产的模式，通过电子商务网络渠道实现销售。管理层由探路者主导组建，聘请有电子商务运营经验的团队运作。公司设置了新品牌管理团队的三年业绩考核指标和股权激励计划，有利于健全激励约束机制。新的电商现已上线，预计 2014 年将会对公司有较大的利润贡献。

奥康国际：组建独立团队，超募资金投往电商

奥康国际 2012 年年中发布的公告显示，公司耗资 9000 万元超募资金增资电子商务子公司进行运营。就目前的进展情况，公司对电商业务的发展是不遗余力的，超募所投的运营项目从 2011 年开始便已组建了独立的团队，未来将加大在电商运营项目上的力度。奥康国际于 2008 年正式进入线上市场，创建了自己的官方网购平台，并成立了电子商务运营部，负责发货、销售和客服工作，服务于网络平台，并将平台和供货商的进货系统进行联网，从而实现了跨区域调货。网购平台开通一年之后，公司电商销售额便超过了优秀实体专卖店一年的销售额，同时成本比实体店低得多。在自建平台之外，2010 年公司进驻天猫，2011 年公司线上销售达到 8000 万元。目前公司已经在天猫、1 号店、当当网、好乐买等第三方电商平台同时进行分销。2011 年"双十一"公司的线上日营业额为 500 多万元，而 2012 年的"双十一"营业额攀升到了 5000 多万元，是 2011 年的十倍。

九牧王：完全依赖第三方平台，收购品牌扩大经营

九牧王从 2009 年 9 月起进军电商领域，目前电商业务主要围绕"九牧王"自

主品牌和"格利派蒙"收购品牌进行，在天猫、京东商城、当当网等第三方平台分别开设旗舰店。"九牧王"主品牌产品主打商务男装系列，定位于中年成熟男士。2011年销售额按淘宝系的统计口径为1.2亿元，按公司报表统计口径为6000万~7000万元，销量达36万件。"格利派蒙"品牌源于意大利，产品定位年轻的都市男士，强调时尚和流行元素，2011年线上销售额约为800万~1000万元。

富安娜：研发线上专供产品，全面拓展第三方平台

富安娜于2010年10月设立电子商务子公司，目前不仅建立了自己的官方网上商城，而且在天猫开设了自己的旗舰店。公司的设计优势在同业内名列前茅。按照公司对线上和线下产品进行的定位区分，与部分家纺服饰企业多向线上清仓库存不同，公司自主研发了适合线上销售的产品。2012年"双十一"，富安娜官方旗舰店单日营业收入为7025万元，超过了2011年全年的线上销售总额。预计富安娜2013年将会逐渐拓展在第三方电商平台营销的渠道，当当网、卓越、凡客等都是目标。

第六十六回　银行涉足　武魂装备

京东开展供应链金融服务，阿里巴巴也提供小额贷款。当大家都觉得互联网电商在触动银行金融服务的蛋糕时，银行也悄悄触"电"，跨界玩起了电子商务。中国建设银行推出了自家的电商网站"善融商务个人商城"和"善融商务企业商城"，交通银行也推出了"交博汇"，中国银行广东省分行也尝试推出了"云购物"电子商务平台。据传中国工商银行也计划在2013年推出自有电子商务平台。银行为何纷纷涉足电商？实在是因为电商市场太诱人。阿里巴巴2012年交易额突破10000亿，并且在最近的中国经济人物颁奖典礼上和王健林豪赌1亿，认为在未来十年电商将占据整个零售行业50%以上的市场。王健林虽认为电商无法杀死传统零售行业，但也在积极谋求万达的电商之路。电商这块蛋糕确实太大了，银行冲进来的确不让人感到意外。

银行虽然不具备电商和互联网的基因，但却天然掌握着资金和支付这一核

心环节，这是银行进入电商的核心竞争力之一。银行的金融体系可以非常便捷地为客户提供各种类型的支付手段，不管是移动支付、在线支付，还是终端支付，想怎么付就怎么付。此外，通过银行的信用体系，还可以很轻松地实现分期付款或者贷款购买。而且银行天然掌握着客户的金融信息和现金流，是不缺客户的，缺的是引导他们去自家电商的方法。和京东、阿里巴巴等电商涉足金融业务不同，银行天然就是金库，同样可以为中小企业提供金融借贷服务，并且不会存在任何资质和许可的质疑。之所以很多中小企业主向阿里巴巴贷款，很大一部分原因是银行的审查监管太过严格，而银行涉足电商，则有望降低对中小企业的借贷门槛。所以银行做电商有"钱"的优势。残酷的现实恐怕是，银行除了钱，其他什么都缺。首先，缺流量。和阿里巴巴、京东的宾客盈门比起来，银行做电商显得有些门可罗雀。更不用说阿里巴巴和京东这样的电商巨头也在想办法进一步积聚流量。其次，缺丰富的商品品类和优质的用户体验。且不说满足长尾的需求，就算是一般大众的需求也未必能够覆盖；商品品类不足，网页设计也比较欠缺。再次，缺价格优势。像京东对苏宁易购之类的价格战，银行电商可能根本都不敢想象。最后，缺仓储、物流和配送体系，做电商不单是建一个网站，而是要能安全便捷地把货物送到客户的家门口。物流和配送可以选择第三方，但是商品库存、渠道和货源以及供货商等供应链环节还需踏踏实实一步一步做起来。

互联网的玩法很多时候都是投资，银行完全可以投资各种想要触"电"的线下商城，大家一起玩（万达或许是个可以考虑的对象）。或者即便不想一起玩，也可以完全交给别人玩，采取代理运营模式将电商平台交给第三方来建设，自己在背后提供资金支持，一样能够拿到电商市场的红利。

第六十七回　粮食钢铁　物流电商

物流电子商务化是以互联网的形式提供物流行业相关信息，包括货运信息、空运信息、陆运信息、海运信息以及物流行业资讯和物流知识、法律法规等，还提供物流行业企业库供货源方查找，货源方也可通过物流网发布货源信息，以供物流企业合作。随着物流公司的激烈竞争，很多公司开始改革，把重心转移到互联网这个最具潜力的领域，并大力投资建设物流网络，希望通过物流网络拉拢更多的客户，所以物流网的发展同样很严峻。

目前国内外的各种物流配送虽然大都跨越了简单送货上门的阶段，但在层次上仍是传统意义上的物流配送，因此在经营中存在着传统物流配送无法克服的种种弊端和问题，尚不具备或基本不具备信息化、现代化、社会化的新型物流配送的特征。物流行业没有形成统一的规范，一些网络公司开始以电子商务形式发展物流网，整合了物流行业资源，建立物流行业门户网站和贸易平台。

粮食物流电子商务

我国粮食产销区间存在着明显的地域、品种差异，传统贸易间因信息不畅和价格行情变化等因素，粮食在到达最终消费者之前要几经周折，物流成本一直偏高。传统的粮食交易环节多、成本高、利润有限，经营企业风险大、收益小。粮食电子商务的发展可以改变这一现状。

粮食物流电子商务以粮食电子商务网上电子交易平台为依托，集多种交易方式于一体，包括电子现货订单交易、电子竞价交易、电子招投标交易、网上挂牌（协商）交易四种交易方式。购销双方可以通过平台签订中远期合同，约定在未来半年内某一时间进行稻谷交收。粮食物流电子商务对传统现货市场起到积极的补充作用，弥补传统现货市场自身无法克服的缺陷。经营企业通过电子商务平台，让粮食先在网上流动，最后就近交货、提货，实现从生产者到消费者物流的捷径，大大降低成本和风险。具有规范性、便捷性、公平性、经济性、计划性、安全性，拓展了粮食购销新模式，开创了粮食市场新格局。

物流电子商务电子交易平台根据相关法律法规，制定了公平、合理、规范的交易细则，提供统一结算和物流服务。在开展网上粮食电子交易的同时，把现货交易、物流配送体系建设起来，以第三方物流模式大力推进覆盖粮食主产销区的物流配送体系建设。建设覆盖粮食传统产销协作区域的交货仓库管理体系，设立指定交货仓库。随着粮食物流电子商务交易的不断发展，形成覆盖主要粮食产销区的交货仓库管理体系。粮食物流电子商务的发展对于推动我国粮食物流现代化、减少物流环节、降低物流成本、提高企业的经营效益和效率、促进粮食行业的物流标准化、促进粮食企业产业化、推动订单农业的发展、促进粮食系统信息化建设都具有重大的意义。

目前，据不完全统计我国粮食电子商务网上交易平台如表3-1所示。

表3-1 我国较大的粮食网站一览

网站名称	网址	主办单位
政府及机构网站		
中国价格信息网	www. cpic. gov. cn	国家发展和改革委员会
中国农业信息网	www. agri. gov. cn	农业部
国家粮食网	www. chinagrain gov. cn	国家粮食局
中国粮食信息网	www. grain. gov. cn	国家粮油信息中心
中国兴农网	www. cnan. com. cn	中国气象局
中国郑州粮食批发市场	www. czgm. com	中国郑州粮食批发市场
津粮网	www. tjlyxx. com. cn	中国天津粮食批发市场
粮油市场报(网络版)	www. grainnews. com. cn	粮油市场报社
北京粮食网	www. bjlsj. gov. com	北京市粮食局
福建粮食信息网	www. fjgrain. com	福建省粮食局
粮油在线	www. 512u. com	浙江省粮食局
江苏粮网	www. jsgrain. com	江苏省粮食局
粮食电子商务类网站		
中华粮网	www. cngrain. com	郑州华粮科技股份有限公司
中华食物网	www. foodchina. com. cn	北京富强在线信息技术有限公司
中华商务网	www. chinaccm. com	亿特网华信息技术(北京)公司
中农网	www. ap88. com	深圳市中农网电子商务有限公司
吉林金粮网	www. jlgrain. com	长春粮食网络交易中心公司
中国淀粉网	www. ex - starch. com	吉林淀粉批发市场有限公司
信息咨询服务类网站		
中华粮网	www. cngrain. com	郑州华粮科技股份有限公司
邦成网	www. epansun. com	上海邦成信息技术有限公司
粮食咨询决策网	www. gecc. cc	北京领头雁经济管理咨询公司
中国粮食商情网	www. chinagrain. com. cn	北京宏联经济技术咨询有限公司
中国饲料在线	www. chainfeedonline. com	大连捷讯网络科技有限公司
中粮油流通网	www. cfdt818. com. cn	富迪通科技发展有限公司
富得网	www. foodec. com	中国粮油食品进出口公司
中国粮油食品信息网	www. cof. net. cn	北京新华国信科贸有限责任公司
中国水稻信息网	www. chinariceinfo. com	中国水稻研究所

续表

网站名称	网址	主办单位
信息咨询服务类网站		
宏良咨询网	www. goldgrain. net	宏良投资咨询有限公司(江西)
中华面粉网	www. cnflour. com	深圳市海瑞计算机技术公司
北大荒粮贸网	www. beidahuang. net. cn	黑龙江省农垦总局
中国芜湖米市	www. wh – ricemarket. com	安徽省芜湖大米市场

资料来源:中华粮网。

钢铁物流电子商务

传统钢材市场的仓储物流服务能力单一,只有基本仓储和营业用房的物业租赁服务能力,没有联合钢厂、流通企业、信贷银行、加工服务和运输服务商等市场参与者的物流、资金流、商流的组织整合能力,不能形成自身的综合竞争能力,经营模式容易被模仿,在新一轮的钢材市场发展和竞争浪潮中渐渐失去了优势。传统钢铁贸易市场存在的诸多问题也逐渐暴露出来。由于缺乏精细加工产业,中国钢铁生产企业和钢材需求企业之间存在严重信息不对等,巨额中间利润被美日韩等国钢铁精细加工企业抢走,中国钢铁企业仅依靠粗加工赚取微薄利润;中国传统的钢铁交易采用简单的"一买一卖"模式,供需市场难以有效对接,企业往往要花费大量物力、人力才能发现有效客户;在钢铁物流方面,传统的仓储、配送、运输过程由于管理方式落后,也存在着不能有效监控运输过程、客户满意度不高、物流成本高等问题。

现代的企业钢铁物流项目寻求经营和管理创新,把传统的、平面式单维的土地经营格局上升到立体的、多维的市场经营格局,寻求单位土地面积的最大效益,降低经营和管理成本,同时对市场流通企业提供多维服务,形成持续提升的市场经营能力,打造核心竞争能力。第三方电子商务平台是以互联网、电子商务、网上银行、身份认证等先进思想和技术,与传统钢铁贸易实际相融合的结晶,给钢厂、贸易商、钢铁消费者、仓储加工中心、运输商、结算和信贷银行提供专业性安全高效的钢铁现货交易平台系统。电子商务系统包含网上信息发布系统、交易基本业务系统、质押授信监管业务系统,仓储加工配送等物流配套系统，共分为交易业务基本流程、网上银行结算流程和质押授信监管业务流程。

电子商务模式不仅可以聚集更多买卖双方，打造一个"永不落幕"的交易市场，还减少了交易双方相互寻找的时间，提高了交易效率，让买卖需求直接对接。在电子商务模式下，钢材贸易商从钢厂拿到钢材以后，就可以针对客户需求在商德物流园进行粗加工或细加工，并把需要销售的成品在电子商务交易平台上进行展示和交易。当有客户需求时，客户可以在电子商务平台上进行订货、下单以及在线交易等，随后，钢材贸易商再安排物流进行直接配送。电子商务平台聚集了大量买家、卖家，贸易商们不用再发愁去哪里找客户，购买者也不用发愁去哪里找厂家，全球的买家和卖家都可以在这个平台上交易，缩短了双方交易的时间。来自第三方的统计数据显示，美国钢铁的网络贸易额占总体的50%，中国目前每年的钢材贸易额至少有5万亿元之多，有经营能力的钢材贸易企业达到30多万家，而我国钢铁网络贸易额只占总体的5%，国内钢铁电子交易蕴涵着巨大的市场机会。

钢材的仓储、代理、加工、配送等物流环节，是钢铁产业的重要环节。在传统钢铁交易过程中，钢铁贸易商从订货到给客户配送至少需要两个月，期间的物流过程如下：制造商生产出钢材后，一般由贸易商委托物流企业运送至仓储中心，等两个月或半年找到客户，再从仓储中心委托物流企业配送给客户。长期以来，由于钢铁企业的"大而全""小而全"现象使得钢铁企业的物流专业化程度低，钢铁物流企业规模普遍存在"小、散、弱"问题，因此，东北的钢材很难直接运送给南方客户；如果要运送，中间需要转换几个物流企业，其交易的复杂程度、不断上涨的物流成本可想而知。

钢铁物流电子商务是一个基于物联网的现代、高效的钢铁物流体系，利用RFID、传感器、3G、GPS等物联网技术建立智能物流体系。在智能物流体系下，当客户在物流园的电子商务交易平台上下完订单，钢材贸易商就可以向物流园提交物流预约需求，物流园提前安排仓储运输计划。一个月之后，当钢材经过加工之后，物流园可以从制造商直接运送给客户，从而减少了中间的仓储、运输等周转过程，不仅降低了物流成本，而且提高了物流效率。在仓储管理上，借助信息系统，物流园和钢铁物流企业能够实时、准确地掌握入库、出库、仓位和保管相关的所有数据，从而进行有效管理，加快库存周转，降低库存，降低物流成本。比如，当库存降低到一定数量时，交易商才向上游钢材制造商订货，从而避免盲目订货，造成库存积压。

此外，借助运输车辆上安装的 GPS 定位功能，物流总部和供应商、客户能够实时了解车辆的运输状况、道路交通情况，以及什么时候到达；假如遇到故障等问题，总部可以及时调配其他车辆进行支援，从而提高物流效率、物流运输安全性和客户满意度。

梅挺在 Admin5 网分析介绍，目前，钢铁行业电子商务平台一般分为现货交易平台和中远期交易平台。现货交易平台又可以分为第二方电子商务平台和第三方电子商务平台。第二方钢铁现货交易电子商务平台主要是由拥有生产能力的钢厂运营。这种平台的主要功能就是为钢厂提供新的销售渠道，抢占新的市场，树立、扩大和强化其品牌知名度。代表网站有东方钢铁在线、河北钢铁交易中心等。第三方钢铁现货交易电子商务平台主要是由非钢铁产业链参与者运营。这种平台的主要功能就是由独立的第三方搭建一个公开、透明的网上市场，供买卖双方按既定规则进行自由的钢铁现货交易。其代表网站有欧浦钢网、中金钢铁网、你的钢网、中国钢铁现货网等。

钢铁现货交易电子商务平台的主要模式如下。

1. 挂牌交易

分为买方挂牌和卖方挂牌。买方挂牌是指采购商根据自己的需求，将自身需要采购的钢材产品的基本属性，如品名、产地、规格、材质、数量、生产日期等录入后台需方采购系统，发布在网站前台，等待合适的供应商摘牌交易。卖方挂牌则与之相反，是指供应商根据自己的资源，将自身已拥有或到期拥有的钢铁产品的基本属性录入后台供方销售系统，发布在网站前台，等待需要的采购商摘牌交易。挂牌交易可以议价。

2. 竞价交易

分为买方竞价和卖方竞价。买方竞价又称为拍卖，是指供应商（卖方）在特定时间段内将已拥有或到期拥有的一定数量的钢铁产品，标明其基本要素，如品名、产地、规格、材质、数量、生产日期等，通过电子商务平台发布拍卖要约，由采购商（买方）以逐次加价的方式公开竞价，交易平台按价格最高优先、时间最早优先的原则确定最终买方。而卖方竞价则与之对应，卖方竞价又可以称之为招标，是指采购商（买方）在特定的时间段内将一定的采购需求，标明其基本要素，如品名、产地、规格、材质、交货地点等，通过电子商务平台发布招标要约，由供应商（卖方）以逐次减价的方式公开竞价，交易平台按价格最低优先、时间最早优先的原则确定最终卖方。

3. 专场交易

专场交易是为了适应市场发展的需要，为了满足复杂繁多的采购和供应要求，电子商务平台为某一交易商或某一钢材品种或某一地区特别开设的交易专区，在该专区可以采用单一或者多样化的交易模式进行交易。

4. 采购招标

与单一的竞卖交易不同，指的是为了满足用钢企业多品种、大批量的采购需求，由用钢企业（招标方）通过钢铁电子商务平台发布其采购需求及相关要求，再由钢材供应商（竞标方）提供合理的综合性供货方案，最终由用钢企业根据自身的采购需求选择供货方案性价比最优的钢材供应商。

5. 其他交易模式

（1）统购分销。交易模式类似于团购。具体指的是为了打破钢铁贸易企业和用钢企业小、乱、杂、散等市场弱势地位，变小单采购为大单采购，增强与钢厂的议价能力，由2家或2家以上的钢铁采购企业（参团方）联合提供资金并委托某家企业（统购方）从钢厂采购资源，以其数量优势降低采购成本。同样的，反过来，供应商为了满足单一或多家采购商的采购需求，也可以组团进行销售。但是，目前这种交易模式还不成熟，仅仅在尝试阶段，其实用性和有效性还需市场进一步检验。

（2）融资交易。一般分为买方融资和卖方融资。其基本内涵是买方或者卖方为了获得货权或者资金，在交易的过程中与钢铁电子商务平台或平台认证的第三方融资平台签订协议，并付出相应的手续费和利息，以一定的比例进行货权和资金的置换。但是，目前这种交易模式还不为市场认可，参与程度很低。

■八方说词■

电商的五个发展阶段

——虾米网 COO 思践

今年，斯波帝卡遇到了很大的困惑，他们早期成长很快，但是后来发现营销成本越来越高，价格战越来越厉害，于是想要做品牌，为此，斯波帝卡花了很多钱请 4A 公司为其设计新的品牌理念。当时我觉得，这个事情不会有效果，而事实确实也是如此。当你的库存积压、效率提升不上去时，你很大程度上是依赖于促销，依赖于聚划算和其他资源；当无论是聚划算还是首页焦点图成本增加的时候，你会发现营销成本越来越高，而客户的选择成本却很低，导致进来的流量转化率有时候不升反降，这时候又不得不依赖于流量，作为企业的老总最自然的选择一定就是想办法吸引客户有更好的成交。怎么吸引？花更多精力在促销上，选更好的版型、模特、文案、店铺装修。但要获得利润，就只好压缩产品成本，导致产品的质量下降。我认为，之所以会出现这样的情况，原因就是它没有符合整个电子商务生态发展的规律，我将这种规律称为电商发展进化论。

超越进化论的发展最终会出问题

一个真正的品牌应该做到不管平台规则怎么变化，都能够没有大的变动。在中国，大家对品牌的理解有一个误区，老是想着把所有的精力投入在跟消费者"一见钟情"上，所有的营销成本和创意盯着一见钟情，导致包装很精致，却没有内功。即使那些所谓的传统品牌也是如此，不停地告诉消费者要喝加多宝，但是消费者其实并不知道到底是加多宝、王老吉还是何其正好喝。这点跟国外的品牌截然不同。国际知名品牌其实在背后都做了很深的功夫，它在营销上之所以能花那么多钱是因为它在内功上已经打好了基础。耐克为什么还要持续打广告？4A 公司说你不持续曝光别人就会干掉你。其实本质不是这样的，本质是想告诉消费者我没有停止我的创新，没有停止为你提供最好的服务。这些广告针对的是老用户，真正被广告砸中的新用户其实占比不多。它赚的是少数人一辈子的钱而不是更多人一见钟情的钱。我们会发现电子商务对整个中国经济的促进有一个非常大的意义，即所有的概念全是舶来品。但是其商品流通、制造业和加工业则属于拔苗助长。在国外，优质的品牌 4A 公司所有的理念和创意都是有基础的，它们有非常完善的法制体系做保障，在欧盟，品质不是用广告和营销体现，一旦你被投诉，是会罚到让你倾家荡产的，但在中国情况并非如此。

品牌的建立需经历 5 个阶段

我认为，品牌的一个重要标志是：一个真正的品牌是应该具有很高的复购率。而现在所谓的淘品牌，其成功往往来自于对规则的持续把握、对营销的持续投入。这其实还没有跳脱电商发展的第一、第二阶段，我称之为价格电商和视觉电商。我认为电子商务发展的第一阶段，是价格电商。价格电商处于金字塔的底部，这个阶段将会持续很长一段时间，依赖的是价格上的促销，更多消费者对商品是价格敏感的。第二个阶段，是现在最主流的阶段，我将之称为视觉电商。为什么呢？如果有两款设计上一模一样的衣服，一个用的是高档面料，一个是普通面料，它们的成本可能相差很大，但是你会发现，如果选一样的模特，两件衣服会面临一样的结果——要是好卖就都好卖，要不好卖就都不好卖。在这种情况下，卖家有什么动力一定要做贵的供应链和更好的产品呢？视觉电商导致的情况是：图做得好，模特选得好，但是商品一定是低价低质量的，消费者只要看了这个东西觉得好就冲动性消费，因为这个阶段看重的是第一次进来的流量产生的交易转化率。只有发展到一件衣服消费者买了以后会不会第二次买的阶段，卖家才会关注要不要用更好的面料，给客户更好的体验。但是大多数低价用户追求的是款式，在这种情况下很多消费者对衣服的品质感辨识能力是不足的，这是一个很大的海量的市场，但却是个红海市场。如果认真统计，就会发现其实很多在淘宝上买衣服的女孩子全年的花销很大一部分还是在线下商场，原因是淘宝上买不到品质能达到她们要求的商品，她们不是价格敏感型的消费者。

如果这部分人都到线上来了，那就到了第三阶段，也就是品质电商的阶段。我认为未来一两年会有越来越多的卖家重视的不是一次转化率而是二次复购率，通过用户口碑把品牌宣传出去。品质电商要传达的是它的货品是货真价实的，而在视觉电商阶段，货一定是不够真的，模特传达给消费者的东西不是真实的。货真价实只有一个标志，那就是我们的电子商务要去抢占整个商业零售市场，使得消费者下单拿到手的商品品质跟专柜拿到的是一样的。其实对于很多卖家来说，尽管这部分人群不如价格电商和视觉电商时期那么多，但是却是真正具有购买力的消费者，一旦发生购买，其购买力是持续的。这一阶段的产生标志是许多非常好的产品迅速崛起，而且不借助营销的创新，也能做到复购率非常高。

第四个阶段，当品质电商越来越多，每一个类别都能提供不低于线下的品质，这时候个性化的需求就来了，事实上这非常接近曾鸣说的C2B、小而美，能把细分的个性化市场打通，产生非常大的聚合力量，中间的渠道商分销和库存会减少，整个制造业和零售业的效率得以提高。而此时，就非常接近于品牌电商崛起的阶段了。品牌电商是涵盖所有的内容的，那些大品牌做的营销都很有创意，很能切合消费者，因为它比其他竞争对手更懂消费者，它说出来的话一定更贴近消费者的心，同时它的品质一定更有保障，价格也一定吸引人，全方位都得到了提升。

电商发展的5个阶段意味着，一旦没有按照这个进化论的规律走，一定会出现问题。比如一些新奇的小玩意，拼的是创意和低价，就是价格电商和视觉电商的嫁接。你会发现它能迅速起来，但是很难持续，很容易被抄袭，因为它的用户沉淀不下来，没有忠诚度，转移成本非常低。

平台尚未建立适合品牌生长的规则

现在淘宝、拍拍等平台还没有真正建立起适合品质电商发展的非常理想的生存环境，现在的游戏规则还是让卖家在价格电商的层面上玩，导致消费者要淘到一个东西的成本是非常高的。而那些真正想专注品质的卖家，生存却很艰难。因为他们要保证利润率，价格就一定比平均高，价格一高，交易量就上不去，曝光量就小，面向的人群基数就少。而淘宝目前还没有针对买家的整合营销或者精准营销的工具，在这种情况下，通用的引流方式一定是针对大众的，对于那些追求品质的卖家就非常不划算，这就导致了恶性循环，越是这样，品质类的供应商越不容易被消费者发现，而错误的判断就建立起来了，认为做高端的生意做不大，市场很小。而在这种情况下，在品质电商没有形成之前，淘宝也好，卖家也好，就开始讲品牌的概念，其实是超越了阶段的，硬生生把超前的观念嫁接到了视觉电商的阶段上。因此，现在所谓的品牌无非是以促销为基础的，以这个公司牌子的认知度和覆盖率来说的，它的核心不是增加品牌的忠诚度。

我认为包括淘宝在内的很多第三方平台把电商带入了一个误区，已经有很多电商在受这个苦了，他们发现换了一个品牌的 slogan，换了 logo，请了新的代言人，重新定义了品牌个性，却不见效，拼不过那些拼价格的。而现在的消费者是人为刀俎我为鱼肉，他们看到什么东西是淘宝决定的，搜索类目和活动是钱和战略目标决定的，在这种情况下天猫做传统品牌，淘宝做名字街，没有任何的指标参数和品质挂钩，品质到底要由谁来评价，评价规则是什么，这些都是急需建立起来的。换句话说，卖家在这个游戏规则下很难去做品质，而互联网电子商务能做和最应该做的事情是，把有这种特质的商家效益给放大。淘宝现在核心的问题是价格电商已经偏过时了，视觉电商已经非常丰富了，未来的发展方向是品质电商，规则、店铺的评价体系、给消费者传达的信息，必须加上对品质电商的评价元素，这些要素在淘宝的体系里，体现在店铺档案中，商品要有对品质的评价元素，而不仅仅是性价比，还有搜索规则，平台要想办法把那些关注品质的人推出来，这不是一家能做的事情，而是需要平台和商家一起来做的。

现在淘宝还没有完全摸清楚规律，但是高层已经往这方面去思考了。在这种情况下，这个系统化的电子商务进化论金字塔模型，无论是对拍拍还是京东其实也都是适用的，只是各个平台侧重点不同而已。作为商家，就应该想清楚自己现在处在进化论的哪个阶段，未来要往哪个方向走。不是所有人都必须去做品牌，如果支撑你最终品牌的下面四个阶段都不具备的话，就别再谈品牌了，营销层面可以讲，但是战略上千万别这么想。

电商是检验品牌的照妖镜

除了电商发展五阶段的金字塔外，还有一条主线是贯穿整个电商金字塔从上面一端到下面一端的，我们把它叫做效率电商。这条线衡量电商在每个阶段做得好或不好，如利用数据系统、CRM，或对平台规则的把握，能不能做到效率最高。GXG 就是以效率起家的。还有一群新兴的、疯狂吸收淘宝各种知识、参加各种培训的电商人，他们能做到快速加班加点去强化充电，把直通车所有的规则搞清楚，保证任何一个环节的效率最高。如果卖家紧盯着底层，盯着金字塔最基部的那部分人群，那么做电商就只有一条路，即效率电商，所以现在所有的培训机构、淘宝大学只围绕一件事，就是效率电商。但是对于真正的商业来说，如果变成那样的角色就会发现你疲于奔命，特别没有安全感。从这个角度来说，电子商务是一面照妖镜，是不是真品牌，拿到电商那里一照就知道了。在线下，你能获得最大的人流，营业员培训得很好，让消费者产生了一次性冲动消费。这是因为商圈产生了自然流量，算不上品牌。品质电商和传统品牌不是画等号的。

淘宝、天猫赤裸裸地把中国商业的遮羞布撤掉了，过去的品牌广告全部是一见钟情式的，靠广告的轰炸砸出来的用户，本身不存在复购率，毛利足够高能够赢得新客户。但是电商不一样，最终大的品牌、牛气的企业是通过复购率来获得生存的。真正的品牌有一个重要特性，就是对平台规则的依赖减少，能建立自己的消费者社区。所以我认为，之所以淘品牌"淘出"失败，是因为真正的品牌尚未建立，真正的品牌 B2C，是 brand to customer，是一个品牌为自己的忠实消费者服务的社区，提供的是消费者关怀、CRM 和增值服务。

在目前的情况下，我认为，那些耐得住寂寞、经得起诱惑、熬得住的商家，最终有机会发展成真正的品牌电商。它可能具备一些普遍的特征，如毛利一定高于类目平均水平，对营销的依赖度较低，但是，它也一定要经得起品质的考验。

第十七卷　2013 年：电商战国新态势

第六十八回　广货上网　产业园区

广货网上行

电子商务是 21 世纪经济发展的制高点、经济增长的发动机和全球化竞争的焦点，它代表了全球信息经济发展的趋势和潮流，正在成为全球交往和贸易新的"游戏规则"。如何在逐渐成形的世界网络经济中规划自身的发展，将决定一个国家、一个民族在 21 世纪的战略地位，甚至将影响世界的多极化格局的最终形成，所有国家都面临着抉择。发展自己的电子商务，中国政府已经别无选择。作为 21 世纪新的生产力，电子商务在我国已经具备发展条件，如何促进并完善其发展，政府担当着重要的角色，在政策导向、法律约束、宏观协调和环境建设等方面将发挥巨大作用。

2012 年，广东省加大发展电子商务，营造发展环境。2012 年，国内外经济形势严峻，"促内销、稳增长"成为中央对经济工作的建设要求。广东作为传统制造业大省，制造业销售渠道面临电子商务的颠覆；作为全国电商消费大省，电商渠道发展与消费需求出现严重"倒挂"。于是，广东推出以"广货网上行"为抓手的"促内销"的创新举措:一方面推动本省电商渠道壮大繁荣,另一方面推动制造业"触网"拓展销路,加大对电商的扶持力度。

2012年广东省出台政策,新增5亿元发展资金及推出一揽子措施,着力打造电子商务发展新高地,加快推动传统制造业和服务业的转型升级。与此同时,广东省将打造覆盖全国的综合性电子商务平台。广东省还计划把电子商务纳入战略性新兴产业范畴,全力打造电子商务发展的"硅谷"。2012年12月,广东省政府首个电子商务发展意见——《关于加快发展电子商务的意见》(简称《意见》)发布。《意见》指出,广东将在财政、税收、融资、用地、人才、市场准入等方面对电子商务发展加大政策支持力度,加快培育一批电子商务平台和网商。

广东省政府在推动电子商务发展上走在了全国的前列。广东是全球闻名的商品集散地和批发贸易中心,这为批发贸易类电子商务发展提供了产业链的基础,目前广东在电脑、汽车用品、鞋业、木材、蔬果、茶叶、服装、皮具等专业市场均建立起了电子商务平台,在钢铁、化工、金属、塑料、粮食等生产资料市场建立了大宗商品电子交易市场,其中塑料、IT产品、木材等价格指数成为全国行业的价格风向标。这些产业基础为广东省发展电子商务创造了良好的条件。中国电商行业素有"北电南商"之说,广东当地电商企业的发展亦颇具特色。近年来,广东电子商务网站高速成长,营业额节节攀升。以唯品会为例,2009年营业额0.19亿元,2010年增至2.18亿元,到了2011年更取得爆炸性增长,营业额高达14.64亿元,短短三年时间累计增长率达7998%。在垂直B2B电子商务方面,上线仅两年的广贸天下网以深耕价值链的模式,为广东制造企业对接全球市场提供了渠道和价值。广贸天下网定位于为广东本土企业服务,强调在全球市场打造"广东制造"品牌,截至目前,已建立105.7万个来自全球200多个国家和地区的采购商资源,这些采购商每年的理论采购需求量达1000亿美元以上。截至2012年11月1日,在该平台注册的广东本土企业达52369家,付费会员为4376家。广贸天下网还为广东供应商提供面向全球市场的定向推广、精准营销、贸易匹配等线上精细化服务,以及供需双方的线下对接会,成为促进广东外贸出口的重要平台。广州摩拉公司运营的梦芭莎平台是国内知名的服饰类B2C电子商务企业,在经营模式上也有别于京东、唯品会等平台类 B2C，主要通过互联网平台向消费者销售自己品牌的服装服饰，原料采购、挑选制造工厂、服装设计、网络销售等环节均由自身完成，省去了几乎所有的中间流通环节。这种模式的毛利率更高。

为了进一步推动电子商务的发展，2012 年 8 月广东省政府启动了广货网上行活动。广货网上行是广东省加快发展电子商务的创新之举。以"促消费、扩内需、调结构、稳增长"为目标，按照"政府搭台、企业唱戏"的原则，依托广货品牌和服务优势，通过统一组织、统一标识、统一宣传、统一行动，开展"广货网上行"活动，促进产销对接，扩大网络交易，增强消费对经济增长的拉动力，集中推介广东电子商务平台、网上商城和广货网店形象，打造电子商务强省，建设优质品牌和电商厂商协同发展信息化平台，培育和壮大网络消费群体，提高广货网购市场占有率，为稳增长、调结构、惠民生注入新的强大动力。为此，广东省成立筹办了"广货网上行"活动组委会，主任由省主要领导担任，办公室设在省经信委，包括省发展改革委、科技厅、财政厅、外经贸厅、南方报业传媒集团等 10 多个成员单位。

"广货网上行"活动开展以来，得到了社会各界的热烈响应和广大企业的大力支持。活动官网累计点击数超过 200 万人次，日均点击数 3.3 万多人次；网购人数大幅攀升，9 月当月成交买家会员总数达 2311 万个，同比增长 18.8%；参加活动的电商平台、网上商城和广货网店销售额同比增长 19%；消费领域不断扩展，9 月虚拟服务类产品成交量达 960 万次；"触电"企业显著增多，9 月成交的卖家总数为 65.9 万个，同比增长 128.3%，取得了预期的成效。开展"广货网上行"的活动旨在让广东企业更好地适应经济形势和市场新的消费模式，加快推动产业转型升级和企业产品的转型升级，并通过活动给消费者带来更大的实惠。在"广货网上行"活动期间，众多企业都推出了秒杀和打折的优惠活动，而电商平台则推出免费入会的优惠政策，真正实现了企业、电商、消费者互惠互利的欣喜局面。在活动期间，政府拿出一定的财政，对参与活动的企业和电商平台进行动态奖励，以鼓励广东企业能够积极地上网触电，鼓励电商平台提供更优质的服务，使"广货网上行"活动真正做到促进企业转型升级、促进电子商务发展，并给消费者带来真正的实惠。

统计数据显示，2011 年广东省电子商务交易额 1.2 万亿元，排名全国第一，相当于全省 GDP 的 22.8%；全省网络购物交易额约 1200 亿元，全国排名第一，约占全国的七分之一，占社会消费品零售总额的 5.9%。2012 年电子信息业完成增加值 4531.1 亿元，电子商务交易额约 1.5 万亿元。2012 年，一线城市依然是网上消费的主力军。其中，广东用户的网上支出占到全国的 14.06%，成为全国第二大网上消费省份，同比增长了 67.61%。

电商产业园区

在国家有关部委的政策支持下，地方政府投身于电商产业园区的建设。在 2011 年 3 月，发改委、商务部等 5 部委已联合出台指导意见，开展国家电子商务示范城市创建，由工信部、发改委等 9 部委联合制定的《电子商务 "十二五" 规划》也已经通过发布。在全国各中心城市，掀起了一股电子商务产业园热。在电商快速发展、城镇化高速推进的大背景下，促进电商业做大做强，打造电商现代产业集群，形成人才、资金、物流、营销、仓储、配套的高度集中，形成强大的产业竞争力。依靠龙头核心企业在产业中的纽带作用与产业的凝聚力推进产业的整合，提高产业的集中度，带动行业实现升级。引导并鼓励条件成熟的企业利用品牌资源、知识资源与国内外市场的渠道资源优势，向产业链的两端延伸发展，逐步形成建设总部基地的条件，向总部经济转型、升级，这就是电子商务产业园的背景意义与价值所在。

电商产业园区使产业集聚化程度逐步提高。围绕电子商务及相关配套产业发展，形成了一批电子商务产业基地和园区。中国物流园区与产业园区第一家提供全程服务机构，即从策划、规划、设计、招商引资、运营管理五大源头抓起的专业机构——中物策（北京）工程技术研究院在 2011～2013 年期间，在孝感临空经济区物流园区总体规划、中国西部现代物流港扩展规模的产业策划和空间布局规划；集宁现代物流园区总体规划、临沂大荣国际物流园区总体规划、哈大呼齐中心物流园区总体规划、中国（西宁）国际产业园区总体规划、邹城市商贸物流产业发展规划、临沂国际商贸物流产业规划和空间布局研究等方面都对电子商务产业园的功能或区域板块做了具体详细的布局与规划，有的街区还用电子商务产业街区或园区命名，有的项目落地也是采用电子商务产业一条街和电子商务产业园区定位并命名。

据初步调查，浙江省已建设各类电子商务产业园区 13 个，20 多个正在规划建设中。同时，杭州、宁波两市入选国家级电子商务示范城市；杭州文三街电子商务产业基地和金华市区电子商务产业基地入选国家级示范基地。杭州市政府已经将杭州定位为"电子商务之都"，重点发展电子商务产业，网易、IBM 等公司已经开始在杭州建立总部和基地。

在上海市的《电子商务"十二五规划"》中，上海市计划到 2015 年，打造电子商务园区，引进 30 家国外知名电子商务企业在沪设立总部。2011 年 3 月，清科在三亚举办的电子商务论坛上，上海市嘉定区政府甚至连续赞助了两次创业者晚宴，向电子商务公司推销嘉定区的电子商务产业园区的相关政策，希望吸引诸多的电商企业落户嘉定区。

2011 年 3 月，北京市朝阳区也提出了"创建国家电子商务创新应用示范区总体方案"。方案中，朝阳区提出了 6 大任务，主要定位于高端商务区聚焦总部、行业联盟总部和高端交易平台。

江苏的南京、四川的成都、陕西的西安、天津等地也在力造电商产业园。这些城市的目标很清晰，旨在拿下国家发改委等主推的"国家电子商务示范城市"的头衔。为了电商产业园的招商，各地政府可谓不遗余力，很多开发区区长亲自率队拜访北、上、广、深的龙头企业，并开出"在当地设总部补助几百万甚至千万、减免税收、免房租水电费"等诱人条件。电子商务投入少，经济拉动作用明显，且符合国家战略，能得到政策扶持，这是地方政府积极推动电子商务产业园的重要原因。

广东省在电子商务的"十二五规划"中提到，积极打造电子商务产业集群。以广州为例，广州市电子商务（天河）产业园、广州市电子商务（荔湾）产业园、广州市移动互联网（越秀）产业园均已挂牌成立。并且，这三大产业园均剑指"互联网生态链建设，推动一批电子商务知名企业孵化、成长"。加上尚未获得官方授牌的白云电子商务总部基地、番禺岭南国际网商创业园、知识城京东电子商务港、中国邮政 EMS 广州网商创业园等，粗略算下来，广州已经启动或拟将上马的电子商务聚集区近十个，此番景象被业界津津乐道为"广州电商在沉默中爆发"。

从天河软件园、黄花岗信息产业园的一园多区、一区多产业成为广州市互联网产业和电子商务创新的发源地，到最新的专攻互联网生态链建设，广州电子商务产业园登台了。第一个以电子商务为主的生态产业园位于天河软件园高唐新建区（即天河智慧城），由天拓控股公司投资运作，广州市科技和信息化局（简称科信局）、广州天河软件园管委会等政府部门则以"指导者"的角色介入。这种模式不仅可以改变单纯依靠政府投入、创新力度不足的问题，而且可以克服单纯靠市场运作，政策设施、创新资源配置失灵的问题。天河电子商务产业园试水成功之后，位于荔湾区的广佛数字创意园和位于越秀区的移动互联网园区也仿照此"政企合作"的方式，相继挂牌成立。与南京等其他城市"大干快上"、电商产业园占地面积动辄几十亩颇为不同，上述广州三大产业园均采用分期建设的方式稳步推进。位于天河的电子商务产业园目前投入使用的面积仅 23150 平方米；尽管广佛数字创意园总规划建筑面积达 20 万平方米，但一期开发的面积也就 3 万平方米；而移动互联网产业园规划的 50 万平方米体量也是分三期建设。

近年来，广州相继被评为"国家移动电子商务试点示范城市""中国电子商务应用示范城市""中国电子商务最具创新活力城市"。2011 年 11 月，广州更成功获批为国家电子商务示范城市。喜中有忧，办公和仓储用地急需扩容成为横亘在电商企业高速成长之路上的问题，企业渴求建立电子商务产业园的呼声不绝于耳。正是基于公共服务平台和环境体系的建设，广州市科信局积极指导电商产业园区的建设。除了三个已经挂牌的园区，接下来还会筹划、推动建设亚太电子商务企业总部基地；同时在城市周边（如从化、花都、增城）推动建设智慧化电子商务仓储物流园。可以预见，广州经济转型升级大战早已开启，电子商务作为其中重要的产业领域，正以后来者居上之势，力敌京沪深等地。

第六十九回　店电网商　云商模式

中国零售业正面临成本增速抵消消费增幅、网购渠道分流线下、物流配送低质量高速度发展、实体零售企业大面积效益下滑、电商企业普遍亏损的问题。在此背景下，张近东谈及新十年苏宁商业模式时称，要走"沃尔玛＋亚马逊"的模式，同时推进"去电器化"，如今这一模式被表述为苏宁云商模式。苏宁"云商"可概括为"店商＋电商＋零售服务商"，以云技术为基础，整合前台后台、融合线上线下。云商苏宁既要做线上，又要做线下；既要做店商，又要做电商，还要做零售服务商。这种模式或成为零售行业转型发展的新趋势。云商模式将全力打造连锁店面和电子商务两大开放平台，线上线下虚实结合，进行全品类拓展，重点打造线下连锁店面平台和电子商务平台。两大平台形成交互，构成苏宁新的开放内容。全品类扩展，即产品不仅包括实体商品，而且将开发数字应用、音乐、游戏、资讯，全力开拓生活服务、市场服务、金融服务、商旅服务、物流服务、售后服务、数据服务。对下游消费者提供衣食住行用，为开放平台的零售商店提供覆盖供应链的专业服务。

围绕"云商"模式，苏宁对组织架构进行全面调整和优化，从原有的矩阵式组织转变为事业群组织，原先的七大经营管理总部变成管理和经营层面分开的模式。总部管理层面设立连锁开发、市场营销、服务物流、财务信息、行政人事五大管理总部，负责战略规划、标准制定、计划管控、资源协调。在总部经营层面打造线上电子商务、线下连锁平台和商品经营三大经营总部，涵盖实体产品、内容产品、服务产品三大类28个事业部。在大区层面，扁平化垂直管理、本地化自主经营是苏宁新组织的最大特点。大幅扩充大区和城市终端数量，增强区域化运营和本地化服务能力，提升运营效率。通过数量扩充和组织下沉，苏宁将增强全地域覆盖和精细化运营能力。为体现苏宁"超电器化"经营的实际状况和线上线下的融合创新，苏宁电器不仅将名称改为"苏宁云商"，在视觉形象上也启用全新的 VI 系统。苏宁 VI 在门店、广告等层面逐步调整，预计2013"五一节"前全国大约15～20家 Expo 超级店会完成形象全面升级。新 VI 应用体系的导入，使苏宁品牌更能代表行业趋势，也更贴近消费者。

苏宁更名的背后体现出的是苏宁对于未来发展的新模式的探求，而其中有三点值得注意。

第一，苏宁明确了自己在商业结构转型中的发展模式。张近东提出，苏宁要做"电商＋店商＋零售服务商"。这无疑也是苏宁进行了 3 年多的探索，经历了 2012 年"8·15"电商大战以及王健林和马云的电商和零售之争后，张近东为苏宁找到的最佳模式。张近东说，"中国零售业正处在历史的危机关头，行业的成本增速抵消消费的增幅，网购渠道分流线下，物流配送低质量高速度的发展，实体零售企业大面积效益的下滑，电商企业普遍亏损。全行业只有从事信息咨询、广告搜索的电商副赢利丰厚。"而云商模式正是苏宁最佳的发展机遇，张认为，没有线下的电商是没有办法发展的，没有线上的店商也是无法长久的。在探寻未来的商业机遇上，张近东一直有着超前的眼光，并且敢于"革自己的命"。1996 年，苏宁毅然"壮士断腕"，压缩仍在迅速增长的批发生意，成功转型成为零售商，这也是苏宁能够存活并且壮大至今的关键举措。同时，苏宁也是中国传统零售企业中率先做电商的公司之一。

第二，在新模式中，苏宁明确了会将"云"作为技术的重要发展方向。苏宁将通过发展云技术，实现海量的数据储存以及为集团未来发展所需要提供的技术支持。同时，云技术也会帮助苏宁实现线上线下融合的目的。

第三，苏宁进行了结构精简，主要打造线下连锁店面和线上电子商务两个开放平台。并且，除了服务消费者和上游供应商之外，还要服务零售商，也就是 B2B2C 模式。值得注意的是，苏宁在新架构中最大的变化是，除了负责电子商务的李斌以及负责连锁平台的田睿都晋升为总裁办成员之外，负责数字应用、云产品事业部的顾伟和负责物流事业部的陶京海双双升任为总裁助理，可以更加迅速地提升这两方面的决策速度以及重要性。另外，苏宁新成立了商品经营部，可以统筹线上线下两个平台的商品采购，在百货等全品类扩张的领域更快地加大议价能力。

2013 年：电商之战的升级之年

京东在第 4 轮融资之后，7 亿美元的后备资金能够帮助其实现开放平台的加速。而苏宁要在这场零售转型战争中获得胜利，不仅需要发展线上的业务，而且需要将线下积累多年的资源转化成机会而非累赘，如能成功，这将是京东甚至阿里巴巴都没有的优势。

第七十回　电商物流　跨界之争

国家邮政局发布 2012 年全国邮政运行情况。其中，全国规模以上快递业务收入首次突破 1000 亿元，同比增长 39.2%，步入千亿时代。全国规模以上快递服务企业业务量完成 56.9 亿件，同比增长 54.8%。快递行业已经连续 5 年实现超过 27% 的增长，其中 50% 以上的营业收入来自电子商务。

京东商城、凡客诚品等大型 B2C 电商企业已向国家邮政局递交"快递业务经营许可证"申请，亚马逊中国、1 号店、好乐买、唯品会等国内电商均有自己的物流配送团队。另一方面，顺丰旗下电商网站顺丰优选上线，此外，申通投资爱买网超电商平台，采用创意域名 ibuyday.com。电商与物流的互搏终于集中在近期爆发。这场电商和快递的混战，于双方都是喜忧参半：电商筹办快递成本过高，快递进军电商前景黯淡。

与中国电子商务市场高速发展不相匹配的是，由于历史、体制等原因，中国物流行业目前的整体状况可以概括为：一边是快运垫底，一边是快递鳌头。这场跨界战的喧嚣背后，对物流瓶颈最核心的难题贡献何在？行业发展的前景，构成预测和评判的纵坐标。如果要为这场电商物流的跨界战做盖棺定论的话，可以这样看：京东自建物流是扩充产业链，不得已而为之，又有些力不从心；顺丰进军电商是追逐多元化，符合商业规律，但请勿随意效仿；天猫结盟九大物流是表姿态，表面看是一石二鸟，实则是换汤不换药；但若要从规避国内快递困境、扫清电商发展的物流瓶颈角度来看，这几种模式的贡献甚是寥寥。

2012 年 6 月以来电商很忙，集中爆发的价格战，最显著的意图被认为是阻击京东或将提前的 IPO。苏宁易购发起差额补返"全网比价月"，3 折天天抢；随后，京东商城启动"京东诺曼底、史上最强店庆月、让利 10 亿元"；不肯休战的还有天猫，在前期抛出 2 亿元人民币补贴商家进行降价促销的基础上，再次宣布追加 1 亿元直接补贴消费者。而当当更是秉承其 CEO 李国庆一贯的作风，愈发剑指京东，打开当当首页你会看到，"低价征东""震京裸奔"

的宣传语，业界纷纷感慨，"当当疯了"。台前价格战、幕后物流战作为孪生兄弟，业已成为电商平台对峙的标配。马云在一次接受采访时也谈到物流，"什么能阻碍电商增长？""物流。"艾瑞咨询的有关数据也显示，从 2011 年起，用户选择网购的首要因素中，价格的占比较 2010 年已有所下降，而物流等服务的影响增长 6.4 个百分点、达 25.7%。

电商的物流瓶颈是一个老生常谈的话题，当日达、次日达、夜间配送等接连出现，逐渐成为国内电商新标准时，除天猫外，国内主流综合性电商平台京东、苏宁易购、亚马逊中国、当当皆已形成自营物流＋第三方的模式。但在近期的京东身上，电商物流被赋予了新的意义。对于待上市的电商巨头而言，有个物流资产的配置，方便概念包装，资本市场的要价就会更高。但资本市场是否买账呢？投资人的钱未必那么好圈。

2011 年 8 月，京东商城 CEO 刘强东宣称，3 年内京东将投资 100 亿元用于物流建设。有业内人士估算了自建物流的成本账，若将租厂房、传送带、货架、IT 系统、降温、电缆等全方位的投入都算在内，那么每 1 万平方米的仓，可能需要 1000 万元。而京东的"亚洲一号"仓库计划，采取的还并不是租毛坯房，而是自买土地自建的方式，其成本无疑将更高。然而仓储方面的资金投入还只是一部分，电商自建物流，不会比传统物流成本更低。电商物流信息化程度更高、服务水平更好，这毫无疑问带来了更高的设备成本、人力成本。另一方面，京东目前的快递政策是，金额不足 39 元的订单收取 5 元运费，而我们知道民营快递行业的单笔起价就达十余元。成本更高昂、基本不收费，现阶段的京东自建物流毫无疑问可归为"赔本赚吆喝"。对于现在仍处于跑马圈地阶段的国内电商而言，资金链的脆弱和决定性越加凸显，谁能笑到最后全看谁的资金链可以撑得更久。重金砸向物流，固然有利于提升服务、进而抢夺市场，但对当前的国内电商而言，用户忠诚度在便利的比价面前捉襟见肘，资金链的保持稳定却不容忽视。当当网 CEO 李国庆炮轰京东钱只够烧到八月，多少有些空穴来风的成分；而京东自己也知道，真到了没钱的时候再 IPO 将更加被动。"亚洲一号"遇阻、李国庆炮轰、或将提前 IPO，由此可见一斑，从企业自身角度来考量，京东重金砸物流已然显得力不从心。

继"顺丰 e 商圈""尊礼会"之后，中国本土最大快递企业顺丰搭建第三个电商平台。2012 年 5 月 30 日，"顺丰优选"正式在北京上线。2013 年 2 月 26 日，顺丰优选开通上海、广州、深圳的常温类食品配送服务。紧接着，顺丰优选于 3 月 26 日开通天津、杭州、苏州、南京、武汉五地的常温类食品配送服务。2013 年，顺丰开始发力电子商务。

多元化作为一种商业规律，优秀决策者的价值往往能在企业扩张中起到决定性作用。顺丰就是以定位高端市场而取胜，顺丰优选本质上属于垂直电商，定位高端食品，且 80% 是进口食品，定位明确，又由于国内食品安全问题频发等原因，进口食品是有一定市场需求的，一定程度上讲，王卫箭无虚发。然而，一个明显的对比是，当京东渗透快递时，圆通、EMS 等快递巨头火速跳出来，公开反对电商自建物流；而当顺丰进军电商时，电商界并无多大反响。这固然与电商更习惯于市场化竞争有关，但也在一定程度上预示，对于整个电商行业而言，顺丰进军电商难成大势。这是由顺丰优选侧入电商市场时的定位决定的：一是垂直电商，二是轻电商。在综合型平台电商的挤压之下，市场并没有留给垂直电商多少空间。多数电商模式的本质是在线零售，其规模效应非常关键，面对同样的营销成本，垂直电商却要承担更大的行业风险。这就决定了，在当前的国内电商行业中，如果没有其核心竞争力，垂直电商将越来越难以生存。来自老本行快递的优势，能成为顺丰优选的核心竞争力吗？在当日达、次日达逐渐成为标配的大背景下，顺丰原本的快递基因无甚优势可言。

为何以 3C 起家的京东，比起以图书起家的当当网，在迈向综合性电商平台的道路上走得更顺？一旦重电商们加速实现百货化，轻电商的生存空间将会很快被压缩。而以顺丰优选为例的轻电商，要想如法炮制百货化则显得困难重重，当当网即是前车之鉴。单就垂直电商、轻电商这两重定位来看，即使顺丰优选能有一丝美好前景，也绝无撼动电商大佬、取得顺丰在快递行业地位的可能性。

两家企业自身布局角度是评判这场跨界战的横坐标；其评判标准的纵坐标，则是跨界对于行业发展的贡献。从这个角度来看，二者都还只是搅局，国内物流行业发展的前途不难把握，但缺乏有效的践行者。在体制与市场的较量之下，本土物流行业呈现明显的分裂式发展特征：体制之下最烂的快运，市场之下最好的快递。快运更加指向干线物流的能力，据称，美国的干线物流

60%以上是依靠铁路，而中国的干线物流却是 70% 左右依靠公路。所以，刘强东在发豪言壮志时，说的是"自购 300 多辆卡车组建干线物流"，而不是包多少列火车皮。而高速公路的中国特色又在于，不仅收费高昂，而且时常高速公路也不高速。这样，干线物流受到了费用和速度的双重桎梏，加之起步较晚，本土快运依然面临极大的困境。与快运相比之下，支线物流更加指向快递，其高度发达则是为市场所迫。在美国及欧美市场，人们通过网络购物，在三天左右收到货物是最正常的，而在中国市场，从客户下单到商品出仓用时控制在 2~6 小时，当日达、晚间送货也是为满足中国市场需要才有的。究其根源，在线下零售发达的欧美市场，电商只能作为补充，但在中国，电商却同时意味着产业的变革。波士顿咨询的一份报告指出，到 2015 年，中国的电子商务市场规模将达到 2 万亿元，中国极有可能取代美国成为世界上最大的电子商务市场。而来自中国调查机构的数据，甚至将这一年限提前至 2013 年。

在体制的限制、市场越来越苛刻的需求之外，本土物流的第三方面瓶颈则在于乡镇级别的物流配送。阿里巴巴曾鸣表示，"在绝大部分的中国地区，现代零售离他们还是很遥远的一件事情，大家想想，你去一个县级城市，去百货公司，今天能买到什么，但是同样一个人，他在淘宝上能买到什么。"二三线城市以下的广大乡镇，正是电商的下一片蓝海所在，但同时也是本土物流的短板所在。除了中国邮政，还没有哪一家民营快递能够覆盖到乡镇级别。若由本土物流这三方面迫切需要解决的瓶颈，并冠之以有价值的企业应有的责任心，反观京东和顺丰的跨界战，则京东的跨界物流，于干线物流无益、于支线物流有益，于乡镇物流无益、于城市物流有益，可总结为，只是锦上添花、并无雪中送炭；顺丰的跨界电商只是追逐多元化的商业规律，并有不务正业之嫌。本土物流真正打破天花板，不再成为电商发展的桎梏，尚待时日。

第七十一回　智能物流　千秋霸业

2013 年 1 月，阿里巴巴宣布组织成立 CSN，再次引起了电商业、物流业对阿里巴巴物流战略的关注。综合阿里巴巴这两年对物流发展的表态来看，其实阿里巴巴的物流发展战略非常清晰，深入研究后不难发现阿里巴巴物流所蕴涵的称霸野心。社会化物流是阿里巴巴一直追求的发展方向，而"天网"物流宝＋"地网"CSN＋阿里服务站，组成了阿里巴巴大纵深的立体式物流战略。

阿里一直对外宣称不自建物流，但要做社会化物流平台。天猫总裁张勇对外表示，天猫要打造开放的 B2C 平台，构建一个包括品牌商、供货商、零售商及物流商在内的各类第三方服务提供商分工协作、共同为消费者提供优质商品和服务的 B2C 生态体系，对于 B2C 产业链上包括物流在内的各个环节，天猫不会大包大揽地做所有事情。对于快递物流，天猫更将充分发挥平台影响力和资源整合及调动能力，促进社会化快递物流资源分工协作更加优化，推动构建全链条式电商物流体系。张勇把电商企业和快递企业做了一种休戚与共关系的定位，谁缺了谁都不行，天猫在上游提供了订单转化成包裹，物流公司用它的服务能力把这个包裹送到消费者手里，实现了这个服务。在谈及对自建物流的看法时，张勇表示，天猫与淘宝是一个社会化的交易平台，需要社会化的物流平台，尽管目前京东商城等公司在自建物流，但从长远来看，社会化物流是大方向。

2012 年天猫和淘宝一年的交易规模已达到 1.1 万亿元，日均独立用户访问量（UV）上亿元，日均网页浏览量（PV）已达 10 亿元量级。国家邮政局数据显示 2012 年全国规模以上快递服务企业业务量完成 56.9 亿件，马云说其中 37 亿件是阿里巴巴做的，那 2012 年天猫和淘宝日均诞生的包裹数量已有 1000 万件规模，2012"双十一"当天更是超过 7800 万件，目前国内没有哪一家或者哪几家物流公司能够消化掉阿里巴巴如此大体量的物流需求，这也是阿里巴巴坚持做社会化物流的直接因素。另外，天猫和淘宝本身就是社会化的交易平台，必须有社会化的物流平台才能与之相称，这样才能支撑天猫与淘宝平台和产业的发展。张勇在 2012 年还曾对外表示："对阿里来讲，其实我们从来没有自建过物流，我们只是在一些战略要地进行一些仓储用地的投资，其实这只是产业链当中的一环，而这些投资最终也会提供给其他的仓储企业包括物流公司进行使用，并不是说我们要去建一个物流公司或者物流团队去做物流业务。"这一观点也是马云在 2011 年 1 月 19 日阿里物流一期战略发布会上对外表示的观点。张勇表示，阿里巴巴没有意愿自己做一家物流公司，自己去招几万个人，自己做一套体系，做一个车队去开展物流，阿里期望建立一个社会化的物流平台，利用产生的订单和信息与合作伙伴去深入合作，通过向快递企业开放信息流来缓解物流压力。同样，马云在 2012 年底 CCTV 年度经济人物典礼后的中国企业家俱乐部内部沙龙上表示，阿里巴巴所做的就是把中国现有的物流体系利用起来，而不是自己建一套物流体系。中国未来会需要 1000 万快递人员，任何一家公司都不可能管理 100 万以上的员工去做快递。互联网公司是做不到这一点的，如果一家公司什么都干，这家公司肯定干不长。电子商务公司是一个社会化的大配合。从马云到张勇到曾鸣，再到阿里巴巴物流事业部的内部人员，阿里巴巴已经形成统一的物流战略发展思路，一心要搭建社会化物流平台，这也是在 2011 年 1 月做好的既定计划，现在是按照计划展开行动。

阿里巴巴物流战略主要分成两条线进行：第一条线是"天网"，主要是梳理、规划、搭建阿里巴巴物流网络，通过互联网形式对仓储物流服务进行数据化管理，也因此诞生了物流宝；第二条线是"地网"，也就是刚刚成立的 CSN（中国智能物流骨干网），阿里巴巴希望通过投资的形式建立干线仓储，进而围绕天猫和淘宝扶持下游的快递企业发展。物流宝是阿里巴巴天网战略中重要的一环，2011 年 1 月 19 日，阿里巴巴集团推出"物流宝"平台，大力推进物流信息管理系统。2012 年 5 月 28 日，阿里巴巴宣布与九大快递公司战略合作，大家的第一反应是阿里巴巴在为"双十一"做准备，其实这次联合九大快递公司也是阿里巴巴天网战略的进一步推进，目的是进一步提升物流宝的战略作用，而在当月早前的 15 日，天猫电器城推出"次日达、迟到免单"的配送服务更是对物流宝实际效果的检测。2012 年 5 月 15 日推出的活动得益于阿里巴巴集团技术平台——物流宝系统，天猫"迟到免单"服务通过和商家、第三方物流、仓储合作伙伴以及交易平台数据打通，可实现同城及城际快速配送。天猫将向物流合作伙伴开放相关信息接口以分享数据，并开发电子商务快递业务预警雷达、天猫物流指数等产品，将网络零售信息，结合快递公司营运网络状态情况等信息与物流企业、平台 B2C 商家和消费者分享。数据服务才是阿里巴巴"天网"物流战略最核心的部分，通过天网，阿里巴巴可以掌握（包括线上线下的）完整的信息流数据，天猫和淘宝的运营可得到进一步强化，而天猫物流也可实现从内环境进一步外扩至整个物流配送行业。

"散乱差"的中国物流行业还存在"过度流动"的情况，这种矛盾使得原本有限的物流资源因低效率的资源配置被进一步浪费。物流行业有一条"能不流则不流"的行业原则，意思是指让物流资源在最大范围内得到最有效的配置，而不是一盘散沙般无序重复地动来动去。天猫物流希望通过"货不动数据动"的方式来解决物流上的"能不流则不流"的行业原则问题，而所谓货不动数据动，就是通过物流宝这个连接商家、仓储、快递、软件的超大数据枢纽实现物流资源的合理配置。物流宝担负了阿里物流大数据的重任。天猫已经推出了仓配一体服务计划，即天猫物流先尝试从天猫电器城、天猫超市以及品牌特卖三条业务线入手，这主要是考虑到大小家电、快消品和服装三种类目对仓储配送完全不同的运营需求，通过物流宝加以磨合、提炼，逐渐让天猫物流能够有效地运转起来。

2013 年 1 月 23 日，阿里巴巴集团联合银泰、复星、富春、四通一达、顺丰，以及相关资本市场的领军机构、银行和金融机构等计划联手建立 CSN（中国智能物流骨干网）项目，该网络能够支撑日均 300 亿（年均约 10 万亿）元的网络零售额，让全国任何一个地区做到 24 小时内送货必达，目前该项目已经进入具体实施阶段。这是在阿里巴巴"天网"物流战略两年之后，正式展开的配套式的阿里巴巴"地网"物流战略。如果说阿里巴巴天网战略在过去两年不断进行数据化进程，那阿里巴巴地网战略过去两年做的是根据天网提供的数据梳理地网战略路线，并选择地网主干线路。其实早在 2011 年 1 月，阿里巴巴推出"物流宝"平台的同时，就计划投资 200 亿 ~ 300 亿人民币兴建全国性仓储网络平台，逐步在全国建立起一个立体式的仓储网络体系，中期以后，阿里巴巴集团希望能与电子商务生态圈中的其他合作伙伴共同集资超过 1000 亿人民币，来发展物流系统，而目前来看，中期所指的正是阿里巴巴的 CSN 项目，那么阿里巴巴组建的 CSN 项目标志着阿里巴巴物流中期战略开始进入全面实施阶段。早在阿里巴巴宣布 CSN 项目之前就已经开始着手在全国范围内拿地了。2012 年在谈及百亿元投资的项目时，张勇称，2011 年年初我们宣布了大物流计划，当时的核心内容就是我们动用一部分资金在战略重要性极高的地区获得和建设一些仓储资源。中国的范围那么大，但电子商务的发展具有区域和人群聚集的特征，一些关键区域、关键位置的土地资源是稀缺的。随着电子商务的发展，大家可以看到各大电子商务公司对于储备用地资源都有非常迫切的愿望。阿里巴巴购买土地建立仓储是希望分享给合作伙伴用，并欢迎合作的快递公司在阿里巴巴的仓储中开设中转场。但想要解决成千上万用户千差万别的物流需求，天猫物流要做得还有很多。因为对于一个拥有多渠道的线上商家来说，面对渠道一端，把货送到线下门店还是送到线上卖场，或者送到线上分销商，各渠道对物流服务要求都不一样，还需要验货、清点以及其他特殊服务。而天猫物流的终极目标就是要把物流业从传统的 B2B 转变到线上的 B2B2C 形式。要想改变铁板一块的传统 B2B 标准化物流，满足天猫 B2B2C 的非标准化物流需求，这件事必须由阿里巴巴来牵头推动。之所以阿里巴巴会投资物流地产，一来是为了改变传统物流业的 B2B 标准化形式，使其更适合天猫的 B2B2C 的非标准化物流需求；二来是因为在物流业中仓储建设投资大，回报慢，又需要规模性的平台化运作，因此仓储物流不仅是制约天猫和淘宝发展的一大瓶颈，也是制约物流业的一大瓶颈。阿里巴巴在反复评估之后，认为以投资的方式可以尽快帮助物流企业占据一些战略性极高的仓储资源，进而满足天猫淘宝的发展。阿里巴巴只管建仓与数据化，具体运营则交由专业的第三方仓储服务商与物流公司。

阿里巴巴再次分拆成 25 个事业部，其中物流事业部归天猫总裁张勇负责。阿里巴巴分拆时 CSN 地网项目还没正式上线，当时的物流事业部只包含天网项目，而马云还特意在阿里巴巴分拆 25 事业部的邮件中用"天网"对物流事业部做了备注。现在阿里巴巴物流"地网"CSN 项目已经上线，虽然阿里巴巴联合各方组建的 CSN 项目现在拟由银泰集团董事长沈国军出任 CEO，原因是 CSN 项目是联合投资，马云不好直接用张勇掌管该项目，所以通过沈国军出面缓解舆论压力，但如果不出大的意外的话，"地网"项目的实际掌舵人终归还会是张勇，因为阿里巴巴的天网与地网是需要相互编织在一起的，不可能独立分开运作、各自为战，最后的盘整还是会由天猫物流事业部来负责，这样才能做到"天地合一"。

天网解决了物流数据化问题，地网解决了物流干线仓储的瓶颈问题，而对于阿里巴巴来讲只做到天地合一还远不够，阿里巴巴整个物流战略必须包括配送终端的建设，也就是阿里巴巴 2012 年推出的校园小邮局和社区服务站。2012 年 9 月，阿里巴巴旗下淘宝、天猫事业群宣布，将开展提供校园快递系统解决方案的"阿里巴巴服务站"试点，进军物流"最后一公里"的校园市场，服务站以校园小邮局形式切入，服务站面积50～200平方米不等，采取智能化运作，以提供快件收发、自提等服务方便高校学生取件和寄件。阿里巴巴服务站一般安排在学生宿舍楼附近或去学校食堂的必经之路上，快递到货后，系统将会即时以手机短信的形式通知收件人领件，领取人到小邮局报上短信密码即可取件，且取件免费；同时领取人也可以在领取处通过电脑查询自己的快件。此外，阿里巴巴服务站小邮局还能提供揽件服务。在合作模式上，天猫作为一个系统解决方案提供者，并不直接做小邮局，而是提供符合学校应用场景的小邮局操作系统，包括为学校老师及学生提供小邮局操作培训以及运营指导。天猫牵头与快递公司总部签署合同，由快递公司总部协调快递公司高校所在区域分公司与学校签订合作协议。除了淘宝、天猫的快件之外，当当、京东等其他网络公司的快递包裹，同样可使用该系统进入学校。在不久后的 2012 年 10 月 24 日，阿里巴巴旗下天猫事业群天猫物流事业部宣布，"天猫社区服务站"即日起在北京、上海、杭州、嘉兴、武汉等一、二线城市 580 多个便利店、社区网点亮相，并在天猫服务站频道公示。11 月 11 日前夕，广东地区也增加了便利店提货点。六省市网点达到 1300 个。从 10 月 25 日起，淘宝、天猫的网购快件可以填写自己就近的"代收货"天猫社区服务站网点地址。包裹到站 5 天内，服务站予以免费保管，消费者可在期间凭借证件及密码上门自提。目前服务站仅接收体积小、非生鲜、金额不超过 3000 元的货品。

现在看来，其实阿里巴巴物流战略非常清楚，以"海""陆""空"三位一体的立体的大纵深方式涵盖整个物流产业链的各个角度，"海"指海量的终端代收点，"陆"指 CSN 仓储基建计划，"空"指物流宝的物流数据化。以后阿里巴巴基本上可以掌控整个物流业的全部数据，可以通过数据指挥全国各地的仓储物流公司。而国内各大仓储、物流、快递公司在通过物流宝数据做决策的同时使用的物流主干道也是由阿里组织投资建设的，而配送到终端时又是经由阿里规划的小邮局与服务站。说白了，在阿里巴巴完成物流战略后，各大快递公司只是负责统一管理旗下员工为阿里巴巴搬箱子，因为快递公司用的数据、主干物流网络、配送终端都是阿里巴巴建设的，谁还敢说阿里巴巴的物流战略不清晰呢？

目前 CSN 项目的建设者以及未来有机会参与到项目中的建设者，需要多接受一个附加条件：在未来 5～8 年中不计回报持续投入，这种条件下阿里巴巴 CSN 项目为什么会受到仓储物流企业、快递企业、资本投资方和金融机构的青睐？实在点讲肯定是有利可图，但利在哪里？对于仓储物流企业来讲，阿里巴巴投资建设的仓储完成之后会交由他们负责，因为阿里巴巴不会组建物流公司自己做搬箱子的工作，而是更乐于将这类工作交给专门的公司去负责经营，所以阿里巴巴对仓储物流企业可以一拍即合。对于快递业，阿里巴巴有三点足可以使其死心塌地地跟着阿里走。第一，由于目前快递企业仓储能力不足，导致"散乱差""过度流动""暴力分拣"等现象普遍存在，除了顺丰外，消费者对于快递企业的印象普遍不佳，如果快递公司想长远发展，必须要做好服务，提升形象，而阿里巴巴投资仓储给快递公司使用，这是快递企业的一个天赐良机，没有拒绝的理由；另外《快递市场管理办法》即将实行，这更促使快递业向阿里巴巴靠拢。第二，快递公司需要完整的物流数据，目前可以详细掌握整个网购行业物流数据的只有阿里巴巴一家，各快递公司由于在不同区域有强有弱，全国范围内的数据是不完整的，互联网时代数据是快递公司的刚性需求，快递公司必须跟上阿里巴巴的步伐。第三，2012 年全国共有 57 亿件快递，其中 37 亿是天猫和淘宝做的，占快递总量的 65%，同时 2012 年天猫和淘宝在整个网购市场的占比也在 85% 以上，而九大快递公司业务量占到了电商物流领域的 90% 以上，这就是他们为什么愿意跟天猫物流合作，尝试新服务产品首推的最主要原因。对于资本投资方与金融机构来讲，投资赚钱是最主要的，阿里巴巴 CSN 项目也并非公益项目，而且利润非常可观。艾瑞数据显示，2012 年网购市场交易规模达 13040 亿元；国家邮政局数据显示，2012 年全国规模以上快递服务企业业务量完成 56.9 亿件，业务收入完成 1055.3 亿元。粗略计算可知道，整个网购市场产生的快递量至少占快递总量的 70% 以上，2012 年网购带来的快递业务收入至少有 700 亿元以上。到 2020 年，阿里巴巴计划完成 10 万亿的网络购物交易规模（先假设这一目标可以实现），并且预期 8 年后到 2020 年国内快递首重价格至少会涨 3～4 元，续重同样会上涨，那 2020 年电商给快递业带来的收入很有可能达 9000 亿元水平，整个网购市场全年产生的订单至少有 400 亿件，如果在 2020 年阿里巴巴的每单快递从快递公司手中抽取 0.5 ~ 1 元的物流建设费，那 2020 年阿里巴巴物流收入就可达到 200 ~ 400 亿元的规模。当然，到时也有可能迫于消费者担心转嫁成本的舆论压力，阿里巴巴不会收提成，但如果在 2020 年网购交易规模可达 10 万亿元，阿里巴巴物流完全可在接下来的 3 ~ 5 年内收回投资，之后只管坐享物流收益，并且如果阿里巴巴物流肯分拆上市，那对于现在的投资方与金融机构就更具有吸引力了。

很多人愿意拿阿里巴巴与京东比，比电商业务，现在也比物流。其实阿里巴巴的物流战略根本没有把京东放在眼里。现在是这样，以后还是这样。从天猫和淘宝的日均订单量来看，现在有日均 1000 万件快递，到 2020 年日均快递量至少上 1 亿件，这并不是自建物流可以完成的，阿里巴巴所强调的社会物流的优势就在这里。虽然现在来看，京东自建物流从服务和效率上来讲都非常好，但从长远角度讲，京东如果再想上一个量级则会受到自建物流的掣肘。京东 2012 年日均 80 万单，全年交易额 600 亿元，如果十年后，京东日均订单量可翻 10 倍达到日均 800 万单，那全年交易额到 6000 亿元已是京东物流配送的极限了。这么看来，阿里巴巴所强调的社会化物流确实非常适合天猫和淘宝的自身发展需求，而且阿里巴巴的物流战略早已把京东的需求规划在内，就像阿里巴巴在校园成立的小邮局，如果京东有需要也完全可以使用，若到 2020 年京东自建物流不足以支撑京东发展，那京东就只有投靠阿里巴巴的物流体系了。所以以后还是别拿京东跟阿里巴巴比了，量级不在同一阶层，目标愿景更有很大差异。

第七十二回　电商重金　掷向物流

电商企业近几年纷纷赴汤蹈火，不惜重金砸向物流。成败系于物流。中国证券报中证网倪铭娅撰文分析，"得物流者得天下"。在信用、支付等难题解决之后，物流成为电商成长的最大瓶颈。但最大的瓶颈也将是最大的竞争力所在。

物流关乎电商企业的成败

京东商城 CEO 刘强东曾说，物流是京东的生命线。由此看来，物流关乎电商企业的成败。电商自建物流主要缘于两个方面。一方面是成本中心向利润中心转变。物流成本是电商企业最大的一项费用支出，进而也是影响利润的最重要因素。以垂直电商唯品会为例，2010～2012 三年唯品会仓储物流费用分别为 61 万美元、580.9 万美元、4547.8 万美元，占总营业收入比例分别为 21.8%、17.8%、20%。如此高的物流费用，未来能否赢利很大程度上取决于这项费用能否下降。

电商自建物流，往往会投入巨资部署物流仓储 IT 系统，帮助其实现物流配送中心与消费者之间业务流程的梳理和衔接，使得在二者之间保持货物相关信息的紧密关联和统一，从而减少相关人力和时间的耗费，提高工作效率。随着配送数量的增加，物流成本虽然会同步地线性增长，但依托 IT 系统，不仅解决了物流作业模式和效率问题，还可以在人力成本上得到有效控制，使得物流边际成本逐渐减小，物流配送也将会从成本中心转变为利润中心。

另一方面是提高服务层面的竞争力。物流是与消费者直接接触的环节，因此服务质量的好坏、配送速度的快慢、快递人员的态度等因素都直接影响消费者的体验，这势必影响电商平台的口碑和用户黏性。掌握物流话语权实际上是对终端客户的需求把控。除此之外，电商自建物流还出于供应链控制权和提升资金回流速度的战略考虑。前者关系到企业供应链成本最小化运作，后者则意味着可以缩短电商企业的资金流转周期，提升企业资金的利用率。

电商完善物流是发展的必然

京东商城、苏宁易购、阿里巴巴等电商纷纷筹集重金投资物流。2009 年，京东商城获得了 2100 万美元的外部投资，其中 70% 用于自建物流体系（包括建立自有快递公司）。2010 年 2 月，获得老虎环球基金 1.5 亿美元的投资后，京东大手笔地在上海建造一个超过 20 万平方米的"亚洲一号"仓库。根据国泰君安的报告推测，2012 年京东的资金缺口在 20 亿元左右，考虑到 2013 年的仓库建设资金需求和预期亏损，为了维持两年的正常运营，京东的融资额可能在 80 亿元以上。苏宁为了在电商领域获得绝对优势，也加大了投资物流的砝码。2012 年 8 月，苏宁电器发布公告称，拟增发债券 80 亿元，用于电商以及供应链的建设。2013 年 2 月，苏宁电器更名为苏宁云商，并宣布未来三年，苏宁将投入 220 亿元发展物流项目，打造 60 个区域性物流终端、10 多个跨地区分拣中心及多个中转点等。

阿里巴巴集团宣布要投资智能物流骨干网络（CSN），目标是在全国任何一个地区，都能做到 24 小时内送货必达。据悉，此项目投资规模将达 1000 亿元。2011 年阿里巴巴集团宣布物流投资战略，当时宣称阿里巴巴将与其金融合作伙伴投资 200 亿～300 亿元逐步在全国建立起一个立体式的仓储网络体系。投资中期则希望与电子商务生态圈中的其他合作伙伴共同集资超过 1000 亿元来发展物流系统。对任何一家布局全国的电商而言，建立起一个覆盖全国的物流网络，所需的费用都不菲。对此，不少人认为，以"轻资产"著称的电子商务行业，未来将背上越来越重的物流资产负担。相关研究显示，B2C 模式下的资金周转速度一般在两倍左右。国际大型物流企业的资金周转速度在 1.4 倍，国内则普遍不到 1 倍，而经营仓储中心的物流地产公司则仅为 0.1 倍。这意味着，在同等规模下，中国电商将要面对二十倍于国际电商企业的流动资金需求。

第十八卷　未来：新趋势

第七十三回　东方欲晓　新里程碑

电商跨界搭建物流平台将加速电商行业的洗牌，同时也将为物流行业带来新的变革。未来电商角逐物流，胜出的首要因素在于能否满足越来越个性化的需求。哪家企业能够在短时间内迅速响应这些个性化的需求，并快速提供满足订单需求的服务，便会成为新一轮竞争的优胜者。

物流的灵魂是供应链管理

电商物流发展表面上看依靠的是物流，实质上是靠供应链的支撑。企业需要不断优化物流流程管理，在配送速度和服务质量上提高，比如短时间内突然增加大量配送需求，而末端配送人员却很难及时跟上，大量包裹就积压在配送末端，导致严重超载，降低服务质量。另一方面，由于配送速度取决于团队的多少，而庞大的末端配送团队给管理带来一定的难度；而且因为多数物流配送团队都是在当地组建，导致服务能力参差不齐，缺乏专业性，直接影响整体服务口碑。

打造物流供应链管理将成为电商竞争的核心

"价格战"和"物流战"仍将继续频繁上演，电商巨头们明面上的价格竞赛、消费者争夺和暗地里围绕物流等内力的角逐正在展开。《现代物流报》记者曹亚慧分析说，毫无疑问，"价格战""物流战"贯穿电商发展的始终，打造物流供应链管理将成为电商竞争的核心。尽管2012年电商价格战堪称汹涌，但事实上那仅仅是电商为自己制造的"虚假繁荣"，意图在吸引消费者的眼球；然而，价格战的背后，电商之间的物流竞赛却是实打实的。2013年电子商务仍然会持续火暴，马云的阿里系、刘强东的京东商城、张近东掌舵的苏宁，以及腾讯的QQ商城、拍拍、易迅全线逼近，虎视眈眈的国美系等都"磨刀霍霍"杀向新一轮的竞争。但是这却掩盖不了一个事实，2013年，在燃烧的热情与火焰中，将有一大批企业参与这场内力马拉松竞赛的"消耗战"，支撑不住的企业将被从电子商务这艘航母上冲刷下来，抑或跟不上对手的速度，被迫放缓脚步。

2012年11月，京东快递正式运营，并且宣布向第三方商家开放。紧接着12月，苏宁电器对外宣布苏宁快递业务经营许可申请已经获得批准，而随后表示苏宁快递未来也将向合作伙伴开放。两个消息如同重磅炸弹，引发业内对电商跨界做快递的新一轮讨论热潮，并且电商的这一动作挑动着快递企业的敏感神经。

开放物流平台是电商的未来趋势

物流将从电商的配送支持系统逐渐剥离出来，转变为潜在的营业收入业务，这无形中与原有合作关系的快递公司形成"争利"局面。随着电商自建快递的对外开放，无疑也是在挑战国内电商物流版图"边界红线"，让众多为电商服务的快递企业恨得跺脚。电商观察家鲁振旺接受采访时说："从现在来看，大的电子商务公司在一、二线城市快递饱和量还是很高的，但是在偏远的地方很难做到快递饱和量。所以说，他们一直想去做第三方物流，让自己整个快递的饱和量提高起来，这是他们一个非常美好的想法。可能未来一、二线城市里面，在相对长的时间内，这种大的电商平台自建物流并对外开放还是会存在的。为扩大快递量以降低成本，成为第三方开放物流平台是电商的未来趋势。"然而，无论面对多少的质疑、猜忌，甚至是谩骂和诋毁，电商自建快递开放已成定局。因此，2013 年将是检验电商物流对外开放成败的关键年。

物流在举棋布点中形成新的对弈格局

2013 年将是煎熬的一年，2013 年争夺买家的战争将会更加激烈，电商们必然又将在刷新纪录和保持记录中忐忑纠结；而布下的物流棋子，必然要在举棋布点中形成新的对弈格局。无论是京东还是苏宁纷纷挤进来分食快递蛋糕。电商分析师李成东接受《现代物流报》采访时表示："3 ~ 5 年内看不出什么。因为电商订单增加量太大了，假如 3 ~ 5 年后淘宝订单量达到三五千万单，那么这需要一个非常庞大的快递规模。而京东、苏宁能成立一个几十万人的快递队伍吗？目前我们看到，他们能做几万人规模的快递队伍，还不具备吞噬第三方订单的能力，还不包括淘宝、天猫等电商企业不会乐意让其做自己的订单。""电商物流市场蛋糕太大了，1 ~ 2 家企业怎么能吃得下去！"因此，无论是现在还是将来电商怎样构建其庞大的快递"物流战舰"，也依然无法撼动专业化的社会物流这艘大型航母。

群雄逐鹿

据经济之声《天下财经》报道，"数字中国"常务理事李颖发布的《中国IT 产业发展报告》显示，2013 年中国移动电子商务数将超过 3.5 亿，有望带来千亿元的交易规模。值得一提的是，目前整个电商行业毛利非常低。2013年这一轮的竞争拉开，接下来电商将主要进入通过"降低成本而寻求赢利"的阶段。与此同时，电商对传统零售冲击很大，传统企业要转型，也在探索线上线下协同，他们把卖场做小，向平台发力，这是一个趋势。在实体店对虚拟店的转变过程中，可以想象的就是实体店货量减少，那些量放到仓库里面去，对仓储设施及物流需求增多。未来零售会涉及线上线下融合的趋势，电子商务带来很多反向物流，物流又迎来新的革新。随着电商企业群雄逐鹿，无论是快递配送，还是电商自己做物流，2013 年将是电商的分水岭，也是电商物流的分水岭。

电子商务物流的发展趋势

从物流快递业务规模分析，根据国家邮政局发布 2012 年全国邮政运行情况，全国规模以上快递业务收入首次突破 1000 亿元，同比增长 39.2%，步入千亿时代。全国规模以上快递服务企业业务量完成 56.9 亿件，同比增长 54.8%。快递行业已经连续 5 年实现超过 27% 的增长，其中 50% 以上的营业收入来自电子商务。监测数据显示，2012 年中国十大物流快递企业分别为：EMS（邮政快递）、顺丰速运、申通快递、圆通速运、汇通快运、中通速递、韵达快递、天天快递、宅急送、全峰快递。

有人将电子商务物流的发展趋势总结为：一是个性化需求会更加强烈，哪一个企业能够在短时间迅速地积极响应这些个性化的需求，提供快速满足订单需求的服务，哪一个企业就是胜利者。二是网上零售从"卖产品"到卖"品牌"。随着电商消费结构向更成熟的阶段迈进，未来肯定是更好的快递，像顺丰、EMS 这种自营式的快递，慢慢成为市场的主导。三是为电商服务的快递面临整合和洗牌。电子商务是催生快递发展的一个巨大原动力，它的增长率会非常高，它的需求就如同大浪淘沙，使得一些企业倒下，一些企业活下来参与更好的竞争，这个行业本身趋势已经不可逆转。四是电商企业自营快递也有一道即将面临的门槛，就是如何向合作伙伴开放使得整体自建物流成本降低。五是电商后台表面看是物流，其实后面需要供应链支撑。有的企业承诺"限时达"，可以精细到各个环节的时间管理，能够大胆提出这一点，必然是供应链的响应速度非常快。六是末端整合的变局。校园服务站、社区服务站、便利店，还有其他的零售门店可以推动整个电商末端的服务，也就是说电商"最后一公里服务"需要物流创新。七是部分电商试水国际化，遭遇物流挑战。2012 年 10 月末，京东商城英文版悄然上线，借助快递公司的物流网络，提供面向全球 35 个国家和地区的服务，欲拓展海外市场。而此前，包括凡客诚品在内的几家电商企业试着走向国际市场。然而，物流费用、支付和物流海外合作等问题都亟待解决。尽管困难如此之多，电商企业已经开始行动。由此不难看出，电商的下一场改革必然还是围绕物流而展开。

纵观 2012 年行业状态，电商大鳄们遭遇了当当网入驻天猫，吸引流量；

唯品会上市，融资止血；F团与高朋合并，整合求生；凡客裁员收缩，以求自保……2013年3月19~22日在上海新国际博览中心召开的上海家电博览会上，京东商城不仅设台参展，还与天猫分别独家冠名赞助了展会的两大主要论坛"中国家电发展高峰论坛""首届中国家电产业年度渠道商大会"，这些变化让人们意识到家电渠道变革已昭然若揭。

2013年电商的出路

资源与品牌的结合，理解上升到另外一个层次，引入了"经济"的概念，是一种创新。Webpower中国区总经理谢晶认为，"电商价值链"的最基本环节有6个：采购（成本）、仓储（周转）、物流（速度）、品牌（价值）、客户（体验）、市场（覆盖）。在电商的价值链里，要找到"品牌"与电商运营模式的独特之处。

电商是一个神奇并且快速发展的朝阳行业，近几年的高速发展大家都是见证人。它深受大众的追捧，以覆盖面广、无租金、成本小、省时间、传播速度快等优势迅速地被社会所认可，并且在现代产业中占据了一席之地。世界首富比尔·盖茨曾说："21世纪要么电子商务，要么无商可务"。马云曾说："5年后不做电子商务，你将无商可务"。李彦宏曾说："5年后没有纯粹的互联网公司，因为每家公司都在利用互联网做营销"。李开复曾说："10年后中国电子商务的规模将是现在的250倍"！从一开始阿里巴巴的问世，到现在各式各样电子商务平台的出现，电子商务在商机与压力中不断反复，物流系统趋向完善发展。

2012年电商行业在价格战背后，是苏宁国美等传统家电卖场不惜自断线下"胳膊"，发力线上业务；天猫淘宝平台型电商凭"双十一"191亿的日交易额及突破万亿的年交易额一骑绝尘；京东当当等老牌自营B2C电商或转型做平台，或进驻他人平台；大量中小电子商务网站纷纷死去，或被收购整合，《华西都市报》罗提文分析说。2012年又是一个电商洗牌年。历经多次价格战后，不仅消费者产生了审美疲劳，电商们也无力再战，这表现在12月12日这个传统的电商促销日，喊打折的声音稀稀拉拉，最终以平淡收尾。价格战让电商排位与市场份额发生了变化。据艾瑞数据显示，对比B2C

电商 2012 年第一季度市场份额，在三季度，苏宁易购与国美控股的库巴网上升明显，前者从第 5 位上升到第 4 位，市场份额增加了 35%，后者进入前六，这表明传统家电卖场线上发力起到了效果。而在价格战中表现不突出的亚马逊中国滑落明显，从第 3 位下降至第 5 位，市场份额减少了 17%。这或许是亚马逊中国总裁王汉华 10 月底离职的肇因，此前他在这个位置上待了7 年。

占据平台优势的天猫百尺竿头更进一步，增加了 3.1 个百分点达到54.6%，京东商城、当当网等老牌自营 B2C 网站也在向平台转型，当当网更是在"双十一"前夕进驻了天猫平台。价格战让中小垂直电子商务网站不堪重负，母婴类头牌电商红孩子被苏宁收购，维棉、品聚、乐酷天、后玛特、耀点 100 等曾经风光一时的电商网站相继倒闭。

当当网 CEO 李国庆，因直率敢言，被称为电商界的"李大嘴"——与"大摩女"微博对骂，吐槽对投行的不满；常与京东商城 CEO 刘强东唇枪舌剑，两家公司也爆发过多次价格战。对于电商价格战，李国庆可谓是五味杂陈，他领导的当当网在 2011 年美国纳斯达克上市前，有过两年的赢利期，几轮价格战打下来后，他不得不承认有亏损。2012 年，电商价格战规模空前，2013 年电商又将是怎样一场混战？李国庆在接受《华西都市报》记者采访时认为，除非有家大型电商死掉，价格战才会停止。李国庆说，"2013 年电商行业景气指数大概可以打七八十分，总体看好。虽然资本市场还是很冷，但也要看到数亿消费者持币待购。按照电子商务行业的'十二五'规划，到 2015 年电商总的交易量能够达到 18 万亿，网购交易额达到 3 万亿，说明电商还在高增长。而且 2013 年移动购物、社区化商务、O2O（线上对线上）的发展，还有二维码、条码等一些技术的作用也会逐步发挥，这些都会带来增量。"不过，李国庆也认为，2013 年对电商来说将是资本市场的寒冬，有的电商资本金烧得差不多了，私募和上市的窗口都很小了，因此电商价格战不会更惨烈。但价格战也不会停止，除非一家大型电商死掉，市场蛋糕才够分，剩下的电商才会握手言和。李国庆预测，"未来垂直电商会分化，一些继续垂直下去，小而美，在各自领域形成错位竞争；另一些横向扩张的则会失败，退出竞争。这期间也会有一些并购、重组出现。"

第七十四回　未来互联　商业新城

互联网行业编辑范俊杰在钛媒体报道，阿里巴巴高管明确了淘宝 2013 年的发展方向：为淘宝平台引入更多的角色，继续巩固整个淘宝生态圈。实际上，淘宝正在互联网上重现传统商业城市的发展历程，它对整个商业社会的影响也才刚刚开始。

淘宝——这家中国最大的电子商务平台正在经历着一场变革——从单纯意义上的 C2C 购物网站，向一家互联网商业城市发展。

如果说以前的淘宝只是传统零售业的一个补充，那么在 2012 年阿里巴巴的两大电商平台——淘宝和天猫的交易额突破了 1 万亿后，这个网络交易平台的影响力已经变得越来越不容忽视。其实对于淘宝来说更加重要的是类似传统商业社会的发展历程，淘宝平台上逐渐诞生了众多"社会分工"，也因此决定了淘宝未来的发展方向。

在 2013 年 4 月 10 日淘宝举办的开放日活动中，阿里巴巴副总裁张宇（花名：语嫣）做了一场分享演讲。张宇称，经过了第一阶段的 BDS 方式运营（传统的卖家发布商品、买家交流）、第二阶段的 B2C 方式之后，淘宝网的生态圈已经建立起来，但这种"多对多，中间是淘宝"的模式却正在成为瓶颈。鉴于淘宝如今已经成为一个网络平台，在 C2C 交易的基础上带动了许多周边产业和角色（如快递业、淘宝模特等），2013 年淘宝的规划就是引入更多的此类角色，使这些角色之间建立网状的关系，继续巩固淘宝这一生态系统。

阿里巴巴创始员工之一、阿里巴巴学院资深总监小宝认为，淘宝如今正在变成一座互联网上的商业城市。淘宝正在互联网上重现传统商业社会的诞生过程：买卖交易产生集市，人们渐渐地围绕着集市建立起商业城市。而这个城市中的人们会围绕着交易产生一系列的周边产业和服务。

根据淘宝官方统计的数字，2012 年，淘宝网快递业务收入突破 1000 亿元，同比增长 39.2%，连续五年实现增长 27%；淘宝和天猫每天的包裹量达到 1200 万单。同时，伴随着买卖家之间的交易，淘宝上诞生了一些新兴产业，如网店模特、网店摄影师、网店职业经理人等。其中单就"淘女郎"（淘宝网店模特平台）这一平台的产值，在 2012 年上半年就达到了 11 亿元（数据由淘宝提供）。

另外，据称淘宝上的第三方服务商接近 20 万家。这些第三方服务商有：最早的快递单打印，如今的 CRM 管理、网点流量管理、网点优化等服务商。目前，淘宝平台上的第三方服务商如今有 34431 名从业人员。

张宇和小宝的话恰好验证了钛媒体《阿里巴巴向后站：成为电商领域的 IBM》一文的论述。在去年 12 月 18 日，钛媒体即分析指出阿里巴巴的核心将会是"造城"：如果京东希望使自己成为义乌的"小商品城"，那么阿里巴巴则希望成为整个义乌市。淘宝网则是阿里巴巴电商城市布局的最重要平台之一。

在此前阿里巴巴集团的 25 个事业部的划分当中，淘宝已经不再作为一个事业部单独划分。此次张宇和小宝实则明确了淘宝底层化的意义：除了部分后台业务事业部（如数据业务、云计算等）之外，阿里巴巴的各项业务实则是在淘宝这一平台上的展开。"淘宝负责搭建平台，做到如今的规模更多的是卖家、快递以及相关产业的努力。"张宇称。

阿里巴巴集团首席战略官曾鸣此前说，网购（或者说从前代表"网购"这一名词的淘宝）已经由非主流人群的非主流消费变成了主流人群的主流消费。在这个过程中，由买卖双方产生交易数据，再由数据产生价值服务于淘宝平台（以及金融平台），淘宝作为平台的价值将会更加突出。

这种平台和数据结合的模式也催生了新的商业模式，如 C2B。曾鸣曾经提出，C2B 将会是未来电子商务的方向。这一模式在淘宝的电商城市建立中已经进行了尝试。

此前，海尔与淘宝共同推出了定制团服务：淘宝参与到海尔的研发过程中去，在淘宝网上收集买家投票，根据买家投票结果定制包括电视机面板、大小等规格。根据淘宝提供的资料，此次定制团的交易额达到 6750 万，共售出商品 43000 件。

"平台、数据、金融"，是马云为阿里巴巴规划的未来。交易平台产生数据，数据为平台和金融服务，三者互相服务和渗透。淘宝的平台化及其对整个商业社会的影响，都还只是个开始。

第七十五回　高手支招　内里乾坤

　　电子商务物流是指直接服务于电子商务企业，在承诺的时限内能够快速完成从而实现电子商务交易过程所涉及的物流。电子商务物流不是简单的电子商务和物流之和，它集"商流、物流、资金流、信息流"为一体，融合了先进的物流技术和管理方法，丰富了传统物流的内涵。电子商务的高速发展使物流的功能大大扩展，如无疆域化、COD（代收货款）、物流全程跟踪的普及、最后一公里的创新，等等。电子商务物流代表了现代物流发展的最新方向，势必要走向全球化、信息化和现代化。此外，电子商务物流与电子物流有明显区别，电子物流主要是指利用先进的信息技术、IT技术和现代通信技术对物流进行改革和创新，从而提高物流的效率和效益。

电子商务物流服务业

　　电子商务物流服务业是指在实现电子商务物流过程中的相关服务行业，为电子商务企业提供一整套物流方案。既包含了传统的以快递为主的物流业，又包含了第四方物流、供应链、第三方收货公司等创新企业，其目的都是保证商品能够快速、保质、保量地送到客户手中。在我国，电子商务物流服务业主要以第三方快递类企业为主。当前，70%以上的网络零售需要由快递来完成，网络快递已经占到全部快递业务量的一半以上。此外，电子商务自建物流企业占的比重也越来越大。据统计，京东商城日均单量达80万单、80%的商品为自建物流体系配送。

　　电子商务物流服务业是围绕居民消费的物流活动，是城市物流的重要组成部分。因此，电子商务物流依赖于城市物流环境的改善，尤其是"最后一公里"的问题。电子商务物流服务业的发展，对扩大内需和促进消费有重要的意义。

面向未来的电商物流

　　海尔旗下国内最大的家电物流服务商日日顺物流，被称作面向未来的电商物流。目前，日日顺已在全国主要城市建立了1000多家社区店，并拥有5000多家县级专卖店，24000多家乡镇网点，7万多个村级联络站，且在中国2500多个县设立了物流配送站，拥有17000多家售后服务网点，拥有全国最大的物流配送网络。日日顺物流在全国400个城市和1500多个区县实现24小时限时达，在460个区县实现48小时内送达。

日日顺总经理王正刚透露，未来几年将对日日顺物流持续投入60亿元以上，进一步深耕家电商家线下的物流、服务体系，打通中国网购的"每一根毛细血管"。日日顺物流的客户除了海尔集团、创维、TCL、LG、惠而浦等品牌电器生产商外，也包括天猫电器城、亚马逊等。为何进行网络化，此前日日顺总经理王正刚接受媒体采访时表示：中国制造业传统优势继续受到国内成本上涨与新技术创新的双重影响，特别是互联网对传统零售模式与营销模式的影响，曾经的成功者会面临重大挑战甚至出局。王正刚说：必须抛弃过去的思维定势，在互联网时代和新工业革命两大趋势下思考如何零距离拥抱消费者，响应消费者的需求，以维持基业长青。

海尔商城与日日顺物流，正是海尔布局电商埋下的两枚棋子。日日顺物流与百世物流、顺丰等物流企业的区别是，集中发展端到端大件物流配送。王正刚表示，长远来看，可以直达乡镇、兼送装一体的"最后一公里"物流能力是发展渠道业务的核心竞争力，并且是大件产品销售中用户体验的重要环节。

电子商务物流服务业的特点

随着电子商务的高速发展和消费者需求层次的不断提高，电子商务环境下对物流的要求也越来越高，再加上服务时间、地点和消费者需求的多样性，使得电子商务物流有别于传统物流，具有鲜明的特点。

1. 服务于生活消费

传统物流主要围绕企业产生的物流活动，定位于生产性服务业。而电子商务物流的重点在于服务于生活消费，提供上门取货和送货到门的服务，保障将消费者购买的产品送达手中。如何满足消费者的个性需求和提高购物体验，如何保障货物的安全和送货的时间是其重要的手段。

2. 服务对象高分散性

因为直接服务于消费者，只要是网络所能触及之地，任何一个地点在任何一个时间内都有可能产生任何需求，时间、地点以及需求的分散性决定了电商物流服务业需要在"最后一公里"上下工夫。

3. 注重提高服务体验

电商物流是直接与消费者接触的一个环节，其服务质量决定了整个电子商务供应链的质量。顾客需求层次的不断提高意味着电商物流服务也必须不断提高服务水平，包括提供验货服务、试用服务、货到付款服务以及 POS 服务等。比如产品在送达客户手中时，以凡客诚品为代表的电商企业允许顾客进行试穿，如果产品不合适的话，可当场退货，这一做法进一步提高了客户体验度。

4. 服务的快速响应和柔性化

顾客在网上购买商品后，物流的时间直接影响着其对该商品的满意程度。再加上需求的不确定性，这就要求电商物流服务企业必须具有快速响应的能力，能在第一时间将产品送达客户手中。绝大部分电商物流企业都规定了不同区域的送货时间。此外，电子商务企业的商品种类繁多、数量庞大，"长尾效应"明显，不同的商品对物流又有不同的要求，这就决定了电商物流企业要拥有提供"多品种、小批量、多批次、短周期"的服务能力，尽量地提高服务柔性，以较低的成本满足不同种类的需求。

5. 提供增值性服务

电商物流除了提供运输、仓储、配送等传统的物流服务外，更多地体现在提供增值性服务上，如为高附加值的商品提供流通加工服务，为企业提供代收货款服务、物流咨询服务以及顾客信息的统计和反馈等，还可以按客户的要求提供个性化的服务。

6. 正向和逆向物流一体化

网购市场高速增长的背后也伴随着大量的退换货业务，提供便捷的逆向物流服务也成为提高客户满意度的一个重要手段。因此，逆向物流服务也成为电子商务物流服务一项不可缺少的服务。当当网的公告称当当网将免费上门退换货的城市扩增至 578 个，涉及 25 个省。

电子商务企业与物流企业跨界发展回归理性

近几年，电商企业和物流企业越来越呈现跨界化发展的趋势。一方面，物流成本高、效率不佳等问题制约着电子商务的发展，使得一部分具有规模优势的电子商务企业加大对自身物流的投资和建设，提升服务敏捷性，提高客户的满意度。如淘宝的大物流计划，1 号店的自营物流，阿里巴巴多方合作联手建立智能物流骨干网络，京东大力建设自营物流，而且已取得物流牌照；另一方面，随着物流行业竞争的加剧和电商企业的迅猛发展，一部分物流企业试水电子商务，取得供应链的控制权，如宅急送的商品代销平台"E 购宅急送"，申通快递创办的"久久票务网"，圆通推出的农产品销售网站"新农网"，顺丰快递推出的"顺丰优选"等。

电商和物流的跨界发展使得两者之间原本分工合作、相互依存的关系转变为相互渗透竞争的关系，再加上整个经济大环境的变化，就这种跨界发展来看，越来越回归理性。短期之内，电商企业和物流企业跨界发展出现的问题较难消解。

电商企业发展自营物流在一定程度上能够提升服务水平，提高客户忠诚度，但发展自营物流需要大量的前期投入，而且达到一定的规模才能实现效益，这是大多数电商企业所不具备的。另外，发展自营物流也仅仅是为自己服务，物流效率往往很低，自建物流不但推高成本，而且短期内很难赢利，凡客如风达 2012 年裁员事件就说明了这一点。再加上近几年物流企业的快速发展和整个物流环境的提升，是否发展自营物流成为电商企业需要深思熟虑的一个问题。

物流企业发展电子商务是为了掌握供应链的上游，获取部分利润，分担物流行业的竞争压力。但是电商行业同物流行业一样利润率很低，竞争激烈，而且快递企业的电商运营缺乏大规模的推广和相应的专业技术含量，流量和客单量有限。大部分物流企业涉足电商仅仅是单一方面，如上面提到的申通的票务平台、圆通的农产品平台等，而且尚未转化为一定的口碑，没有达到一定的规模。其中，顺丰快递的"顺丰优选"定位高端食品，其 SKU 达到 5000~6000 个，其中进口食品占 80% 以上。但据内部了解，顺丰优选的客户流量并不理想，其库存周转也出现了较大问题。

电商自建物流优势凸显

电子商务物流直接面对消费者，是电商服务于消费者的最终端，因此服务质量的好坏、配送速度的快慢、快递人员的态度等因素都直接影响着消费者的体验，也影响着电商企业的口碑。在各大电商同质化发展，"价格战"频繁发生的今天，配送时效成为网购体验中的重要环节，因此，掌握了电商物流就相当于控制了整条供应链。此外，网购的爆炸性增长使电商尤其是综合类电商企业面对海量的订单，再加上我国电商物流的发展尚不能满足这种需求，使得越来越多的电商企业纷纷投资加强物流软硬件建设，物流中心建设成为电商企业竞争的最新领域。

综合类电商自建物流的优势已经越来越显现，尤其是在节假日网购高峰期间，可以保证商品的准时到达。如在 2013 春节期间，一部分快递公司不收件，众多网店也只能贴出"只接单，不发货"的通知，甚至一部分快递公司提高了相关服务价格。而众多拥有自建物流体系的电商企业却打出"春节期间不打烊"的口号。如京东商城对外称，春节期间，在北京、天津、上海等 12 个城市自营配送覆盖区域的订单正常运营。不过，由于合作的第三方快递公司在春节期间放假等原因，在这 12 个城市中，收货地址超出京东自营配送范围的，京东将为用户提供在线支付方式和邮政配送方式。此外，电商自建物流除了能够提高客户满意度、提高物流服务时效性、取得供应链控制权外，还能够提升资金的回流速度，缩短电商企业的资金流转周期，提升企业资金的利用率。

虽然有实力的电商企业均已自建物流体系，但由于主要覆盖一线城市，领域较小，一时并不能解决根本问题，尤其是各自为战，很难形成合力。

对于边远地区和二、三线城市而言，由于建网成本过高，电商们仍要依靠第三方快递企业，依然面临配送难题，电商自建物流体系尚还有一段路要走。

电商企业竞相角逐"物流战"

随着电商企业的高速发展，"价格战"已经趋于理性，竞争越来越多地转移到关系到用户体验的物流配送上。越来越多的电商企业认识到商品配送服务成为吸引顾客的关键因素。有实力的电商企业纷纷推出快速配送的服务和承诺，如京东的"211限时达"，当当"当日订当日达服务"和"当日订次日达服务"，易迅"闪电送"，1号店"一日三送"和"半日达"，苏宁易购的"半日达"和"次日达"等。除了提高物流配送敏捷性，缩短时间之外还体现在退换货的便利和快捷上，不少电商企业推出退换货上门服务等，目的都是为了提高客户体验度和忠诚度，提升服务水平。

飞人刘翔做的快递公司的广告，"刘翔速度"可以做到"次晨达"，但在电商们的世界里面，"次晨达"还不够快，还要"当日达"甚至"半日达"。广东都市报《新快报》洪文锋报道，京东商城刘总常描述这一种白领式的网购生活。午饭后的那点休息时间上京东逛逛，随手下个订单，晚上回到家配送员就送货上门了。到目前为止，刘总的梦想只能在少数一线城市实现。1号店于刚也说："你上午11点前下单，下午就可以送到，此谓'半日达'。"凡客的陈年也不吃亏："咱家的配送员快还不够，还要服务好，送上门后还恭恭敬敬地让你试穿，尺码不对、颜色不对、款式不对，不要紧，马上给你退回去安排免费更换！"人们可别小看这半天一天的送货时间差别，电商群雄们为了提升这点速度可是煞费苦心。先说近的，送货上门总得有配送员吧，交给一般的快递公司还不放心：快递员服务质量参差不齐，送货不及时，经常乱扔商品，赚那一丁点订单差价事小，得罪消费者落个坏口碑事大。所以为了安全起见，但凡手中有点钱的电商们都自建配送队伍；订单实在太多自己的配送队伍无法承受了，才将配送外包给其他快递公司，此之谓群雄的烦恼。

跟随物流线一起扩张的，还有各区域市场的扩张。如库巴商城就跟随着国美电器的网络实现区域扩张，库巴掌门人王治全透露，计划用三年时间在深圳市场实现 15 亿元的年销售额，同期在武汉成立的华中大区和在成都成立的西南大区也都分别制定了三年达到 12 亿元和 20 亿元的年销售额目标。在区域性无缝对接模式中，库巴与国美的分部仓库实现完全的信息共享，国美的供应链、物流和售后服务体系完全向库巴开放。庞大的配送员队伍之后，还需要有巨大的仓储：乐淘网的北京仓储在一年内从 1000 多平方米增长到 10000 多平方米；凡客库房面积从 2012 年的十几万平方米增加到三十几万平方米；京东商城、当当网、卓越亚马逊等所有上规模的电商都在广收地、广建仓；甚至连淘宝也打算花上 100 亿元为要求商品标准化仓储的大卖家建立统一仓库。可以想象，人人都要买地建仓，仓储的租金也在水涨船高，据说上海青浦地区仓储的租金已经到"每天每平方米涨 1 元"的程度了。

由于电子商务的助推，物流仓储市场需求强劲。仲量联行 2013 年 4 月 9 日发布的《2013 年第一季度上海房地产市场回顾》中指出，作为零售地产投资的替代品，2012 年国内电商的活跃使许多投资者将目光转向物流地产。仲量联行表示："受国内消费放缓的影响，零售商及相关企业对于扩张更加谨慎，导致本季度对非保税仓储物业的问询量减少，市场需求也随之放缓。另一方面，来自电商的需求却并未减弱，目前中小型电商仍在几乎满租的上海西区寻求大量仓储面积。"城市建物流仓储，这些城市物流空间相对充足，而且地理位置对于服务地区较为便利。

2013 年第一季度，昆山的净吸纳量明显上升。GAP 在嘉民集团开发的锦溪物流项目租下近 24000 平方米。第一季度昆山地区物流仓储的空置率降至历史新低，约为 1.1%。上海市内，天猫在松江宝湾国际物流中心二期签下近 30000 平方米。上海可租赁物流仓储项目的稀缺，推动第一季度非保税仓库租金环比上涨 1.9%、至每平方米每天 1.24 元。强劲的净吸纳量及低空置率拉升了物流仓储市场租金水平。

"物流战"还表现在电商自建物流和第三方物流企业之间。越来越多的电商企业自建物流，对第三方物流企业有一定的冲击，京东快递牌照的获取更要开放物流配送，这使得电商物流市场的竞争越来越激烈。在未来，电商对物流业的影响将会更为明显，第三方物流企业应大力提高客户服务水平以应对崛起的电商自建物流。

"自提"模式成未来发展趋势

对于物流而言,配送的"最后一公里"是最难解决的问题,对于以生活服务为主的电商物流更是如此。一方面电商企业要提高客户服务水平,一方面电商物流企业要降低成本,两者无法达成一致的利益分配共识,也制约着合作与创新的进程。为了解决这两者的矛盾,"自提"成为各大电商重点发展的物流配送模式。对电商物流企业而言,"自提"能够实现集约化送件,从而降低配送成本,配送时间更灵活,可以实现 $7×24$ 小时的配送。对于顾客来说,能提高用户体验,保护消费者隐私。

各大电商纷纷设立自提点,如京东先后推出校园营业厅、地铁自提点和社区自提柜服务。天猫推出的阿里巴巴小邮局项目首批已和 11 家高校达成合作,在高校设服务站,提供快件收发、自提等服务。物流公司也设立自提点,如顺丰除了与便利店、物业、第三方合作外还拥有自己的便利店。便利店因其与社区联系最密切,再加上网点数量多,成为各公司开展自提业务优选合作的对象。以往便利店都是被动参与自提业务,现在越来越多的便利店利用自身的物流配送系统参与到电商物流服务当中,如北京好邻居连锁便利超市不仅与电商、快递以及收货宝合作开展代收、发件业务,还与网络便利店合作,利用自身的物流系统提供配送服务。

自提点的设立除了电商企业、物流公司及便利店之外,第三方收货平台也加入进来,如 2011 年 12 月上线的收货宝。它整合贴近消费者的零散社会资源,为用户提供代签收包裹的服务。其网点众多,如便利店、洗衣店、药房、美容院、咖啡厅、宠物店等。线上主要与电商合作,通过自主开发的代收货管理系统,将线上、线下衔接起来。

"自提"模式的出现很好地解决了当前出现的问题,但面临的最大问题是消费者观念和行为习惯的改变,消费者尚未从"等快递"向"取快递"转变,其发展需要很长的路要走,但未来的效果是可期的。

电子商务物流发展展望

我国电子商务和物流业近年来的快速发展是有目共睹的,但不可否认两个行业都尚未成熟，都处于大变革和大发展的关键时期，需要共同促进、共同提高，电商物流的发展演变必然要经历，企业规模小时采取外包模式，等企业规模变大时逐渐自建渠道，最终企业自建渠道向社会开放、走向社会化服务，这是个螺旋式上升、波浪式前进的过程。虽然物流可能不是中国电子商务市场上企业取得成功的唯一因素，但它确实是电商供应链上的关键环节，也将是未来电商竞争的分水岭。现在，电商自建物流的利弊已不再是讨论点，而如何整合社会资源、通过错位竞争促进电商和物流并行发展才是业内新的关注点。

第七十六回　电商讲堂　见招拆招

《南方都市报》4月2日记者刘艳艳，实习生石雪报道：2013年3月底由广州市白云区科技和信息化局、经济贸易局、招商局、南都全媒体主办、电子商务协会协办的电商大讲堂在位于广州市白云区黄园路的国际单位会议中心隆重举行。活动吸引了超过400名服装、皮具、化妆品等传统企业老板及高管们的视线。围绕着传统企业如何做电商，演讲嘉宾除了大晒生意经外，还与现场观众频频互动，其中企业代表们更是不停地抢话筒，抛出疑问抢着为自己"带盐"，而嘉宾们也是见招拆招，支招成功做电商的"干货"。

大品牌商、大服务商是天猫的"菜"

企业代表：天猫是否不再招商原创品牌？2013年天猫的招商标准是一般纳税人，但是对原创商家来说，一般纳税人身份很难取得。这是否违背了马云先生所提的支持中小商家的创业梦想？

阿里巴巴副总裁、阿里巴巴集团政策研究室主任高红冰：阿里巴巴的目标和愿景是为中小企业服务这一点从来没变过，都会把这个作为首要原则。天猫和淘宝在业务发展上有不同的定位，阿里巴巴做天猫的目的是打造一个品质之城，并且希望让大品牌商、大服务商加入天猫生态系统中。之所以如此，是因为天猫和淘宝没有办法把所有客户服务好，我们希望能够按照一定分层去做更深的服务，希望在天猫平台上有更高起点的商户入驻，天猫可对他们进行更多的服务。对于一般纳税人身份问题，我想有的现在达不到那个标准，进一步发展或能达到标准。其实，淘宝平台上也开展过双转弯的活动，要达到双转弯的定位，也就达到了纳税人 80 万元的标准。基本上在这几个平台上有几个尺度，一个对一般纳税人是 80 万元，下面是 24 万元，我们会做区隔。我们确实在这些处理上，不可能让所有的商户 100% 满意，但是我觉得可能找到更多的解决办法来处理，那会是将来的一个方向。

APP 门槛高，先推微信做营销

企业代表：我是一个鞋类的中小企业主，线下有两家店，线上进驻了天猫，在这个时候推移动端是否合适，什么时间点推比较合适？

耶客网 CEO 张志坚：其实主要看你的用户数。一般情况下，假设两家店在天猫上，它每年的销售额在几千万人民币，你可能有十万左右的忠诚购买用户，每年每个用户给你贡献几百块钱，而且甚至天猫占了绝大多数，毕竟你只有两家门店，可能销售半径还是受影响。

我的建议是，这样规模的企业，第一阶段，先不着急做一个手机 APP。因为做手机 APP 的门槛是比较高的，我建议先在微信上开一个微信账号，先把现有客户服务好，把现有客户关系维系好。当然，你在天猫上有旺旺等工具，很多用户把这些即时通信的习惯迁移到微信上，在微信上做好品牌营销，每天给这些客户发促销信息、做客户关怀。如果你的订单发出去了，你在旺旺上说一声，在微信上也吼一嗓子，这样会比较好。不着急做 APP，等你的收入上亿了，再做 APP 或者更深入的事情。

站西鞋城网董事长黄亚欣：移动端是肯定要考虑的方式，但采用的技术手段怎么做，我完全同意张总的想法，做 APP 对于中小企业来说，投入和回报差距太大，钱投进去很容易就不见了。所以，还是要注意这种风险控制的问题，要把数据分析清楚。

打通任督二脉，收集数据做营销

企业代表：传统企业做电商如何捆绑一些不上网的传统客户？

唯品会高级副总裁蒋泾：这个真的很重要，解决了，就真的幸福了。而解决这个问题，需要打通任督二脉。第一方面，对于零售用户来讲，现在缺少的是数据，所以要想尽一切办法去收集他们的数据、客户的信息。这些客户信息不仅是购物的信息，而且还有一些其他的信息。惠普或许是"老师"，惠普在线上做零售做得蛮好，但是线上和线下商品是有区隔的，线下惠普如何收集到客户信息呢？维修的时候。一般客户有保修卡，企业才能知道用户更多的信息。不过惠普做线上零售交易时，遇到保留用户信息的难题。它的解决之道，是用最新的办法，包括技术、移动等手段，甚至做 APP、利用微信，或者在门店以填表、优惠的方式，让线下的客户把信息留下来，然后用专业的数据分析方法建模，做数据整理，做顾客群细分。这里的数据不仅包括用户的人文信息，比如姓名、地址、年龄、家庭状况，而且包含很多区域的信息、购物的信息。此外，还要收集客户的偏好信息等，完整的信息来帮助企业做顾客的决策，这是一个方面信息的收集。第二个方面，就是必须要考虑对顾客在线上和线下的整体营销。线上和线下的生意具有不同的价值，不同点在哪里？综合起来，要给用户更多价值，才不会造成线上一定是抢线下的生意。如果这样做的话，我相信一个大的品牌有它的分销体系，里面就不会产生很大的问题。惠普的线上和线下服务是不同的，线下收集了很多的信息，线上获得了很多的用户，它再提供给这些在线上购买的用户更新的价值，它怎么做呢？主要通过电子邮件进行营销，做搭配的销售。所以在线下，你到门店买什么东西也有搭配，但往往是一些硬捆绑的搭配，在线上做了很多软捆绑的搭配，就根据这个客户的特性、偏好、购买习惯和以往的购买历史、产品耗用期间的情况，做了很多种灵活搭配，在惠普有 3000 多种搭配方式。所以做到这一点之后，它的线上增长就快得多了。

电子商务创造新的消费需求

企业代表：很多人认为网购只是把线下这些卖东西的转到线上去了，线上销售究竟有什么作用？

阿里巴巴副总裁、阿里巴巴集团政策研究室主任高红冰：其实，很多人都有疑问，网购不就是把线下卖东西转到线上去了吗？上个月，麦肯锡发布了一个关于网络零售是中国发展引擎的报告。它的结论，就是电子商务创造新的消费需求，总消费量增量的 39% 是电子商务带动的。所以，电子商务很重要的一个发展结论是，它并不是只对传统商品销售的一个简单的迁移，而是在创造一个新的消费需求。创造了多少？麦肯锡给的数字是 39%，而在三、四线城市基本到了 60%。比如，住在农村，可以跟北上广深所有的消费者一样买到同样的东西，只不过物流快递慢几天、除了新疆、西藏快递物流贵一点，或送到要加钱，其他城市基本上可以覆盖到，只是时间晚一点而已。可是你想象一下，原来在县城，很多东西是买不到的，现在真的是一步就走到了，你和所有大城市的用户是一样的，同步可以进入网络的消费社会。这是一个社会经济形态的重大进步，在这件事情后面应该去思考电子商务市场真的在改变人们的生活方式、改变消费需求、改变消费结构等。

电子商务的蓬勃发展让更多的传统企业开始利用网上开店来拓宽渠道，电商论坛活动旨在推动传统行业的发展，为传统企业提供发展腾飞的平台。

第七十七回　奇侠归档　卷宗展望

根据中国电子商务研究中心 2013 年 3 月 20 日发布的《2012 年度中国电子商务市场数据监测报告》，通过截至 2012 年年底数据，来让我们有一个更全面的了解和分析。

1. 交易规模

中国电子商务市场交易规模达 7.85 万亿，同比增长 30.83%。其中，B2B 电子商务交易额达 6.25 万亿，同比增长 27%。网络零售市场交易规模达 13205 亿元，同比增长 64.7%。

2. 从业人员

电子商务服务企业直接从业人员超过 20 万人。目前由电子商务间接带动的就业人数已超过 1500 万人。

3. B2B 行业数据

（1）市场规模：2012 年中国 B2B 电子商务市场规模达 6.25 万亿，同比增长 27%，比 2011 年下滑两个百分点。

（2）企业规模：截至 2012 年 12 月底，中国 B2B 电子商务服务企业达 11350 家，同比增长 8%，比 2011 年下降 6 个百分点。

（3）市场营业收入：2012 年中国 B2B 电子商务服务商的营业收入规模约为 160 亿元，同比增长 23%。

（4）市场份额：B2B 电子商务服务商营业收入（包括线下服务收入）份额中，阿里巴巴继续排名首位，市场份额为 45%。而环球资源、我的钢铁网、慧聪网、中国制造网、环球市场集团、网盛生意宝分别位列第 2~7 位。

（5）用户规模：2012 年 12 月，国内使用第三方电子商务平台的中小企业用户规模（包括同一企业在不同平台上注册但不包括在同一平台上重复注册）已经突破 1700 万。

4. 网络零售行业数据

（1）交易规模：市场交易规模达 13205 亿元，同比增长 64.7%，占社会消费品零售总额的 6.3%。

（2）企业规模：到 2012 年 12 月底国内 B2C、C2C 与其他电商模式企业数已达 24875 家，较去年增幅达 19.9%，预计 2013 年达到 25529 家。

（3）市场份额：B2C 网络零售市场（包括平台式与自主销售式），排名第 1 的依旧是天猫商城，占 52.1%；京东商城名列第 2，占据 22.3%；位于第 3 位的是苏宁易购，达到 3.6%，后续第 4~10 位排名依次为：腾讯 B2C（3.3%）、凡客诚品（2.7%）、亚马逊中国（2.3%）、库巴网（1.4%）、当当网（1.2%）、易迅网（0.6%）、新蛋中国（0.3%）。截至 2012 年 12 月，网络零售行业数据显示淘宝占全部的 96.4%，拍拍网占 3.4%，易趣网占 0.2%。

（4）用户规模：截至 2012 年 12 月底，中国网购的用户规模达 2.47 亿人，同比增长 21.7%。

（5）店规模：实际运营的个人网店数量达 1365 万家，同比减少 15.7%，自 2008 年来首次出现下滑。另有机构报告数据显示：淘宝网现有职业卖家 600 多万，每天停运或倒闭网店数量近万家，绝大多数网店卖家辛苦辛苦一年后，却面临无钱可赚、乃至亏本的尴尬局面。

5. 网络团购行业数据

（1）企业规模：全国团购网站累计诞生总数高达 6177 家，累计关闭 3482 家，死亡率已达 56%，尚在运营中 2695 家。

（2）用户规模：团购参团人数总体呈现上升趋势，参团人数最高时段集中在 12 月。1 月团购人群较去年 12 月锐减。12 月是岁末传统销售旺季，实物类团购与吃喝玩乐团购吸引人气齐暴涨，12 月有 6000 万人参加团购，创下团购单月参团人数最高纪录。

（3）交易规模：团购市场（含聚划算）成交规模达到了 348.85 亿元，而这一数字在 2011 年仅为 216.32 亿元，同比增长 61%。回顾团购成长的历史，团购在其兴起的 2010 元年，交易额只有 25 亿元。

（4）市场份额：排名前十的独立团购网站依次为：美团网 13%、高朋网 7%、拉手网 6%、大众点评 5%、糯米网 5%、窝窝团 5%、千品网 2%、满座网 2%、嘀嗒团 1%、聚齐网 1%。十强团购网站占据了整个团购市场 46% 的市场份额。以聚美优品、知我网、Like 团、喜团网、团购王、品质团等为主的中小综合团购网站和垂直细分团购网站占据了 12% 的市场份额。

（5）融资数据：2010 年起团购行业共发生 43 起投资事件，获投资总金额约为 7.19 亿美元。其中 2010 年发生 20 笔投资，投资额约为 1.40 亿美元；2011 年发生 15 笔投资，投资额约为 5.34 亿美元；2012 年仅 3 笔投资，金额为 0.45 亿美元。

6. 第三方支付业务交易规模

国内第三方支付业务交易规模 35000 亿，同比增长 57%。中国使用网上支付的用户规模达到 2.3 亿，使用率提升至 37.6%。十大第三方支付企业分别为：支付宝、财付通、银联商务、汇付天下、快钱、网银在线、易宝支付、环迅支付、上海银联、通联支付。

7. O2O 数据

O2O 市场规模已超过 1000 亿元，达到 1005 亿元，而在 2013 年将突破 2000 亿元。

2012 年，在资本市场降温的背景下，电子商务行业跌宕起伏。各企业仍不断加大市场营销和推广的力度，以价格战为主的促销活动赶超往年。而在电商巨头高歌猛进、新进者跃跃满志之时，也有大量的企业以不同的方式黯然退出，倒闭、转型时有发生。激烈乃至惨烈的市场竞争带给行业阵痛，但也在逐渐推进电商产业结构调整和升级的步伐。

中国电子商务快速发展，对经济社会生活的影响不断增大，正成为中国经济发展的新引擎。利用好这个新引擎，对于启动消费、扩大内需、转变经济发展方式具有重要意义。目前，中国网络购物从分散化购买阶段快速进入规模化购买阶段。即使面对国际金融危机的冲击，中国电子商务 2007～2010 年的增长速度均超过 30%，2012 年更是达到了 64.7% 的增速，占到社会消费品零售总额的 6.3%。中国电子商务主要可分为 B2B、B2C、C2B、C2C、O2O 五大类模式，不同模式都有提升的趋势。以 B2B 模式为例。中国 B2B 电子商务网站众多，存在业务模式雷同、核心竞争力不强的问题，但目前其业务模式出现了提升的趋势。在网络购物上，中国已不局限于 3C 产品、图书等标准化品类，而扩展到服装鞋帽、化妆品、食品、家用电器、家居百货、文体用品、珠宝配饰、母婴产品等，线上零售与线下零售的差异正在缩小，甚至许多家庭生活服务、政务服务等都能在线上购买。传统零售企业纷纷建立网络平台，争取网络购物客源。特别是 2008 年以来，随着网络购物的发展，消费人群日益增多，许多零售企业加大了对网络销售的投入。

中国电子商务领域发展过程中仍然存在着许多问题，这些问题一方面是传统商务领域存在的共性问题，如假冒伪劣、缺乏诚信、退款问题、节能补贴、账户被盗、虚假促销、货到迟缓、网络诈骗、退换货难、物流快递、网络售假、支付问题，等等，成为网络购物的诟病，是网友投诉最多的主要问题结症。另一方面是由于电子商务交易特性延伸出的新问题，如网络安全、技术创新、网关认证、管理机制等。当然，B2C 企业只赚规模、不赢利的现象，也是业界必须面对的现实问题。

从最早的 8848 到如今的卓越，再到后来成长起来的红孩子、凡客均存在传统商务领域存在的共性问题和电子商务交易特性延伸出的新问题。我们应当理性针对这两类不同的问题，区别对待。政府部门应加强监管和法制建设，维护公平交易的市场环境，防止网络欺诈，促进电子商务有序发展；同时，顺应电子商务的发展，转变行政理念和方式，因势利导，扶持壮大电子商务产业，尤其是推进电子商务服务业向纵深发展，促进经济结构调整和经济发展方式转变。2012 年，商务部发布了《关于利用电子商务平台开展对外贸易的若干意见》，意见表示，支持电子商务平台增强外贸功能，鼓励企业利用电子商务开展对外贸易，有利于促进内外贸融合，推动内外贸共同发展，提高中国商务事业整体发展水平，夯实中国贸易大国地位。

中国电子商务市场交易规模截至 2012 年年底达 7.85 万亿，同比增长 30.83%。其中，B2B 电子商务交易额达 6.25 万亿，同比增长 27%。网络零售市场交易规模达 13205 亿元，同比增长 64.7%。据国家统计局发布的 2012 年经济数据显示，中国去年全年进出口总额 38667.6 亿美元，比上年增长 6.2%，增速比上年回落 16.3 个百分点。从市场结构来看，网络零售突破万亿元大关。工业与信息产业部 2013 年 4 月 8 日在其官网披露，今年一季度，全国电子商务交易额达到 2.4 万亿元，同比增长 45%，季度环比增长 8%；其中 B2B 交易额占比 83%，同比增长 20 个百分点。工信部还披露，2012 年，全国光缆线路长度净增 268.6 万公里、达到 1480.6 万公里；基础电信企业互联网宽带接入端口净增 3596.0 万个，达到 26835.5 万个；全国互联网国际出口带宽达到 1899792Mbps，同比增长 36.7%。

比尔·盖茨在其名著《未来之路》中向读者描绘了网络带给 21 世纪人们的冲击。如今依托互联网发展起来的电子商务的未来之路路在何方？作者认为电商的出路与未来趋势在于电商的改革与创新。我们期待电商的这场改革，其未来发展状况或将对中国电商产业产生深远影响。首先，中国电商未来发展需要解决很多问题，如技术创新、机制、资金链等等问题。其次，面对着两大亟待改革的问题：一是传统商务领域存在的共性问题；二是由于电子商务交易特性延伸出的新问题，这是业界必须面对的现实问题。再次，中国电商未来发展的两大方向：一是面向专业领域的细分市场需求，构建共享服务平台，呈现专业化、人性化、精细化趋势；二是承担更广泛区域与更多产品的流通职能，市场容量与空间不断扩大，基础设施建设迅速发展，呈现综合化、规范化、大型化趋势。最后，是对电商迈向成功的核心问题，也就是说电商如何健康发展的建言：一是电商和加盟经营户运作和谐发展；二是电商的运作功能和生产制造企业与商贸流通和谐发展；三是电商经营规模与服务产业的经济规模和融资能力和谐发展。这仅仅是一种新的思路或面向未来的一种理念，谨希望改革与创新上升为引领电商改革的一种力量，这就是作者所言令人鼓舞的"可持续发展"。

有道是："东方欲晓，莫道君行早。踏遍青山人未老，风景这边独好"。

附　　录

附录 A　中国电子商务生态

生态一词，指生物在一定的自然环境下生存和发展的状态，简单地说，生态就是指一切生物的生存状态，以及它们之间和它与环境之间环环相扣的关系。生态的产生最早也是从研究生物个体开始的，"生态"一词涉及的范畴也越来越广，人们常常用"生态"来定义许多美好的事物，如健康的、美的、和谐的等事物均可冠以"生态"修饰。

一　品牌（品牌所有方）

1. 服饰鞋帽箱包

（1）美特斯邦威、百丽、波司登、七匹狼、九牧、森马、爱慕、达芙妮、雅戈尔、唐诗、南极人、太平鸟、奥康、婷美、富贵鸟。

（2）凡客诚品、马萨玛索、麦包包、梦芭莎、初刻、兰缪、维棉、埃沃、时尚起义、七格格、NOP。（纯在线品牌）

（3）OSA、天使之城、我的百分之一、安都、韩都衣舍、裂帛、JUSTYLE、添香防辐射、Mr. Ing、SPORTICA。（淘宝品牌）

2. 电子/家电

（1）海尔、海信、TCL、联想、步步高、小米、美的、九阳、纽曼、魅族、格兰仕、格力、爱国者、中兴、OPPO、长虹、苏泊尔、雷柏、天宇。

（2）小熊、小狗。（淘宝品牌）

3. 运动/户外

李宁、安踏、361度、匹克、鸿星尔克、特步、kappa、TOREAD。

4. 美容/健康

（1）相宜本草、六神、拉芳、佰草集、自然堂、舒蕾。

（2）芳草集、御泥坊、AFU、牛尔。（淘宝品牌）

5. 家饰家纺

（1）罗兰家纺、博洋家纺、水星家纺、天堂伞。

（2）百思寒（淘宝品牌）。

6. 珠宝

（1）周大福、六福珠宝、亚一金店、周生生、老凤祥、琉璃工房。

（2）砖石小鸟、珂兰钻石、戴维尼（纯在线品牌）。

（3）佐卡伊（淘宝品牌）。

7. 家居建材

（1）曲美家居、马可波罗、全友家私、九牧、喜临门家居、TATA木门。

（2）AOZZO、晏记（淘宝品牌）。

8. 食品饮料

（1）王老吉、蒙牛、脑白金、长城葡萄酒、五粮液集团、好想你、黄飞红。

（2）艺福堂、新农哥（淘宝品牌）。

二 平台（销售其他品牌所有方的商品，并交由品牌所有方自营）

1. 综合平台

淘宝网、淘宝商城、QQ 网购、拍拍、京东商城、乐酷天、卓越亚马逊、当当、品聚、麦考林。

2. 家居平台

家天下、上海团购网、家居就。

3. 外贸平台

DHgate、tootoo、ioffer、TRADETANG、Aliexpress、Chinavasion、Beltal。

三 渠道（销售品牌所有者的商品、并由渠道拥有者自营）

1. 综合渠道

京东商城、亚马逊、当当、1 号店、苏宁易购、东方 cj、V＋、橡果国际。

2. 电子电器渠道

易讯、库巴、华强北在线、新七天、新蛋、国美、飞虎乐购、绿森数码。

3. 服饰渠道

麦考林、走秀网、耀点 100、优众、银泰、第九大道、名品打折网、逛街网、商品折扣、有货。

4. 美容健康渠道

聚美优品、No5 时尚广场、乐蜂网、米奇网、天天网、sasa 网、NALA、草莓网、梦露时尚、薄荷时尚。

5. 户外运动渠道

好乐买、名鞋库、乐淘、西街、淘鞋网、酷运动、拍鞋网、户外营。

6. 家居家装渠道

篱笆网、优雅100、东方宜居网。

7. 药品渠道

开心人、金象网、导药网。

8. 食品饮料渠道

我买网、也买酒、酒仙网。

9. 外贸渠道

Lightinthebox、DinoDirect、DX、Milanoo。

10. 母亲渠道

红孩子、母婴之家、爱婴岛、绿盒子、爱婴室。

11. 玩具礼品渠道

趣玩网、佑一良品、胡桃夹子、悠品。

12. 图书渠道

网上书城、快书包、孔夫子旧书网、博库网。

13. 其他渠道

车品弘智专营店、爱戴网、可得眼镜。

四　Flash sale

唯品会、尚品网、俏物悄语、佳品网、聚尚网、第5大道、魅力惠、尊酷网。

五　第三方服务

1. 代运营

尊宝电商、arvato、transcosmos、易积电器、蓝火翼、翼商网络。

2. 管理软件

ShopEx、管易软件、商部落、360Shop、HiShop、又一城、光云软件、世奥软件、管家婆。

3. 第三方支付

支付宝、财付通、汇付天下、快钱、银联在线、手机支付、易宝支付。

4. 广告推广

亿玛、adsage、博雅立方、国双。

5. EDM 发送

ROADWAY、汉起科技、Web Power、会易。

6. 快递

顺丰速运、圆通速递、中通速递、星辰急便、黑猫宅急便、申通速递、韵达快运、汇通快运、EMS。

7. 数据分析

量子恒道统计、数据魔方、杭州数云、小艾分析、酷宝数据、英德知联恒、爱得威。

8. 专业咨询

艾瑞网、DCCI、派代、CNZZ、亿邦动力、nielsen。

9. 其他服务

又拍图片管家、bShare 分享、AVAYA、JiaThis、卷豆网、LIVE'800、53 快服。

六　搜索导航

有道、Google、一淘、360 购物。

七　返利比价

迅购网、返利网、比购网、易购网、聪明点、55BBS、QQ 彩贝。

八　SNS 导购

美丽说、蘑菇街、LINKCHIC。

九　微博营销

华艺传媒、孔明社交管理、微博易、支付宝微客。

十　团购

拉手团、窝窝团、点评团、糯米、聚划算、美团、24 券、满座网、F 团、58 团购、高朋。

十一　团购聚合

百度团购、团 800、QQ 团购、360 团购导航、Google 时惠。

十二　平台频道

中国电子商务研究中心、中国电子商务数据中心、中国电子商务投诉与维权公共服务平台、中国电子商务法律求助服务平台、中国电子商务 B2B 频道、中国电子商务网络零售频道、中国电子商务网络团购频道、中国电子商务金融频道、中国电子商务物流快递频道、中国电子商务 O2O 频道、中国电子商务营销频道、中国电子商务省市频道、全球电子商务频道。

附录 B 2012 年电商市场动态盘点

2月1日，阿里集团宣布，其联合旗下子公司成立的"阿里巴巴公益基金会"已通过国家民政部批准审核，由民政部直接主管。

2月2日，亚马逊中国宣布调整商品配送标准，将原来坚持的全部自售商品免运费政策，更改为不满29元加收5元配送费。

2月5日，淘宝网宣布，斥资1亿元打造的我国首个网购维权平台——淘宝消费者维权保障平台，将于春节后正式上线。

2月8日，支付宝关闭了信用卡向支付宝账户充值的功能。支付宝人士说，关闭信用卡支付，是为堵住信用卡套现的网上漏洞。

2月13日，淘宝发布通知变更了部分淘宝规则。其中，淘宝有权删除因虚假交易产生的店铺评分的内容，直指广受关注的通过虚假交易提升网店销量和信誉的行为。这一新规将于13日和20日分批生效。

2月14日，阿里巴巴中国站宣布升级为在线交易平台，推出了"交易勋章"体系。

2月15日，环球资源推出全新的"群星问鼎"服务，推出"每家一行"搜索结果，创业界先河，有关服务已于2012年1月于"环球资源网站"正式上线。

2月15日，拉手网与国际领先的信息化服务商IBM达成合作，IBM将为拉手网提供全球先进的ERP实施服务，渗透入其日常管理的各个领域中。

2月17日，发改委、央行等八部门联合下发通知，落实积极发展电子商务的任务，深入开展国家电子商务示范城市创建工作。

3月6日，阿里免去阎利珉聚划算总经理职务，任命阿里巴巴集团战略部原副总裁张宇接任。同日，聚划算宣布其商品团购将于3月28日开始向商家收取佣金。此举意味着聚划算免费时代结束，在团购行业引发巨大震动。

3月9日，阿里巴巴集团宣布组织人才上的两大举措：全集团21名中高层管理干部轮岗，全年只净增200人。

3月14日，国家工商行政管理总局出台了《关于加强网络团购经营活动管理的意见》，以规范网络团购市场经营秩序，维护网络消费者和经营者的合法权益。

3月16日，商务部有关负责人透露，今年将逐步出台网络交易系列规章来规范电子商务市场。包括此前就已酝酿多时的《网络零售管理条例》《关于保护网上商业数据的指导办法》《网上交易小额争端解决办法》等法律规章将于年内制定和发布。

3月19日，支付宝启动物流POS战略，未来3年内将投入6万台POS机，帮助中国电子商务的货到付款模式全面从付现金过渡到支付宝POS刷卡阶段。

3月20日，华为近日推出旗下电商平台"华为商城"，目前仅销售华为自主生产的消费级产品。

3月21日，针对"当当网账户遭人盗刷，账号无法追回"事件，当当网通过官方微博表示，将紧急冻结所有账户余额和礼品卡，此前发生的盗刷一经确认将分批全额补偿用户。

3月21日，网盛生意宝公司正式对外宣布，旗下大宗商品数据商生意社推出全球首个十国语言版大宗商品数据平台。

3月22日，QQ商城宣布已从3月1日起对商城商户进行收费，每年将收取6000元的年费，而这也导致了部分商家的出逃。

3月23日，广州品牌折扣网站唯品会在美国纽约交易所挂牌上市，股票交易代码为VIPS，6.5美元的发行价较原计划下调23.5%，被业内评论为"流血上市"。

3月25日，深圳市迪蒙网络科技有限公司宣布将旗下运营的B2B平台"商机网"从即日起更名为"淘金地"，并同步启用Taojindi.com新域名。

3月27日，工信部发布《电子商务"十二五"发展规划》。《规划》提出，到2015年，电子商务交易额翻两番，突破18万亿元。

4月11日，淘宝网团购平台聚划算在淘宝帮中发布公告称，将取消高级商家机制（KA商家）和专团机制，同时聚划算还宣布对商家参团疲劳度进行放宽，由原来的2次/月更改为3次/月。

4月23日，网盛生意宝宣布发布其首款移动互联网产品——"期货通"，该产品是为国内期货投资者专门开发的一款无线电子商务客户端软件。

5月4日，环球资源中国内贸发展部副总裁任丽峰表示，目前环球资源正在与京东商城、卓越亚马逊、1号店、当当网和苏宁易购洽谈合作。

5月7日，消费者起诉当当网"809违约案"二审宣判，维持原判，驳回消费者上诉。

5月8日，慧聪网在北京召开产品上线动员会，宣布推出一款名为采购通、着力于买家体系的新产品。5月8日，麦德龙宣布其B2B网上商城正式上线。启动电商后，麦德龙将主要自建物流系统和门店进行全国配送，为铺设更多配送网点，其计划未来3~4年内将在华门店数量翻一番。

5月16日，杭州滨江法院近日对去年"阿里巴巴诈骗门"事件做出审判，该批国际诈骗系列案件中，已有6起案件中的13名被告人因诈骗罪被判处了1年至3年8个月不等的有期徒刑，并分别判处了罚金。

5月21日，阿里巴巴集团宣布与雅虎达成股权回购协议，将动用63亿美元现金和不超过8亿美元的新增优先股，回购雅虎所持的阿里巴巴集团20%股权。

5月24日，马化腾宣布，腾讯将为独立运营的腾讯电商控股公司投入10亿美元。这是继上周腾讯公司宣布组织架构重组，成立六大事业群及腾讯电商控股公司之后的又一大动作。

5月25日，阿里巴巴网络股东大会以5.89亿股数，占整体95.46%的赞成票通过私有化计划，将于6月19日生效。

5月28日，F团与红螺惠缘谷合作推出的团购旅游服务遭到用户质疑，在消费过程中因是团购项目遭到商家的服务打折、隐形消费等情况。

5月29日，中国（北京）电子商务大会暨电子商务博览会在北京举行，会上，商务部公布了首批34家国家电子商务示范基地名单。

5月31日，顺丰速运旗下电商食品商城"顺丰优选"正式宣布上线，定位于中高端食品B2C。

6月6日，阿里巴巴集团对外宣布，将在集团管理团队中设立首席风险官（Chief Risk Officer，CRO）一职，原阿里集团秘书长邵晓锋出任该职务。

6月6日，京东商城宣布暂停6月份所有返利性质网站CPS（以实际销售情况分成）合作。

6月8日，阿里巴巴集团旗下淘宝网和北京15家图书出版社在杭州共同签订反盗版联盟图书版权保护合作备忘录。

6月11日，作为全国最大的所谓购物返利网站以及这一销售模式的始作俑者——2010年5月成立的浙江亿家电子商务有限公司及其旗下的"万家购物"网站因涉嫌组织领导传销罪被相关部门查处关闭。

6月18日，焦点科技于去年年底推出采购平台——百卓采购网，18日中国台湾最大的民营制造业集团台塑正式入驻百卓采购网大买家专区。

6月19日，化妆品B2C网站乐蜂网和化妆品团购网站聚美优品开打口水战。

6月20日，阿里巴巴网络公司从香港联交所退市，结束其近5年的上市之旅。

6月22日，环球市场集团正式登陆全球三大证券交易所之一的伦敦证券交易所挂牌上市。

6月22日，拉手网宣布撤销在美国的上市申请。

6月27日，敦煌网提出2.5%低佣金率的策略，推广其即将上线的16个品类1000款重点支持产品。

6月28日，央行在其网站上公布了2012年第一批支付牌照名单，这是自去年5月26日以来，央行第四次向第三方支付企业发放《支付业务许可证》，至此央行共发放196张第三方支付牌照。

6月29日，当当网正式宣布将于本周正式入驻腾讯旗下的QQ网购，双方将通过账号打通等方式，实现平台互通。

7月5日，浙江省高院和淘宝网联合推出的网络司法拍卖平台正式上线，淘宝网宣布，今后浙江省各级法院涉诉资产都将在淘宝网上进行司法拍卖。

7月7日，建行宣布在结合传统金融服务优势和新兴电子商务服务应用的基础上，于近日正式对外推出全流程、综合性电子商务金融服务平台——"善融商务"。

7月8日，国内团购行业5大网站与支付宝联合推出手机团购活动，用户在美团网、大众点评网等5家团购网站的手机客户端下单，均可以使用支付宝，并获得集分宝等奖品，此举表明团购的重心正在向手机转移。

7月19日，腾讯电商控股公司正式宣布QQ网购开放平台启动，首批将接入300余家顶级商家，并计划在年底前引入超过1000家具有一定销售规模及具有良好服务能力的商户入驻 QQ 网购开放平台。

7 月 19 日，小商品城今日公告，公司与阿里巴巴集团公司拟就电子商务领域建立长期稳定的战略合作关系，并达成《框架协议》。

7 月 20 日，阿里巴巴宣布正式推出社交平台——laiwang.com 的 iOS 客户端上线。

7 月 24 日，支付宝、分众传媒、聚划算联合宣布开启战略合作，联手进军 O2O 市场。业内分析认为，随着手机首次跃居中国网民第一大上网终端，基于移动互联网技术的线上线下业务融合正在提速。

8 月 1 日，F 团宣布原实体公司"北京卡拉互动科技有限公司"正式变更为"北京网罗天下生活科技有限公司"，F 团与高朋两个平台纳入其中。新公司的英文名 GROUPNET，并发布新的 LOGO。

8 月 6 日，从今日起，敦煌网将不再使用 PayPal 的支付方式，双方将停止内部合作关系。这意味着全球最大的网上支付巨头与其亚太区最大合作伙伴正式分手。

8 月 10 日，大众点评网近日已完成新一轮融资 6000 万美元，低于 C 轮 1 亿美元，该消息已得到大众点评网证实。

8 月 15 日，中国香港消委会表示，今年中国香港前 7 个月接获 2259 宗网上团购投诉，比去年同期急升 29 倍。

8 月 17 日，B2B 电子商务平台万国商业网已经关张，今天是其员工最后一天上班。据悉，其中文站早在此前已经关闭，现在只有英文站可以访问。

8 月 22 日，达芙妮在上海总部被曝裁员近 300 名员工，电商部门 3 位主管被裁。对此，公司方面回应称只是公司岗位调整，否认遗弃电商业务，表示由于电商业务表现没有符合预期，公司才会对部门进行调整。

8 月 25 日，国家税务总局网站发布《网络发票管理办法》（征求意见稿），拟将"力争 3 年内把电子发票推广至全国"以规章形式颁布实施。

8 月 27 日，生意宝（002095）发布公告称，公司拟出资 1 亿元在杭州市投资设立全资子公司，经营非金融机构互联网支付业务。

9 月 5 日，阿里巴巴今日发公告宣布，阿里巴巴中国站与淘宝网的账号将实现互通。

9月5日，北京市第二中级人民法院审理了一起离职空姐走私化妆品案。空姐带化妆品入境逃税上百万，一审获刑11年。

9月6日，发改委初步调查认为8月份电商价格大战过程中涉嫌存在价格欺诈行为，发改委将依法处理。

9月7日，美团网在业内首家推出了"随时退"服务，消费者购买的美团券在未消费的情况下可以随时申请退款。

9月7日，糯米网已经专门成立物流服务客户投诉小组，在客服电话自助语音中特别设立物流服务专线。

9月8日，第九届全球网商大会在杭州召开。

9月12日，网盛生意宝宣布，由该公司投资1亿元人民币研发、建设的B2B支付平台"生意通"，将面向全国各类行业网站开放使用，为B2B电子商务平台提供支付结算服务。

9月12日，凡客诚品正式对外发布消息称，已在越南开设独立域名网站www. vancl. vn，进一步拓展海外市场。

9月13日，环球市场集团宣布，将斥资5亿元完成广东省30000家真正优质制造商的集结，助广东"万企触电"。

9月14日，糯米网自建检测中心，对商品质量和商家的质控能力进行认证并标注相应标识，为消费者提供"假一赔一"和"7天无理由退换货服务"。

9月14日，在线支付平台PayPal近日正式推出了PayPal"外贸通"一站式服务网站。

9月18日，阿里巴巴集团宣布，对雅虎76亿美金的股份回购计划已经全部完成。阿里巴巴集团以63亿美金现金及价值8亿美金的阿里巴巴集团优先股，回购雅虎手中持有阿里巴巴集团股份的50%。

9月23日，24券投资方在内部表示将代表资方停止对24券注资。这是国内最新一起团购网站与资方发生冲突的案例。

9月25日，国家发改委公布了电子商务政策类和市场应用类项目，重庆市地税局申报的《重庆市网络（电子）发票试点工作方案》获得政策类试点立项。

9月28日，广交会拟投入超10亿元打造电商平台PK阿里巴巴，利用这个平台，每年广交会近50万实名的优质国际采购商资源将无间断地分享给数百万家出口企业。

10月3日，从杭州市农办了解到，为了进一步促进电子商务与农村事业的结合，为农村电子商务产业发展"补血"，市财政局和市农办联合出台了《杭州市农村电子商务项目资金管理办法》。

10月3日，央行发布《支付机构预付卡业务管理办法》。办法规定购买和为预付卡充值均要实名制；禁止使用信用卡购买预付卡和为预付卡充值。

10月5日，从广州市经贸委获悉，广州市有望拿出每年5亿元的财政扶持资金，支持广州电子商务的发展。

10月9日，国家发改委正式批复深圳市"一达通"中小企业国际贸易电子商务服务试点项目列入"国家电子商务试点"。

10月18日，欧洲最大消费电子产品零售商万得城电器宣布推出中国网上商城。

10月12日，上海钢联现金流为负引起上海证监局的关注，上海钢联现金流堪忧的消息传出后，引起市场恐慌，股价最后被砸至跌停。

10月17日，嘀嗒团近日完成与58团购平台的对接测试，并在技术和运营层面实现全面接通。

10月21日，义乌商城集团旗下的小商品城网更名为"义乌购"，正式宣布上线。

10月26日，沃尔玛百货公司宣布，已完成对中国电子商务网站"1号店"控股公司的增加投资，沃尔玛持有股份增至近51%。

10月26日，F团与高朋合并的新公司"GroupNet"今日确认，已获得腾讯和美国团购公司Groupon新一轮注资，共计4000万美元。

10月28日，满座网宣称上月首次实现盈亏平衡，并盈利一元钱，成为业内首家扭亏为盈的企业。

10月29日，生意宝宣布，旗下大宗商品数据商生意社将打造300个商品指数，并致力打造中国最大、全球品种最全的指数公司。目前首批已成功发布208个商品指数，其余将陆续上线。

10 月 30 日，日前，敦煌网与全球领先的网络内容合规情况监察和电子商务风险管理领导者 G2 公司签订了新的合作协议。

10 月 31 日，据了解，第一张阿里巴巴虚拟信用卡刷卡成功，其业务将马上在全国展开。

11 月 1 日，1 号店用户信息泄露事件终于水落石出。据警方透露，警方根据前期排摸调查，现已查获 1 号店网上商城员工与离职、外部人员内外勾结，造成部分客户信息泄露一案。

11 月 11 日，苏宁易购执行副总裁李斌对外披露了易购最新的数据，数据显示从 11 月 9 日到 10 日，易购整体销售额增长 20 倍，成交总量达 150 万单，预计"双十一"三天整体销售额规模将实现同比 20 倍的增长。

11 月 11 日，"双十一大战"淘宝天猫全网 191 亿的交易额创造了中国电商行业日销售的一个新纪录。

11 月 15 日，浙江网盛生意宝股份有限公司宣布，公司计划与下属控股子公司宁波网盛大宗商品交易有限公司和浙江生意宝网络有限公司共同设立浙江网盛担保有限公司，给公司投资设立的大宗品交易网的会员提供交易、融资等服务。

11 月 20 日，网盛生意宝宣布，启动"打造 100 个行业网、培养 100 名 CEO"计划。该计划面向曾经的 B2B 从业者，或正在从事 B2B 的行业人士定向招募，如合作谈拢签约后，双方将组建一个或若干个行业网站的合资公司。

11 月 27 日，全国工商系统网络市场监管工作经验交流现场会在浙江杭州召开。同时，全国首支网监大队在杭州滨江工商揭牌。

11 月 29 日，全国首例"恶意差评师"案告破，杭州警方抓获 7 名犯罪嫌疑人。

11 月 30 日，众多市场商户反映义乌小商品市场官网"义乌购"遭阿里系截杀，出现阿里旺旺与"义乌购"不兼容情况，对此阿里云称是网站技术问题所致。

12 月 1 日，金华市人民政府与阿里巴巴集团签署了战略合作签约，阿里巴巴拟在金义都市新区投资建设"中国？金义电子商务新城"项目。

12 月 1 日，阿里巴巴正式宣布从 2013 年起，诚信通年服务价格统一调整为 3688 元，名为升级实则涨价。

12 月 3 日，阿里巴巴集团宣布，旗下电商平台淘宝＋天猫的销售总额突破 1 万亿元。在如此大的交易额数据下，淘宝的税收问题成发展隐忧。

12 月 3 日，国美集团正式宣布将整合旗下国美电器网上商城和库巴网两大电商平台，实现后台统一管理和资源共享。整合后，国美电器网上商城将正式更名为"国美在线"。

12 月 5 日，苏宁电器（002024）公告，中国香港苏宁电器子公司将与苏宁电器集团有限公司共同出资发起设立"重庆苏宁小额贷款有限公司"。

12 月 6 日，1 号店开放平台——1 号商城日前公布的入驻商户续签说明中规定，2013 年平台保证金将由原来的 5000 元 – 10000 元两档，提高到 1 万元 – 2 万元两档。该项目资费较之前足足提高了一倍，对此有部分中小商家抱怨称增幅太大，加剧了店铺运营成本。

12 月 8 日，由腾讯参与投资的高朋网推出并正式进入公测的"微团购"，已经打通了支付，支持财付通、支付宝。

12 月 12 日，2012 年度"CCTV 中国经济年度人物"揭晓。同为获奖者的阿里巴巴董事会主席马云和万达董事长王健林，在颁奖现场围绕电商话题展开辩论。两人还为十年后电商在零售市场份额能否过半设下亿元赌局。

12 月 13 日，网罗天下今日宣布，旗下 F 团、高朋和 QQ 团正式合并，统一品牌为高朋，F 团品牌消失。目前 F 团网站上出现的是高朋 Logo，2013 年 1 月 15 号 F 团的域名也将跳转为高朋网，目前 QQ 团购的 Logo 尚未改变。

12 月 24 日，由中商控股公司推出的国内综合性第三方 B2B 电子商务平台——越南中国商品网宣布正式上线。据悉，该网站是目前国内首个单语言针对越南市场的 B2B 网站。

12 月 27 日，国美在线与库巴网同步上线团购业务"国美团"，商品品类将覆盖家电 3C、百货、休闲娱乐等实体商品以及本地生活类服务。

参考文献

[1] 林可：《当当创业内幕》，浙江人民出版社，2012。

[2] 李良忠：《赢在当当：李国庆、俞渝联合创业记》，安徽文艺出版社，2012。

[3] 郑作时：《阿里巴巴——天下没有难做的生意》，浙江人民出版社，2007。

[4] 孙燕君：《阿里巴巴神话——马云的美丽新世界》，江苏文艺出版社，2007。

[5] 刘世：《谁认识马云》，中信出版社，2006。

[6] 杨艾祥：《马云创造》，中国发展出版社，2006。

[7] 华胜：《马云传奇》，中国经济出版社，2009。

[8] 刘世英：《马云正传》，湖南文艺出版社，2008。

[9] 刘世英：《谁认识马云2：危机中的救赎》，中国友谊出版社，2012。

[10] 张刚：《马云十年》，中信出版社，2009。

[11] 金错刀：《马云的创业逻辑——跟踪马云12年》，中信出版社，2012年。

[12] 沈威风：《淘宝网——淘宝战胜eBay的传奇故事》，浙江人民出版社，2007。

[13] 田旺、苍耳、雷军：《世界需要我的突围》，安徽人民出版社，2013。

[14] 蔡艳鹏、雷军：《人因梦想而伟大》，武汉出版社，2012。

[15] 理查德·勃兰特：《一键下单——杰夫·贝佐斯与亚马逊的崛起》，中信出版社，2013。

［16］ 徐洁云：《易趣淘宝往事：绝无仅有的行业竞争大逆转》，《21 世纪商业评论》2013 年第 1 期。

［17］ Tmall 商家成长部：《漫步天猫：新商路导航》，电子工业出版社，2012。

［18］ 张喆：《价值的创造与传递——对中国网络团购商业模式的探索》，复旦大学出版社，2013。

［19］ 温洁：《亚马逊中国八年慢跑水土不服》，《投资者报》2012 年 12 月 24 日。

［20］ 叶林：《新蛋中国难题：本地化困境》，《经济观察报》2012 年 3 月 24 日。

［21］ 李海强：《新蛋中国"慢煮"：追求用户体验》，《21 世纪经济报道》2010 年 5 月 17 日。

［22］ 彭征：《凡客不凡：用户体验造就品牌》，龙门书局，2012。

［23］ 凡客诚品：《小 T 大做》，人民邮电出版社，2011。

［24］ 柴文静：《支付宝进化论》，《21 世纪商业评论》2010 第 6 期。

［25］ 赵家鹏：《马云疑云：支付宝股权转移的幕后》，《凤凰周刊》2011 年 7 月 6 日。

［26］ 张凯锋：《京东商城：最具争议的 B2C》，《创业家》2009 年 6 月 9 日。

［27］ 姜蓉：《梦芭莎内衣的秘密》，《中国经营报》2010 年 7 月 24 日。

［28］ 吴晓波：《回访潜力企业：唯品会如何盈利？》，福布斯中文网 2013 年 1 月 8 日。

［29］ 赵霞：《团购业"年关"难过，行业何时迎来春天?》，《中华工商时报》2012 年 11 月 16 日。

［30］ 成志明：《苏宁背后的力量——信息化天梯》，中信出版社，2010。

［31］ 成志明：《苏宁背后的力量——组织智慧》，中信出版社，2011。

［32］ 朱甫：《国美与苏宁——中国两大家电零售巨头的销售策略与连锁攻略》，浙江人民出版社，2007。

［33］ 周慧、罗小琼：《物流电子商务》，清华大学出版社，2011。

［34］ 李明生：《粮食现代物流》，科学出版社，2006。

［35］ 胡敏：《钢铁贸易的电子商务现代化生存》，《中国经营报》2012 年 9 月 21 日。

［36］埃弗雷姆·特班、朱迪·麦凯等：《电子商务》，机械工业出版社，2011。

［37］李敬泉：《中国钢铁物流研究》，南京大学出版社，2013。

［38］肖昕：《广州三大电商产业园"从沉默到爆发"》，《南方都市报》2012年1月19日。

［39］李巍、王锦：《店商＋电商＋零售服务商：张近东详解苏宁云商内涵》，《中国证券报》2013年2月21日。

［40］姚庆涛：《京东顺丰艰难跨界，本土物流瓶颈如故》，《互联网周刊》2012年7月4日。

［41］王利阳：《阿里物流战略，欲掌控整个电商快递业》，《搜狐IT》2013年1月30日。

［42］中国互联网络信息中心（CNNIC）在京发布第31次《中国互联网络发展状况统计报告》，2013年1月15日发布。

［43］中国电子商务研究中心《2012年度中国电子商务市场数据监测报告》，2013年3月20日发布。

［44］荆林波、孙开钊：《2012年电子商务物流发展回顾与2013年展望》，《中国物流学会会刊》2013年第4期。

［45］工业和信息化部网站：《2013年一季度全国电子商务数据消息》，4月8日。

［46］陆俊：《阿里巴巴创200亿美元市值神话》，《信息时报》2007年11月13日。

［47］任凭：《阿里巴巴B2B公司CEO辞职》，《东方早报》2011年2月21日。

［48］李小晓：《银行挑战者：阿里小贷》，《新世纪》2012年11月19日。

［49］侯继勇：《雅巴股权大战落幕：马云统一"治权股权"》，《21世纪经济报道》2012年5月22日。

［50］郑福湘：《阿里巴巴的银行之谋》，《证券市场周刊》2012年11月26日。

［51］宋玮：《马云重构阿里巴巴：分拆成为下一步变革重点》，《财经》2012年12月17日。

［52］叶林：《新蛋中国难题》，《经济观察报》2012年3月24日。

[53] 张淑芳,李立:《当"全球通"遇上"本土化"》,《中国经营报》2009年12月12日。

[54] 庄春晖:《淘宝一分为三马云首披"大阿里"上市意图》,《每日经济新闻》2011年6月17日。

[55] 陈庆春:《淘宝分拆狂想曲》,《IT经理世界》2011年7月22日。

[56] 罗小卫:《淘宝商城混战试水温 马云被斗争到底》,《华夏时报》2011年10月15日。

[57] 沈云芳:《淘宝野心》,《新浪科技》2012年11月23日。

[58] 崇晓萌:《淘宝天猫1万亿元销售总额的思考:影响了谁?》,《北京商报》2012年12月5日。

[59] 谢鹏,刘薇:《8·15,一场有组织的电商"约架"》,《南方周末》2012年8月17日。

[60] 王姗姗:《京东杀入互联网金融》,《新世纪》2012年第48期。

[61] 洪文锋:《腾讯电商酝酿再调整拍拍网和QQ商城面临整合》,《新快报》2012年7月5日。

[62] 张剑锋:《凡客还能扛多久?》,《南方周末》2012年2月23日。

[63] 黄婕:《戴尔前高管摸索"网上沃尔玛"》,《21世纪经济报道》2008年7月31日。

[64] 叶蓁:《马明哲布局健康产业链 涉足1号店野心隐现》,《21世纪经济报道》2011年5月31日。

[65] 江佩霞:《沃尔玛正式控股一号店 于刚称坚持独立运营》,《21世纪经济报道》2012年2月20日。

[66] 王利阳:《细数唯品会的"危机"与"反击"》,《中国经济网》2012年12月18日。

[67] 肖筱:《苏宁:新十年战略》,《经济观察报》2012年5月26日。

[68] 予菲:《国美总裁王俊洲:逆境中的引领者》,《中国商界》2013年1月7日。

[69] 张昊:《追赶者国美在线:锁定消费者的能力挑战》,《经济观察报》2012年12月8日。

[70] 张燕清：《传统零售企业转型电商　线上线下融合须破三道槛》，《通信信息报》2012 年 2 月 15 日。

[71] 郑佩珊：《传统零售上市公司触网路线图：争夺线上话语权》，《每日经济新闻》2012 年 11 月 19 日。

[72] 广东省网商协会：《协会推动五大电商巨头齐聚广东助力广货网上行》，2012 年 11 月 7 日。

[73] 广东省网商协会：《协会推动五大电商巨头齐聚广东助力广货网上行》，2012 年 11 月 7 日。

[74] 彭燕梅：《"广货网上行"引入 5 大电商巨头》，《商报网》2012 年 11 月 8 日。

[75] 耿旭静：《"广货网上行"首月买家破两千万》，《广州日报》2012 年 11 月 7 日。

[76] 肖昕：《穗三大电商产业园成立区域互联网生态链初现》，《南方都市报》2012 年 1 月 19 日。

[77] 林仲旻：《苏宁为什么值得敬畏》，《环球企业家》2013 年 3 月 13 日。

[78] 李芷巍：《快递来了——顺丰速运与中国快递行业 30 年》，中国铁路出版社，2013。

后　记

　　走进鲜花绽放的 5 月，在这春夏相交的好时光，终于迎来了《电商的战国》一书的付梓。品味着，感慨着，从书的腹稿到书稿成型，在梳理电商发展的这一路程中，个人感受颇多，在此也想冒昧地代读者表达看完此书的心情：或许是享受中国电商们充满"传奇"与创造"神话"的历程；或许是感受到巨大刺激与无比欣喜的历程；或许是心灵受到震撼与内心感叹不已的历程；或许是感受到知识扩充与见识增长的历程；或许是更深刻地理解中国电子商务企业家和创业者不懈努力与顽强拼搏的历程。

　　在网络发达的今天，互联网发展迅猛，各种基于互联网的应用层出不穷，电子商务以不可预知的极大魅力吸引着人们。本书从 1997 年出发，对电子商务行业的发展进行了梳理，并重点分析了 8848、阿里巴巴、当当、京东等典型电商企业的发展进程和重大决策，清晰地呈现了电商的过去、现在和未来，剖析了重塑商业体系和商业关系的本质和作用。互联网经济是颠覆性的，诞生的电商业成长是飞速的，它以覆盖面广、无租金、成本小、省时间、传播速度快等优势迅速地被社会所认可，并且在现代产业中占据了一定地位。它吸引了全社会的广泛关注，本书就是为关注这一领域的读者奉上的一份饕餮盛宴。

　　2012 年无疑是中国电商领域值得纪念的一年，这一年中国电商界发生了很多标志性的事件。有几个非常重要又非常有趣的数字，更加值得人们关注，1 亿—100 亿—1000 亿—1000 亿—10000 亿，隐含在这几个数字背后的事情让人意想不到，又让人铭记于心。

"1 亿"赌资。在 2012 年 CCTV 经济年度人物颁奖盛典上，阿里巴巴董事会主席马云和万达董事长王健林等 10 人当选 2012 中国经济年度人物。在颁奖晚会上，马云与王健林就"电商能否取代传统的店铺经营"展开辩论，双方还为 10 年后电商在中国零售市场份额能否过半设下 1 亿元赌局。即 10 年后，到 2020 年，如果电商在中国零售市场，整个大零售市场份额占 50%，王健林给马云 1 亿元，如果没到马云还王健林 1 亿元。

"100 亿"预期单日交易额。2012 年 11 月 11 日的电商"双十一"活动，发生了中国互联网最大规模的商业活动：淘宝系总销售额 191 亿，其中天猫 132 亿，淘宝 59 亿，远超此前预期的"100 亿元"目标，且超过 2012 年美国"网购星期一"15 亿美元的水平，再创神迹。淘宝网当天迎来 2.13 亿独立访问用户，交易额同比增长 267.3%，远高于 2012 年中秋、国庆"黄金周"期间全国百家大型零售企业零售额 8.49% 的同比增长。

"1000 亿"的对话。据说，马云曾经去找国美黄光裕，马云演讲并没有感动黄光裕，黄光裕回复马云道，等你经营达到了"1000 亿"再来找我。后来，马云真的实现了"1000 亿"，自然不会去找黄光裕，马云后来只是说曾和黄光裕打赌看谁赚钱多……

"1000 亿"资金投资。2013 年的开始，1 月 19 日，阿里巴巴在京宣布物流战略：集团领衔将"1000 亿"资金投资建设为电子商务配套的现代物流体系，全力为各类商家、独立的 B2C 电子商务网站等提供高性价比、高服务水平的社会化物流服务，为消费者提供更好的服务体验。

"10000 亿"两个网交易额。2012 年 12 月 3 日，阿里巴巴集团宣布，截至 2012 年 11 月 30 日，年度集团旗下淘宝和天猫交易额突破"10000 亿元"。其中三、四线及以下城市和地区消费增速超过 60%，远高于一、二线城市不足 40% 的增长速度。

这些令人瞩目的数字，加上"得物流者得天下"成了众多电子商务公司的信条并正大举投资于物流领域，足以促使本人写一本关于中国电商发展的"志书"。这十多年间，电子商务从一个概念到今天变成中国推动经济发展、实现结构转型的重要力量，并且对传统商业产生了巨大的冲击。更为重要的意义在于，由于创业门槛低，更多的人通过电子商务参与到社会经济的链条中来，其中有大学生、有白领、有打工妹、有退休人员、有家庭主妇、有农民。新的活力还体现在新行业和新职业的诞生中。电子商务无疑成为中国经济转型发展备受关注的"亮点"。2013 年 1 月，国务院总理温家宝在中南海主持召开座谈会，点名请来马云，听取其对《政府工作报告（征求意见稿)》的意见和建议。

本书对这十多年来，电子商务领域内的著名公司做了梳理和分析，在中国经济高速发展背景下还原了电子商务发展的历程。电子商务尚属萌芽的新兴产业，改变着我们的生活，改变着商业的生态，促进着物流与供应链。电子商务发展壮大得益于是全新的领域，没有国企威胁或打压，也没有政策掣肘，正值一个非常有利的时机。当今，社会广泛关注和认同可持续发展能力的电商企业。当我在构思本书时，就与业界人士交流了想法，得到了很多建议，这期间，得到了业内人士的诸多帮助。

在本书从腹稿到成型期间，《物流》杂志社魏祁蔚社长、廖永生主编、邵咪咪研究员提供了诸多帮助和支持并给予我很大的鼓励。

在本书的写作过程中，广东省经济与信息管理委员会生产服务处处长黄建明、副处长曾海燕给予了很多帮助和支持并给予我很大的鼓励。

在本书的写作过程中，我的一位好朋友，也是我尊重的一位学者，中国物流学会副会长、西安交通大学管理学院博士生导师、中国科学院研究生院管理学院兼职教授、中国物流电子商务领域的专家冯耕中教授给予我很大的鼓励。

本书得到了中国物流策划团队优秀成员日本海归物流工程博士李家齐副教授、物流工程博士（赴美国访问学者）秦进副教授、物流工程博士（赴德国进修博士后）易海燕副教授、物流工程博士（赴美国访问学者）杨京帅副教授、张远昌研究员、物流工程硕士许行及市场部经理李峻磊等给予的帮助和支持；感谢广州李芷巍物流策划机构赵春洁等给予的帮助和支持；感谢中国社会科学院财经战略研究院荆林波副院长和流通研究室孙开钊助理研究员给予的帮助和支持，没有他们的帮助和支持这项工作是难以完成的。

特别感谢中国物流与采购联合会、中国物流学会何黎明会长、贺登才副会长对本书给予的帮助与支持。

鸣谢中国物流与采购联合会、中国物流学会、中国物流学会研究室等对本书给予的帮助与支持。

鸣谢国务院参事室、中国物流策划研究院、中国物流策划专家委员会、中物策（北京）工程技术研究院、广东省物流与供应链协会、广州大学建筑设计研究院、广州大学工商管理学院、广州大学物流规划设计研究院、中物信（北京）工程技术研究院、广州大学物流与运输研究中心、广州大学物流类专业教学指导委员会、广州李芏巍物流策划机构和李芏巍物流之星奖助学基金等单位对本书给予的帮助与支持。

在本书写作过程中，参阅了十多年来媒体关于中国电子商务的相关报道。有原作出处的，本书已经注明，并表示感谢。由于传播的特性及特点，有些未有出处的，在此一并致谢。由于本书涉及信息来源广泛，感谢所有参考资料的作者及其单位的支持与帮助。若本书中标注遗漏，在此深表歉意，请有关人员与本人或本人所在单位联系，我们将通过其他媒介方式及时补救，谢谢。

感谢所有对本书给予帮助与支持的朋友们！朋友们关注电子商务未来发展，作者拟于在 2013 年年末 2014 年年初出版本书的第二部，欢迎有关单位和个人提供素材，在此先谢谢大家。

请对本人及团队多加关注。网址：www. 56cehua. cn；新浪微博－李芏巍；提供素材 E－mail：liduwei56@ 163. com；交流咨询联系作者助理电话：010－58076783（北京）；020－86237961（广州）。

图书在版编目（CIP）数据

电商的战国/李芏巍著. —北京：社会科学文献
出版社，2013.5
ISBN 978 - 7 - 5097 - 4580 - 9

Ⅰ.①电…　Ⅱ.①李…　Ⅲ.①电子商务 - 研究
Ⅳ.①F713.36

中国版本图书馆 CIP 数据核字（2013）第 086494 号

电商的战国

著　　者／李芏巍

出 版 人／谢寿光
出 版 者／社会科学文献出版社
地　　址／北京市西城区北三环中路甲 29 号院 3 号楼华龙大厦
邮政编码／100029

责任部门／经济与管理出版中心　（010）59367226　　　责任编辑／陈凤玲　王婧怡
电子信箱／caijingbu@ ssap. cn　　　　　　　　　　　责任校对／白桂华
项目统筹／陈凤玲　　　　　　　　　　　　　　　　　　责任印制／岳　阳
经　　销／社会科学文献出版社市场营销中心　（010）59367081　59367089
读者服务／读者服务中心　（010）59367028

印　　装／北京季蜂印刷有限公司
开　　本／787mm×1092mm　1/16　　　　　　　　　印　　张／24
版　　次／2013 年 5 月第 1 版　　　　　　　　　　　　字　　数／392 千字
印　　次／2013 年 5 月第 1 次印刷
书　　号／ISBN 978 - 7 - 5097 - 4580 - 9
定　　价／49. 00 元